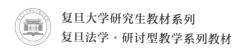

复旦大学研究生教材系列

复旦法学·研讨型教学系列教材

经济犯罪前沿理论与典型案例

汪明亮　主编

复旦大学出版社

作者简介

汪明亮,复旦大学法学院教授、博士生导师,主要研究领域为刑法学。撰写本书前言、绪论、第七章第三节(四)、第八章第三节(四)、第十四章第三节。

胡春健,上海市闵行区人民检察院检察长、刑法博士,主要研究领域为刑法学。撰写本书第六章。

罗开卷,上海市第二中级人民法院刑事审判庭庭长、刑法博士,主要研究领域为刑法学。撰写本书第十二章第五节。

潘庸鲁,上海市高级人民法院刑庭法官、刑法博士,主要研究领域为刑法学。撰写本书第十二章第三节、第四节。

赵拥军,上海市徐汇区人民法院刑庭法官、华东政法大学刑法博士研究生,主要研究领域为刑法学。撰写本书第九章、第十三章。

裴长利,上海至融至泽律师事务所创始合伙人、刑法博士,主要研究领域为刑法学。撰写本书第一章、第十一章。

吴承栩,上海至融至泽律师事务所创始合伙人、诉讼法博士,主要研究领域为刑事诉讼法学、刑法学。撰写本书第三章、第四章。

韩康,华东理工大学法学院讲师、诉讼法博士,主要研究领域为刑法学。撰写本书第十二章第一节与第二节、第十四章第一节与第二节。

杨军,复旦大学马克思主义研究院副研究员、刑法博士,主要研究领域为刑法学。撰写本书第十章。

唐韵,西南政法大学法学院讲师、刑法博士,主要研究领域为刑法学。撰写本书第七章、第八章。

李灿,上海市人民检察院第一分院检察官助理、刑法博士,主要研究领域为刑法学。撰写本书第五章。

安汇玉,北京大学法学院刑法博士研究生,主要研究领域为刑法学。撰写本书第二章。

前言
PREFACE

本书是刑法专业硕士研究生、博士研究生研讨教材,也可以作为法学院高年级本科生、法律硕士研究生参考教材,还可以作为公检法实务界的同志办理经济犯罪案件的参考书籍。

本书主要分三部分内容。

一是从罪名适用概览、文献综述、罪名适用中的疑难问题、罪名适用中的典型案例四个视角全面介绍与评价十二个罪名的理论前沿与典型问题,具体包括非法集资犯罪(包括非法吸收公众存款罪与集资诈骗罪)、洗钱罪,违规披露、不披露重要信息罪,背信损害上市公司利益罪,操纵证券市场罪,非国家工作人员受贿罪,违法发放贷款罪,保险诈骗罪,虚开发票罪,侵犯著作权罪,提供虚假证明文件罪。

二是结合相关案件,从构成要件角度介绍与评价七个罪名理论前沿与典型问题,具体包括合同诈骗罪、非法经营罪、利用未公开信息交易罪、职务侵占罪、危害药品安全犯罪(包括生产、销售、提供假药罪,生产、销售、提供劣药罪,妨害药品管理罪)。

三是从罪名适用概览、文献综述、罪名适用中的疑难问题、罪名适用中的典型案例四个视角全面介绍与评价经济犯罪适用过程中的两种特殊情形,即刑民交叉与刑事合规。

本书具有如下特点:第一,所探讨的罪名大多为实践中多发、媒体较为关注,且在司法认定方面存在争议;第二,所选择的案例全部是真实案例,既有最高人民法院、最高人民检察院颁布的指导性案例,也有最高人民法院裁判文书网公布的案例,还有本书部分作者参与办理的案例;第三,本书参编人员多为经济犯罪研究人员、经济犯罪办案人员。

为了更好地发挥本书的效果,建议大家选用本书作为研讨教材时,要做好三方面的准备:其一,要对刑法的基本理论有一个全面的了解,特别是对犯罪构成要件相关理论;其二,要全面了解各类经济法规与司法解释;其三,要全面了解国家的刑事政策,特别是针对企业与企业家违法犯罪方面的方针策略。

目录
CONTENTS

绪论　经济犯罪的主流犯罪倾向及其司法应对 ······················ 1
　　一、经济犯罪的主流犯罪倾向 / 1
　　二、经济犯罪司法适用新特点 / 4
　　三、经济犯罪司法应对理念 / 7
　　四、经济犯罪司法应对措施 / 10

第一章　非法吸收公众存款罪与集资诈骗罪 ························ 19
　　第一节　罪名适用概览与文献综述 / 19
　　　　一、罪名适用概览 / 19
　　　　二、研究文献综述 / 23
　　第二节　罪名适用中的疑难问题 / 26
　　　　一、平台非核心员工职务行为的除罪化 / 26
　　　　二、被告人的退赔范围 / 27
　　　　三、投资人诉讼地位的合理界定 / 28
　　　　四、"行刑民三合一"审判方式的必要性 / 30
　　　　五、引入破产重整程序处置涉案资产 / 32
　　　　六、赋予投资人对基金所投资财产的直接追索权 / 33
　　第三节　罪名适用中的典型案例 / 33
　　　　一、姜某某非法吸收公众存款罪上诉案 / 33

二、王某某等 3 人非法吸收公众存款案 / 36

三、张某非法吸收公众存款罪上诉案 / 38

四、蒋某集资诈骗案 / 42

五、张某某集资诈骗案 / 43

六、沈某某集资诈骗案 / 45

第二章　洗钱罪 …………………………………………………………… 47

第一节　罪名适用概览与文献综述 / 47

一、罪名适用概览 / 47

二、研究文献综述 / 50

第二节　罪名适用中的疑难问题 / 52

一、法定上游犯罪的范围 / 52

二、反洗钱罪名体系内部界分 / 55

三、自洗钱与上游犯罪的竞合 / 57

四、删除"明知"后的主观构成要件 / 59

五、洗钱罪与上游犯罪的共犯认定 / 61

六、"情节严重"认定标准及其适用 / 62

第三节　罪名适用中的典型案例 / 64

一、汪某洗钱案 / 64

二、潘某民、祝某某、李某明、龚某洗钱案 / 66

三、曾某洗钱案 / 68

四、雷某、李某洗钱案 / 69

五、林某娜、林某吟等人洗钱案 / 71

六、刘某华洗钱案 / 72

第三章　违规披露、不披露重要信息罪 …………………………………… 74

第一节　罪名适用概览与文献综述 / 74

一、罪名适用概览 / 74

二、研究文献综述 / 81

第二节　罪名适用中的疑难问题 / 82

　　　　一、违规披露、不披露重要信息罪犯罪主体的责任认定
　　　　　　问题 / 82
　　　　二、对"不按照规定披露"中的"规定"的理解 / 85
　　　　三、披露信息的"重要性"标准认定问题 / 86
　　　　四、违规披露、不披露重要信息罪"情节犯"的法律适用
　　　　　　问题 / 88
　　第三节　罪名适用中的典型案例 / 92
　　　　一、王某违规不披露重要信息不起诉案 / 92
　　　　二、任某某等违规披露重要信息案 / 94

第四章　背信损害上市公司利益罪 ………………………… 97
　　第一节　罪名适用概览与文献综述 / 97
　　　　一、罪名适用概览 / 97
　　　　二、研究文献综述 / 104
　　第二节　罪名适用中的疑难问题 / 105
　　　　一、独立董事能否构成背信损害上市公司利益罪的主体
　　　　　　问题 / 105
　　　　二、对"违背忠实义务"的认定 / 107
　　　　三、对"利用职务便利操纵上市公司"的理解 / 108
　　　　四、"遭受重大损失"的认定 / 109
　　　　五、本罪名的竞合问题 / 110
　　第三节　罪名适用中的典型案例 / 112
　　　　一、李某背信损害上市公司利益不起诉案 / 112
　　　　二、余某妮等背信损害上市公司利益无罪案 / 116
　　　　三、秦某背信损害上市公司利益案 / 117

第五章　操纵证券、期货市场罪 …………………………… 120
　　第一节　罪名适用概览与文献综述 / 120
　　　　一、罪名适用概览 / 121
　　　　二、研究文献综述 / 129

第二节 罪名适用中的疑难问题 / 133
　　一、操纵证券、期货市场罪客观方面的认定 / 133
　　二、"违法所得"的计算标准 / 137
　　三、主观方面的认定 / 138
　　四、兜底条款的理解与适用 / 139
　　五、其他相关疑难问题的探讨 / 140
第三节 罪名适用中的典型案例 / 142
　　一、徐某等人操纵证券市场案 / 144
　　二、汪某中操纵证券市场案 / 147
　　三、唐某博等操纵证券市场案 / 149
　　四、朱某明操纵证券市场案 / 151
　　五、张家港保税区伊某顿国际贸易有限公司、金某献等
　　　　操纵期货市场案 / 153

第六章 非国家工作人员受贿罪 …………………………………… 155

第一节 罪名适用概览与文献综述 / 155
　　一、罪名适用概览 / 155
　　二、研究文献综述 / 157
第二节 罪名适用中的疑难问题 / 161
　　一、非国家工作人员主体的司法认定 / 161
　　二、"利用职务便利"的司法认定 / 166
　　三、"为他人谋取利益"的司法认定 / 168
　　四、索取他人财物的司法认定 / 171
　　五、收受各种名义的回扣、手续费的司法认定 / 174
第三节 罪名适用中的典型案例 / 175
　　一、缪某某职务侵占案 / 175
　　二、马某林非国家工作人员受贿案 / 177
　　三、邵某非国家工作人员受贿案 / 180

第七章　违法发放贷款罪 ······ 185

第一节　罪名适用概览与文献综述 / 185
一、罪名适用概览 / 185
二、研究文献综述 / 187

第二节　罪名适用中的疑难问题 / 189
一、"违反国家规定"的认定 / 189
二、"其他金融机构"的范围 / 190
三、本罪的主观罪过 / 192
四、本罪与骗取贷款罪、贷款诈骗罪的关系 / 192
五、违法发放贷款归自己使用的情形 / 193
六、数额与损失的认定 / 194

第三节　罪名适用中的典型案例 / 196
一、张某某违法发放贷款案 / 196
二、邹某违法发放贷款案 / 198
三、钮某、傅某违法发放贷款案 / 201
四、某商业银行违法发放贷款案 / 203

第八章　保险诈骗罪 ······ 206

第一节　罪名适用概览与文献综述 / 206
一、罪名适用概览 / 206
二、研究文献综述 / 208

第二节　罪名适用中的疑难问题 / 211
一、本罪的行为主体到底是一般主体还是特殊主体 / 211
二、对虚构保险标的的理解及相关行为的定性 / 216
三、本罪的着手标准 / 218
四、单位主体的数罪认定问题 / 219
五、共犯规定是拟制规定还是注意规定 / 220

第三节　罪名适用中的典型案例 / 221
一、王某1等故意杀人、保险诈骗案 / 221
二、曾某、黄某故意伤害、保险诈骗案 / 223

三、唐某、吴某等放火、保险诈骗案 / 224

四、简某、韩某保险诈骗案 / 226

第九章　虚开发票罪 ………………………………………… 231

第一节　罪名适用概览与文献综述 / 231

一、罪名适用概览 / 231

二、研究文献综述 / 233

第二节　罪名适用中的疑难问题 / 236

一、虚开发票罪行为方式的问题 / 236

二、虚开发票罪行为对象的"真伪"问题 / 241

三、虚开发票罪与相关罪名之间的界限与竞合问题 / 245

第三节　罪名适用中的典型案例 / 251

一、刘某甲等人虚开发票罪案 / 251

二、王某某出售非法制造的发票罪案 / 253

第十章　侵犯著作权罪 ………………………………………… 255

第一节　罪名适用概览与文献综述 / 255

一、罪名适用概览 / 255

二、研究文献综述 / 257

第二节　罪名适用中的疑难问题 / 260

一、"复制发行"的认定问题 / 260

二、"违法所得数额"的判断问题 / 263

三、侵犯著作权罪的民刑衔接问题 / 266

第三节　罪名适用中的典型案例 / 268

一、王某某侵犯著作权案 / 268

二、孟某某、李某某、金某某侵犯著作权案 / 271

三、张某等人侵犯著作权案 / 275

第十一章　提供虚假证明文件罪 ……………………………… 279

第一节　罪名适用概览与文献综述 / 279

一、罪名适用概览 / 279

二、研究文献综述 / 284

第二节 罪名适用中的疑难问题 / 286

一、犯罪主体问题 / 286

二、共同犯罪与牵连犯问题 / 289

三、追诉时效问题 / 290

四、不作为犯 / 291

五、增设资格刑 / 291

第三节 罪名适用中的典型案例 / 292

一、唐某提供虚假证明文件罪案 / 292

二、徐某、王某某提供虚假证明文件罪案 / 296

三、张某某提供虚假证明文件罪 / 299

第十二章 其他若干经济犯罪 ……………………………………… 304

第一节 合同诈骗罪 / 304

一、合同诈骗罪的构成要件 / 305

二、合同诈骗罪的立法沿革 / 307

三、合同诈骗罪中"合同"之含义 / 309

四、合同诈骗罪与民事合同欺诈的界限 / 314

第二节 非法经营罪 / 318

一、非法经营罪的构成 / 319

二、非法经营罪的立法沿革 / 321

三、"非法经营罪"兜底性条款的争议与认识 / 324

四、"非法经营罪"中"国家规定"的范围 / 327

五、"其他严重扰乱市场秩序的行为"的适用问题 / 329

第三节 利用未公开信息交易罪 / 332

一、利用未公开信息交易罪的理解 / 333

二、趋同交易：一种司法的评判 / 336

三、证明标准：证据确实、充分在本罪的具体应用 / 338

四、结语 / 341

第四节 职务侵占罪 / 342
　一、职务侵占罪的历史演绎 / 343
　二、职务侵占罪侵害的法益(客体) / 344
　三、对"利用职务上的便利"的理解与现实思考 / 345
　四、对"本单位财物"的理解 / 352
　五、职务侵占罪与相关罪名的主要区别 / 355

第五节 危害药品安全犯罪 / 356
　一、生产、销售、提供假药罪的认定 / 356
　二、生产、销售、提供劣药罪的认定 / 358
　三、妨害药品管理罪的认定 / 360
　四、危害药品安全犯罪中的罪名关系及选择 / 362

第十三章　刑民交叉 ... 368

第一节 刑民交叉概览与文献综述 / 368
　一、刑民交叉概览 / 368
　二、研究文献综述 / 370

第二节 刑民交叉案件处理的疑难问题 / 373
　一、以案件事实存在刑民规范的交叉为逻辑起点 / 374
　二、以缓和的违法一元论为基本立场 / 376
　三、以被害人介入下的刑事司法思维为补充 / 378
　四、行使权利与敲诈勒索之间的界限 / 380

第三节 刑民交叉案件中的典型案例 / 383
　一、李某元敲诈勒索案 / 383
　二、丰某职务侵占案 / 385

第十四章　刑事合规 ... 389

第一节 刑事合规概览与文献综述 / 389
　一、刑事合规概览 / 389
　二、研究文献综述 / 394

第二节 刑事合规案件适用中的疑难问题 / 396

一、合规企业减免刑事处罚的理论依据 / 396
　　二、"合规不起诉"与检察权的完善 / 400
　　三、刑事合规监管机构的运作模式 / 403
第三节　刑事合规典型案例 / 407
　　一、上海J公司、朱某某假冒注册商标案 / 407
　　二、王某某泄露内幕信息、金某某内幕交易案 / 409

主要参考文献 ·· 412

绪论　经济犯罪的主流犯罪倾向及其司法应对

本书所研究的经济犯罪,主要是指刑法规定的破坏社会主义市场经济秩序罪。当前经济犯罪已呈现主流犯罪倾向,其司法适用需要在防范经济风险、促进经济发展、保护企业家等方面寻求平衡。剖析经济犯罪司法适用中的新特点,并以此为基础,从理念与措施两个层面寻求司法应对策略,极为迫切。若干经济犯罪自然犯趋向显现、刑民交叉案件激增、受政策影响明显等是当前经济犯罪司法适用中的新特点。宽严相济、破"三唯"与双重效果是司法应对经济犯罪应坚持的理念;公众认同、法益恢复、以刑制罪、企业托管、过程管控及独立审判等是司法应对经济犯罪的重要措施。

一、经济犯罪的主流犯罪倾向

近些年来,经济犯罪逐渐成为主流犯罪。经济犯罪主流犯罪倾向的论断,源自 2010 年第三次全国经济犯罪侦查工作会议。该次会议认为:"在社会主义市场经济体制逐步完善的过程中,经济犯罪活动不断发展变化的规律不会改变,多发高发并成为主流犯罪的趋势不会改变。"据此,有学者把主流犯罪界定为:"发案数量较大、社会危害严重,直接影响甚至决定社会治安形势和公众安全感,并在一定程度上影响国家刑事政策的犯罪类型。"① 可以从以下三方面判断经济犯罪逐渐呈主流犯罪倾向。

---

① 杨书文:《理解经济犯罪的三个关键词》,《江西警察学院学报》2020 年第 6 期,第 8 页。

一是案件数量方面的考察。以刑事结案件数为例,经济犯罪数量持续上升。依据国家统计局官网的数据,近 20 年来人民法院经济犯罪刑事结案件数增加了近 5 倍(见图绪论-1)。① 除了刑事结案数据之外,从各地情况看,近年来经济犯罪发案数接近或者超过 8 类严重暴力犯罪的省份正不断增多,经济犯罪占比升高而严重暴力犯罪占比下降的"此消彼长"趋势越来越明显而清晰。② 最新的数据是,2022 年全国公安机关破获各类经济犯罪案件 7.4 万起。③

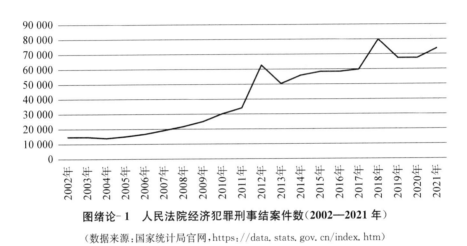

图绪论-1　人民法院经济犯罪刑事结案件数(2002—2021 年)

(数据来源:国家统计局官网,https://data.stats.gov.cn/index.htm)

二是公众安全感幸福感与社会风险方面的考察。在社会治安形势评估体系和影响群众安全感幸福感的各种因素中,传统的自然犯如杀人、放火、抢劫、爆炸、恐怖等街头暴力犯罪占主导,而经济犯罪往往被忽略。但是,近年来随着涉众型经济犯罪活动的持续活跃,经济犯罪活动对于社会治安整体状况的影响越来越大,群众的可感受度越来越明显,已经成为影响广大群众评价社会治安总体形势的一个重要指标,成为妨碍群众安全感幸福感提升的重要消极因

---

① 参见国家统计局官网,https://data.stats.gov.cn/easyquery.htm?cn=C01,2022 年 12 月 20 日。其中,2021 年 73 728 件、2020 年 67 369 件、2019 年 67 535 件、2018 年 79 823 件、2017 年 59 748 件、2016 年 58 320 件、2015 年 58 274 件、2014 年 55 858 件、2013 年 50 410 件、2012 年 62 709 件、2011 年 34 103 件、2010 年 30 150 件、2009 年 25 020 件、2008 年 21 674 件、2007 年 19 100 件、2006 年 16 679 件、2005 年 15 082 件、2004 年 13 957 件、2003 年 14 775 件、2002 年 15 129 件。
② 杨书文:《理解经济犯罪的三个关键词》,《江西警察学院学报》2020 年第 6 期,第 8 页。
③ 《2022 年全国公安机关破获各类经济犯罪案件 7.4 万起》,《中国信息报》2023 年 5 月 18 日,第 1 版。

素[①],成为引发各种社会风险的导火索。例如,近年来非法集资犯罪集中爆发,数量庞大的投资人血本无归、损失惨重。他们有的夫妻兄弟反目、亲友成仇,有的自杀身亡;有的聚集上访甚至围攻地方党委政府,影响社会治安稳定,进而威胁国家安全。

三是刑事立法方面的考察。自1997年刑法修订以来,全国人大常委会通过了《全国人民代表大会常务委员会关于惩治骗购外汇、逃汇和非法买卖外汇犯罪的决定》和十一个刑法修正案,绝大多数条文都是涉及经济犯罪的罪名与法定刑的修改。在此意义上说,近20多年的刑法修正,主要就是经济犯罪的修正。以《刑法修正案(十一)》为例,首先是增加了新的经济犯罪罪名,包括妨害药品管理罪与为境外窃取、刺探、收买、非法提供商业秘密罪。其次是通过修改犯罪构成要件来扩大经济犯罪的犯罪圈,包括增加了原"生产、销售假药罪"的行为方式;增加了原"生产、销售劣药罪"的行为方式;扩大了原"欺诈发行股票、债券罪"的犯罪对象[②];扩大了违规披露、不披露重要信息罪的犯罪主体;取消了洗钱罪的主观明知要件;增加了假冒注册商标罪的行为方式;扩大了侵犯著作权罪的犯罪对象。最后是增强了经济犯罪的刑罚力度。例如:将违规披露、不披露重要信息罪的法定刑最高3年有期徒刑提高到10年有期徒刑;将非国家工作人员受贿罪、职务侵占罪的法定刑最高15年有期徒刑提到最高无期徒刑;将非法吸收公众存款罪的法定刑最高10年有期徒刑提高到15年有期徒刑;将假冒注册商标罪的法定刑最高7年有期徒刑提高到10年有期徒刑;等等。

经济犯罪呈现出的主流犯罪倾向表明:其一,经济犯罪已经成为系统性区域性经济风险乃至社会安全风险、国家安全风险的风险源[③],刑法应及时介入,发挥应有的风险防范作用;其二,经济犯罪发生在市场经济过程中,而市场经济有其自身的规律性,刑法的介入应当有节制,需警惕其对经济生活的过度干预而可能对经济发展带来的不利影响;其三,经济犯罪主体多为企业家与企业高管,他们是最活跃的市场主体,在强调企业家保护政策背景下,如何协调法律效果、社会效果与政策效果,如何防止"因为办一个案子,搞垮一个企业"之风险,也是刑

[①] 杨书文:《理解经济犯罪的三个关键词》,《江西警察学院学报》2020年第6期,第9页。
[②] 同时,"生产、销售假药罪"修正为"生产、销售、提供假药罪","欺诈发行股票、债券罪"修正为"欺诈发行证券罪"。
[③] 杨书文:《理解经济犯罪的三个关键词》,《江西警察学院学报》2020年第6期,第10页。

法适用时应该考虑的面向。鉴于此,理论界与实务界应该高度重视经济犯罪,并在研究其司法适用中的新特点基础上,从理念与措施两个层面寻求司法应对策略。

二、经济犯罪司法适用新特点

当前呈现出主流犯罪倾向的经济犯罪在司法适用过程中至少有三个新特点,即若干经济犯罪自然犯趋向显现、刑民交叉案件激增、受政策影响明显。

(一)若干经济犯罪自然犯趋向显现

一般认为,经济犯罪主要是法定犯,"是一种隐藏、潜伏在正常经济活动之中的特殊经济行为,其危害性更多地体现在违反经济活动规则,破坏经济生活秩序……与主观道德评价没有必然联系,伦理性色彩相对较弱"[1]。例如:王力军无证收购玉米涉嫌的非法经营罪,侵犯的是国家的粮食专营制度;以真实案件改编的电影《我不是药神》的主人公程勇涉嫌的销售假药罪,侵害的是药品管理秩序。

自然犯与法定犯的主要区别在于道德层面的评价[2]:自然犯与道德评价存在紧密联系,而法定犯则在道德上保持中性,主要出于规制社会、维护社会秩序需要而设置。至于何为道德评价,可以从加罗法洛所提出的"伤害怜悯和正直这两种利他情感"角度进行判断。[3]

虽然,大多数的经济犯罪体现在违反经济活动规则方面,与主观道德评价没有必然联系,伦理性色彩相对较弱,但是从近些年发生的若干类型经济犯罪来看,伦理色彩却越来越明显,其不仅违反了经济活动规则,而且还严重侵犯了他人的财产、健康甚至生命权利。例如:一些犯罪人为了牟取暴利,不顾他人生命、健康权利,大肆生产、销售假药、有毒、有害食品等[4];一些犯罪人不考虑最基本的怜悯情

---

[1] 杨书文:《理解经济犯罪的三个关键词》,《江西警察学院学报》2020年第6期,第5页。
[2] 《元照英美法词典》将自然犯概括为行为本身内在的违法和不合乎道德。参见薛波主编:《元照英美法词典》,北京大学出版社2013年版,第886页。
[3] [意]加罗法洛:《犯罪学》,耿伟、王新译,中国大百科全书出版社1996年版,第44页。
[4] 依据裁判文书网的数据,2015年至2021年,每一年的生产、销售假药、有毒、有害食品的基层法院审理案件均在2 000件以上。参见最高人民法院裁判文书网,https://wenshu.court.gov.cn/website/wenshu/181029CR4M5A62CH/index.html,2023年2月24日。

感,实施集资诈骗犯罪、证券犯罪,骗取退休老人养老金①、收割中小散户②等;一些犯罪人不考虑基本的友情与亲情,实施组织传销活动犯罪,骗完熟人骗亲人③。

(二)刑民交叉案件激增

刑民交叉案件激增是经济犯罪的又一新特点。刑民交叉案件普遍存在于民间借贷、金融服务、商业交易等经济纠纷领域,涉案金额大、人数众多,在经济犯罪中所占比例越来越大。理论界与实务界对刑民交叉案件的处理存在巨大争议,已成为经济犯罪司法适用难点,主要表现在刑民界限划定、刑事程序和民事程序操作顺序把握、刑事或者民事判决作出后的既判力三个方面。④

为了统一刑民交叉案件的司法适用,最高人民法院先后颁布了系列司法解释和典型案例。其中代表性的司法解释有:《最高人民法院关于审理存单纠纷案件的若干规定》(1997年,2020年修正)、《最高人民法院关于在审理经济纠纷案件中涉及经济犯罪嫌疑若干问题的规定》(1998年,2020年修正)、《最高人民法院、最高人民检察院、公安部关于办理非法集资刑事案件适用法律若干问题的意见》(2014年)、最高人民法院《关于审理民间借贷案件适用法律若干问题的规定》(2015年)、最高人民法院《全国法院民商事审判工作会议纪要》(2019年)等。代表性的典型案例有:俸旗公司诉辽宁储运公司、谷物公司等借款合同纠纷案;李晶诉温颜擎、邢野等财产损害赔偿纠纷案;潘强与金卿民间借贷纠纷抗诉案;叶文宇、毛福林等涉嫌骗取贷款案;洪聪聪诉曹正林、杨翠龙等民间借贷纠纷案;徐盼诉中国建设银行股份有限公司、中国建设银行股份有限公司北京市分行信用卡纠纷案。⑤

---

① 《检察机关打击整治养老诈骗犯罪典型案例》,中华人民共和国最高人民检察院网站2022年6月17日,https://www.spp.gov.cn/xwfbh/dxal/202206/t20220617_560065.shtml,2023年2月24日。
② 《最高法、最高检、公安部、中国证监会联合发布依法从严打击证券犯罪典型案例》,中华人民共和国最高人民检察院网站2022年9月9日,https://www.spp.gov.cn/zdgz/202209/t20220909_577066.shtml,2023年2月24日。
③ 姚伟、汪彦:《骗同学骗亲友 疯狂传销致人跳河跳楼》,扬州市人民检察院网站2018年1月16日,http://yz.jsjc.gov.cn/tslm/dxal/201801/t20180116_251413.shtml,2023年6月10日。
④ 于同志:《重构刑民交叉案件的办理机制》,《法律适用》2019年第16期,第3页。
⑤ 《第十九期"案例大讲坛"深入研讨刑民交叉案件办案规则 发布"刑民交叉案件典型案例"》,中华人民共和国最高人民法院网站2019年7月11日,https://www.court.gov.cn/zixun-xiangqing-170202.html,2022年12月28日。

(三)受政策影响明显

近十多年来,国家相关政策的出台对若干类型的经济犯罪的司法适用产生深远影响。以民营企业产权平等保护与严厉打击证券违法犯罪政策为例,这些政策直接影响到相关经济犯罪刑法适用过程中的出罪、入罪、轻刑与重刑选择。

2016年11月,《中共中央 国务院关于完善产权保护制度依法保护产权的意见》强调对民营企业产权的平等保护,并明确提出:"严格遵循法不溯及既往、罪刑法定、在新旧法之间从旧兼从轻等原则,以发展眼光客观看待和依法妥善处理改革开放以来各类企业特别是民营企业经营过程中存在的不规范问题。"为了落实该政策,2016年11月,《最高人民法院关于充分发挥审判职能作用切实加强产权司法保护的意见》出台,明确规定要"客观看待企业经营的不规范问题","严格区分经济纠纷与刑事犯罪";2018年前后,张文中案、顾雏军案、赵明利案相继被最高人民法院再审纠错;2020年7月31日,最高人民法院召开全国法院产权和企业家权益司法保护工作推进会,会上透露,2017年以来,全国法院一审宣告被告企业或企业家无罪308件409人,二审改判无罪251件329人。2019年12月4日发布的《中共中央 国务院关于营造更好发展环境支持民营企业改革发展的意见》中明确提出要健全平等保护民营经济的法治环境;2020年10月29日《中共中央关于制定国民经济和社会发展第十四个五年规划和二〇三五年远景目标的建议》明确提出要优化民营经济发展环境,依法平等保护民营企业产权和企业家权益。在此政策背景下,最高人民检察院于2020年3月开展第一期涉案企业合规改革试点,对涉经济犯罪企业与企业家进行"合规营救"。首批试点单位仅有上海浦东、金山,江苏张家港,山东郯城,广东深圳南山、宝安等6家基层人民检察院。在一年的时间内,首批试点单位办理了160余件刑事合规案例,在积累经验的基础上,最高人民检察院于2021年3月扩大试点范围,在全国10个省份61个市级检察院、381个基层检察院开展第二期试点工作。2022年4月,最高人民检察院正式宣布,在全国检察机关全面推开涉案企业合规改革试点。

2021年3月,中共中央办公厅、国务院办公厅印发《关于依法从严打击证券违法活动的意见》,从严打击证券犯罪政策出台。2022年9月9日,最高人民检察院联合最高人民法院、公安部、中国证券监督委员会召开"依法从严打击证券违法犯罪 为资本市场营造良好法治环境"新闻发布会,发布了依法从严打击证券犯罪典型案例,充分发挥案例的指导、教育、警示作用。此次发布的典型案例共五件,包括马某田等人违规披露、不披露重要信息、操纵证券市场案,郭某军等人违规披露、不披露重要信息案,姜某君、柳某利用未公开信息交易案,王某、李某内幕交易案,鲜某背信损害上市公司利益、操纵证券市场案。典型案例涵盖了资本市场常见多发犯罪和近年增多的新型犯罪,反映了当前证券犯罪的特点、趋势,明确了相关法律适用。

三、经济犯罪司法应对理念

在严格遵循罪刑法定原则前提下,针对经济犯罪的新特点,司法适用应坚守宽严相济、破"三唯"以及双重效果理念。

(一)宽严相济

经济犯罪司法适用必须贯彻宽严相济刑事政策,也即要根据经济犯罪的不同类型,实行区别对待,做到该宽则宽、当严则严、罚当其罪。在经济犯罪呈现主流犯罪倾向背景下,需特别注意把握以下两点。

第一,总体而言,对经济犯罪该宽则宽,刑法适用要谦抑。大多数的经济犯罪是法定犯,其危害性更多是违反经济活动规则,破坏经济生活秩序,民众对该类犯罪持有一种较为宽容的态度。经济犯罪是现代社会经济发展的产物,是以市场经济的存在为基础的,宽松的社会环境是市场经济发展的基本条件,刑法太严厉可能压抑经济的生机与活力,有碍市场经济的良性发展。经济犯罪涉案主体有一部分是企业家,他们不仅是经济活动的重要主体,而且为积累社会财富、为社会增加就业、为政府增加税收做出了重要贡献。

第二,反思对经济犯罪一味从宽的理论观点,对自然犯趋向明显的经济犯罪当严则严。自然犯趋向明显的经济犯罪主要包括:集资诈骗、合同诈骗等诈骗类犯罪;扰乱、操纵证券、期货市场等严重危害金融秩序的犯罪;生产、销售假药、劣药、有毒有害食品等严重危害食品药品安全的犯罪;走私等严重侵害国家经济利益的犯罪;等等。对于这些自然犯趋向明显的经济犯罪,如果罪行十分严重、社会危害性极大[①],依法应当判处无期徒刑或死刑的[②],要坚决地判处无期徒刑或死刑。唯有对自然犯趋向明显的经济犯罪从严,才能实现罪刑均衡及对刑事被害人权利的保护,才能有效震慑此类经济犯罪分子,达到有效预防经济犯罪的目的。

(二)破"三唯"

近十多年来,一些法院在经济犯罪司法适用过程中出现了"三唯"现象,即"唯后果""唯行为""唯认罪认罚"定罪现象。该现象主要发生在某些类型的经济犯罪司法适用过程中,意指一旦出现了刑法规定的严重后果、刑法规定的行为类型,或者行为人已经认罪认罚的情形,法院往往凭此做有罪判决,而忽略犯罪成立的其他构成要件或淡化庭审实质化的要求。"三唯"现象主要发生在合同诈骗罪、虚假诉讼罪、职务侵占罪、金融诈骗犯罪、招投标犯罪、非法集资犯罪、证券犯罪等认定过程中。

"三唯"现象产生的原因是多方面的。一是经济犯罪本身的刑民交叉特性,定性争议多,处理起来难度大。二是当事人施压。经济纠纷发生后,有些当事人认为通过民事诉讼解决纠纷成本高、周期长,若能让公安机关以经济犯罪立案,则有国家公权做后盾解决起来更加有效,于是就以所谓"刑事被害人"身份,通过上访等方式给地方政府施压,迫使公安机关刑事立案。一旦公安机关刑事立案,特别是对涉案人员采取长时间强制措施(对有些重大复杂的经济犯罪案件,从侦查到提起公诉前,检察院几乎用尽所有法律允许时间,导致羁押时间短则几个月,长则两三年),或者地方政府就案件成立专案组后,则司法机关很难撤案。三是地方保护主义作祟。为了维护地方利益,一些地方公安机关受政府负责人指示对不利于地方政府利益的有关当事方采取刑事手段和措施,如立案、拘留、逮捕、搜查、查封、扣押、冻结等,人为地把经济纠纷刑事化。四是一些经济犯罪案件非常敏感、重大,即便主审法官、合议庭或主审法院想做无罪处理,但经审委会投票或向上级请示最终获得的是有罪处理结果。五是认罪认罚一旦在侦查、审

---

① 例如:涉案数额特别巨大,肆意挥霍集资资金或者归案后拒不交代赃款去向,造成特别重大经济损失或者致使被害人自杀身亡等严重后果的集资诈骗犯罪分子;造成严重疾患、伤亡后果或者以婴幼儿、危重病人为对象,社会影响恶劣的制售有毒有害食品、假药劣药犯罪分子;等等。
② 刑法对生产、销售、提供假药罪与生产、销售有毒、有害食品罪依然保留死刑。

查起诉阶段做出,即便案件的定性可能存在争议,但考虑到与公检两家的关系,法院一般也不会轻易否定该认罪认罚结果。

"三唯"定罪现象极易造成错案,不仅侵犯公民的人身权和财产权,还可能带来如下严重危害:唯后果、唯行为定罪,未能考虑构罪的主观要件,是客观归罪的表现,违反了罪刑法定原则;唯认罪认罚,特别是在侦查、起诉阶段的认罪认罚,侵害了法院的独立审判权,不利于以审判为中心的刑事诉讼制度改革的推进;企业的法定代表人或者企业涉嫌经济犯罪,一旦法定代表人被羁押,企业将无法正常运转,涉案企业面临毁灭性打击,不利于市场主体的培育;民营企业涉经济犯罪风险大,不利于吸引民间投资,可能影响营商环境,最终有碍经济发展。

(三)双重效果

双重效果是指对经济犯罪适用刑法,需要考虑法律效果与社会效果的统一。法律效果,意指严格依法审理经济犯罪案件,具体包括按照刑事诉讼法确立的程序规则、证据规则,刑法规定的罪名、法定刑处理经济犯罪案件。社会效果,意指法院对经济犯罪的判决结果符合普通民众的心理预期、符合常识常情常理,能够获得公众认同有利于稳定经济秩序,推动经济发展。

法律效果和社会效果比起来,法律效果是第一位的、绝对的,是客观的,因为法律是有标准的、固定的。违法的判决,社会效果肯定不好,合法、有法律依据是社会效果最基本的要求。① 也即,社会效果只能源自法律效果,没有法律效果的判决触及"法治"底线,也不可能有社会效果可言。由于刑法对经济犯罪的认定赋予了较大的自由裁量权,加之《刑法》第13条情理条款,以及国家适时出台各类经济犯罪政策。因此,对于经济犯罪刑法适用而言,只要法官具有良好的政治素质、业务素质和职业道德素质,其司法适用是能够实现法律效果与社会效果相统一的。

与传统犯罪刑法适用相比,经济犯罪刑法适用的社会效果除了要考虑符合普通民众的心理预期外,还特别需要考虑对被害人权益的保护与对经济发展的影响。考虑对被害人权益的保护,不仅有利于防范化解群体性事件等风险,维护社会稳定,而且有利于实现刑法公正,提高司法公信力。以涉众型经济犯罪为

---

① 张军:《法官的自由裁量权与司法正义》,《法律科学(西北政法大学学报)》2015年第4期,第21页。

例,由于该类犯罪被害人人数众多,少则数十人、多则数十万人,一旦追赃挽损机制不畅,被害人就有可能进行非法聚集及闹访、缠访。同时,涉众型经济犯罪涉案金额巨大甚至特别巨大,少则数百万元,多则数百亿元,如果被害人权益一直得不到保护,"最赚钱方法写在刑法里"之说法就可能成为现实,而这极易诱发一些潜在犯罪人把经济犯罪作为攫取暴利的手段,最终有损刑罚效果的实现。

考虑对经济发展的影响则是针对经济犯罪行为人而言,最高人民法院刑二庭曾经明确指出,对于经济犯罪,要从有利于保障经济增长、维护社会稳定的角度依法准确定罪量刑。对于"边缘案""踩线案"以及罪与非罪界限一时难以划清的案件,要从有利于促进企业生存发展、有利于保障员工生计、有利于维护社会和谐稳定的高度,依法妥善处理,可定罪可不定罪的,原则上不按犯罪处理。特别是对于涉及企业、公司法定代表人、技术人员因政策界限不明而实施的轻微违法犯罪,更要依法慎重处理。①

四、经济犯罪司法应对措施

为了践行经济犯罪的司法应对理念,需要相应措施的跟进。这些措施涉及定罪量刑情节、出罪事由、定罪模式,以及主体协同、制约等诸方面。具体措施包括:把公众认同作为经济犯罪定罪量刑时的考察情节、把法益恢复作为某些经济犯罪的出罪事由、采用"以刑制罪"定罪模式、司法机关与地方政府协商企业托管、公检法相互制约确保法院独立审判权。

(一)公众认同

把公众认同作为经济犯罪定罪量刑时的考察情节,是实现宽严相济、双重效果理念的重要措施。在刑法适用领域,所谓公众认同,"是指一国刑法时空效力所及范围内的大多数人即公众对刑法规范及其实践运行的正当性和效力性等的认可与赞同"②。就法理而言,公众认同"不仅与罪刑法定原则不相冲突,相反是

---

① 最高人民法院刑二庭:《宽严相济在经济犯罪和职务犯罪案件审判中的具体贯彻》,《人民法院报》2010年4月7日,第6版。
② 夏振国、马荣春:《刑法公众认同的新倡导:从概念到实践意义》,《铁道警察学院学报》2016年第3期,第77页。

贯彻罪刑法定的当然要求"①。近些年来,经济犯罪热点案件频发,一些案件的判决结果引起了公众的广泛关注,例如王力军无证收购玉米入罪案、内幕交易等证券犯罪从轻处罚案(如最大"老鼠仓"案)②等。这些案件之所以引起社会公众的广泛关注,一个重要原因在于定罪量刑时未充分考虑公众认同,即"案件及其处置方式超越公众惯常生活经验与经历,背离公众的普遍性思维和观念,抑或不符合公众的一般性认知与理解"③。一些经济犯罪司法适用难以获得公众认同,除了司法机关对犯罪的判定活动越来越精密化、刑法理论对犯罪的解释活动越来越精巧化,导致刑法的实务与理论都日益脱离公众的原因之外④,还因为经济犯罪较之其他犯罪的特殊性。

一是经济犯罪多为法定犯,司法机关对法定犯的过度适用刑罚可能导致公众认同感降低。在当前我国经济犯罪刑法规制的立法中,对经济犯罪的规制大量地采用空白罪状与兜底条款,由于公众对法定犯的危害的感知不像对自然犯那样强烈,一旦司法机关对其适用不加限制,过度适用刑罚,就可能超出公众的预测可能性,难以获得公众认同。如王力军无证收购玉米入罪案即是如此。

二是司法机关对自然犯趋向显现的经济犯罪过度宽容可能导致公众认同感降低。在当前我国经济犯罪刑法规制的立法中,对某些类型的自然犯趋向显现的经济犯罪的刑罚配置相对轻缓,由于公众对此类经济犯罪的危害性反应强烈,一旦司法机关对此类经济犯罪过度宽容,就难以获得公众认同。例如,长期以来,司法机关对内幕交易等证券犯罪持轻刑化、非刑罚化态度,引起了公众的强烈不满。公众认为此种宽容导致了内幕交易"违规成本极低、收益胜过抢银行",股票市场"只能说是骗子的天堂,犯罪几乎没有成本"⑤。

树立类型化思维,了解并接纳公众对待法定犯与自然犯趋向显现的经济犯

---

① 阎二鹏:《经济犯罪刑法适用的公众认同》,《时代法学》2013年第3期,第17页。
② 即马乐利用未公开信息交易案。罪犯马乐系博时基金经理,其利用非公开信息进行股票交易,非法获利1883万元。该案于2014年3月在深圳市中院一审宣判,马乐获有期徒刑三年,缓刑五年;广东省检察院抗诉,广东省高院终审裁定驳回抗诉,维持原判;最高检抗诉,最高法依法对其改判有期徒刑三年,并处罚金1913万元。
③ 顾培东:《公众判意的法理解析——对许霆案的延伸思考》,《中国法学》2008年第4期,第168页。
④ 周光权:《论刑法的公众认同》,《中国法学》2003年第1期,第116页。
⑤ 汪明亮:《证券犯罪刑事政策的价值追求和现实选择——"牛市内幕交易第一案"杭萧钢构案引发的思考》,《政治与法律》2008年第6期,第38页。

罪的态度上的差异,是实现司法机关把公众认同作为经济犯罪定罪量刑时一个考察情节的前提条件。具体而言:对法定犯,司法机关应摒弃刑法万能思想,坚守刑法谦抑性,在通过民事手段、行政手段可以规制某种经济违规行为时,就慎用刑罚手段;对自然犯趋向显现的经济犯罪,司法机关应该保持严厉打击的态势,确保刑罚的必定性与严厉性。

(二)法益恢复

把法益恢复作为某些经济犯罪的出罪事由,是实现宽严相济、双重效果理念的又一重要措施。法益恢复是指"按照犯罪构成理论,行为已经处于犯罪既遂形态,行为人对先前犯罪行为制造的危险状态或者实际损害后果,经由自主有效的控制措施,将危险状态及时消除,避免实害结果发生或者将客观损害的法益通过事后行为予以恢复的一种现象"①。这里的法益恢复,主要是指财产权利的恢复。

把法益恢复视为某些经济犯罪的出罪事由的现实背景是:经济犯罪在侵犯经济秩序的同时,也侵害到了个人、单位及国家的财产权利,打击经济犯罪的目的不仅在于维护经济秩序,也要考虑个人、单位及国家的财产权利的恢复。实践表明,秩序维护与财产恢复目的难以同时实现。长期以来,司法机关在经济犯罪司法适用过程中更多的是强调秩序维护目的,这在一定程度上影响了财产恢复目的的实现。例如,司法机关在严惩走私犯罪、税务犯罪、非法集资犯罪的同时,由于追赃挽损工作面临困境②,个人、单位及国家的财产权利难以恢复。

强调经济犯罪司法适用中的权利恢复目的有利于预防犯罪,因为经济犯罪行为人都是理性人,大多是为了实现非法的财产权利,即非法占有目的,如果重视权利恢复在定罪量刑中的意义,则必然会使得潜在经济犯罪行为人感受到得不偿失,进而失去实施犯罪的动力。不仅如此,该目的强调对被害人与国家而言亦有益处:从被害人(特别是个人及单位被害人)的角度看,财产利益损失得以恢复,即能消解因经济犯罪侵害所带来之痛苦;从国家角度看,未经国家强制力介入,经济犯罪行为人自行主动恢复被害人法益,可以节约司法资源的投入。

---

① 庄绪龙:《"法益恢复"刑法评价的模式比较》,《环球法律评论》2021年第5期,第134页。
② 庄绪龙:《集资犯罪追赃挽损诉求与"法益恢复"方案》,《政治与法律》2021年第9期,第43—45页。

把法益恢复作为某些经济犯罪的出罪事由,也有法理与实践的支持。就法理而言,比如:储槐植教授认为,对于行为人在犯罪后甚至在犯罪已经停止于既遂形态时,主动修复被其先前犯罪行为所侵害的法益,在性质上是一种"赎罪"行为,刑法对此应当予以出罪化处理①;"特殊中止说"与"实质性违法阻却说"亦有一定的解释力②。就实践来看,也有相应的司法解释与案例支持。例如,《最高人民法院关于审理非法集资刑事案件具体应用法律若干问题的解释》(2022修正)明确规定:"非法吸收或者变相吸收公众存款,主要用于正常的生产经营活动,能够在提起公诉前清退所吸收资金,可以免予刑事处罚;情节显著轻微危害不大的,不作为犯罪处理。"合肥警方曾把"拒不退赃"作为非法集资犯罪的入罪标准。③

(三)以刑制罪

"以刑制罪"定罪模式是实现宽严相济、双重效果理念的又一重要措施。一般来说,刑事审判遵循"由罪入刑"的逻辑推理,先分析犯罪行为符合哪种罪名的犯罪构成,在罪名确定的前提下再综合全案事实和情节,于对应的法定刑幅度内进行裁量。"以刑制罪"则是一种逆向思维,根据犯罪行为所应承担刑事责任的轻重,进而为其选择最为恰当的罪名。④ 虽然理论界对"以刑制罪"模式尚存巨大争议⑤,但其对某些类型的经济犯罪的司法适用具有一定的参考意义。

一是存在大量疑难经济犯罪案件,涉及刑民交叉、法条竞合犯、想象竞合犯、牵连犯等。例如,随着新产业、新业态、新商业模式的出现,刑民交叉案件激增,以供应链金融为例,该领域合同欺诈与合同诈骗犯罪如何界定,非法经营与合法经营如何判断。又如:在非法集资案件中,如何区分非法吸收公众存款罪与集资诈骗罪;在生产、销售伪劣产品案件与侵犯知识产权案件竞合情形下,如何选择罪名;在通过伪造公司印章签订合同案件中,如何区分同欺诈与合同诈骗犯

---

① 储槐植、闫雨:《"赎罪"——既遂后不出罪存在例外》,《检察日报》2014年8月12日,第3版。
② 庄绪龙:《"法益恢复"刑法评价的模式比较》,《环球法律评论》2021年第5期,第136页。
③ 《大志集团非集案查封房产共计188套,15名理财经理拒不退赃被刑拘》,搜狐网2018年10月12日,https://www.sohu.com/a/259070684_100093,2023年7月17日。
④ 胡荣:《"以刑制罪"在司法审判中的运用》,中国法院网2014年9月23日,https://www.chinacourt.org/article/detail/2014/09/id/1449924.shtml,2022年12月30日。
⑤ 潘文博:《对解释论上"以刑制罪"现象的反思》,《西南政法大学学报》2018年第2期,第76—77页。

罪,如何界定伪造公司印章与合同诈骗的牵连关系等。

二是从政策角度、公众认同角度考察,易出现刑罚不妥当案件。基于前文提及的大量疑难经济犯罪案件存在的现实背景,如果不考虑"以刑制罪"模式,就容易出现刑罚不妥当案件,难以回应政策需求,难以实现公众认同。详言之,一方面,经济犯罪的认定与国家政策关系紧密,例如:在企业家保护政策、"六稳""六保"政策①指导下,经济犯罪罪名的选择尽可能偏向轻罪;在严打证券违法犯罪政策指导下,经济犯罪罪名的选择尽可能偏向重罪。另一方面,对公众反应强烈的经济犯罪案件,轻罪或重罪的选择,需考虑公众的情感需求。

至于"以刑制罪"的思维逻辑,我们认可如下思路②:在刑法规范的可能文义"射程"范围内,如果解释者对于刑法规范的解释存在两种以上的方案,那么可以依据刑罚妥当性作为解释方案的决策;在刑法规范的可能文义"射程"范围内,如果解释者根据初次解释预见到刑罚后果的不妥当性,则应当据此反思对于法律规范的理解,在刑法规范的可能文义"射程"范围内重新探索更为妥当的可能处罚解释方案。

以此逻辑试举一例。③ 某甲系从事进口原油生意的老板,拥有两家公司(A油库和B石化)。自2007年开始,其一直从事进口原油生意。其经营过程是:B石化先在国内与买家签订买卖合同,进而到境外寻找货源(此模式被称为锁仓交易),货源联系好后,让C国企为其开为期3个月的信用证,并通过信用证支付境外货款,C国企收取8%的利息。原油入境后存入A油库,A油库与C公司签署存储合同,约定B石化付清C公司信用证款项后才能卖油。某甲利用职务便利,先卖油后付款,C公司默认。2017年,A油库被D公司收购,某甲只控股30%,失去对油库的控制权。为了继续先卖油后付款,某甲伪造A油库印章与C公司签署储存协议,避免先卖油时在程序方面出现的障碍,如此一直持续到2019年,B石化一直盈利。2020年初至2021年5月,由于美国总统换届以及新冠疫情带来的影响,境外油价大涨,B石化严重亏损,不能履约金额约37亿元,

---

① 《国务院常务会:把"六保"作为"六稳"工作着力点》,中华人民共和国中央人民政府网站2020年5月15日,https://www.gov.cn/zhengce/2020-05/15/content-5511966.htm,2023年10月11日。
② 王华伟:《误读与纠偏:"以刑制罪"的合理存在空间》,《环球法律评论》2015年第4期,第59页。
③ 该例以笔者以兼职律师身份办理的案件为基础编写,该案系某地级市新中国成立以来涉案金额最大的一起合同诈骗案。

后案发。本案某甲涉嫌伪造公司印章罪与合同诈骗罪,且可能是牵连犯。由于案件涉及数额特别巨大,一旦定性为合同诈骗罪,某甲将可能面临无期徒刑的严重后果。考虑本案发生在国际原油交易领域,刑民交叉争议大,最后合同不能履约与美国总统换届以及新冠疫情等因素有关,若以合同诈骗罪论处显失妥当,依据"以刑制罪"的思维逻辑,故建议定性为伪造公司印章罪。

（四）企业托管

企业托管是实现双重效果理念的一项特殊措施。该措施由司法机关与地方政府协商推进。这里的企业托管,主要是对涉经济犯罪的民营企业的托管。当民企的法定代表人或者企业涉嫌经济犯罪,如果因企业法定代表人遭羁押而陷入困境时,为保障企业员工就业,保护投资人及其他权利人合法权益,避免企业涉罪可能引发突发性、群体性事件,给社会带来不稳定,司法机关在经济犯罪司法适用过程中,应该及时与地方政府沟通,在必要时由政府出面对涉案企业进行托管。

涉刑案民营企业托管的决定可以视案件进展情况在侦查阶段、审查起诉阶段或审判阶段提出。司法机关主要依据涉案法定代表人可能羁押的时间期限以及入罪可能性大小判断是否有托管必要。一旦觉得有托管必要,则向涉案企业所在地的地方政府提出企业托管的建议,由当地政府审查之后作决定。

地方政府作出企业托管决定后,由国有资产管理部门挑选合适的托管人。由于涉刑案民营企业托管制度尚处于摸索阶段,当前应着重考虑以下四个方面的工作[①]:适用托管企业的范围及条件,主要考虑该企业的自救能力、救助必要性、救助可能性以及对该企业进行托管是否符合该企业的整体利益;确立托管涉罪企业的决定程序;明确各方当事人的权利义务;确定涉罪企业托管的责任追究办法。

托管人接受托管后,应该结合被托管企业的具体情况,做两方面的选择:如果被托管企业尚有继续经营的可能,则可以通过制定企业合规管理制度、开展企业合规培训等措施,推动企业加强合规管理、守法合规经营;如果发现涉刑案企

[①] 《检察机关如何有效落实对民营企业司法保护》,中华人民共和国最高人民检察院网站 2019 年 4 月 29 日,https://www.spp.gov.cn/spp/zdgz/201904/t20190429_416665.shtml,2023 年 7 月 12 日。

业出现严重经营困难,难以继续经营下去,则应当考虑通过及时申请破产的方式,来最大限度地维护企业员工的利益、保障投资人和债权人的利益。

(五)过程管控

加强过程管控是实现破"三唯"理念的重要措施。主要有三个方面的建议。

一是前端过滤,避免非经济犯罪案件进入司法程序。其一,加强源头控制,进一步强化各级公安机关的法制部门对经济犯罪案件是否立案的审核监督;进一步强化人民检察院对公安机关不应当立案而违法立案情形的监督。其二,为了减少或者防止出现经济纠纷当事人的不当干预,既要解决民事生效裁判的执行难问题,确保经济纠纷当事人愿意通过民事诉讼主张权利,也要充实立案部门力量,设立专门人员及时向当事人释法说理,对复杂案件邀请专家论证,结合专家结论向当事人阐释公安机关不予立案的理由,还要严禁地方政府基于维稳需要,为了化解当事人上访等压力,要求公安机关把经济纠纷转为经济犯罪立案。其三,严肃追责为了维护地方利益,要求公安机关对不利于地方利益的有关经济纠纷当事方采取刑事措施,特别是实施跨省抓捕的地方党政负责人。

二是尽可能统一司法标准。尽快出台刑民交叉案件司法适用的司法解释,确定该类案件的适用规则;适时发布指导性案例,发挥其解决疑难复杂经济犯罪案件的功能。

三是关注司法过程中的特殊因素。对于重大疑难复杂经济犯罪案件,若存在罪与非罪方面的争议,经审委会投票或向上级请示最终获得的是有罪处理结果,应该把无罪意见作为量刑的考察因素。此举对实现刑法公正有着重大意义,例如,对一起涉及数亿元标的的合同诈骗案,一旦定罪则可能是无期徒刑,而无罪则只是将其作为经济纠纷,法律后果差距太大,对此类案件,如果存在无罪的观点,则在量刑时一定要从轻或减轻处理,唯有此,才能保证最基本的公正。

(六)独立审判

独立审判是实现破"三唯"理念的又一重要措施。实践中,一旦被告人在侦查或审查起诉阶段签署了认罪认罚具结书,则很少有律师在审判阶段做无罪辩护,即便有律师想做无罪辩护,公诉人也大多在法庭上施压,以撤销认罪认罚具结书迫使律师放弃无罪辩护。对于在侦查阶段或审查起诉阶段的认罪认罚经济犯罪案件,法院不应受制于认罪认罚具结书,而应行使独立审判权。①

保证法院独立审判权有三方面途径。一是赋予被告人享有对行为性质提出辩解的权利,该辩解不影响认罪认罚具结书的法律效力。这主要是因为有些经济犯罪的认定过于专业,被告人即便承认了犯罪事实,但其对行为性质未必真正理解。例如,某甲在合同履行过程中,实施了伪造公司印章的行为,检察院以合同诈骗罪提起公诉。如果虽然甲承认了伪造公司印章的犯罪事实,并签署了认罪认罚具结书,但其认为自己的行为构成伪造公司印章罪而非合同诈骗罪,在此情形下,应该赋予甲在法庭上对犯罪行为性质提出辩驳的权利,该辩解不影响认罪认罚的效果。2019年10月"两高三部"发布的《关于适用认罪认罚从宽制度的指导意见》对此权利也有相应的规定,即:"承认指控的主要犯罪事实,仅对个别事实情节提出异议,或者虽然对行为性质提出辩解但表示接受司法机关认定意见的,不影响'认罪'的认定。"

二是赋予律师独立辩护权,即律师无罪辩护意见不影响认罪认罚具结书的法律效力。首先,辩护人享有独立辩护权利,符合审判中心主义和庭审实质化的精神,否则,法院审理认罪认罚案件就只能是走过场,成了一种摆设。其次,相关法律法规明确规定辩护人具有独立辩护权。例如:《刑事诉讼法》第37条明确规定,"辩护人的责任是根据事实和法律,提出犯罪嫌疑人、被告人无罪、罪轻或者减轻、免除其刑事责任的材料和意见,维护犯罪嫌疑人、被告人的诉讼权利和其他合法权益";全国律协《律师办理刑事案件规范》第5条第1款明确,"律师担任辩护人,应当依法独立履行辩护职责";《关于适用认罪认罚从宽制度的指导意见》第15条明确规定,"辩护律师在侦查、审查起诉和审判阶段,应当与犯罪嫌疑人、被告人就是否认罪认罚进行沟通,提供法律咨询和帮助,并就定罪量刑、诉讼程序适用等向办案机关提出意见"。最后,辩护人在认罪认罚具结书中的角色为"见证方",其独立辩护意见不影响被告人所作出的意思表示。"认罪认罚具结书是犯罪嫌疑人与公诉机关双方协商与合意的结果,也是双方共同沟通协商、共同认可的法律文件,具有法定的效力","当被告人经过权衡以后,自愿、真实地选择

---

① 实践中出现的"被告人认罪认罚,辩护人作无罪辩护,法院作无罪判决"的个案,法院高度评价其意义:一是体现了人民法院坚持实质审查、证据裁判的现实意义;二是体现了辩护人在认罪认罚案件中独立辩护的重要价值;三是体现了司法机关在认罪认罚案件中互相制约的客观需要。参见河南省高级人民法院公众号"豫法阳光",2023年8月29日。

对自己最有利的认罪认罚从宽程序后,其对选择该程序的法律后果已经明确且有预期的情况下,不能因为辩护人基于其辩护职责而提出的无罪辩护让这一预期落空而承担不利的后果"。①

三是法院在办理认罪认罚案件时要坚持证据裁判原则。坚持证据裁判原则是以审判为中心的刑事诉讼制度的基本要求。2019年"两高三部"《关于适用认罪认罚从宽制度的指导意见》第3条明确规定:"办理认罪认罚案件,应当以事实为根据,以法律为准绳,严格按照证据裁判要求,全面收集、固定、审查和认定证据。坚持法定证明标准,侦查终结、提起公诉、作出有罪裁判应当做到犯罪事实清楚,证据确实、充分,防止因犯罪嫌疑人、被告人认罪而降低证据要求和证明标准。对犯罪嫌疑人、被告人认罪认罚,但证据不足,不能认定其有罪的,依法作出撤销案件、不起诉决定或者宣告无罪。"最高人民法院审判委员会副部级专职委员、二级大法官沈亮在《人民法院报》刊文指出:认罪认罚案件"要坚持证据裁判原则。坚守'事实清楚,证据确实、充分'的法定证明标准,无论被告人认罪与否、刑罚轻重,都应当适用统一证明标准,不能因为被告人认罪,就降低证明标准,对本应疑罪从无的案件按认罪认罚从宽简单处理","各级人民法院要忠实履行宪法法律赋予的刑事审判职责,在分工负责的基础上加强配合、完善制约,严格依法办案,切实把好事实证据关、法律适用关、审判程序关,保障无罪的人不受刑事追究、有罪的人受到公正惩罚"。②

---

① 徐世亮、赵拥军:《认罪认罚具结书的效力是否应受庭审中辩护人和公诉人抗辩的影响》,《人民法院报》2020年1月2日,第6版。
② 沈亮:《凝聚共识 推进认罪认罚从宽制度深入有效实施》,《人民法院报》2021年7月22日,第5版。

第一章 非法吸收公众存款罪与集资诈骗罪

非法集资,在近十年的司法实践中成为热点。本章根据对近五年非法吸收公众存款罪和集资诈骗罪裁判文书的数据分析,探求司法裁判的实践规则。有学者将非法集资分成生产型集资、投资型集资和诈骗型集资,对其定罪量刑加以区分,这与有学者提出"非吸出罪化"在底层逻辑上是一致的,即对于有真实、合法资金用途,由于市场变化造成经营亏损的,不能因为投资人众多的兑付压力而予以定罪量刑,因为此种情形下的定罪量刑并不解决现实问题,相反给司法机关带来了难以承受的困境。对于非法集资案件,与定罪量刑相比较而言,设法实现投资人的资金兑付是案结事了的最终目的,因此在罪名设计、追责方式、涉案资产优化处置等方面均需要坚持问题导向,充分利用市场化手段,切实做到法律效果与社会效果的统一。

第一节 罪名适用概览与文献综述

一、罪名适用概览

非法吸收公众存款罪和集资诈骗罪俗称非法集资犯罪。从教义学上和法条上考查,这两个罪名的差别很明显,也很简单,就是行为人是否具有非法占有目的。然而这是一个主观要件,需要从客观行为、案件背景、经营环境等外在因素来进行综合判断,实务中是困难的,并不容易界定清楚。故有些时候,在一个案件中,谁定集资诈骗罪名,谁定非法吸收公众存款罪名,就显得有些随意,引发投资人、被告人和司法机关都有不满意情绪。

集资诈骗罪和非法吸收公众存款罪的案件数量近年来仍是增长趋势,2017—2021年的数据分别见图1-1、图1-2。

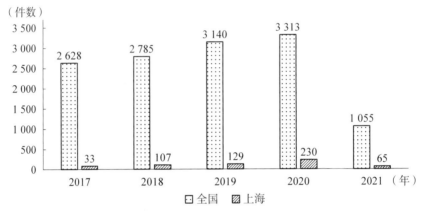

图1-1　集资诈骗罪历年案件数量

(资料来源:最高人民法院裁判文书网)

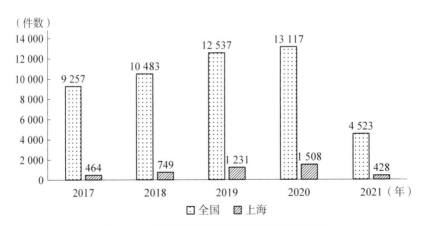

图1-2　非法吸收公众存款罪历年案件数量

(资料来源:最高人民法院裁判文书网)

上述两图可以直观反映出两个罪名的案件数量从 2017—2020 年一直呈上升趋势,2021 年开始下降。笔者认为,这与我国从 2018 年开始的 P2P 网贷平台整治有关,即到 2020 年已经基本关停了全部 P2P 平台。这反过来也足以证明,P2P 网贷这一业态在野蛮生长下给我国造成了巨大的不可修复的严重后果,不仅仅是民众投资者,还有司法机关,也应当包括那些莫名进入这个领域的本有较好教育背景和职业背景的优秀人才。

为进一步研究,本章梳理了上海地区 2020—2021 两个年度的案件判决文书,其中集资诈骗罪 18 份(21 名被告),非法吸收公众存款罪 294 份(543 名被告),进行细致的研究(如表 1-1 至 1-7 所示)。部分案例未公布所有信息。

1. 量刑幅度

表 1-1 量刑幅度　　　　　　　　　　　　　　　单位:人

罪名	免予刑事处罚	缓刑	3 年以下(未适用缓刑)	3—10 年	10 年以上	无期徒刑
集资诈骗罪	0	0	0	13	7	1
非法吸收公众存款罪	1	298	128	114	0	0

注:集资诈骗罪的量刑多数是 3—10 年,非法吸收公众存款罪的量刑多数是 3 年以下有期徒刑和缓刑;另外,非法吸收公众存款罪的案例中有两位是单位被告。

2. 非法集资金额与量刑的关系

表 1-2 集资诈骗罪金额与量刑　　　　　　　　　　单位:人

量刑	非法集资金额					
	500 万以下	500 万—5000 万	5000 万—1 亿	1 亿—10 亿	10 亿—100 亿	100 亿以上
3—10 年	4	4	3	0	0	0
10 年以上	0	6	0	1	0	0
无期徒刑	0	0	0	1	0	0

注:非法集资金额达到 1 亿以上的,是 10 年以上有期徒刑、无期徒刑的重要考虑因素。

表1-3 非法吸收公众存款罪金额与量刑　　　　　　　　　　　　单位：人

量刑	非法集资金额					
	500万以下	500万—5000万	5000万—1亿	1亿—10亿	10亿—100亿	100亿以上
免予刑事处罚	0	1	0	0	0	0
缓刑	57	131	27	63	16	5
3年以下	28	50	19	23	7	0
3—10年	1	18	12	46	32	5

注：虽然2021年3月1日《刑法修正案（十一）》实行，非法吸收公众存款罪的量刑幅度已经提高至十年以上有期徒刑，但从实践来看，判决量刑尚处于谨慎阶段，可能也是一种理性过渡，避免在办案件的量刑产生较大波动。

3. 集资诈骗未兑付金额与量刑的关系

表1-4　集资诈骗未兑付金额与量刑　　　　　　　　　　　　　　单位：人

量刑	未兑付金额					
	500万以下	500万—1000万	1000万—5000万	5000万—1亿	1亿—10亿	10亿以上
3—10年	6	1	3	0	0	2
10年以上	0	1	4	0	1	0
无期徒刑	0	0	0	0	1	0

注：未兑付金额达到500万的，出现了10年以上的量刑；未兑付金额达到1亿元以上的，出现了无期徒刑的量刑。另有2人的判决书上未载明未兑付金额。

4. 非法吸收公众存款罪已兑付比例与量刑的关系

表1-5　非法吸收公众存款罪已兑付比例与量刑　　　　　　　　　单位：人

量刑	已兑付比例			
	30%以下	30%—50%	50%—85%	85%以上
免予刑事处罚	0	0	0	1
缓刑	63	28	59	27
3年以下	38	16	30	22
3—10年	30	20	38	8

注：已兑付30%以下的，案件数量最多，可见整体上投资人的受偿比例有限。另有163人未公开兑付比例。

5. 被告人的年龄段

表1-6 被告人的年龄段　　　　　　　　　　　　　　　单位：人

罪名	20—30岁	30—40岁	40—50岁	50—60岁	60岁以上
集资诈骗罪	0	8	7	5	0
非法吸收公众存款罪	34	221	121	95	46

注：非法集资案件的犯罪主体人群集中于30—40岁。集资诈骗案例中有1未成年被告未披露年龄；非法吸收公众存款案例中有24人未显示年龄，另有2单位被告。

6. 被告人学历

表1-7 被告人学历　　　　　　　　　　　　　　　　　单位：人

罪名	本科以下	本科	硕士研究生	博士研究生
集资诈骗罪	12	0	2	0
非法吸收公众存款罪	106	67	7	0

注：犯罪行为人中学历为本科以下的是主体人群。集资诈骗案例中有7人未载明学历；非法吸收公众存款案例中有363人未载明学历。

二、研究文献综述

传统意义上的非法集资，主要发生在实体企业基于经营中的资金困难和融资渠道的限制，转而向周围人和社会公众借款，许以高额利息，类似于非公开发行股票或者说公开吸储。随着时间的推移，非法集资的外在形式也陆续发生着改变，最初就是纯粹的民间借贷，从亲戚朋友，到企业员工，再到企业员工的亲戚朋友，层层传播开去借款。早在2010年之前，这种传播速度和人员广度，都是有限的，集资金额多数停留在百万元规模，鲜有千万元以上规模的。随着市场化程度的不断提高，经营方式的多样化，企业形式也丰富起来，合伙企业的出现给原始股、隐名股东、持股平台、契约股东等融资方式带来了便捷，集资规模逐步攀升。

互联网技术的广泛应用，给日常生活方式、工作方式都带来巨大的变化，这当然包括非法集资的外在形式。互联网消弭了时间和地域的界限，使得集资的速度和广度可以在瞬间达到无限，进而使得集资金额迅速超过1亿元、10亿元、

100 亿元、1000 亿元,集资对象遍布全国(甚至有全球性的集资事件)。这些变化使得非法集资行为的侦查办理、案情梳理、定罪量刑、资产处置等都陷入了实操上的困境。

面对此种困境,有学者提出,"在 2010 年颁发的《审理非法集资刑案的解释》中,在继续沿袭形式认定这个长期通行标准的基础上,又增设了'实质认定标准',即借用合法经营的形式吸收资金,借此给司法机关提供了认定的'第二把手术刀',由此形成了现在'非法性'认定的二元标准"[1]。特别是 2019 年"两高一部"发布的《关于办理非法集资刑事案件若干问题的意见》,将"非法性"中的"法"的范围几乎扩大到各层级法律法规、规定和规范性文件,从"两高一部"的司法解释,到人民银行、银保监会、证监会的部门规章和有关金融管理的规定、办法、实施细则等,这对刑事打击非法集资活动中"法"的适配性起到了更加便捷的作用,但这会同时无限度地扩大打击范围,使得"实质认定标准"的把握增加了难度。

为此,有学者对集资行为予以细化,提出"从集资者有无实际资金需求来看,非法集资大体可以分为三大类:第一类生产型集资,即集资者因生产经营活动的需要而向社会公众集资;第二类是投资型集资,即集资者基于转贷、理财等目的而向社会公众集资;第三类是诈骗型集资,即集资者根本没有正常的融资需求,而是意图通过集资活动骗取他人财物"[2]。对此,笔者认为生产型集资,如果用于实际生产经营,即使集资行为符合"四性"要求,原则上也应当无罪,除非具有非法占有目的,那也就是集资诈骗罪;而对于投资型集资,需要严格"非法性"的认定标准,否则在市场上利用投资之形、行套利之实的欺骗行为比比皆是,打击范围过广;第三类的诈骗型集资,从逻辑上来看,与生产型集资、投资型集资相比较,不属于同质行为,诈骗行为既可以存在于生产型集资中,也可以存在于投资型集资中,三者不属于同一逻辑线条。与此相呼应的是有学者提出的"对非法吸收公众存款罪予以出罪化",并对集资诈骗罪的罪状予以修正,以完善对非法集资行为的刑事规制,并建议修正法条为:"在吸收或者变相吸收公众资金过程中,违背约定使用资金,造成资金提供人损失,数额较大的……"构成非法集资犯

---

[1] 王新:《民间融资的刑事法律风险界限》,《当代法学》2021 年第 1 期,第 64 页。
[2] 叶良芳:《总体国家安全观视域下非法集资的刑法治理检视》,《政治与法律》2022 年第 2 期,第 56 页。

罪。① 既然"违背约定使用资金",则必然存在欺诈行为,在此前提下,如果将欺诈骗取的资金用于生产、经营,未造成损失的,不构成犯罪;造成损失的,则具备构成犯罪的要件。然而,现实情况还会存在损失产生的原因不同,是生产经营亏损,还是具有非法占有目的的挥霍、转移,这仍然需要进一步区别罪与非罪。

对此情形,有学者提出,应通过罪名体系的调整,在罪名上体现阶梯衔接性,充分遵循罪责刑相适应的原则,以"非法吸收(公众)资金罪(非法吸收公众资金行为)—骗取集资款罪(不具有非法占有目的,欺骗事实合法或非法集资行为)—集资诈骗罪(具有非法占有目的,用欺骗的方法非法集资)—诈骗罪(以集资为名骗取他人财物)"的递进关系为顺序,形成集资诈骗罪罪名群。② 笔者认为,"骗取集资款罪"与上述"违背约定使用资金"的意思表述类同,在非法吸收公众存款/资金罪仍保留的前提下,增加"骗取集资款罪"具有一定的可取性,但应当区分是否用于实际生产经营,且同时考虑是否造成损失,只有同时存在"骗取"行为和造成"损失",才有惩处的必要性;如果进一步限缩范围的,还需要存在"非法占有目的"类行为,才可构成"诈骗"类犯罪。上述罪名体系中的"集资诈骗罪"和"诈骗罪"作为两个罪名来设定,笔者认为不够严密。从实务案例来看,两诈骗罪名使用情形的区别在于,普通的"诈骗罪"通常是单一行为和单一的非法占有目的,而"集资诈骗罪"则存在于越来越复杂的现代市场交易中,尤其是投资型集资行为,五花八门、眼花缭乱的交易结构设计,不仅仅普通投资者难以分辨,主管部门和司法机关也会一时难以厘清或者无精力去厘清,罪名和构成要件的设置有待进一步整理和完善。

在当下的非法集资案件处置中,另一个困境就是如何看待提供资金的投资者,其司法地位和财产保护方式如何设定。有学者提出,非法集资投资者的行为分为主动和被动的集资参与行为。"主动集资参与行为是指行为人明知他人是在进行非法集资活动,为获取高额利息而不顾自身财产遭受损害风险,积极主动参与集资的自陷风险行为","被动集资参与行为,是指行为人虽然客观上参与了他人组织的非法集资活动,但其自身缺乏对于集资活动的违法性认识,也不具有参与非法集资谋利的主观目的,具有被动受欺骗参与非法集资活动的属性","行

---

① 裴长利:《非法吸收公众存款罪实证研究》,复旦大学出版社2019年版,第195页。
② 刘伟:《集资诈骗罪的司法困境与罪群立法完善》,《政治与法律》2021年第5期,第48页。

为人的被动形式,又包括单纯地认为是在帮助他人解决暂时的资金困难而实施的民事借贷行为,和误以为是在进行正常的投资理财活动"。① 这个分类方法,相当于界定集资参与人与被害人的界限,看上去是清晰的,个案处理时却是模糊的,因为主动与被动属于主观心理状态,客观行为上的积极、主动难以分辨,特别是私募基金领域的非法集资案件,在基金备案合法外衣下,更加不能分辨投资者的主观状态。同时,实操上的难度更是明显的,因为投资者众多,无法一一甄别。

因此,对司法机关处置互联网技术支撑下的非法集资案件,除法律之外的现实困难是工作量的难以应对。一个非法集资规模达到百亿元以上的案件,平台参与员工数量、参与集资的投资人数量、资金投入产业领域类别、资金投资交易方式、跨地域等方面的复杂,都给司法人员带来了难以完成的工作量叠加,虽然在理论上不应该是困难的,但客观上是无法应对的,因为没有足够的司法资源。

第二节 罪名适用中的疑难问题

随着非法集资案件的规模越来越大,实务处置中面临的疑难问题也日益凸显,造成了案结事未了,投资人对资产兑付不满意,被告人对定罪量刑不满意,司法机关对该类案件的处置不堪重负,各方之间的矛盾和抵触情绪累积,亟待疏通和化解。

一、平台非核心员工职务行为的出罪化

如果简单将所有曾在非法集资企业任职的员工,按照其在企业的任职岗位等级来定罪定责,虽是一种简单、快速、便宜的处置方式,但必然会出现对个别员工、特殊情形下的不当处置。刑事责任的科处应当慎之又慎,其不仅是对个人身体自由和财产的惩处,其家庭、朋友、新同事、新单位均会受到牵连,甚至出现不可预见的更加严重的后果,比如父母不堪心理压力之大而生病、死亡等。

因此,在金融类非法集资案件处置中,对于个体行为的刑法评价仍然应当秉

---

① 时方:《非法集资犯罪中的被害人认定——兼论刑法对金融投机者的保护界限》,《政治与法律》2017年第11期,第45—46页。

持罪责刑相一致、主客观相一致、形式与实质相一致及罪刑法定原则,并且应当坚守刑法谦抑精神。

比如,一个投资类非法集资平台,在崩盘之前已经正常经营多年,收到众多市场评选机构甚至是官方的各种奖项,不乏官方人士、知名人士、权威人士前往公司"考察",甚至已经上市或者正在上市的过程中。从普通人的视角来看,这些平台是优质的公司,是让人向往的理想工作场所,如果能够进入该平台工作,是一件令周围人羡慕的事情。为此,一个个毕业于名校金融专业,或者在金融机构、其他专业机构工作的人们,都争先恐后加入。入职后亦是完成公司交办的日常工作,不排除员工在履职中发现公司的违规之处但并不掌握公司全貌,有的及时离职了,有的侥幸留下,其中不乏不参与非法集资行为的后台人员,那么针对不同背景、不同的工作岗位、不同时期离职、获得不同报酬等,这些不同的情形,均应当在定罪量刑时加以厘清、考量。

另一个需要考量的细节是一个最终崩盘的非法集资企业,并不是自始就从事非法集资行为的,简单来说可以分为合法经营和非法集资两个阶段。如果一个员工,在企业合法经营阶段入职,在进入非法集资阶段前离职了,那么该员工是否需要对该企业最终的崩盘负责?如果从企业经营的业务类型中难以厘清合法与非法的阶段,仍不能仅看其是否曾在企业任职过,即使是高管,也要看其对非法集资行为的参与程度,做到罚当其罪、主客观相一致。

二、被告人的退赔范围

实务中关于退赃退赔责任的范围问题,集资诈骗需要承担共同侵权赔偿责任,似乎争议不大,但非法吸收公众存款罪下的被告人退赔范围,存在争议。"非吸"罪名下的普通员工,定罪后的退赃退赔责任是以其非法所得为限,还是以其参与的非法集资金额为限,存在争议。是否需要扣除其合理的工资部分,实务中不同地方的法院执行尺度亦有不同。

笔者认为:"集诈"罪名下应当以非法集资的金额为限,因为存在非法占有目的,相互之间承担连带偿还责任,但是也有积极参与者被定性为集资诈骗罪,但其获取的非法收入仍然仅限于工资,并未从平台上得到分成,即难以认定具有非法占有目的,进而其需要承担的赔偿责任范围是否应当限制在非法所得范围,也有争议。非法吸收公众存款罪名,强调的是对其行为进行打击,被告人属于行为犯,不应当对非吸金额承担赔偿责任,至多是没收其违法所得,且应当扣除其应当获得的合法工资。况且,现实中如果以非法集资金额为限的赔偿责任,多数是落空的,因为集资金额之巨,崩盘后无人能够偿还,这会造成投资人对司法机关的怨言,也不符合罪责刑相一致的原则。

三、投资人诉讼地位的合理界定

当下在非法集资案件的处置中,投资人在司法上的诉讼地位被界定为"集资参与人",这引发了投资人的普遍不满。当下P2P类非法集资案件已近尾声,多数是私募基金类的非法集资案件,以下将从私募基金崩盘案件的角度来进一步阐述投资人诉讼地位的界定问题。

鉴于《防范和处置非法集资条例》第3条明确了非法集资人和非法集资协助人这两个角色,并未直接界定"集资参与人"的概念,那么可以得出该"集资参与人"就应当是指我们一般意义上所说的投资人。因为近五六年来P2P对普通投资人的灾难性打击,同时鉴于我国现有法律框架下对于非法吸收公众存款和集资诈骗这两个罪名下投资人并非刑法意义上的被害人的界定,使得私募基金投资人在私募基金崩盘后被定性为非法集资罪名时的相关权利处于非常尴尬的境地,无法得到充分保障。到底是"集资参与人",还是"被害人",一时变得无人能够说得清楚,也没有官方的明确界定,但人人又觉得奇怪,法律逻辑和事实逻辑均有不通畅之处。很多私募基金投资人在私募基金崩盘进入刑事司法程序后,都会无助地问出:我投的是国家备案的私募基金,应当是合法的,怎么就变成非法集资了呢?而我是购买了合法的私募基金,我是合格投资人,怎么我却成了非法集资的参与人了呢?这些问题是朴素的、简单的,亦是直接的、不容回避的,需要得到法律明确的回答,然而至今貌似尚未得到充分且清晰的答复。

如果一个人积极主动地参加非法集资活动,其应承担相应的法律责任,有其主观过错的基础。从这个角度出发,私募基金的资金募集活动,的确是有投资人等的积极参与,似乎符合"参与"这一特征。但投资人积极"参与"的是对私募基金产品的投资行为,在投资人"参与"购买产品的时空下,私募基金是通过备案的合法投资形式。在此合法前提下,投资人的积极"参与"行为是合法的,没有任何违法之嫌;而如果私募基金被认定为非法之后,则只能说是不法募集资金的行为人利用了私募基金的合法形式,骗取了投资人的信任。在不法行为人欺骗的情况下,当时投资人的行为并不是其真实意思表示的行为,从民事行为合法性的角度来说,就是无效行为。无效行为的后果,应由过错方来承担责任。那么就私募基金的募集资金行为的过程来看,投资人不存在违反任何强制性法律规定,应当是无过错的,因为其所投资的私募基金是由经过了合法登记备案的基金管理人发行的经过了备案的基金产品,从其行为本身来说,不能确定其存在过错。这里唯一需要考虑过错可能的是,私募基金是否存在保本保息的不符合投资行为具有风险特性的问题,而这个问题需要区分是否为投资人所明知。如果明知,则本质上是一种借贷关系,不是投资行为;如果是借贷关系,则在当前法律框架下是私募基金管理的禁止性行为,是只能由有吸储资格的银行等金融机构才能从事的吸储行为。同时需要考虑的是,我国当前社会环境下,投资人群体的客观状况怎么样?特别是需要考虑投资人对金融投资行为风险性质的理解问题。从现有的已经发生的数百亿规模的私募基金崩盘刑事案件的投资人结构来看,不法分子存在普遍的不公开或者半公开地向投资人承诺无风险的销售行为,或者是通过基金产品的一线销售人员的个人承诺的方式来实现对投资人的无风险欺诈,造成了难以挽回的严重后果。故私募基金投资人对被认定为非法集资的崩盘私募基金的"参与"行为,不能简单地因为非法集资罪名的确定而改变投资行为发生当时的合法属性。

笔者认为,赋予对合规发行的私募基金诈骗崩盘刑事案件投资人以"被害人"身份,受到了越来越多的实务界和理论界人士的支持。私募基金针对投资人的诈骗行为,是针对不特定对象的集合型诈骗,其行为与非法集资行为存在区别。如果没有任何欺诈行为的存在,损失系由市场波动造成,甚至是因为投资决策人员的一时失误,而非重大过错或者主观恶意,都应当是民事纠纷的范畴,可以根据各方当事人的过错大小来承担损失。如果存在欺诈行为,且该等行为造成了基金崩盘并进入刑事法律规制范畴,这时则需要从法律逻辑一致性的角度来界定这些行为的刑事责任,即应当认定为诈骗犯罪,而不是因为涉众且金额巨大,就当然适用非法集资犯罪处置。否则,如果一旦合法备案的私募基金崩盘,就认定私募基金投资人为有非法集资属性的"集资参与人",在私募基金投资人资产被所谓的"合法私募"骗取财产的情形下,又被戴上"集资参与人"称谓,必然产生二次怨气。因此,在认定为诈骗犯罪的前提下,相应赋予私募基金投资人以刑事"被害人"身份,赋予刑事诉讼程序上的诉讼参与人地位及相应的权利,特别是包括聘请诉讼代理人、申请阅卷、参加庭审、发表意见、参与资产处置程序等权利,能起到较好的释法作用,并对投资人起到积极的正向引导作用,可以有效避免社会不稳定因素的发生。

四、"行刑民三合一"审判方式的必要性

从现实社会客观情况来看,当下的金融类非法集资案件与该非法集资罪名设立时的情形,已经相去甚远。该罪名设立之时,立法主要考量的是实体性企业的非法集资行为破坏金融管理秩序,而如今多数几乎完全是"空对空"的所谓投资理财类经营,比如以不良资产处置、票据质押、PPP项目融资、养老地产等名义,套路是一样的,就是用"概念"包装项目后向投资人募集资金,至于这个项目将来是否获利,不是其所关心的。其关心的是不断地包装项目、不断地融资,如此即可获得资金使用权,至少是管理费,还不包括每次从融资方获得的财务费、中介费等。而且,这中间会伴随着资金池、期限错配、挪用、挥霍、侵吞等种种肆意行为,直至走向崩盘。

近十多年来,金融类非法集资案件花样翻新,出现了很多新情况新问题。外在表现形式不仅仅是某一个企业为了骗取资金,赤裸裸地以高息吸收他人资金,那太高调,没有技术含量;出现更多的是,不法分子"充分、精准、有效运用"现代金融手段,开展诸如股权转让、股份代持、持股平台、私募基金投资、管理人层层嵌套、股票重复质押、信托通道业务、银行委托贷款、借壳上市、操纵证券、境外美元基金、境外上市、区块链、虚拟币等传统业务融合新生事物,"杂糅起来",有机组合在一起。而且这些企业经营多年,获奖多多,真真假假,有实有虚,让投资者眼花缭乱,无法拨云雾而见真实。

在以上新类型金融类非法集资案件中,不乏高精尖人才参与,也不乏各类金融机构、中介组织的参与。司法实务部门想要做到案结事了的难度之大、线条之多、领域之广,未经历者是难以体会具体处置部门的"当家之难"的。

2021年5月1日生效的国务院《防范和处置非法集资条例》,在规范行政方式处置非法集资行为的同时,对于行刑监管衔接做了一些规定。最高人民检察院也在2021年对行刑衔接问题做了一定的规定。早在2014年"两高一部"《关于办理非法集资刑事案件适用法律若干问题的意见》(下文简称2014年《司法解释》)中就有涉及行政与刑事处置的衔接问题,2022年《最高人民法院关于审理

非法集资刑事案件具体应用法律若干问题的解释》(2022 修正,下文简称 2022 年《司法解释》)第 3 条第 2 款第 2 项"二年内曾因非法集资受过行政处罚的",和第 6 条第 3 款对"对依法不需要追究刑事责任或者免予刑事处罚的,应当依法将案件移送有关行政机关"的规定,是对此前其他部门提出的行刑衔接程序设计的回应。

然而,当下金融类非法集资案件处置中的行刑衔接,给实务人员的感受仍然是不顺畅的。同时,现实中出现了不同行政部门均不愿主管的模糊地带,比如设置有托管人的私募基金,要不要行政部门监管?如果要,那是证监会还是金融监管总局监管?中国证券投资基金业协会(简称中基协)又是一个什么样的存在?私募基金从业人员和投资人经常说,没有爆雷之前是有人管的,爆雷之后是都不想管的。之前一段时间,私募基金案件在进入刑事立案之前,需要证监会出具相关的违规认定意见,这一做法从审慎角度是对的,但会给现实的爆雷企业的资产保护带来风险,也不利于对不法分子的迅速打击,因为行政认定程序会存在数个月的时间差。按照投资人的观点,这中间不排除存在主管部门的监管失职,造成涉案资产的流失。与行政部门监管责任相应的,是案件被刑事处置后的资产梳理和民事赔偿责任的认定,目前是不同步的,这造成除了作为被告人的刑事责任得到确认外,其他的非法集资协助人、与集资企业开展交易的合作方、中介服务机构等相关方的责任有待厘清。相应的民事赔偿责任如何认定,似乎处于空白状态,有待弥补。

综合以上情况,笔者建议对于涉众型、重大疑难复杂的金融类非法集资案件的处置,引入"行刑民三合一"的处置方式,同步厘清各方的行政责任、刑事责任和民事赔偿责任,一揽子解决。

虽然从现实的角度来说,"行刑民三合一"的处置方式,实施起来需要调动多方力量,存在各种问题和矛盾,甚至需要调整各部门的职责分配,障碍颇多,但为了更加有效处置金融类非法集资案件,我们需要采取更加直接、更为有效的方式,化解当下处置过程中投资人、被告人、司法机关皆面临的不堪重负的局面。

根据多年来数十起重大疑难金融类非法集资案件办理的直接感受:在刑事定罪量刑上,虽然非法集资案件涉及的人员众多,但是真正的不法分子也就是那么一小伙人,对于这些人应当从严打击,而对于其他的消极的、被动的参与者,当慎用刑法;在资产处置上,我们更多地需要将非法募集的资产加以厘清,将非法交易给予否定,将不法获利予以追缴,力争最大限度地恢复原状,以弥补投资人损失,平息纷争;在行政监管上,应尽可能地把工作重心前移,充分做到事前防范和事中纠偏,避免出现监管失控的困境。这需要行政、刑事、民事三方责任追究的主导机构共同参与、无条件协调处置,并行推进,不给不法分子以可乘之机,杜绝漏网之鱼。

五、引入破产重整程序处置涉案资产

几乎每一个爆雷的"盘子",都有投资人喊出是否存在提前兑付、紧急兑付、不当兑付的质疑。对此,笔者认为,可以结合上述"三合一"处置方式的设计,在爆雷时即先由行政机关介入并接管,同时申请法院紧急指定管理人,全面托管爆雷企业,及时掌控并清理涉案资产。这有利于发挥管理人的专业特长,比如会计师或者律师,必要时可以组成管理人小组,在商事领域中将涉案资产的价值做到优化,也同时减轻行政机关、司法机关的工作压力。

爆雷时,可能难以确定一个具体的时间点,但可以在金融类非法集资处置条例的下一次修订中加上一定的量化标准,比如:持有超过一定比例投资份额且达到一定人数的投资者举报、已经行政处罚后再次被相同事件举报且查证属实的、企业拒绝配合核查财务资料超过三日的等情形,行政机关可直接宣布进入托管程序;必要时,可以设置一定期限的行政监管期,但必须立即对企业的财务进行托管,避免涉案资产的不当流失。

同时,鉴于司法审判的严肃性,在刑事案件判决生效之前,指定管理人仅限于完成清算工作,追讨应收账款,维护涉案资产的保值增值。但需要特别赋权,对于易贬值和有时间窗口的资产,应当赋予指定管理人以相应的专业处置权,避免司法程序的冗长而造成涉案资产的价值缩水。

待主要犯罪人员刑事判决生效后,即可进入资产处置阶段。对于投资人来说,更重要的方式是对于一些有较大价值增长空间的资产,不可以简单地拍卖、变卖,而是应当采用优化的市场处置方式,如资产重组、转让、再投资等。甚至说,我们可以引入新的战略投资者来盘活资产,比如即将上市的公司原始股权、即将完工的在建工程、即将完成报批手续的养老园区等,必要时相关政府机关可以在法律法规允许的范围内给予一些配套政策支持,多层次、多维度协作,以实现资产的市场价值最大化,最大程度弥补投资人损失。

六、赋予投资人对基金所投资财产的直接追索权

实践中,令投资人无法理解的困境之一是基金管理人拿着向投资人募集而来的资金去投资了某个项目,在基金管理人故意回避或者因为刑事追责而导致运营失灵之后,因为投资人与基金投资项目之间存在着基金管理人的主体间隔,投资人无法直接向基金投资项目主张返还资金和获得收益的法律主张权利,甚至在明知基金管理人在管理投资项目过程中会损害投资人利益时也束手无策,因为不具有合同法律关系的相对性。当前的法律适用机械地用这类合同相对性、诉讼权利主体资格等外观性法律权利来否定投资人对自我资金保护的权利主张,应当从法律制度设计上加以改变。本质上,基金管理人对于投资人来说是一种概括的委托关系、契约关系,更进一步则属于信托关系。然而,尽管信托关系并非一经成立就不可变更,但实践中往往因为投资人分散在全国各地,根本无力互相取得联系并根据基金合同约定的议事规则做出有效决议,导致基金管理人故意回避或者因为刑事追责后,私募基金管理完全停摆。另一方面,对于融资人来说,在知道管理人是私募基金的前提下,不可能不知道资金来自投资人,也就是说资金的所有权属于投资人,管理人只是接受约定的委托管理,这一点融资人应当是明知的。所以,一旦发生基金管理人故意回避管理义务或者因为刑事追责而无法进行管理行为时,投资人应当有权通过特定的机制在形成有效决议后代替基金管理人予以直接主张资金权利。至于融资主体可能涉及的上市规则要求等,在此种情况下可以作为例外处置,不视为违反。

第三节 罪名适用中的典型案例

一、姜某某非法吸收公众存款罪上诉案

(一)案件介绍[1]

2012年10月,原审被告人姜某某经人介绍,获悉上海荣某投资管理有限公司

---

[1] 上海市第二中级人民法院刑事判决书(2021)沪02刑终219号。

以入伙有限合伙企业的形式对外发售高额固定收益的理财产品,遂向翟某某推荐上述理财产品。后经翟某某推荐,陈某某、叶某某等人向其任职的公司客户推销上述理财产品,上述人员均从中获取提成。经司法会计鉴定,姜某某推荐翟某某、陈某某、叶某某等人销售上述理财产品金额共计人民币1110万元(以下均为人民币)。

2020年7月10日,原审被告人姜某某被公安机关抓获,到案后如实供述了犯罪事实,并主动退赔30万元。

上海市静安区人民法院认为,原审被告人姜某某违反国家有关规定,非法吸收公众存款,扰乱金融秩序,数额巨大,其行为已构成非法吸收公众存款罪。在共同犯罪中,姜某某系从犯,其到案后能如实供述自己罪行,依法减轻处罚,并适用缓刑。依照《中华人民共和国刑法》第176条第1款,第25条第1款,第27条,第67条第3款,第72条第1款、第3款,第73条第2款、第3款,第64条和《中华人民共和国刑事诉讼法》第15条之规定,以非法吸收公众存款罪判处被告人姜某某有期徒刑9个月,缓刑1年,并处罚金人民币2万元;在案扣押、冻结款项分别按比例发还集资参与人;不足部分责令继续退赔并按照同等原则分别发还。

上诉人姜某某对原判认定的犯罪事实无异议,但希望能退赔涉案投资人损失,请求本院对其免予刑事处罚。

另查明,姜某某于2021年3月29日退赔1047.61万元至上海市静安区人民法院。

二审法院认为,上诉人姜某某违反国家有关规定,参与非法吸收公众存款,扰乱金融秩序,数额巨大,其行为已构成非法吸收公众存款罪。在共同犯罪中,姜某某系从犯,到案后能如实供述犯罪事实,原判并无不当,二审中姜某某巨额退赔,弥补投资人损失,可对其免除处罚。据此,根据《中华人民共和国刑事诉讼法》第236条第2款、第15条,《中华人民共和国刑法》第176条第1款、第25条第1款、第27条、第67条第3款之规定,判决如下:

一、撤销上海市静安区人民法院(2020)沪0106刑初1398号刑事判决。

二、上诉人姜某某犯非法吸收公众存款罪,免予刑事处罚。

（二）简要点评

1. 退赔退赃后，可免予刑事处罚或者作无罪处理

2014 年《司法解释》第 4 条："为他人向社会公众非法吸收资金提供帮助，从中收取代理费、好处费、返点费、佣金、提成等费用，构成非法集资共同犯罪的，应当依法追究刑事责任。能够及时退缴上述费用的，可依法从轻处罚；其中情节轻微的，可以免除处罚；情节显著轻微、危害不大的，不作为犯罪处理。"

2022 年《司法解释》第 6 条："非法吸收或者变相吸收公众存款，主要用于正常的生产经营活动，能够在提起公诉前清退所吸收资金，可以免予刑事处罚；情节显著轻微危害不大的，不作为犯罪处理。"

2022 年《司法解释》在 2014 年《司法解释》的基础上，进一步放大退赔减轻的适用范围，这符合经济犯罪用经济的方法来解决，弥补相应的法益损害。结合 2021 年国务院的《防范和处置非法集资条例》，架构出非法集资处置的组合拳，做好行刑衔接，可以有效将非法集资在可控的规模下加以遏制，避免出现刑事处置下的"心有余而力不足"的情形。

2. 退赔退赃在司法程序上的宽容做法，值得鼓励

2014 年《司法解释》没有对退赔退赃在程序上的时间节点有要求，但通常的做法是在公安侦查阶段和检察院审查起诉阶段，至多也是在法院一审宣判之前，而上述案例中的退赔发生在一审判决之后、上诉程序中，最后得到了二审法院的宽容处置，给予免予刑事处罚，比较少见，但该种做法值得肯定。

进一步来说，案例中的被告人姜某某，本身并不是非法集资平台的正式员工，按照民间的说法，其属于"二道手"，相当于"黄牛"，靠给非法集资平台获得更多的募资来赚取提成，这是一种投机行为，虽然实际上扩大了非法集资的规模，但主观上的犯罪认识、犯罪故意是非常弱的，对其认定为犯罪行为的理由并不充分，姜某某无非就是以获取提成为目的，且认为这是一个很好的理财机会，故而一举两得，将自己亲戚朋友推荐出去。该行为本身并无过错，其也不是专业人士，不负有对非法集资平台的审查责任，对其处于刑事责任，有些过重。但这一行为不得受到法律的保护，否则会放大投资者受骗的概率，可以以违反金融管理规定或者具有非法经营之嫌为由认定赚取提成的交易无效，进而要求行为人退赔所有的非法所得，恢复原状。

2022年《司法解释》对退赔退赃的时间节点在程序上做了规定,这将促进不法分子能够尽早退赔,以优化办案流程,维护法院判决的稳定性。然而,对于个案,如果行为人对定罪存在争议,必然难以在提起公诉之前就完成退赔,而对于定罪量刑的争议需要经过法院的审理。故笔者担心,2022年《司法解释》关于退赔退赃时间节点的规定,会成为新的对行为人构成"心理压力"的司法措施,与认罪认罚一并阻碍了无罪辩护的机会。

二、王某某等3人非法吸收公众存款案

(一)案件介绍[①]

公诉机关指控: 2014年12月至2017年11月,季某、宁某(已判决)经预谋注册成立爵安公司,租用本市黄浦区××路××号K11大厦28楼作为营业场所,并陆续购买三家公司,变更注册信息为方芝维公司、圆津公司、嘉孚公司,后季某、宁某以爵安公司为平台组建销售团队,在未经有关部门批准情况下,以制发传单等方式对外宣传,销售方芝维公司、圆津公司、嘉孚公司优先股权、投资股权,以高额利息回报为诱饵,向社会公开招揽投资人,通过签订"优先股权转让协议"等方式吸收公众存款。

其间,被告人王某某于2015年3月入职爵安公司,担任运营总监,负责项目宣讲及方芝维公司、圆津公司、嘉孚公司运营管理,涉及非法吸收资金7692.7万元(人民币,下同),未兑付金额6060万余元;被告人姚某于2015年4月入职爵安公司,担任大团队经理、风控总监,负责宣传材料汇编及销售部的管理,涉及非法吸收资金7614.7万元,未兑付金额6037.8万余元;被告人朱某于2015年3月入职爵安公司,担任业务员、团队经理,主动寻找投资人投资并带领下属业务员参与非法吸收资金活动,涉及非法吸收资金783.4万元,未兑付金额643.1万余元。

被告人王某某、姚某、朱某分别于2021年2月23日、2月24日、3月16日接电话通知主动到案并如实供述上述犯罪事实。

经审理查明的事实、证据与公诉机关的指控一致。另,审理中,被告人王某

[①] 上海市闵行区人民法院刑事判决书(2021)沪0112刑初1679号。

某退赔违法所得51万元;被告人姚某退赔违法所得35万元;被告人朱某退赔违法所得7万元。

本院认为,被告人王某某、姚某、朱某系爵安公司其他直接责任人员,违反国家金融管理法律规定,参与非法吸收公众存款,扰乱金融秩序,数额巨大,其行为均已构成非法吸收公众存款罪,且属共同犯罪;被告人王某某、姚某、朱某系从犯,依法应当减轻处罚;被告人王某某、姚某、朱某有自首情节,依法可以从轻处罚;被告人王某某、姚某、朱某自愿认罪认罚,可以从宽处理。三名被告人退缴违法所得,可酌情从轻处罚。公诉机关指控的罪名与事实成立,本院予以确认。被告人王某某的辩护人请求对王某某从轻、从宽处罚的辩护意见,本院予以采纳。据此,依照1997年修订的《中华人民共和国刑法》第176条,《中华人民共和国刑法》第12条第1款、第30条、第31条、第25条第1款、第27条、第67条第1款、第72条第1款第3款、第73条第2款第3款、第52条、第53条、第64条及《中华人民共和国刑事诉讼法》第15条、第201条之规定,判决如下:

一、被告人王某某犯非法吸收公众存款罪,判处有期徒刑2年6个月,缓刑2年6个月,并处罚金人民币8万元。

二、被告人姚某犯非法吸收公众存款罪,判处有期徒刑2年4个月,缓刑2年4个月,并处罚金人民币6万元。

三、被告人朱某犯非法吸收公众存款罪,判处有期徒刑1年,缓刑2年,并处罚金人民币2万元。

王某某、姚某、朱某回到社区后,应当遵守法律、法规,服从监督管理,接受教育,完成公益劳动,做一名有益社会的公民。

四、在案违法所得按比例发还相关投资参与人,不足部分责令各被告人在参与犯罪的范围内继续退赔。

(二) 简要点评

1. 罪名选择与罪责大小

罪名选择应该依据行为来确定,而不仅仅是职位;罪责大小,可以通过主从犯来区分。从上述案情来看,本案多数是完全虚假标的,将购买的空壳公司股权作为标的进行虚假的投资理财,募集资金;结合未兑付金额的比例来看,几乎绝大部分比例的资金都未能兑付,这属于典型的庞氏骗局,集资诈骗。对此,本案的三名被告人积极参与,同时鉴于本案的公司规模和募资规模都比较小,故三名被告人应当对公司经营的实际情况熟悉,即构成明知而积极追求的直接故意,且都参与了公司一定层级的管理,应当与公司实际控制人等共同构成集资诈骗罪,而不是非法吸收公众存款罪。理由是同一个公司或者团伙共同实施的行为,在法律上定性应当是一致的,类似案件下同一行为,实际控制人与核心层定集资诈骗罪,而中层以下管理人员定非法吸收公众存款罪,存在逻辑上的扭曲。

至于三名被告人的具体量刑,可以从共同犯罪的从犯角度,根据其实际参与行为的程度,做降一格的减轻处理,这符合现有法律规定。

2. 如果完全是虚假标的的募资,则量刑偏低

从虚假标的募资行为的恶性角度分析,集资诈骗的社会危害性与诈骗罪是一样的,甚至更加严重。但从上面的量刑来看,却远低于诈骗罪。法律规定诈骗50万即可量刑十年以上,而这类集资诈骗行为涉案金额少则几百万,虽然没有完全装进自己的口袋,但造成投资人的损失是一样的,却仅量刑三年以下。这里可能会有投资人主观审慎义务上存在的部分过错,但这个责任分配的导向,也许正是造成非法集资屡禁不止,且愈演愈烈的原因之一。

三、张某非法吸收公众存款罪上诉案

(一)案件介绍①

原审判决认定:2013年6月,夏某、唐某(均另案处理)等人注册设立上海银来投资(集团)有限公司(以下简称银来集团,另案处理),后陆续组建设立上海银来资产管理有限公司(以下简称银来资产)、上海A公司、上海B公司及上海C公司(以下简称银来优正)作为银来集团的子公司。其间,蒲某(另案处理)作为银来集团股东、法定代表人及银来股权基金的法定代表人,夏某作为银来集团股东、银来资产股东及法定代表人、总经理,唐某作为银来集团、银来资产股东,奚某(另案处理)作为银来资产副总经理,在未取得国家有关主管部门批准的情况下,分别以银来资产、银来金融、银来股权基金的名义,通过线下门店和线上平台等渠道,利用微信公众号、互联网等公开宣传,销售"易收益""企来贷""银来股权

---

① 上海市第一中级人民法院刑事判决书(2021)沪01刑终110号。

基金"等理财产品,承诺按6%—13%的年化收益率还本付息,向集资参与人非法募集资金。经审计,银来资产涉及吸收资金金额115.75亿余元人民币(以下币种同),涉及集资参与人14 877人,未兑付金额25.87亿余元,涉及集资参与人7 205人,案发后有526名集资参与人报案,报案金额2.78亿余元,未兑付金额2.76亿余元。

2013年9月至2019年2月,被告人张某先后担任银来资产业务员、销售主管、销售总监、杨浦分公司总经理,自行或组织下属业务团队对外销售银来资产的理财产品。被告人张某涉及金额11.3亿余元,未兑付金额3.4亿余元。

2020年4月2日,被告人张某被公安人员抓获到案,如实供述了上述犯罪事实。

原审判决认定上述事实的证据有：相关档案机读材料、营业执照,集资参与人周某某、王某某、范某某等提供的个人陈述笔录,"上海银来资产管理有限公司资产受益权管理咨询服务协议""债权转让及回购协议"等协议,银行交易明细,证人蒲某、夏某、唐某、奚某、辛某、李某等人的证言,上海××事务所有限公司出具的司法审计意见书,公安机关出具的工作情况,全国常住人口信息,以及被告人张某的供述等。

原审法院认为,被告人张某作为银来集团的其他直接责任人员,违反国家金融管理法律规定,向社会公众非法吸收存款,扰乱金融秩序,数额巨大,其行为已构成(单位)非法吸收公众存款罪。被告人张某到案后能如实供述自己的罪行且认罪认罚,依法从轻处罚。原审法院依照《中华人民共和国刑法》第176条、第67条第3款、第52条、第53条、第64条、《中华人民共和国刑事诉讼法》第15条之规定,对被告人张某犯(单位)非法吸收公众存款罪,判处有期徒刑6年,罚金人民币10万元;已查封、冻结、扣押的涉案财物及退缴的违法所得,依法按比例发还,不足部分继续追缴或责令退赔。

上诉人张某及其辩护人对于原审法院判决认定的犯罪事实和罪名均无异议,但提出应认定张某具有自首情节,同时张某愿意在其亲属的帮助下尽力退缴违法所得,请求二审法院对其再予从宽处罚。

本院经审理查明的上诉人张某犯(单位)非法吸收公众存款罪的事实和原审判决相同。

另查明,上诉人张某在接到公安机关电话通知后,于2020年2月29日自动前往侦查机关上海市公安局浦东 A 支队配合调查,并如实陈述了银来资产的组织架构、运营情况及其本人在银来资产的职责等非法吸收公众存款的事实,侦查机关当日未对其采取强制措施。同年 4 月 2 日,公安民警前往张某的住所地将其传唤至公安机关,张某到案后如实供述了相关犯罪事实。

此外,本院审理期间,上诉人张某在其亲属的帮助下退缴违法所得 20 万元。

本院认为,上诉人张某作为银来集团的其他直接责任人员,违反国家金融管理法律规定,向社会公众非法吸收存款,扰乱金融秩序,数额巨大,其行为已构成(单位)非法吸收公众存款罪。关于张某及其辩护人所提张某具有自首情节的相关上诉理由和辩护意见,经查,张某在公安机关立案侦查过程中,接电话通知后自动前往公安机关,如实陈述了相关犯罪事实,虽然公安机关当日未对其采取强制措施,但张某此后一直在其住所地居住,无逃避侦查的行为,直至公安机关至其住所地将其传唤到案,到案后亦始终如实供述。本院认为,对于张某是否具有自首情节,宜结合其初次自动前往公安机关并如实陈述的事实一并予以评判;张某虽系被公安机关至其住所处传唤到案,但仍属于自动到案并如实供述的情形,故以认定自首为宜,相关上诉理由和辩护意见符合法律规定,本院予以支持。张某自愿认罪认罚,可依法从宽处理。二审期间,张某在其家属的帮助下退缴部分违法所得,可酌情从轻处罚。据此,依照《中华人民共和国刑事诉讼法》第 236 条第 1 款第 2 项、第 15 条,以及 1997 年修订的《中华人民共和国刑法》第 176 条、《中华人民共和国刑法》第 76 条第 1 款、第 52 条、第 53 条、第 64 条之规定,判决如下:

一、维持上海市浦东新区人民法院(2020)沪 0115 刑初 4380 号刑事判决第二项,即已查封、冻结、扣押的涉案财物及退缴的违法所得,依法按比例发还,不足部分继续追缴或责令退赔。

二、撤销上海市浦东新区人民法院(2020)沪 0115 刑初 4380 号刑事判决第一项,即被告人张某犯(单位)非法吸收公众存款罪,判处有期徒刑 6 年,罚金人民币 10 万元。

三、上诉人张某犯(单位)非法吸收公众存款罪,判处有期徒刑 5 年,罚金人民币 10 万元。

（二）简要点评

1. 被刑事拘留之前配合警方调查的，应当为自首，且在二审程序中认定

在多数非法集资案件中，正式刑事立案或者被刑事拘留之前，警方会对整个平台的员工进行初步调查，电话通知到案，以证人的身份接受讯问，进行大范围调查了解平台经营情况，然后根据平台的高管层情况和资金去向，来确定罪名和抓捕范围。那么，如果后期确定进入刑事程序的，且被询问员工前后陈述基本一致的，并接受认罪认罚，即使刑事拘留时是被上门抓捕的，也多数可以给予一个自首的量刑情节。

这里会出现一个问题，众所周知，侦查机关虽然初期进行的是大范围调查，基本上凡是接到电话的员工，都会配合调查的，但时常还是有遗漏的，而如果后期遗漏的被直接上门抓捕，是否也可以给自首呢？从法律条文来说，是不构成的；但从现实来看，是不公平、不合理的。故检察院和法院在最后的量刑时，应该就此情况整体综合考虑这个自首情节，除非拒不认罪的。

此类情形，如果在一审判决中未予认定构成自首的，在二审上诉程序中，行为人亦可以提出进行认定。这属于对同一事实的不同法律认定，即使上诉，也不应当视为对认罪认罚程序的违反，可以在认罪认罚的量刑基础予以再次降低刑罚。

2. 中层及以下员工的职务行为应当慎重定罪

在上一部分罪名适用的疑难问题中，笔者提出了对平台员工给予定罪量刑应当慎重。现结合本案实际情况，进一步加以讨论。本案的被告人张某先后担任银来资产业务员、销售主管、销售总监、杨浦分公司总经理，可见，被告人是从一个普通的员工逐步升职的。一方面，可以说被告人之所以升职，是因为非法集资的金额越来越大，罪责越深；而另一方面，也可能是被告人认真工作。在公司未被认定为非法集资之前，对于员工来说，是难以有肯定的法律判断，至多是工作过程中的侥幸心理，因为拿着高工资和提成，认为即使是犯罪，也是老板的责任，与自己无关，处于放任的心理状态。

本案的案情中，未披露被告人是否存在高比例提成佣金的情形，如果只是完成公司交办的常态化经营工作，获取与自己的背景和工作能力基本适应的固定工资，从被告人的角度来说，没有任何明显的过错，对其定罪并科处刑罚，是不太

合理的。笔者参与办理的多个非法集资案件,中层员工很多是毕业于知名大学,有较好的工作履历,从事并不明显违法犯罪的岗位,其行为亦遵循基本的金融规则,如果不由分说地全部按职位高低予以定罪量刑,这些中层及以下员工很多时候会陷入莫名其妙的境地,心理状态往往是:我就找了一份工作,我怎么就犯罪了呢?

四、蒋某集资诈骗案

(一) 案件介绍[①]

经审理查明,2017年2月至2020年8月,被告人蒋某以上海××管理中心名义在上海市浦东新区开设门店,未经国家相关部门批准,通过散发传单、口口相传等方式公开宣传,承诺12%—17%高额固定收益,向社会不特定公众销售理财产品,非法募集资金1200余万元,至案发未兑付本金800余万元,主要用于兑付投资人本息、××管理中心及关联公司运营、个人消费等。

2021年1月7日,被告人蒋某被公安机关抓获到案后,如实供述上述犯罪事实。

本院认为,被告人蒋某以非法占有为目的,使用诈骗方法非法集资,数额特别巨大,其行为已构成集资诈骗罪。公诉机关的指控成立,本院予以支持。对于被告人行为的定性,证据显示,被告人蒋某在募集资金时采用了诈骗方法,在取得投资款后,将投资款用于兑付本息、支付公司运营费用及个人消费等,至案发未能归还投资款;蒋某客观上采用了欺骗手段募集资金,主观上有非法占有集资款的故意,对蒋某应以集资诈骗罪论处。故被告人蒋某的辩解及辩护人的相关辩护意见,不予采纳。被告人蒋某到案后能如实供述基本犯罪事实,依法从轻处罚。辩护人要求对被告人从轻处罚的相关辩护意见,本院予以采纳。依照1997年修订的《中华人民共和国刑法》第192条第1款、第25条第1款、第12条、第67条第3款、第52条、第53条、第64条之规定,判决如下:

一、被告人蒋某犯集资诈骗罪,判处有期徒刑10年,罚金人民币30万元。

二、被告人未归还的集资款予以追缴或责令退赔后,按照集资参与人的集

[①] 上海市浦东新区人民法院刑事判决书(2021)沪0115刑初2561号。

资额比例发还集资参与人。

(二)简要点评

1. 集资诈骗罪的量刑在外观上轻于一般诈骗罪

上述案情比较简单,从普通人的视角,这类所谓的投资理财、原始股、隐名股东等形式的募集资金就是"技术性"诈骗,但是量刑却较轻,对于不法分子来说,这似乎是一个"很好""很快""后果轻"的"生财之道",比贩毒动不动就被判无期、死刑要轻很多,但是非法获利的速度可能比贩毒快,而且过程简单,就是"吹牛"。普通诈骗50万以上,就是十年以上有期徒刑,那么如果用理财、投资为幌子的诈骗,就可以量刑从轻或者减轻,这个量刑体系上的协调性存在问题。本案被告人等三年半的时间未兑付金额达到800万,判处的是该档量刑的起步十年,从刑罚体系来说,需要考量。

2. 非法占有目的的证明,过于笼统

本案的案情描述过于简单,有待完善。首先,对于募集资金的用途阐述为"主要用于兑付投资人本息、××管理中心及关联公司运营、个人消费等",未进一步区分资金使用比例,与司法解释规定的资金"未主要用于经营"未能进行匹配。其次,"××管理中心及其关联公司运营",具体什么运营,有无欺骗行为,均未交代。最后,被告人的现有公司资产,是否能够偿付投资人,也未查明。

五、张某某集资诈骗案

(一)案件介绍①

经审理查明,2020年5月起,被告人张某某以发布刷单返利信息并承诺高额返本付息的形式,诱骗被害人陈某等多名客户以支付"刷单款"的形式进行投资,所得钱款均汇入张某某所控制的相关账户内。后张某某将大部分款项用于还本付息,少部分用于投资及其他消费,致使大量客户的"刷单款"不能返还。

经审计,2020年5月至2020年11月,张某某向陈某等被害人非法集资共计人民币260余万元,造成被害人实际经济损失共计人民币190余万元。

---

① 上海市徐汇区人民法院刑事判决书(2021)沪0104刑初752号。

2021年1月25日,被告人张某某被公安人员抓获到案,到案后如实供述了基本犯罪事实。

本院认为,被告人张某某以非法占有为目的,使用诈骗方法非法集资,其行为已构成集资诈骗罪,应予处罚。公诉机关的指控成立。经查,是否具有非法占有目的,是区分非法吸收公众存款罪和集资诈骗罪的关键要件。张某某没有稳定的盈利项目,其经营的几家网店没有相应的库存和备货作为保障;张某某所投资的两家公司的相关工商登记信息显示,张某某于2020年5月新注册成立一家公司,并于2020年8月成为另一家公司的股东,这两家公司的注册资本都只是认缴,且张某某在庭审中亦供述原本就没打算这两家公司一年内能盈利。可见,张某某在募集资金时明知自己没有稳定的盈利项目可以支撑其向投资人支付其所承诺的高息,其生产经营活动的盈利能力不具有支付全部本息的现实可能性。张某某在明知自己没有归还能力情况下,却以刷单返利为名,并宣称可以高额返本付息,非法募集大量资金,所得资金大部分未用于生产经营活动,主要用于借新还旧,致使所募资金大量无法归还。张某某主观上具有非法占有的故意,客观上使用了诈骗方法非法集资,张某某的行为符合集资诈骗罪的犯罪构成。张某某的辩解及其辩护人的相关辩护意见,缺乏事实和法律依据,本院不予采纳。张某某虽对罪名提出异议,鉴于其尚能如实供述起诉书指控的主要犯罪事实,公诉机关认定其有坦白情节,依法可以从轻处罚的意见,于法不悖,本院予以支持。根据被告人的犯罪事实、地位、情节和对于社会的危害程度,依照《中华人民共和国刑法》第192条第1款、第67条第3款、第52条、第53条、第64条之规定,判决如下:

一、被告人张某某犯集资诈骗罪,判处有期徒刑4年,并处罚金人民币40万元。

二、犯罪工具应予没收;违法所得的一切财物予以追缴后按比例发还,不足部分责令继续退赔并按照同等原则分别发还。

(二)简要点评

1. "刷单返利"是经济纠纷,还是非法经营,还是诈骗

"刷单"是电商经济下衍生的一种新业态,是商家为了制造高销售量而采取的人为雇佣的虚构行为,属于不正当竞争范畴。对于商家来说,可以构成虚假广

告,或者欺诈。而对于专门雇佣人员帮助商家刷单并谋利的人员或者机构来说,目前的法律框架下,并没有专门法律规定,可以参照非法经营来进行定性和处罚。

根据上述案件,从被告人的角度看,"刷单返利"是真实的,其已经从商家处获得"返利",只是被告人作为组织者,未将"返利"返还至"刷单"人,从中截留了"返利",损害了"刷单"人的合法财产权益,该行为似乎既不是非法经营考虑的范畴,也不是虚假诈骗"刷单"人的财产。如果从"刷单"行为具有违法性的角度分析,"刷单"人的行为因为不合法,其"刷单"行为的获利不能得到法律保护,故"刷单返利"款不予追究;如果单独处置被告人的行为责任,不考虑"返利"截留行为的民事责任,而是对被告人组织人员进行"刷单"的行为进行定性,可以适用非法经营罪,而不是诈骗罪,更不应该是集资诈骗罪。

2. 如果"刷单返利"完全虚假,则是诈骗,还是集资诈骗

考虑到判决以集资诈骗罪论处,可以推论本案的"刷单返利"行为应当是虚假的,即以虚假的"刷单返利"模式来欺骗"刷单"人将资金用于虚假购买某商品,其本质是被告人自己设置的虚假商品,进而骗取"刷单"人资金,该行为应当是诈骗罪,并不符合集资诈骗罪的金融犯罪特征,不存在融资和不特定对象等构成要件要素。

六、沈某某集资诈骗案

(一) 案件介绍[①]

经审理查明,2015年1月至2017年11月,被告人沈某某先后成立并收购俐煜公司、灿宏公司,以投资经营德国米拉山奶粉、长青发公司等项目为幌子,以承诺高息回报为诱饵,通过借款方式向社会公众募集资金。2016年7月,沈某某伙同顾某1等人以承诺支付抵押费用、按月支付贷款利息并向集资参与人支付高额借款利息为诱饵,诱使集资参与人抵押房产后将所得贷款出借给沈某某。截至案发,沈某某共计非法吸收资金2.98亿余元,造成集资参与人1.68亿余元本金损失尚未偿还。沈某某于2018年4月28日至公安机关接受调查后潜逃,

---

① 上海市第二中级人民法院刑事判决书(2019)沪02刑初88号。

后于 2019 年 1 月 18 日在湖南省长沙市雨花区六都小区被公安人员抓获。

本院认为,被告人沈某某与他人结伙以非法占有为目的,以诈骗方法非法集资,且数额特别巨大,其行为已经构成集资诈骗罪。经查,沈某某虚构项目吸收资金的事实,不仅有证人陈某某、胡某 2 等人的证言予以证实,亦有审计报告、东树公司提供的证明等书证材料予以印证,足以认定,故对沈某某的相关辩解,本院不予采纳。沈某某到案后虽对吸收资金的经过、方式、数额等作出供述,但其在公安侦查阶段对涉案项目虚假性的供述有反复,且在庭审中否认相关项目系虚假,故不属于坦白,对辩护人的相关辩护意见,本院亦不予采信。为维护社会经济秩序,保障公私财产不受侵犯,根据本案的犯罪事实、情节、性质、对于社会的危害程度,依照《中华人民共和国刑法》第 192 条、第 25 条、第 12 条、第 57 条第 1 款、第 59 条及第 64 条之规定,判决如下:

一、被告人沈某某犯集资诈骗罪,判处无期徒刑,剥夺政治权利终身,没收个人全部财产。

二、违法所得予以追缴,不足部分责令继续退赔。

(二)简要点评

本案是比较典型的集资诈骗罪,以虚假标的为投资对象,通过借款方式向公众募集资金,承诺高息回报。本案存在交叉的是以实体企业经营所需资金为由,用最为普通的高息借款方式来非法融资,属于早期的集资诈骗模式,与当下更为普遍的投资理财型集资诈骗案存在区别。该案从实践的视角来看,是极其容易识破的,但依然能够诈骗数亿元,这提醒我们在非法集资案件高发的情况下,刑事打击的效果似乎并不明显,亟待行政监管、民事规则等更多治理方式结合,形成整体力量,切实提高人们自我防范的水平,切勿过度依赖刑罚的单一作用。

第二章 洗钱罪

《刑法》第191条"洗钱罪"规定在分则第三章第四节,属于破坏金融管理秩序的犯罪。随着洗钱规模和深度的日益加剧,其危害性开始发生核裂变,逐渐从依附上游犯罪的单一属性中脱离。如今,反洗钱已被提升到维护国家经济安全和国际政治稳定的战略高度,为了落实国内顶层设计和应对国际外在压力,《刑法修正案(十一)》对洗钱罪进行重要修订,给司法适用带来全新的挑战。本章重点就洗钱罪司法适用的疑难问题进行介绍与论证,包括上游犯罪范围认定、反洗钱罪名体系内部界分、自洗钱与上游犯罪的竞合适用、删除"明知"后的主观构成要件判定、洗钱罪与上游犯罪的共犯认定、"情节严重"认定标准及其适用等,并通过案例对以上问题中的争议进行举例与探讨。

第一节 罪名适用概览与文献综述

一、罪名适用概览

洗钱罪,是指为掩饰、隐瞒毒品犯罪、黑社会性质的组织犯罪、恐怖活动犯罪、走私犯罪、贪污贿赂犯罪、破坏金融管理秩序犯罪、金融诈骗犯罪的所得及其产生的收益的来源与性质,实施提供资金账户,将财产转换为现金、金融票据、有价证券,通过转账或者其他支付结算方式转移资金,跨境转移资产,或者以其他方法掩饰、隐瞒犯罪所得及其收益的来源和性质的行为。

我国对洗钱活动的惩治始于1990年全国人大常委会发布的《关于禁毒的决定》中对涉毒洗钱的规定。自1997年《刑法》在第191条专门设立"洗钱罪"以来，三个刑法修正案对该罪进行如下修订：(1)2001年《刑法修正案(三)》第7条增加恐怖活动犯罪作为上游犯罪，以适应惩治恐怖活动犯罪及承担相关国际义务的需要，并且对于单位犯增加"情节严重"的档次；(2)2006年《刑法修正案(六)》第16条在既有四类上游犯罪的基础上继续扩张，增加贪污贿赂犯罪、破坏金融管理秩序犯罪和金融诈骗犯罪，形成目前的七类法定上游犯罪；(3)2020年《刑法修正案(十一)》第14条通过删除客观行为方式中三个"协助"以及"明知"等术语，改变了原先的帮助型"他洗钱"结构，解除了该罪只能由第三方构成的限制性框架，从而将"自洗钱"纳入该罪的适用范围，体现出履行反洗钱国际组织对我国进行互评估后的后续整改义务和落实国内顶层设计的立场，并且，将原来规定的"洗钱数额百分之五以上百分之二十以下罚金"的限额罚金刑调整为无限额罚金刑，对单位犯罪的直接负责的主管人员和其他直接责任人员增加了罚金刑，以加大经济性惩治力度。① 从洗钱罪的发展历程看，洗钱罪全球化、国际公约义务之履行，都深刻影响着我国洗钱罪的立法方向。②

从洗钱罪的司法适用来看，1997年10月至2006年10月的十年间，全国范围内只有3起案件共计4名被告人被判处洗钱罪。如图2-1所示：从2008年开始，第191条"洗钱罪"的司法适用总体上呈现上升趋势，特别是在2018年突破了50人的关口，以"洗钱罪"结案47件，生效判决52人；2019年继续发展，以"洗钱罪"审结案件77起，生效判决83人；2021年再创新高，以"洗钱罪"审结案件340起，生效判决494人。③ 根据《最高人民检察院工作报告》，全国检察机关在2021年共起诉洗钱罪1262人，同比上升78.5%。④ 2021年3月19日，最高

---

① 关于洗钱活动的代际演变以及我国洗钱罪的刑事立法变迁等，参见王新：《总体国家安全观下我国反洗钱的刑事法律规制》，《法学家》2021年第3期；王新：《〈刑法修正案(十一)〉对洗钱罪的立法发展和辐射影响》，《中国刑事法杂志》2021年第2期。
② 周锦依：《洗钱罪立法进程中的矛盾解析》，《国家检察官学院学报》2016年第2期，第118页。
③ 参见2004—2021年《中国反洗钱工作报告》，中国人民银行网站，http://www.pbc.gov.cn/fanxiqianju/135153/135282/index.html，2022年10月10日。
④ 参见《最高人民检察院工作报告》，中华人民共和国最高人民检察院网站 2022年3月15日，https://www.spp.gov.cn/spp/gzbg/202203/t20220315_549267.shtml，2022年10月10日。

人民检察院、中国人民银行联合发布 6 个惩治洗钱犯罪典型案例,覆盖了当前多发、常见的洗钱罪上游犯罪类型,不仅在事实认定、法律适用上对司法办案工作具有指导意义,而且对社会公众具有警示意义。

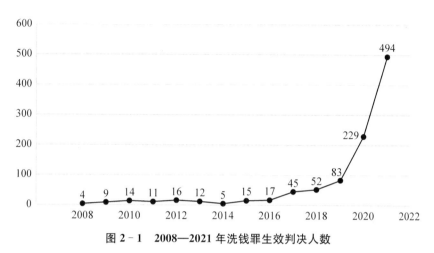

图 2-1　2008—2021 年洗钱罪生效判决人数

(数据来源:2008—2021 年《中国反洗钱工作报告》)

笔者选取"聚法案例"数据库①,以"案由:洗钱罪"为条件进行检索,包括一审裁判文书 424 篇、二审裁判文书 98 篇;在既有检索结果的基础上,添加"文书性质:判决"条件进行二次检索,共计 404 篇文书,其中,一审 388 篇、二审 12 篇、再审 2 篇,基层人民法院 379 篇、中级人民法院 24 篇,时间跨度自 2013 年至 2022 年,涉及 29 个省、自治区、直辖市。在 388 篇刑事一审判决书中,判处不满三年有期徒刑或拘役的为 33.76%(131 篇)、三年以上不满十年有期徒刑的为 16.24%(63 篇),33.76% 的被告人被判处了缓刑(113 篇)、27.84% 的被告人被从轻处罚(108 篇)、2 起案件中的被告人被免予刑事处罚②,2 例被认定为单位犯罪③。为了避免统计数据遗漏,笔者使用同一数据库的"类案检索"功能进行二次检索,得到洗钱罪的裁判情况如下:案件数量 559 件,共计 648 篇文书,其中,

---

① 聚法案例,https://www.jufaanli.com/,2022 年 8 月 21 日。
② 经检索,免予刑事处罚的判决为:随州市曾都区人民法院刑事判决书(2019)鄂 1303 刑初 117 号、邢台市桥西区人民法院刑事判决书(2021)冀 0503 刑初 5 号。
③ 经检索,法院认定为单位犯罪的为:上海市浦东新区人民法院刑事判决书(2020)沪 0115 刑初 5534 号、南京市建邺区人民法院刑事判决书(2020)苏 0105 刑初 465 号。

一审 424 篇(65.43%)、二审 98 篇(15.12%)、执行 50 篇(7.72%),平均刑期为 2 年 6 个月,缓刑可能性 21.29%,判处不满三年有期徒刑或拘役的为 152 例(23.46%)、三年以上不满十年有期徒刑的为 113 例(17.44%),免予刑事处罚可能性 0.36%。

二、研究文献综述

我国学界对洗钱罪研究较为重视,相关内容在金融犯罪研究专著中与危害外汇管理制度犯罪、金融诈骗犯罪等并列作为独立一章。① 既有研究主要包括以下三个方面的内容。

第一,关于洗钱罪的法益。通说认为,本罪侵犯的客体是复杂客体,包括国家金融管理秩序和司法机关的正常活动。② 少数观点采取单一客体说,其中:司法作用说认为,洗钱罪的法益与赃物犯罪一样,都是司法机关的正常活动,不包括金融管理秩序③;金融秩序说则认为,洗钱罪的法益只是金融管理秩序,不包括其他法益④。对此,有学者指出,国际公约与外国刑法对洗钱罪的规制内涵与我国广义洗钱范畴一致,但法益保护目标与我国洗钱罪规制金融监管秩序与司法机关正常活动的复合法益认定则存在差异,洗钱罪金融秩序法益认定应当落脚为特定上游犯罪所得资金转化为合法资金的金融监管失控结果。⑤ 另有观点认为,洗钱罪的法益是金融管理秩序与上游犯罪的法益(双重法益),理由在于,将上游犯罪的保护法益作为洗钱罪的次要保护法益,既表明设立洗钱罪是为了预防特定上游犯罪,也能说明自洗钱构成犯罪。⑥

第二,关于洗钱罪的上游犯罪范围。金融行动特别工作组(Financial Action Task Force,FATF)于 2012 年新通过的《40 项建议》的第三项"洗钱犯罪化"中,

---

① 例如刘宪权:《金融犯罪刑法学原理》(第 2 版),上海人民出版社 2020 年版。
② 王作富主编:《刑法分则实务研究》(第 5 版),中国方正出版社 2013 年版,第 488 页。
③ 卢勤忠:《我国洗钱罪立法完善之思考》,《华东政法学院学报》2004 年第 2 期,第 67 页;李云飞:《洗钱危害的二维性及对客体归类的影响》,《中国刑事法杂志》2013 年第 11 期,第 48 页;李云飞:《宏观与微观视角下洗钱罪侵害法益的解答——评金融管理秩序说的方法论错误》,《政治与法律》2013 年第 12 期,第 48—50 页。
④ 刘宪权:《金融犯罪刑法学原理》(第 2 版),上海人民出版社 2020 年版,第 437 页。
⑤ 时方:《我国洗钱罪名体系的适用困局与法益认定》,《环球法律评论》2022 年第 2 期,第 116 页。
⑥ 张明楷:《洗钱罪的保护法益》,《法学》2022 年第 5 期,第 69 页。

对洗钱的上游犯罪之立法态度予以调整,要求"各国应当将洗钱罪适用于所有的严重罪行,以涵盖最广泛的上游犯罪",结合《国务院办公厅关于完善反洗钱、反恐怖融资、反逃税监管体制机制的意见》第10条明确规定的"研究扩大洗钱罪的上游犯罪范围"要求,尽管《刑法修正案(十一)》相较于《刑法修正案(三)》《刑法修正案(六)》并未进一步扩张洗钱罪的上游犯罪范围,但学界普遍主张进一步扩充上游犯罪,例如,王新教授指出,依据我国有关部门提供给FATF的数据,我国目前产生犯罪收益的主要上游犯罪是非法集资、诈骗、贩毒、贪污贿赂、税务犯罪、假冒伪劣产品和赌博,应当将税收犯罪、生产、销售伪劣商品罪和赌博犯罪等纳入洗钱罪的上游犯罪。[1] 此外,还曾有学者建议在洗钱罪中引入空白罪状,从而间接实现适度再扩容之目的。[2]

第三,关于洗钱罪的行为主体。在《刑法修正案(十一)》颁布之前,学界围绕不可罚的事后行为、吸收犯等问题对洗钱罪的行为主体是否应当包括上游犯罪行为人有较多讨论。[3]《刑法修正案(十一)》删除第191条第2、3、4项中的"协助"一词和原来罪状中的"明知"表述后,改变了原先的帮助型结构,将"自洗钱"纳入洗钱罪适用范围,回应了理论界和实务界主张自洗钱入罪的呼声。但是,有学者认为,通过立法设定"自洗钱"行为侵犯了新的法益,否定了"事后不可罚"理论在该罪中的适用,虽体现了国家对洗钱行为的打击力度,却造成了刑法基本理论的撕裂。[4] 解释论上,在"自洗钱"入罪后,洗钱罪与上游犯罪的竞合适用以及共犯认定,也成为研讨重点。[5] 此外,关于洗钱犯罪体系内部的罪名

---

[1] 王新:《总体国家安全观下我国反洗钱的刑事法律规制》,《法学家》2021年第3期,第97—98页。
[2] 阴建峰:《论洗钱罪上游犯罪之再扩容》,《法学》2010年第12期,第71页。
[3] 例如姜志刚:《洗钱罪比较研究》,《现代法学》1999年第1期;刘宪权、吴允锋:《论我国洗钱罪的刑事立法完善》,《政治与法律》2005年第6期;贾宇、舒洪水:《论洗钱罪的主体》,《国家检察官学院学报》2005年第6期;马克昌:《完善我国关于洗钱罪的刑事立法——以〈联合国反腐败公约〉为依据》,《国家检察官学院学报》2007年第6期;王新:《国际视野中的我国反洗钱罪名体系研究》,《中外法学》2009年第3期;林安民:《洗钱罪面临的困境与立法完善》,《福建警察学院学报》2010年第2期;蒋蔚:《洗钱罪若干争议问题探究》,《人民司法》2013年第19期;龙在飞:《自洗钱行为独立定罪问题省察》,《人民检察》2015年第8期;安汇玉、汪明亮:《自我洗钱行为当罚性分析》,《苏州大学学报(法学版)》2020年第3期。
[4] 陈庆安:《〈刑法修正案(十一)〉的回应性特征与系统性反思》,《政治与法律》2022年第8期,第116—117页。
[5] 例如王新:《自洗钱入罪后的司法适用问题》,《政治与法律》2021年第11期;汪恭政:《自洗钱入罪后洗钱罪共同犯罪的认定——以犯罪参与体系为切入》,《河南财经政法大学学报》2022年第3期;赵桐:《自洗钱与上游犯罪的处断原则及教义学检视》,《西南政法大学学报》2021年第5期。

适用①，洗钱罪客观行为方式以及主观构成要件等内容，在研究文献中也有涉及。

纵览以上研究发现，我国学界关于洗钱罪的研究呈现两个特点：其一，刑法教义学面向，即洗钱罪的构成要件及其与他罪的关系是理论研究的重心；其二，面对新的复杂形势和国际合作大背景，非传统国家安全问题成为重要内容，反洗钱国际合作也成为探讨热点。

第二节 罪名适用中的疑难问题

一、法定上游犯罪的范围

根据《刑法》第191条规定，洗钱罪的上游犯罪包括毒品犯罪、黑社会性质的组织犯罪、恐怖活动犯罪、走私犯罪、贪污贿赂犯罪、破坏金融管理秩序犯罪以及金融诈骗犯罪。洗钱罪的上游犯罪认定采取事实成立说已基本无疑义，但上游犯罪的具体范围尚存一定争议。

第一，毒品犯罪，一般是指分则第六章"妨害社会管理秩序罪"第七节"走私、贩卖、运输、制造毒品罪"。问题在于，是否所有罪名都可以归入洗钱罪的上游犯罪？有观点认为，那些由犯罪性质决定并不能产生非法所得的犯罪则不应在此范围，比如非法持有毒品罪、非法持有毒品原植物种子、幼苗罪、包庇毒品犯罪分子罪等。② 相反观点认为，尽管非法持有毒品等毒品犯罪一般不能获得违法所得及其产生的收益，但也不能排除在个别情况下可以获得违法所得及其产生的收益，如代他人保管毒品或毒品原植物种子、幼苗可能会获得报酬，而他人拥有该毒品的目的又不能证明是为了出卖，代为保管人的行为只构成非法持有毒品罪、非法持有毒品原植物种子、幼苗罪，但存在违法所得及其产生的收益，因此，

---

① 例如王新：《竞合抑或全异：辨析洗钱罪与掩饰、隐瞒犯罪所得、犯罪所得利益罪之关系》，《政治与法律》2009年第1期，第46页；陈兴良：《协助他人掩饰毒品犯罪所得行为之定性研究——以汪照洗钱案为例的分析》，《北方法学》2009年第4期，第38页；时方：《我国洗钱罪名体系的适用困局与法益认定》，《环球法律评论》2022年第2期，第116页。
② 张军主编：《破坏金融管理秩序罪》，中国人民公安大学出版社1999年版，第506—507页。

一概断定某些毒品犯罪不能产生非法所得,并将其排除在洗钱罪的上游犯罪范围之外的观点,难以成立。① 另有学者认为,窝藏、转移、隐瞒毒品、毒赃罪以及包庇毒品犯罪分子罪等本身具有下游犯罪即派生罪的特征,故不应成为洗钱罪的上游犯罪。② 不同观点认为,第191条明文规定的毒品犯罪当然包括所有的毒品犯罪,刑法理论不能没有根据地随便限制毒品犯罪的范围,例如,帮助他人持有毒品原植物种子、幼苗所获得的报酬,因为包庇毒品犯罪分子而从被包庇者那里获得的报酬,也都应当认定为毒品犯罪所得。③

第二,黑社会性质的组织犯罪、恐怖活动犯罪,这两类上游犯罪的问题主要在于,究竟是仅限于组织、领导、参加黑社会性质组织罪,入境发展黑社会组织罪,包庇、纵容黑社会性质组织罪,组织、领导、参加恐怖组织罪等特定罪名,还是指以黑社会性质组织、恐怖活动组织及其成员为主体实施的各种犯罪?学界对此存在不同意见④,但多数观点认为,作为洗钱罪上游犯罪的黑社会性质的组织犯罪与恐怖活动犯罪的外延比较广,既不局限于特定罪名,也不能简单地限定为杀人、爆炸、绑架等暴力性犯罪,黑社会性质组织、恐怖活动组织及其成员所实施的经济领域犯罪所得及其产生的收益也是洗钱罪的对象。⑤ 笔者更倾向于多数说,也即,作为洗钱罪法定上游犯罪的黑社会性质的组织犯罪与恐怖活动犯罪,是指以黑社会性质组织、恐怖活动组织及其成员为主体实施的各种犯罪。

第三,走私犯罪,一般是指分则第三章"破坏社会主义市场经济秩序罪"第二节"走私罪"所规定的罪名。广义上看,第347条"走私毒品罪"、第350条"走私制毒物品罪"也属于走私类犯罪,只是在体系上归入第六章"妨害社会管理秩序罪"第七节"走私、贩卖、运输、制造毒品罪"中,也即作为洗钱罪上游犯罪的毒品犯罪;另外,《刑法修正案(十一)》增设的第334条之一"走私人类遗传资源材料

---

① 王作富主编:《刑法分则实务研究》(第5版),中国方正出版社2013年版,第489页。
② 陈兴良:《协助他人掩饰毒品犯罪所得行为之定性研究——以汪照洗钱案为例的分析》,《北方法学》2009年第4期,第38页。
③ 张明楷:《刑法学》(第6版),法律出版社2021年版,第1021页。
④ 王作富主编:《刑法分则实务研究》(第5版),中国方正出版社2010年版,第547—548页。
⑤ 陈兴良:《协助他人掩饰毒品犯罪所得行为之定性研究——以汪照洗钱案为例的分析》,《北方法学》2009年第4期,第38页;王新:《反洗钱:概念与规范诠释》,中国法制出版社2012年版,第203—205页;张明楷:《刑法学》(第6版),法律出版社2021年版,第1021页;周光权:《刑法各论》(第4版),中国人民大学出版社2021年版,第320页。

罪"也属于广义的走私犯罪,但在体系上归入第六章"妨害社会管理秩序罪"第五节"危害公共卫生罪",那么,该罪是否属于洗钱罪的上游犯罪?考虑到我国洗钱罪上游犯罪范围比较窄,在不违反罪刑法定原则的前提下,宜作扩大解释,以有效打击洗钱犯罪。此外,收购走私犯罪分子的走私物品的行为是否成立洗钱罪?依照 2019 年最高人民法院、最高人民检察院、海关总署发布的《打击非设关地成品油走私专题研讨会会议纪要》的规定,"向非直接走私人购买走私的成品油的,根据其主观故意,分别依照刑法第一百九十一条规定的洗钱罪或者第三百一十二条规定的掩饰、隐瞒犯罪所得、犯罪所得收益罪定罪处罚"。对此,有学者认为,单纯购买走私物品的行为,如果没有利用金融机构与金融手段的,并不符合洗钱罪的行为特征,没有侵犯金融管理秩序,不成立洗钱罪,但可能构成掩饰、隐瞒犯罪所得罪。①

第四,贪污贿赂犯罪。争议问题之一,作为洗钱罪上游犯罪的贪污贿赂犯罪与刑法分则第八章"贪污贿赂罪"是否对应?有学者认为,贪污贿赂犯罪即分则第八章"贪污贿赂罪"。②不同学者认为,第 191 条中的"贪污贿赂犯罪"表述异于分则第八章的章名,所以不能将"贪污贿赂犯罪"等同于分则第八章"贪污贿赂罪",而应当将第 163 条"非国家工作人员受贿罪"也纳入洗钱罪的上游犯罪,并且,职务侵占罪不能作为洗钱罪上游犯罪,因为职务侵占罪与贪污罪在我国刑法中完全属于两个性质不同的犯罪,此外,第 395 条"隐瞒境外存款罪"也难以成为上游犯罪,因为隐瞒境外存款罪所处罚的是隐瞒不报的行为,该隐瞒行为本身不可能有犯罪所得及其收益。③ 争议问题之二,挪用公款罪是否属于洗钱罪上游犯罪?有观点认为,挪用公款罪、私分国有资产罪都属于贪污贿赂犯罪,掩饰、隐瞒挪用公款或私分国有资产的犯罪所得,可以构成洗钱罪。④ 不同观点认为,所挪用的公款本身不是上游犯罪"所得",因为挪用公款只是暂时使用公款,而不要求将公款据为己有,但是,挪用公款行为产生的收益,则是上游犯罪产生的收益,

---

① 张明楷:《刑法学》(第 6 版),法律出版社 2021 年版,第 1021 页。
② 陈兴良:《协助他人掩饰毒品犯罪所得行为之定性研究——以汪照洗钱案为例的分析》,《北方法学》2009 年第 4 期,第 38 页。
③ 张明楷:《刑法学》(第 6 版),法律出版社 2021 年版,第 1021 页。
④ 周光权:《刑法各论》(第 4 版),中国人民大学出版社 2021 年版,第 320 页。

能够成为洗钱罪的对象。① 另有观点认为,"挪用公款罪归个人使用"是挪用公款罪的客观构成要件之一,以购买房屋、理财产品和贵重金属等典型的洗钱方式进行个人使用,虽然在行为方面符合自洗钱的罪质构造,但鉴于这种以洗钱形态出现的归个人使用的情形是成立挪用公款罪的组成部分,已经被上游犯罪评价完毕,就不应再认定为洗钱罪。② 笔者赞同此观点,以"禁止重复评价原则"作为认定标准较为妥当,更符合洗钱罪作为下游犯罪、与上游犯罪存在紧密联系的特征,能够在周全保护法益的同时避免不适当地扩大洗钱罪的处罚范围。

此外,作为洗钱罪上游犯罪的破坏金融管理秩序犯罪、金融诈骗犯罪,是指分则第三章"破坏社会主义市场经济秩序罪"第四节"破坏金融管理秩序罪"、第五节"金融诈骗罪"所规定的罪名。需要指出,虽然第 191 条本身被归于"破坏金融管理秩序罪"之中,但不应机械地将其归入洗钱罪上游犯罪,否则有违洗钱罪的本质属性,也有同义反复的弊病。③

二、反洗钱罪名体系内部界分

经过刑事立法发展,我国形成以下由四个罪构成的、区别打击洗钱犯罪的罪名体系:(1)对于涉及毒品犯罪、黑社会性质的组织犯罪、恐怖活动犯罪、走私犯罪、贪污贿赂犯罪、破坏金融管理秩序犯罪、金融诈骗犯罪等法定七类严重上游犯罪的洗钱活动,适用第 191 条的"洗钱罪";(2)对于涉及上述七类上游犯罪之外的洗钱行为,分别适用第 312 条"掩饰、隐瞒犯罪所得、犯罪所得收益罪"或者第 349 条"窝藏、转移、隐瞒毒品、毒赃罪";(3)依据反洗钱与反恐怖融资紧密相联的国际共识,第 120 条之一"帮助恐怖活动罪"也属于我国反洗钱的罪名体系。④ 有不同观点认为,虽然资助恐怖活动行为与反洗钱规制高度关联,但是,洗钱是将"黑钱"变为"白钱"的过程,而资助恐怖活动是将"白钱"变为"黑钱"的过程,并且,刑法规制资助恐怖活动行为旨在遏制恐怖主义犯罪,使其失去经济基础,而非追赃,因而没必要将帮助恐怖活动罪纳入打击洗钱罪名体系。⑤

---

① 张明楷:《刑法学》(第 6 版),法律出版社 2021 年版,第 1021 页。
② 王新:《盗刷信用卡并转移犯罪所得的司法认定》,《人民检察》2022 年第 6 期,第 43 页。
③ 王新:《反洗钱:概念与规范诠释》,中国法制出版社 2012 年版,第 203 页。
④ 王新:《总体国家安全观下我国反洗钱的刑事法律规制》,《法学家》2021 年第 3 期,第 96 页。
⑤ 时方:《我国洗钱罪名体系的适用困局与法益认定》,《环球法律评论》2022 年第 2 期,第 119 页。

在全面把握我国反洗钱罪名体系的基础上,需要进一步探讨的是,反洗钱罪名体系内部是否存在竞合,各个罪名之间的适用界限何在。《最高人民法院关于审理洗钱等刑事案件具体应用法律若干问题的解释》(法释〔2009〕15号)第三条规定:"明知是犯罪所得及其产生的收益而予以掩饰、隐瞒,构成刑法第三百一十二条规定的犯罪,同时又构成刑法第一百九十一条或者第三百四十九条规定的犯罪的,依照处罚较重的规定定罪处罚。"据此,司法解释是借助一般法与特别法的适用原则间接说明,第312条"掩饰、隐瞒犯罪所得、犯罪所得收益罪"是一般条款,第191条"洗钱罪"与第312条"掩饰、隐瞒犯罪所得、犯罪所得收益罪"、第349条"窝藏、转移、隐瞒毒品、毒赃罪"的主要区分在于犯罪对象,以淡化三者在行为方式和行为性质上的差异。① 2022年11月,最高人民检察院发布五件检察机关惩治洗钱犯罪典型案例,在"马某益受贿、洗钱案"典型意义中指出:刑法第191条规定的洗钱罪与刑法第312条规定的掩饰、隐瞒犯罪所得、犯罪所得收益罪是刑法特别规定与一般规定的关系,掩饰、隐瞒犯罪所得及其产生的收益,构成刑法第191条规定的洗钱罪,同时又构成刑法第312条规定的掩饰、隐瞒犯罪所得、犯罪所得收益罪的,依照刑法第191条洗钱罪的规定追究刑事责任。② 基于上述具有法律效力的规范文件和典型案例,洗钱罪与赃物犯罪之间属于特别罪名与普通罪名的法条竞合关系。

但是,不同观点认为,掩饰、隐瞒犯罪所得、犯罪所得收益的本质是对犯罪赃物、赃款的直接占用、使用,不涉及对赃款赃物性质的掩饰和隐瞒,洗钱罪的本质是对犯罪赃物特别是赃款性质、来源的掩饰、隐瞒,是通过金融或者非金融媒介将其合法化,所以,第191条和第312条泾渭分明,不存在竞合关系。③ 还有学者指出,由于洗钱罪与赃物犯罪的保护法益不同,也不存在重合关系,故不能认为洗钱罪与赃物犯罪是法条竞合的特别关系。④ "当洗钱行为同时构成掩饰、隐瞒犯罪所得、犯罪所得收益罪时,按想象竞合处理,反而有利于发挥想象竞合的明示机能,有利于实现一般预防与特殊预防的目的。反之,如果认为洗钱罪的保护

---

① 刘为波:《〈关于审理洗钱等刑事案件具体应用法律若干问题的解释〉的理解与适用》,《人民司法》2009年第23期,第27页。
② 最高人民检察院发布检察机关惩治洗钱犯罪典型案例之四(2022年)。
③ 吴波:《洗钱罪的司法适用困境及出路》,《法学》2021年第10期,第103页。
④ 张明楷:《自洗钱入罪后的争议问题》,《比较法研究》2022年第5期,第96页。

法益包括司法活动,就会导致洗钱罪成为掩饰、隐瞒犯罪所得、犯罪所得收益罪的特别规定,反而不利于发挥想象竞合的明示机能。"[1]实际上,这一问题的关键在于洗钱罪法益认定。前述想象竞合论者认为,洗钱罪的保护法益是金融管理秩序与上游犯罪的保护法益[2],然而,按照我国刑法理论通说,洗钱罪侵犯的是复杂客体,即国家金融管理秩序和司法机关的正常活动,掩饰、隐瞒犯罪所得、犯罪所得收益罪侵犯的是单一客体,即司法机关追查犯罪、追缴犯罪所得及其收益的活动[3],既然洗钱罪法益包括了司法机关的正常活动,那么,当洗钱行为同时构成掩饰、隐瞒犯罪所得、犯罪所得收益罪时,就不必以想象竞合处理。

三、自洗钱与上游犯罪的竞合

《最高人民检察院关于充分发挥检察职能服务保障"六稳""六保"的意见》(高检发〔2020〕10号,下文简称《"六稳""六保"意见》)第5条规定:"办理上游犯罪案件时要同步审查是否涉嫌洗钱犯罪,上游犯罪共犯以及掩饰、隐瞒犯罪所得、非法经营地下钱庄等行为同时构成洗钱罪的,择一重罪依法从严追诉。"在《刑法修正案(十一)》将自洗钱入罪之后,对自洗钱与上游犯罪的竞合适用问题,应当首先辨析洗钱行为的性质并以此来界定自洗钱的构造:(1)法定七类上游犯罪本犯在实施上游犯罪的过程或者完毕之后,对"黑钱"实施获取、持有、窝藏等后续行为,上游犯罪的所得和收益是处于上游犯罪实施后的"物理反应"之自然延伸状态,本犯没有实施动态的"漂白"行为,符合传统赃物罪的特征,属于"不可罚的事后行为",不应划入洗钱范畴,也就谈不上自洗钱入罪后的竞合适用;(2)法定七类上游犯罪本犯实施上游行为,又对"黑钱"实施动态"漂白"行为,致使犯罪所得和犯罪收益呈现出"化学反应",切断了其来源和性质,本犯后续行为表现为完全不同于上游犯罪的行为特征,不再是上游犯罪的自然延伸,已经超出传统赃物罪的特征,应定性为洗钱行为,由此会带来自洗钱与上游犯罪的竞合适用问题,需要在实行数罪并罚或者从一重罪处罚中予以抉择。

一方面,就法益侵害全面评价来看,洗钱在当今蔓延和裂变的危害性,已超

---

[1] 张明楷:《刑法学》(第6版),法律出版社2021年版,第1020页。
[2] 张明楷:《洗钱罪的保护法益》,《法学》2022年第5期,第69页。
[3] 王作富主编:《刑法分则实务研究》(第5版),中国方正出版社2013年版,第488、1231页。

越早期附属于上游犯罪的单一属性,威胁到政治、经济、社会等多个领域,被国际社会公认为是冷战之后典型的"非传统安全问题"之一。洗钱所侵害法益的新型特征不能为上游犯罪所覆盖和全面评价,与上游犯罪的规范保护目的也不具有同一性,符合数罪并罚的条件。另一方面,就禁止重复评价原则来看,本犯实施掩饰、隐瞒等"漂白"的二次行为,致使"黑钱"发生"化学反应",切断了与上游犯罪的联系,完全有别于传统赃物罪对上游犯罪财产的事后消极处分行为,具有新的犯罪构成事实,不具备适用禁止重复评价原则的前提条件,也相应地突破了对自洗钱不必予以数罪并罚的限制性框架。此外,结合要求切实转变"重上游犯罪,轻洗钱犯罪"的规定,倘若对于自洗钱适用"从一重处断"原则,由于最终的法律后果是落脚在"依照处罚较重的规定定罪处罚",司法人员往往将调查、起诉和审判的重心聚焦在法定刑较重的罪名,容易将洗钱罪定义为"次要的罪名",不利于扭转"重上游犯罪,轻洗钱犯罪"的惯性思维,也不利于培养民众对反洗钱重要性的认识。相反,对于洗钱罪与上游犯罪实行数罪并罚,能够防止遗漏或者错误地评价洗钱罪的法益侵害性,符合自洗钱入罪的刑事立法目的。[1]

类似见解指出,在自洗钱的场合,对行为人仅按上游犯罪处罚,刑法处罚自洗钱的范围就极为有限,基本上丧失了《刑法修正案(十一)》修改第191条的意义;如果某些情况下仅按洗钱罪处罚,则完全没有评价上游犯罪行为,也明显不当。所以,上游犯罪行为人洗钱的,应当对上游犯罪与洗钱罪实行数罪并罚;行为人与上游犯罪人事前通谋,事后与上游犯罪人共同实施洗钱行为的,对行为人与上游犯罪人均应按上游犯罪与洗钱罪实行数罪并罚。但是,不排除上游犯罪与洗钱罪构成想象竞合的情形。例如,乙有求于国家工作人员甲,甲要求乙将行贿款直接汇往境外的银行账户的,甲的行为是受贿罪与洗钱罪的想象竞合,乙的行为是行贿罪与洗钱罪的想象竞合,均应当从一重罪处断;再如,国家工作人员实施贪污罪时直接将公款汇往境外的,也是贪污罪与洗钱罪的想象竞合,应当从一重罪处断;又如,在非法集资等犯罪持续期间帮助转移犯罪所得及收益的行为,可能构成洗钱罪与非法集资等犯罪的共犯的想象竞合。[2] 也有观点认为,在自洗钱的场合,原则上应当数罪并罚,但在极个别的情形下,如果上游犯罪数额

---

[1] 王新:《自洗钱入罪后的司法适用问题》,《政治与法律》2021年第11期,第46—47页。
[2] 张明楷:《刑法学》(第6版),法律出版社2021年版,第1023页。

很大、情节很严重,而洗钱金额只占其中很小的比例,或者情节较轻的,按照罪责刑相适应的原则,也不排除对行为人只按照上游犯罪定罪处罚。①

在《刑法修正案(十一)》起草过程中,有学者建议第191条明确规定"实施上游犯罪的行为人又实施掩饰、隐瞒等洗钱犯罪行为的,应当数罪并罚,但仅占有、使用犯罪所得及其收益的除外",以洗钱的行为方式来判断是否属于"不可罚之事后行为"进而决定是否应当数罪并罚,也即,行为人实施上游犯罪后将犯罪所得及其收益存放于金融机构或者通过地下钱庄、拍卖行、赌场等进行掩饰或者隐瞒的,应当数罪并罚,因为行为人的行为不仅妨害了司法机关追查犯罪的正常活动,还侵犯了正常的金融管理秩序。② 不过,多数意见认为,规定数罪并罚会对我国司法实践造成较大冲击,因此,在修改第191条时未就数罪并罚作出明确规定。③ 在《刑法修正案(十一)》颁布后,实务部门对于洗钱罪与上游犯罪的处罚也存在一定分歧。有观点认为,从与其他犯罪相协调的角度看,一般应实行从一重罪处罚④;也有观点认为,上游犯罪分子实施犯罪后,掩饰、隐瞒犯罪所得来源和性质的,应当对上游犯罪和洗钱罪实行数罪并罚⑤。有鉴于此,为了指导全国司法机关的认识统一和规范适用,对于洗钱罪与上游犯罪的竞合适用问题,还有待最高人民法院、最高人民检察院尽快颁行新的司法解释,以便解决当前在司法实践中较为棘手的罪名适用问题。

四、删除"明知"后的主观构成要件

《刑法修正案(十一)》删除《刑法》第191条洗钱罪之"明知"表述,主要是考虑到证明行为人对某一具体上游犯罪具有"明知"在司法实践中有难度,从事洗钱的犯罪行为人常抗辩其不深究经手资金的来源,以此否认对某一种具体上游

---

① 周光权:《刑法各论》(第4版),中国人民大学出版社2021年版,第320页。
② 何萍:《洗钱犯罪的刑事立法演变与完善——兼论〈刑法修正案(十一)(草案二审稿)〉对第一百九十一条的修正》,《人民检察》2020年第22期,第57页。
③ 干爱立主编:《中华人民共和国刑法条义说明、立法理由及相关规定》,北京大学出版社2021年版,第697页。
④ 杨万明主编:《〈刑法修正案(十一)〉条文及配套〈罪名补充规定(七)理解与适用〉》,人民法院出版社2021年版,第162页。
⑤ 孙谦:《刑法修正案(十一)的理解与适用》,《人民检察》2021年第8期,第11页;李菲菲、赖俊斌:《洗钱犯罪定罪量刑问题辨析》,《人民检察》2022年第5期,第64页。

犯罪具备"明知"。司法机关在能够认定犯罪嫌疑人具有掩饰、隐瞒犯罪所得及其收益的行为,但是难以认定行为人"明知"某一具体上游犯罪的时候,常以掩饰隐瞒犯罪所得、犯罪所得收益罪定罪处罚。如果犯罪所得及其收益确实来源于恐怖活动犯罪、走私犯罪、贪污贿赂犯罪等特定上游犯罪,最终不能以洗钱罪定罪处罚,不能充分体现罚当其罪,与罪责刑相适应原则也不一致。此外,"掩饰、隐瞒"行为本身就带有故意实施相关行为的意思,在具体认定上,与"明知"要件存在一定程度的重复。因此,将原规定"明知是……犯罪的所得及其产生的收益,为掩饰、隐瞒其来源和性质"修改为"为掩饰、隐瞒……犯罪的所得及其产生的收益的来源和性质"。①

尽管《刑法修正案(十一)》删除了"明知"术语,但这只是降低了洗钱行为对象事实的证明标准,并未改变主观方面依然是故意的基础事实,否则就会陷入"客观归罪"的泥潭。鉴于"自洗钱"与"他洗钱"的行为模式差异,二者证明标准有所不同:在自洗钱的情形,本犯对源于上游犯罪的所得及其收益具有主观认识,必然会认识到洗钱对象的来源和性质,因而不存在对行为人主观认识的证明问题;在他洗钱的情形,由于行为人没有亲自实施上游犯罪,其对自己为他人洗钱的对象来源和性质并不必然成立主观认识,因而需要证明行为人主观认识。并且,从违法性认识理论看,违法性认识在程度上既包括确定性认识,也包含可能性认识,因而行为人主观认识的程度可以分为"必然认识"与"可能认识",具体到洗钱罪中,行为人对于洗钱对象的来源和性质之认识包括认识到"必然是黑钱"与"可能是黑钱"两种情形,司法人员在认定他洗钱行为人的主观认识时,应当适用"可能认识"的高概率性标准,从而拓宽对于主观认识的司法认定幅度。②

另有学者指出,删除"明知"后,根据形式解释原理,无论是自洗钱还是他洗钱,都只需要有主观故意即可,不再需要明知是七种法定上游犯罪所得及其收益这一事实,所以,为了防范洗钱罪处罚范围不当扩大,应当进行实质解释,确立"明知"为他洗钱犯罪认定中的不成文构成要件要素,同时也是主观的超过要素,将形式上符合构成要件但实质上不具备处罚合理性与必要性的他洗钱行为排除

---

① 王爱立主编:《中华人民共和国刑法条文说明、立法理由及相关规定》,北京大学出版社 2021 年版,第 695 页。
② 王新:《自洗钱入罪后的司法适用问题》,《政治与法律》2021 年第 11 期,第 48—49 页。

在外。① 可见,《刑法修正案(十一)》虽然删除了"明知"表述,但是,根据故意犯原理,成立洗钱罪仍然要求行为人"明知是"毒品犯罪等特定七种犯罪的所得及其产生的收益。因此,《最高人民法院关于审理洗钱等刑事案件具体应用法律若干问题的解释》(法释〔2009〕15号)第1条关于"明知"的解释,在外形上貌似与《刑法修正案(十一)》冲突,其实仍可继续适用。②

值得注意的是,《刑法修正案(十一)》在删除"明知"术语的同时,将"为掩饰、隐瞒"的表述调整至第191条第1款规定之首。基于1997年《刑法》第191条立法表述所使用的"为掩饰、隐瞒其来源和性质"术语,传统观点认为,立法者将洗钱罪界定为目的犯,要求行为人出于"为掩饰、隐瞒其来源和性质"的特定目的。③ 然而,洗钱罪是否属于目的犯,不无争议。例如,有学者指出,"因为洗钱罪的行为本身就是掩饰、隐瞒其来源和性质,不能同时又把这一内容当作主观的超过要素——目的犯的目的。在刑法条文中出现'为掩饰、隐瞒其来源和性质'一语,容易使人误解为是主观目的,但它实际上是对刑法所列举的五种洗钱的具体方式所加的限制,因而不同于刑法理论上的目的犯"④。此外,还有学者指出,既然"掩饰、隐瞒其来源和性质"本就是洗钱罪客观行为的核心要素,自然就不应被重复界定为目的犯中的内容,在洗钱罪并不属于法定目的犯的情形下,如果在学理上将该罪划定为目的犯的范畴,只会再度增加司法人员的举证责任,因此,对于《刑法》第191条中"为掩饰、隐瞒"的立法术语,应理解为洗钱罪的客观构成要素,而不是目的犯之表述。⑤

五、洗钱罪与上游犯罪的共犯认定

在《刑法修正案(十一)》将"自洗钱"入罪之前,立足于"他洗钱"的单一模式规定,一般认为,洗钱罪与上游犯罪的共犯认定关键在于事前有无通谋。如果行为人事前与上游犯罪行为人有通谋,事后又实施了洗钱行为的,则仅构成上游犯

---

① 刘艳红:《洗钱罪删除"明知"要件后的理解与适用》,《当代法学》2021年第4期,第3页。
② 参见李立众:《刑法一本通 中华人民共和国刑法总成》(第15版),法律出版社2021年版,第313页。
③ 王作富主编:《刑法分则实务研究》(第5版),中国方正出版社2013年版,第493页。
④ 陈兴良:《协助他人掩饰毒品犯罪所得行为之定性研究——以汪照洗钱案为例的分析》,《北方法学》2009年第4期,第39页。
⑤ 王新:《洗钱罪的司法认定难点》,《国家检察官学院学报》2022年第6期,第66—69页。

罪的共同犯罪,而不单独成立洗钱罪。因为既然行为人事先有通谋,已构成共同犯罪,其后的洗钱行为仅是共同犯罪行为的延续,正如同犯罪分子盗窃财物后又加以窝藏的情形一样,其后续的洗钱行为属于不可罚的事后行为。《刑法》第156条关于走私罪的共犯认定为此作了最好的注释:"与走私罪犯通谋,为其提供贷款、资金、账号、发票、证明,或者为其提供运输、保管、邮寄或者其他方便的,以走私罪的共犯论处。"该法条特别强调了与走私罪犯事前有通谋,应以走私罪的共犯论处。如果与走私罪犯事前无通谋,只是事后为其提供账号、发票、证明,帮助掩饰、隐瞒其违法所得及其产生的收益的来源和性质的,则应按洗钱罪定罪处罚。①

在《刑法修正案(十一)》颁行之后,由于"自洗钱"与"他洗钱"一样犯罪化处理,对于处于共同犯罪一方的上游犯罪行为人来说,打破了其与处于另一方的洗钱行为人在认定共犯时的既往结构,导致洗钱罪与上游犯罪的共犯问题复杂化。对此,有学者指出,需要在既往标准之基础上进一步以通谋内容为标准,分为以下情形:(1)双方就上游犯罪通谋,行为人实施第191条洗钱行为的,成立上游犯罪的共犯,这是沿用既往认定标准;(2)双方就洗钱犯罪通谋,行为人实施第191条洗钱行为的,构成洗钱罪的共犯;(3)双方就上游犯罪和洗钱犯罪通谋,既实施上游犯罪又实施第191条洗钱行为的,对于上游犯罪本犯来说属于自洗钱,应依据数罪并罚的规定处罚,对于洗钱行为人而言,根据其行为性质,应在防止重复评价原则下定罪处罚。② 上述分析对于洗钱罪及其上游犯罪的适用具有重要价值,不过,具体如何处理双方就上游犯罪和洗钱犯罪通谋的情形,尚有进一步讨论的空间。

六、"情节严重"认定标准及其适用

自从1997年《刑法》第191条设立"洗钱罪"以来,立法机关及司法机关一直未对其"情节严重"的认定标准作出明确规定,导致司法实践中对"情节严重"的认定较为混乱。《最高人民法院关于审理掩饰、隐瞒犯罪所得、犯罪所得收益刑事案件适用法律若干问题的解释》(2021修正)第3条规定,"掩饰、隐瞒犯罪所

---

① 王作富主编:《刑法分则实务研究》(第5版),中国方正出版社2013年版,第495页。
② 王新:《自洗钱入罪后的司法适用问题》,《政治与法律》2021年第11期,第49—50页。

得及其产生的收益,具有下列情形之一的,应当认定为《刑法》第 312 条第 1 款规定的'情节严重'"。相较于掩饰、隐瞒犯罪所得、犯罪所得收益罪,不论是追诉标准还是刑罚设置,洗钱罪的处罚都更重,然而,从实践来看,洗钱案件中掩饰、隐瞒犯罪所得及其收益价值总额 10 万元以上是常态,但绝大部分未认定"情节严重",而且对近一半的被告人适用了缓刑,不符合立法上重打击洗钱犯罪的方向,在此意义上,似乎洗钱罪"情节严重"的标准与掩饰、隐瞒犯罪所得、犯罪所得收益罪持平更加合理。但是,问题在于,如果洗钱罪"情节严重"标准设立太低,可能造成对洗钱犯罪的处罚远重于上游犯罪。基于原则上禁止量刑倒挂的认识,有观点认为,"情节严重"认定标准需要针对上游犯罪有所区分:考虑到毒品犯罪、黑社会性质的组织犯罪、恐怖活动犯罪的危害程度往往不在于数额,这些上游犯罪的洗钱案件以 10 万元作为数额标准较为适宜;走私犯罪、金融诈骗犯罪、破坏金融管理秩序犯罪和贪污贿赂犯罪,结合相关司法解释规定,可以将掩饰、隐瞒犯罪所得价值超过 250 万元作为"情节严重"的认定标准。[①]

可见,与洗钱罪"情节严重"认定标准密切关联的问题是,洗钱罪的量刑可否重于上游犯罪的量刑。实务中不乏类似前述论断的见解,认为洗钱罪作为下游犯罪的宣告刑不超过上游犯罪的宣告刑,防止出现刑罚倒挂。[②] 并不否认,通常来说,赃物犯罪的处罚是轻于上游犯罪的,洗钱罪事实上也可以归入广义的赃物犯罪范畴。但是,对某一犯罪配置的刑罚轻重需要随着时代而转变,由于法益的重要性、实行行为的危险性在不同时代有所差异,对于同一犯罪的法定刑在不同历史条件下做出调整是很正常的,有些过去认为是边缘性的犯罪在现代社会给予重罚也是可能的,脱胎于赃物犯罪的洗钱罪即为适例。第 191 条洗钱罪的第一档法定刑是有期徒刑 5 年,而不少上游犯罪本犯的第一档刑是有期徒刑 3 年,因此,完全可能出现对处理赃物的洗钱罪犯判刑重于本犯的情形;在《刑法修正案(十一)》将自洗钱入罪后,也完全可能出现对自洗钱行为的判刑重于该行为人上游犯罪行为的情形,例如,行为人甲受贿 18 万元,其受贿罪的刑期是 3 年以下,如果甲将受贿所得 18 万元通过地下钱庄转移到境外,洗钱犯罪情节恶劣的,

---

① 吴波:《洗钱罪的司法适用困境及出路》,《法学》2021 年第 10 期,第 104—106 页。
② 王婕妤、黄江南:《自洗钱行为入刑后的定罪与处罚》,《人民司法·案例》2021 年第 32 期,第 63 页。

对该洗钱行为的量刑高于有期徒刑 3 年也是有可能的。①

肯定洗钱罪的量刑可以重于上游犯罪的量刑,在传统刑法理论上似乎难以接受,但是,如前所述,洗钱罪具有上游犯罪难以包容评价的法益侵害性,并非不可罚的事后行为,迥然不同于第 312 条的掩饰、隐瞒犯罪所得、犯罪所得收益罪,自洗钱入罪的立法修正内容恰是对洗钱罪异于传统赃物犯罪的明确肯定。因此,不应当僵硬地将传统赃物犯罪的法定刑配置与刑罚裁量逻辑照搬于洗钱罪,应当针对洗钱活动的当下行为样态作出与时俱进的合理解释。正如学者所指出的,作为洗钱罪对象的财产很广泛,其行为样态也不限于对犯罪所得的隐匿和掩饰,还包括以促进犯罪行为的实行为目的而使用该利益,而且,由于对利益的使用本身就是在"促进"产生这些利益的基础犯罪、上游犯罪,所以,在诸如以自己的名义使用因通常的经济犯罪而获得的利益的场合,在美国也会被处以重刑,其结果是,对经济犯罪利益的使用行为的刑罚反而要远远重于经济犯罪本身的刑罚。② 在此意义上,结合具体案情,洗钱罪的宣告刑并非必然轻于上游犯罪的宣告刑,洗钱罪"情节严重"的认定标准及其适用也没必要受限于特定上游犯罪的定罪量刑规范。

第三节　罪名适用中的典型案例

一、汪某洗钱案

(一)案件介绍③

被告人汪某认识区某儿(另案处理)后,在明知区某儿的弟弟区某能(另案处理)从事毒品犯罪并想将其违法所得转为合法收益的情况下,于 2002 年 8 月伙同区某儿、区某能到本市黄埔区广东明皓律师事务所,以区某能、区某儿的港币 520 万元(其中大部分为区某能毒品犯罪所得),购入广州百叶林木业有限公司

---

① 周光权:《法定刑配置的优化:理念与进路》,《国家检察官学院学报》2022 年第 4 期,第 48 页。
② [日]佐伯仁志:《制裁论》,丁胜明译,北京大学出版社 2018 年版,第 271 页。
③ 最高人民法院刑事审判第一庭、第二庭编:《刑事审判参考》(总第 37 集),法律出版社 2004 年版,第 286 号"汪照洗钱案"。

的60％股权。被告人汪某协助区某能运送毒资作为股权转让款。在取得公司控股权后，区某儿、区某能安排将该公司更名为广州市腾盛木业有限公司，由区某儿任该公司法定代表人，直接管理财务。被告人汪某挂名出任该公司董事长，除每月领取人民币5000元以上的工资外，区某儿、区某能还送给被告人汪某一辆ML320越野奔驰小汽车。之后，腾盛木业有限公司以经营木业为名，采用制造亏损账目的手段，掩饰、隐瞒其违法所得的来源与性质，意图将区某能的毒品犯罪所得转为合法收益。

广州市海珠区人民法院认为，被告人汪某受他人指使，为获得不法利益，明知是他人毒品犯罪的违法所得，仍伙同他人以毒资投资企业经营的方式，掩饰、隐藏该违法所得的非法性质及来源，其行为妨害了我国的金融管理秩序，已构成洗钱罪。

（二）简要点评

第一，洗钱罪的主观要件之明知，既可以是确定性认识，也可以是可能性认识，将明知对象内容严格限定为法定上游犯罪中的具体类别犯罪的违法所得及其产生的收益，与我国刑法关于认识错误的一般理论不符。行为人在法定上游犯罪的范围内将此类犯罪所得及收益误认为彼类犯罪所得，因两者在法律性质上是一致的，不属对犯罪构成要件对象的认识错误，故不应影响定性。并且，只要证明行为人在当时确实知道或者根据事实足可推定行为人对于所经手的财产系法定上游犯罪所得的赃钱的可能性有所认识，都可成立明知。在具体认定上，一般可以综合行为人的主观认识，接触赃物的时空环境、赃物的种类、数额，赃物交易、运送的方式、方法及行为人的一贯表现等主客观因素进行具体判断。在本案中，主观方面，被告人汪某明知区某能从事毒品犯罪，对投资款系毒资的可能性具有一定认识；客观方面，区某能、区某儿一次性支付港币520万元股权转让款，数额巨大且全部为现金支付，其间无偿赠予高档小汽车一辆，结合被告人汪某曾因犯偷税罪被判处有期徒刑四年的前科历史，故认定其对520万元投资款属于毒品犯罪所得具有主观明知是符合客观实际的。

第二，洗钱罪与窝藏、转移、隐瞒毒赃罪的区分。（1）犯罪对象，前者的对象是毒品犯罪等法定上游犯罪所得及其收益的非法性质和来源，不一定直接涉及财物本身；后者主要是针对毒品犯罪所得的财物而言的，财物本身为其直接对象。或者说,前者不一定要求对作为犯罪所得或者收益的财物形成物理上的控制,后者必须使该财物处于行为人的支配、控制范围或者状态之下。(2)行为方式,前者掩饰、隐瞒犯罪所得及其收益的来源和性质的行为,具有使之具有表面合法化的特征;后者则主要是通过改变赃物的空间位置或者存在状态对赃物进行隐匿或者转移,使侦查司法机关不能或者难以发现,或者妨害司法机关对赃物的追缴,此类行为并无改变赃物非法性质之作用,不具有使之表面合法化的特征。(3)主观目的,前者是掩饰黑钱的非法来源和性质,使黑钱合法化,此种目的决定了洗钱行为人并不必然要对赃物加以物理上的隐藏;后者的主观目的是逃避司法机关的侦查、追缴,力图藏匿财物,使他人不知该财物的存在,因而财物的存在状态具有秘密性。本案中,尽管存在被告人汪某协助区某能运送毒赃的行为,但其真实的主观目的并非转移毒赃的空间场所或者隐瞒财物的存在状态,而是通过进一步的投资及虚构经营亏损等活动,对毒赃进行清洗,将其非法性质予以合法化,属于掩饰、隐瞒毒赃的非法性质和来源,而非仅仅对毒赃进行物理上的隐匿或者转移。

二、潘某民、祝某某、李某明、龚某洗钱案

(一) 案件介绍①

被告人潘某民于2006年7月初,通过"张协兴"(另案处理)的介绍和"阿元"(另案处理)取得联系,商定由潘某民通过银行卡转账的方式为"阿元"转移从网上银行诈骗的钱款,潘某民按转移钱款数额10%的比例提成。潘某民纠集了被告人祝某某、李某明、龚某,并通过杜某明(另案处理)收集陈涛、董梅华、宋全师等多人的身份证,由杜某明至上海市有关银行办理了大量信用卡交给潘某民、祝某某。由"阿元"通过非法手段获取网上银行客户黄明伟、芦禹、姜彤、陈清等多人的中国工商银行牡丹灵通卡卡号和密码等资料,然后将资金划入潘某民通过杜福明办理的中国工商银行上海分行的67张灵通卡内,并通知潘某民取款,划入上述67张牡丹灵通卡内共计人民币1 174 264.11元。潘某民、祝某某、李某

---

① 参见最高人民法院刑事审判一、二、三、四、五庭主办:《刑事审判参考》(总第60集),法律出版社2008年版,第471号"潘儒民、祝素珍、李大明、龚媛洗钱案"。

明、龚某于2006年7月至8月,在上海市使用上述67张灵通卡和另外27张灵通卡,通过ATM机提取现金共计人民币1086085元,通过柜面提取现金共计人民币73615元,扣除事先约定的份额,然后按照"阿元"的指令,将剩余资金汇入相关账户内。

上海市虹口区人民法院认为,被告人潘某民、祝某某、李某明、龚某明知是金融诈骗犯罪的所得,为掩饰、隐瞒其来源和性质,仍提供资金账户并通过转账等方式协助资金转移,其行为构成洗钱罪。

(二)简要点评

上游犯罪行为人尚未定罪判刑,但是洗钱行为的证据确实、充分,可以认定洗钱罪。上游犯罪行为与洗钱犯罪行为虽然具有前后相连的事实特征,但实践中两种犯罪案发状态、查处及审判进程往往不会同步。有的上游犯罪事实复杂、可能涉及数个犯罪,查处难度大,所需时间长,审判进程必然比较慢,而洗钱行为相对简单,查处难度小。司法实践中,还可能存在洗钱行为人已经抓获归案,上游犯罪事实已经查清,但上游犯罪行为人尚在逃的情形。如果要求所有的洗钱犯罪必须等到相应的上游犯罪处理完毕后再处理,显然不符合打击洗钱犯罪的实际需要。并且,洗钱罪上游犯罪和洗钱罪各有不同的犯罪构成,需要分别进行独立评价,上游犯罪在洗钱罪的犯罪构成中只是作为前提性要素出现,如果根据洗钱罪中的证据足以认定上游行为符合上游犯罪的构成要件,则应当认定下游行为成立洗钱罪。应当注意的是,在上游犯罪行为人尚未归案的情况下,可能难以确定其行为性质,此时应当慎重处理:只有根据洗钱案件中所掌握的事实和证据,足以断定上游行为属于第191条所规定的七种犯罪类型的,才能认定洗钱罪成立,否则不宜认定洗钱罪,可以依法认定为第312条所规定的掩饰、隐瞒犯罪所得、犯罪所得收益罪。

本案中,上游犯罪行为人"阿元"尚未抓获归案,但是,根据被害人陈述、被告人供述以及有关书证材料,可以确定"阿元"盗划他人信用卡内钱款的行为,已涉嫌信用卡诈骗罪。潘某民等四被告人明知"阿元"所获得的钱款系金融诈骗犯罪所得,为掩饰、隐瞒其来源和性质,仍按其要求提供资金账户并通过转账等方式协助资金转移,符合洗钱罪的构成特征,且涉案金额达100余万元,应当以洗钱罪对四名被告人定罪处罚。

三、曾某洗钱案

(一) 案件介绍①

2009年至2016年,熊某(另案处理)在担任江西省南昌市生米镇山某村党支部书记期间,组织、领导黑社会性质组织,依仗宗族势力长期把持村基层政权,垄断村周边工程攫取高额利润,以暴力、威胁及其他手段,有组织地实施故意伤害、寻衅滋事、聚众斗殴、非国家工作人员受贿等一系列违法犯罪活动。法院认定,熊某犯组织、领导黑社会性质组织罪、故意伤害罪、寻衅滋事罪、聚众斗殴罪、非国家工作人员受贿罪、对非国家工作人员行贿罪。

2014年,南昌市银某房地产开发有限公司(以下简称银某公司)为低价取得山某村157.475亩土地使用权进行房地产开发,多次向熊某行贿,曾某以提供银行账户、转账、取现等方式,帮助熊某转移受贿款共计3700万元。其中,2014年1月29日,被告人曾某受熊某指使,利用其担任法定代表人的江西省众某实业有限公司(以下简称众某公司)的银行账户接收银某公司行贿款500万元,然后转账至其侄女曾某琴银行账户,再拆分转账至熊某妻子及黑社会性质组织其他成员银行账户。4月至12月,熊某利用其实际控制的江西雅某实业有限公司(以下简称雅某公司)银行账户,接收银某公司以工程款名义分4次转入的行贿款,共计3200万元。后曾某受熊某指使,通过银行柜台取现、直接转账或者利用曾某个人银行账户中转等方式,将上述3200万元转移给熊某及其妻子、黑社会性质组织其他成员。上述3700万元全部用于以熊某为首的黑社会性质组织的日常开支和发展壮大。2016年11月16日,熊某因另案被检察机关立案侦查,曾某担心其利用众某公司帮助熊某接收、转移500万元受贿款的事实暴露,以众某公司名义与银某公司签订虚假施工合同,将上述500万元受贿款伪装为银某公司支付给众某公司的项目工程款。

2018年11月28日,南昌市公安局以涉嫌组织、领导、参加黑社会性质组织罪等六个罪名将熊某等18人移送起诉。曾某到案后,辩称对熊某黑社会性质组织犯罪不知情,不具有洗钱犯罪主观故意。东湖区人民检察院介入侦查,根据曾

---

① 最高人民检察院、中国人民银行联合发布惩治洗钱犯罪典型案例之一(2021年)。

某、熊某二人关系以及曾某身份及专业背景的证据，认定曾某主观上应当知道其帮助熊某转移的3700万元系黑社会性质的组织犯罪所得。东湖区人民法院认定曾某犯洗钱罪，判决已生效。

（二）简要点评

洗钱罪惩处的是清洗七类严重上游犯罪赃款的行为。其中，黑社会性质的组织犯罪所得及其产生的收益，包括在黑社会性质组织的形成、发展过程中，该组织及组织成员通过违法犯罪活动或其他不正当手段聚敛的全部财物、财产性权益及其孳息、收益。本案中，洗钱罪所掩饰、隐瞒的3700万元赃款直接来源于熊某收取的受贿款，认定罪名是非国家工作人员受贿罪，该罪名不属于常见高发的涉黑罪名，熊某之所以能帮助银某公司低价取得山某村土地使用权，既是基于村支书职权又是基于其长期以暴力、威胁及其他手段垄断村周边工程，所以，熊某的受贿款系其利用黑社会性质组织影响力和控制力获取，应当认定为黑社会性质的组织犯罪所得。实践中，区分黑社会性质组织成员的个人犯罪和黑社会性质的组织犯罪，可从涉案财产是否为该组织及其成员通过违法犯罪行为获取、是否系利用黑社会性质组织影响力和控制力获取、是否用于黑社会性质组织的日常开支和发展壮大等方面综合判断。

此外，对上游犯罪所得及其产生的收益的认识，包括知道或者应当知道。在涉黑洗钱案件中，要注意审查洗钱犯罪嫌疑人与黑社会性质组织成员交往细节、密切程度、身份背景、从业经历等证据，补强其了解、知悉黑社会性质组织及具体犯罪行为的证据。对黑社会性质组织称霸一方实施违法犯罪的事实知情，辩称对相关行为的法律定性不知情的，不影响对主观故意的认定。

四、雷某、李某洗钱案

（一）案件介绍①

2013年至2018年6月，朱某（另案处理）为杭州腾某投资管理咨询有限公司（以下简称腾某公司）实际控制人，未经国家有关部门依法批准，以高额利息为

---

① 最高人民检察院、中国人民银行联合发布惩治洗钱犯罪典型案例之二（2021年）。

诱饵,通过口口相传、参展推广等方式向社会公开宣传 ACH 外汇交易平台,以腾某公司名义向 1899 名集资参与人非法集资 14.49 亿余元。截至案发,造成 1279 名集资参与人损失共计 8.46 亿余元。2020 年 12 月 29 日,杭州市中级人民法院做出判决,认定朱某犯集资诈骗罪。

2016 年底,朱某出资成立瑞某公司,聘用被告人雷某、李某为该公司员工,让李某挂名担任法定代表人。2017 年 2 月至 2018 年 1 月,被告人雷某、李某除从事瑞某公司业务外,应朱某要求,明知腾某公司以外汇理财业务为名进行非法集资,仍向朱某提供多张本人银行卡,接收朱某实际控制的多个账户转入的非法集资款。之后,被告人雷某、李某配合腾某公司财务人员罗某(另案处理)等人,通过银行大额取现、大额转账、同柜存取等方式将上述非法集资款转移给朱某。其中,被告人雷某转移资金共计 6 362 万余元,被告人李某转移资金共计 3 281 万余元。二人除工资收入外,自 2017 年 6 月起收取每月 1 万元的好处费。

2019 年 11 月 19 日,拱墅区人民法院做出判决,认定雷某、李某犯洗钱罪。宣判后,雷某提出上诉。2020 年 6 月 11 日,杭州市中级人民法院裁定驳回上诉,维持原判。

(二) 简要点评

该案的上游犯罪是集资诈骗罪,所反映的问题具有普遍性,即在非法集资犯罪持续期间帮助转移犯罪所得及收益的行为是否构成洗钱罪。由于非法集资犯罪存在持续时间长的特点,往往直到资金链断裂无法维持运转才被迫停止吸收资金,因而基本不存在非法集资犯罪实施终了后再洗钱的情形,通常都是边吸收资金边转移资金,并且通过多种手段打乱、混淆资金关系,既借新还旧又掩饰、隐瞒犯罪所得的来源和性质。该案就是典型的"边吸边洗"案件,朱某非法集资时间长达 5 年多,其间,雷某、李某持续近 1 年的时间帮助朱某把非法集资款通过取现、转账、同柜存取等手段进行转移。

对此,一种观点认为,资金划转频繁复杂是非法集资犯罪的特征之一,"边吸边洗"整体上属于非法集资犯罪过程中的行为,上游犯罪没有实施终了,不应当认定其过程中存在下游洗钱犯罪,应当认定为非法吸收公众存款罪或集资诈骗罪一罪。另一种观点认为,非法集资犯罪由若干个单独的非法吸收资金的行为构成,在一笔资金吸收完成后,单个的非法集资行为已经完成,后续以取现、转账等各种手段伪装、改变资金来源和性质的行为,是独立于上游非法集资犯罪的下游洗钱犯罪,不能与非法吸收资金的行为混为一谈。实务持后者观点,在非法集资犯罪持续期间帮助犯罪分子转移集资款的,符合第191条的规定,应当认定为洗钱罪。换言之,上游犯罪是否结束不影响洗钱罪的构成,洗钱行为在上游犯罪终了前着手实施的,可以认定为洗钱罪。

五、林某娜、林某吟等人洗钱案

(一)案件介绍①

2011年,林某永贩卖1875千克麻黄素给蔡某璇等多人,供其制造毒品甲基苯丙胺,共计180千克。2009年至2011年,蔡某璇多次伙同他人共同贩卖、制造毒品甲基苯丙胺共计20余千克。2010年至2014年,被告人林某娜明知是毒品犯罪所得及收益,仍帮助林某永将上述资金用于购房、投资,并提供账户帮助转移资金,共计1743万余元。另外,2011年至2014年,被告人林某娜三次为林某永窝藏毒赃,其中两次在其住处为林某永保管现金,一次从林某永的住处将现金转移至其住处并保管,保管、转移毒赃共约2460万元。2011年至2014年,被告人林某吟明知是毒品犯罪所得及收益,仍帮助林某永将上述资金用于投资,并提供账户帮助转移资金,共计1150万元。2011年至2013年,被告人黄某平明知是毒品犯罪所得及收益,仍帮助林某永将上述资金用于购房、投资,并提供账户帮助转移资金,共计1719万余元。2010年至2011年,被告人陈某真明知是毒品犯罪所得及收益,仍帮助蔡某璇用于购买房地产,共计730余万元。2016年10月27日,法院作出判决,认定:林某娜犯洗钱罪,窝藏、转移毒赃罪;林某吟、黄某平、陈某真犯洗钱罪。

(二)简要点评

关于掩饰、隐瞒犯罪所得、犯罪所得收益罪和洗钱罪的区分,实务观点认为,掩饰、隐瞒犯罪所得、犯罪所得收益罪包含传统的窝藏犯罪和普通的洗钱犯罪。具体来说,对于上游犯罪是毒品犯罪、黑社会性质的组织犯罪、恐怖活动犯罪、走

---

① 最高人民检察院、中国人民银行联合发布惩治洗钱犯罪典型案例之五(2021年)。

私犯罪、贪污贿赂犯罪、破坏金融管理秩序犯罪、金融诈骗犯罪的案件,仅改变物理储藏空间的属于窝藏犯罪,应当认定为掩饰、隐瞒犯罪所得、犯罪所得收益罪,其他改变物理性状的转移、转换资金、财物的行为应认定为洗钱罪;对于上游犯罪是上述七类犯罪之外的掩饰、隐瞒违法犯罪所得及收益的行为,无论是窝藏行为还是洗钱行为,都应认定为掩饰、隐瞒犯罪所得、犯罪所得收益罪。

关于洗钱罪和窝藏、转移、隐瞒毒赃罪的区分。实务观点认为,两罪的区别在于犯罪手段和升格法定刑标准。窝藏、转移、隐瞒毒赃罪主要适用于单纯物理隐藏、转移毒资毒赃的窝藏犯罪,例如,该案中林某娜将林某永的现金毒赃转移、藏匿于其住处,认定为窝藏、转移毒赃罪,而不认定为改变资金来源和性质的洗钱罪。同时,隐瞒毒赃罪与洗钱罪存在竞合,在犯罪手段上都是可以改变毒赃来源和性质的转移、转换行为,可以根据从一重原则认定。另外,窝藏、转移、隐瞒毒赃罪没有规定单位犯罪,对于单位有上述犯罪事实的,根据犯罪手段的不同,分别认定为洗钱罪和掩饰、隐瞒犯罪所得、犯罪所得收益罪。①

六、刘某华洗钱案

(一)案件介绍②

被告人刘某华于2021年10月至2021年11月份多次向吸毒人员丁某、文某、武某等人贩卖毒品并从中牟利。刘某华贩卖毒品后,为掩饰、隐瞒其毒品犯罪所得,通过其妻子涂倩倩的中国银行卡取现进行"自洗钱",然后再拿现金去购买毒品。刘某华共洗钱4次,涉案金额1900元。莲花县人民法院认为,被告人刘某华违反国家对毒品的管理规定,严重破坏社会管理秩序,多次向多人贩卖毒品,属情节严重,其行为已构成贩卖毒品罪;被告人刘某华为掩饰、隐瞒其毒品犯罪所得,使用他人银行账户收取、转移其贩卖毒品犯罪的毒资,其行为已构成洗

---

① 关于案例三、四、五的详尽分析,参见罗曦:《关于最高人民检察院、中国人民银行联合发布惩治洗钱犯罪典型案例的解析》,《人民检察》2021年第20期。
② 江西省莲花县人民法院刑事判决书(2022)赣0321刑初19号。实践中还有类似案件均以数罪并罚处理,例如:江西省抚州市中级人民法院刑事判决书(2021)赣10刑终97号、江西省乐安县人民法院刑事判决书(2022)赣1025刑初25号、广东省深圳市龙岗区人民法院刑事判决书(2021)粤0307刑初3538号。

钱罪;被告人刘某华一人犯数罪,应予依法数罪并罚。根据本案犯罪的事实、性质、情节及对社会的危害程度,江西省莲花县人民法院判决如下:被告人刘某华犯贩卖毒品罪,判处有期徒刑3年6个月,并处罚金人民币8 000元;犯洗钱罪,判处有期徒刑6个月,并处罚金人民币2 000元;数罪并罚合并执行有期徒刑3年10个月,并处罚金人民币10 000元。

(二)简要点评

《刑法修正案(十一)》将"自洗钱"入罪后,司法实践中面临的最为急迫的问题之一,就是关于自洗钱与上游犯罪的竞合适用。如前所述,在《刑法修正案(十一)》研究起草过程中,多数意见认为第191条规定数罪并罚会对司法实践造成较大冲击,因而未就数罪并罚作出明确规定。但是,如前文所提到的,在《刑法修正案(十一)》颁布后,对于洗钱罪与上游犯罪的竞合适用,实务部门的意见存在较大分歧,有观点认为应当从一重罪处罚,也有观点认为应当实行数罪并罚。碍于目前尚未出台相关司法解释,本案的处理方式对类似案件具有一定的借鉴价值,符合刑法理论上的全面评价和禁止重复评价的要求,也有利于扭转"重上游犯罪,轻洗钱犯罪"的惯性思维,有利于有效打击洗钱犯罪。

第三章 违规披露、不披露重要信息罪

违规披露、不披露重要信息罪自《刑法修正案(六)》确立以来,可检索到的刑事案例数量较少,而反观证监会的行政处罚案例,则数量相对较多,故该罪名曾被认为是一个"沉睡"的罪名。但这一情况正在发生变化,2019年以来,随着新《证券法》和《刑法修正案(十一)》的颁布、《关于依法从严打击证券违法活动的意见》的出台、康美药业等重大典型案件的处理和报道、证监会及最高人民检察院关于相关违法犯罪典型案例的陆续发布,该罪名已然被"唤醒"。相应地,涉及该罪名所引发的适用争议或认定难点问题也逐渐增多。本章中,笔者将结合执业过程中办理该罪名的思考,从实证的角度相对系统地梳理讨论该罪名的主体责任认定问题、对"不按照规定披露"中的"规定"的理解问题、披露信息的"重要性"标准认定问题、"情节犯"的法律适用问题及立法完善问题等,并就笔者亲办的一起该罪名相对不起诉案例作延伸讨论。

第一节 罪名适用概览与文献综述

一、罪名适用概览

(一)违规披露、不披露重要信息罪历史沿革

违规披露、不披露重要信息罪的前身是1997年《刑法》第161条提供虚假财

会报告罪。1997年《刑法》第161条规定,公司向股东和社会公众提供虚假的或者隐瞒重要事实的财务会计报告,严重损害股东或者其他人利益的,对其直接负责的主管人员和其他直接责任人员,处3年以下有期徒刑或者拘役,并处或者单处2万元以上20万元以下罚金。

2005年12月24日,第十届全国人民代表大会常务委员会第十九次会议《关于〈中华人民共和国刑法修正案(六)(草案)〉的说明》提出,一些上市公司对应当披露的公司重要信息不按照规范披露,隐瞒涉及投资者利益的公司重大事项,严重损害了广大公众投资者的利益,扰乱了证券市场秩序。对此,人大常委会法制工作委员会拟在《刑法》中增加规定:"上市公司对国家规定应当披露的信息不按照规定披露,严重损害股东或者其他人利益的,追究刑事责任。"[①]

2006年4月25日,《全国人大法律委员会关于〈中华人民共和国刑法修正案(六)(草案)〉修改情况的汇报》明确,法律委员会经同国务院法制办、中国证监会等部门研究,建议将违规披露、不披露重要信息罪与《刑法》第161条已有的规定合并,修改为:"依法负有信息披露义务的公司、企业向股东和社会公众提供虚假的或者隐瞒重要事实的财务会计报告,或者对依法应当披露的其他重要信息不按照规定披露,严重损害股东或者其他人利益的,对其直接负责的主管人员和其他直接责任人员,处三年以下有期徒刑或者拘役,并处或者单处二万元以上二十万元以下罚金。"[②]

2006年6月29日第十届全国人民代表大会常务委员会第二十二次会议通过的《刑法修正案(六)》,其中第5条在草案条文基础上,增加了"有其他严重情节"。

而在实践中,近年来资本市场重大财务造假案件频发,典型案件如:ST抚钢长达八年的财务造假事件,虚增利润近20亿元;獐子岛连续多年虚增或虚减利润,涉案金额也都是亿元级别;康得新虚增利润119亿元,造假时间长达八年;康

[①] 安建:《关于〈中华人民共和国刑法修正案(六)(草案)〉的说明——2005年12月24日在第十届全国人民代表大会常务委员会第十九次会议上》,《中华人民共和国全国人民代表大会常务委员会公报》2006年第6期,第428页。

[②] 周坤仁:《全国人大法律委员会关于〈中华人民共和国刑法修正案(六)(草案)〉修改情况的汇报——2006年4月25日在第十届全国人民代表大会常务委员会第二十一次会议上》,《中华人民共和国全国人民代表大会常务委员会公报》2006年第6期,第430页。

美药业在2016年到2018年三年间,虚增营业收入291.28亿元,累计虚增营业利润41.01亿元。但从刑事司法来看,以罚代刑现象突出。据证监会2019年公布的数据显示,2016年至2018年,证监会共处罚上市公司信息披露违法案件170件(不含全国各地证监局处罚案件数量),共计追责董监高、控股股东、实际控制人1200余人次,而同期向公安机关移送的案件仅19起。① 从已决案件的判决结果来看,普遍判决偏轻,缓刑率偏高,无论是学界还是理论界,都认为作为信息披露治理最后防线的刑法存在诸多不足,导致资本市场违法犯罪的乱象并未得到有效抑制。高层对此也给予了关注,习近平总书记在中共中央政治局第十三次集体学习时强调,必须着力解决金融领域特别是资本市场违法违规成本过低的问题。

2020年12月26日第十三届全国人民代表大会常务委员会第二十四次会议通过《刑法修正案(十一)》,对本罪作出了较大幅度的修改:将相关责任人员的刑期第一档由3年以下提高至5年以下,将刑期上限由3年提高至10年;罚金数额由2万元至20万元修改为"并处罚金",取消了20万元的上限;明确追究控股股东、实际控制人组织、指使实施信息披露造假,以及控股股东、实际控制人隐瞒相关事项导致公司披露虚假信息等行为的刑事责任。

(二)违规披露、不披露重要信息罪实证分析

通过中国裁判文书网和其他公开渠道检索到的信息,涉及违规披露、不披露重要信息罪可供研究分析的案件共12件,其中部分案件虽无法查阅原判决书,但可以通过案件报道、典型案例发布等内容了解案件基本情况:如由广东省佛山市中级人民法院审理的康美药业原董事长、总经理马兴田等12人操纵证券市场、违规披露、不披露重要信息等罪数罪并罚案件、辽宁省丹东市中级人民法院审理的丹东欣泰电气股份有限公司、温德乙等欺诈发行股票、违规披露、不披露重要信息案等。此外,笔者本人办理的一起涉及本罪名案件,已由检察机关作出不起诉决定,该案分析将在本章第三节展开。

---

① 《证监会严惩上市公司信息披露违法行为 着力改善资本市场生态环境》,中国证券监督管理委员会网站2019年6月5日,http://www.csrc.gov.cn/csrc/c100028/c1000998/content.shtml,2022年8月27日。

根据相关可统计案例,均适用《刑法修正案(十一)》修改之前的条款,对于《刑法修正案(十一)》修订之后的涉本罪名案例,尚无法进行统计。

相关案例检索结果中,涉及无罪案件1件,该案是最高人民法院再审改判无罪案件,案号为(2018)最高法刑再4号。该案的无罪认定主要涉及刑法溯及力问题。根据改判本案无罪的再审判决认定事实,顾雏军等人披露含有虚增利润的虚假财务会计报告的实施时间为2002年至2004年,应当适用的是《刑法修正案(六)》颁布之前的提供虚假财会报告罪,根据旧法规定,该罪名只有行为造成了"严重损害股东或者其他人利益"的危害后果,才能追究行为人的刑事责任。该判决认为,现有证据不足以证实顾雏军等人披露含有虚增利润的虚假财务会计报告已经达到严重损害股东或者其他人利益的程度,事实不清,证据不足,进而认定本案不构成违规披露、不披露重要信息罪。

但如果对前述行为用当前进行法律评价,则可能根据《刑法修正案(六)》修订后以本罪名的具体数额标准或以"其他严重情节"认定为违规披露、不披露重要信息罪。

涉及违规披露、不披露重要信息罪有罪判决的案件11件,均适用的是《刑法修正案(十一)》颁布之前的旧规定。从涉案的行为事项来看,虚增利润、虚增资产等财务造假类案件高达9件,隐瞒重大担保事项的案件1件,隐瞒重大关联交易的案件1件。可见从实践中公开的已决案件来看,违规披露或不披露财务造假数据是涉罪的主要表现形式。

从量刑情况来看,违规披露、不披露重要信息罪的实践处理结果普遍偏轻。如表3-1所示,在11起案件中,除了数罪并罚的2起案件因无法获取判决原文而无法确定其量刑情况,另外9起案件中,被定罪的有29人次。其中,判处免予刑事处罚的1人次,判处3年以下有期徒刑实刑的9人次,判处拘役并适用缓刑的8人次,判处有期徒刑并适用缓刑的11人次,缓刑率高达65%。并处的罚金刑中,按照旧规定顶格处20万元罚金的仅有3人次,占10%左右,其余人次的罚金刑均在10万元及以下。在数罪并罚案件中,"欣泰电气案"两名被告人在数罪并罚的情况下,也仅分别被判决有期徒刑3年和2年。可见,根据现有统计数据,本罪名的实践轻处罚结果与本罪名涉案行为的较高社会危害性确不匹配。当然,《刑法修正案(十一)》颁布之后本罪名的实践处理情况,还有待跟进观察。

表 3-1 违规披露、不披露重要信息罪已决案例统计表

审理法院及案号	违规披露行为	主体	量刑
江苏省苏州市中级人民法院（2011）苏中刑二终字第0117号	2007年4月至2008年2月，郭照湘、周某某、李某1、李某2采用虚假销售、虚构期货投资收益等手段虚增利润，并在深圳证券交易所披露该公司盈利的财务报告	法定代表人（董事长）、副总经理、董事、财务总监	1.有期徒刑1年，罚金3万元 2.有期徒刑8个月，缓刑1年，罚金2万元 3.有期徒刑8个月，缓刑1年，罚金2万元 4.免予刑事处罚
江苏省扬州市邗江区人民法院（2012）扬邗刑初字第0005号	2006年11月至2008年11月，于在青未披露为明显不具有清偿能力的轻股股东提供关联方担保的事项	法定代表人（董事长）	拘役3个月，缓刑6个月，罚金人民币20万元
广东省珠海市中级人民法院（2016）粤04刑初131号	被告人余蒂妮、伍宝清、张丽萍、罗静元伙同李某甲利用1亿元信泰投资有限公司支付384528450元股改业绩承诺款的事实，并由博元公司在履行股改业绩承诺公告、2011—2014年企业半年报、年报中进行披露，虚增资产达到当期披露资产总额的30%以上	董事长、法定代表人	1.有期徒刑1年7个月，罚金10万元 2.有期徒刑8个月，缓刑1年，罚金5万元 3.有期徒刑7个月，缓刑1年，罚金4万元 4.拘役6个月，缓刑6个月，罚金3万元 5.拘役3个月，缓刑4个月，罚金人民币2万元
北京市高级人民法院（2017）京刑终88号	2011年，韩某某通过组织公司财务部、市场部、客户服务中心、生产管理部等部门虚报收入及利润、合计虚增利润2.58亿余元，对外披露教有虚假数据的华锐风电公司2011年年度报告	董事长、总裁	有期徒刑11个月，罚金10万元

续 表

审理法院及案号	违规披露行为	主体	量刑
辽宁省丹东市中级人民法院（2017）辽06刑初11号	欣泰电气公司虚构持续盈利能力，在向证会报送的创业板上市申请文件的定期财务报告及《首次公开发行股票并在创业板上市招股说明书》中载入了重大虚假内容，并继续沿用前述手段进行财务造假，向公众披露了具有重大虚假内容的半年度报告和年度报告等重要信息	董事长、财务总监	1. 有期徒刑3年，并处罚金人民币10万元 2. 有期徒刑2年，并处罚金人民币8万元 （系与欺诈发行股票罪数罪并罚，针对违规披露、不披露重要信息罪的量刑暂无法获取）
浙江省杭州市拱墅区人民法院（2020）浙0105刑初255号	2013年至2015年，九好集团通过与其他公司签订虚假业务合同，虚开增值税专用发票，普通发票，利用资金循环虚构银行交易流水，改变业务性质等多种方式虚增服务费收入共计264897668.7元，虚增2015年贸易收入574786.32元，公开披露了含有虚假内容的《浙江九好办公服务集团有限公司审计报告》（2013至2015年）	法人、董事长、高管	1. 有期徒刑2年3个月，罚金10万元 2. 有期徒刑2年3个月，罚金5万元 3. 有期徒刑2年，缓刑3年，罚金5万元 4. 有期徒刑1年，缓刑2年，罚金2万元
四川省成都市中级人民法院（2020）川01刑初323号	2008年至2009年7月，周旭辉等人，为使该公司在A股顺利上市挂牌交易，通过伪造销售合同、客户印章以及中国工商银行、上海浦东发展银行、成都商业银行（现更名为成都银行）、付款回执单等方式，夸大公司2006年度至2008年度营业收入及盈利能力，并在创业板上市招股说明书中使用虚假财务账目数据	股东、董事长、财务总监	1. 有期徒刑1年6个月，罚金10万元 2. 有期徒刑1年3个月，缓刑2年，罚金5万元

续 表

审理法院及案号	违规披露行为	主体	量刑
上海市第三中级人民法院（2020）沪03刑初4号	2015年10月，任鸿虎等将其全资子公司厦门公司与江西某旅游公司签订的项目施工合同80％工程收入违规计入公司三季报，以此虚增业绩	副董事长，总经理，副总经理，财务总监	1. 有期徒刑1年，缓刑1年，并处罚金20万元 2. 有期徒刑6个月，缓刑1年，罚金10万元 3. 拘役3个月，缓刑3个月，罚金5万元 4. 拘役3个月，缓刑3个月，罚金5万元
上海市第三中级人民法院（2020）沪03刑初57号	2014年，上海普天采用与其他公司开展无实物交割、资金闭环的虚假贸易，并违规延期结转成本费用的方式，虚增主营业务收入和利润，将上述虚假财务数据编入2014年年度报告中对外披露。经鉴定，上海普天共计增虚利润占当期披露利润总额的133.61%，将亏损披露为盈利	副董事长，总会计师，总经理	1. 有期徒刑1年2个月，缓刑1年2个月，罚金人民币20万元 2. 有期徒刑8个月，缓刑1年，罚金10万元 3. 有期徒刑7个月，缓刑1年，罚金10万元 4. 拘役4个月，缓刑4个月，罚金5万元 5. 拘役3个月，缓刑3个月，罚金5万元 6. 拘役2个月，缓刑2个月，罚金3万元
江苏省盐城市中级人民法院公开报道获取，案号暂无	2015年至2016年9月，雅百特通过虚构境外工程项目，虚构国内及出口建筑材料贸易，伪造工程合同和销售回款等方式虚增营业收入合计约5.8亿元，虚增利润约2.6亿元。其中2015年虚增2.3亿元，占当期披露利润总额的73%	公司实际控制人	1. 有期徒刑9个月，缓刑1年，罚金15万元 2. 有期徒刑6个月，缓刑1年，罚金10万元
广东省佛山市中级人民法院公开报道获取，案号暂无	2015年至2018年，马兴田组织、策划、指挥公司相关人员进行财务造假，向公司股东和公众披露虚假经营信息，故意隐瞒控股股东及关联方非经营性占用资金116亿余元不予披露	董事长，总经理，副董事长，常务副总经理等	数罪并罚，针对违规披露、不披露重要信息罪的量刑暂无法获取

二、研究文献综述

违规披露、不披露重要信息罪自《刑法修正案（六）》确立之后，学界和实务界讨论较少，研究文献仅有十余篇。这里介绍几篇比较有代表性的成果。

华东政法大学刑法学硕士曹吴清在其硕士论文中用实证方法分析了违规披露信息行政处罚的方式，探讨了信息披露制度的理论基础和基本原则；通过比较法考察，介绍了美国、日本、我国香港地区等关于信息披露犯罪的规定；对本罪的规制主体表述的科学性、客观要件的罪状表述、单罚制的合理性、法定刑设置过低等问题提出了批评和重构意见。[1]

田宏杰以前置法定性与刑事法定量相统一这一犯罪规制机制为逻辑前提，提出本罪所侵害的法益，是作为现代公司、企业法人治理核心的信息披露制度；认为违规披露、不披露重要信息罪中的信息，只应是与投资价值判断和投资决策有关的信息；对本罪构成要件中的信息披露行为类型和样态、主观罪过问题、罪量要素中的严重情节判断等法律适用问题，进行了详细论证。[2]

徐岱、王沛然认为《刑法修正案（十一）》新增的控股股东、实际控制人犯罪主体界定范围尚不明确，提出应将对公司有实质控制权的非控股股东认定为实际控制人，并提出了判定标准和方法；对于认定控股股东、实际控制人共同犯罪的司法疑难问题，提出应准确区分控股股东、实际控制人的实行行为与组织、指使行为，根据案件情况分别判定行为性质。[3]

总体来看，由于目前尚无《刑法修正案（十一）》颁布之后的生效判决，司法实践中涉及本罪适用的具体争议问题尚待观察，相信随着案件数量的增加，个案争议问题的不断丰富，会出现更多对本罪理论及实务问题探讨的文献。

---

[1] 曹吴清：《违规披露、不披露重要信息罪初探》，华东政法大学2008年硕士学位论文。
[2] 田宏杰：《行刑共治下的违规披露、不披露重要信息罪：立法变迁与司法适用》，《中国刑事法杂志》2021年第2期。
[3] 徐岱、王沛然：《违规披露、不披露重要信息罪行为主体研究》，《江汉论坛》2022年第4期。

第二节　罪名适用中的疑难问题

一、违规披露、不披露重要信息罪犯罪主体的责任认定问题

（一）单位承担责任问题

根据本罪名的刑法规定，本罪不处罚"依法负有信息披露义务的公司、企业"，仅处罚"直接负责的主管人员和其他直接责任人员"和"公司、企业的控股股东、实际控制人"，即采单罚制。而在学理上，对于本罪的处罚应采单罚制还是双罚制，则存在一定争议。

通说观点认为，本罪虽为单位犯罪，但没有对作为犯罪主体的单位规定判处罚金，主要是考虑到公司的违法犯罪行为已经严重侵害了广大股东和公众投资者的利益，如果对公司、企业判处罚金，就更不利于对他们利益的保护，势必对股东造成新的损害，而且有可能使公司、企业所欠债务难以偿还。① 但也有观点认为，本罪应当采用双罚制，对单位判处罚金具有必要性。其理由在于：其一，单位是主要受益者，也只有单位的社会影响力才能拥有严重破坏市场的能力，根据罪责自负原则，应该主要由单位承担相应责任；其二，本罪所指的社会公众不应该狭义地理解为持有该公司股票或者债券的投资者，而是证券市场中不特定的投资者。持有公司股票、债券的债权人可以申请国家在对公司财产刑前优先清偿公司的合法债务，避免出现刑事责任转嫁于受害人的情况；其三，从预防犯罪和再犯罪的角度，对单位处以刑罚能督促公司股东为了自身的利益，加强对公司的监管，预防犯罪。②

在实践中，鉴于本罪名是单位犯罪，从笔者办理的涉及本罪名的案件来看，从证监会移送公安机关的涉嫌犯罪材料，再到公安机关制作的起诉意见书，都会将单位作为嫌疑人处理。但鉴于本罪名是单罚制，检察机关通常不对单位继续提起公诉。

---

① 黄太云：《〈刑法修正案（六）〉的理解与适用（上）》，《人民检察》2006年第14期，第45—46页。
② 曹吴清：《违规披露、不披露重要信息罪初探》，华东政法大学2008年硕士学位论文。

2013年最高人民法院《刑事审判参考》第1辑第824号"于在青违规不披露重要信息案"也采取类似做法。该案中,检察机关就未对负有披露义务的江苏琼花高科技股份有限公司提起公诉,仅对时任江苏琼花公司法定代表人、董事长于在青提起了公诉。该参考案例指出,本罪虽然是单位犯罪,但与一般的单位犯罪不同,本罪实行单罚制,主要是基于犯罪主体公司、企业在部分案件中也是违规披露、不披露重要信息行为的被害人,在此情况下,如果再对公司、企业判处罚金,势必加重公司、企业的负担,更不利于保护股东或者其他投资者的合法权益。

2022年2月最高人民检察院发布的第十七批指导性案例中,检例第66号"博元投资股份有限公司、余蒂妮等人违规披露、不披露重要信息案"进一步对本罪名的涉案单位不提起公诉作了进一步阐述。该指导案例指出:上市公司依法负有信息披露义务,违反相关义务的,刑法规定了相应的处罚。由于上市公司所涉利益群体的多元性,为避免中小股东利益遭受双重损害,刑法规定对违规披露、不披露重要信息罪只追究直接负责的主管人员和其他直接责任人员的刑事责任,不追究单位的刑事责任。《刑法》第162条妨害清算罪、第162条之二虚假破产罪、第185条之一违法运用资金罪等也属于此种情形。与此同时,该指导案例也指出,对不追究刑事责任的单位,检察机关在审查起诉时,应当充分考虑办案效果,根据《证券法》等法律规定认真审查是否需要对单位给予行政处罚。对于需要给予行政处罚的,应当及时向证券监督管理部门提出检察意见,并进行充分的释法说理,消除当事人、社会公众因检察机关不追究责任可能产生的单位无任何责任的误解,避免对证券市场秩序造成负面影响。

(二)控股股东、实际控制人的认定问题

《刑法修正案(十一)》颁布之前,《刑法》第161条仅规定了"依法负有信息披露义务的公司、企业"为信息披露义务主体,惩罚的是"公司、企业内部负责信息披露事务的直接负责的主管人员和其他直接责任人员",而实践中不少案件中的违规披露、不披露重要信息的实际实施者,往往是控股股东或担任公司职务的实际控制人这类最终"受益者",对于这些对公司、企业具有控制力的外部人员违规干预信息披露的行为,能否直接解释为"直接负责的主管人员和其他直接责任人员"存在争议。

否定观点认为直接负责的主管人员和其他直接责任人员只能是公司、企业内部人员,不可能扩大到只有投资关系但无内部隶属关系的控股股东和实际控制人,否则与罪刑法定原则相悖。① 《证券法》第 181 条和 191 条,分别将控股股东、实际控制人组织、指使在公司公告的证券发行文件中隐瞒重要事实或编造重大虚假内容的行为和组织、指使违规披露或不披露重要信息的行为,以及隐瞒相关事项导致违规披露或不披露重要信息的行为,明确规定为行政违法行为,《证券法》第 197 条明确了针对控股股东、实际控制人的行政处罚金额。作为与前置法的衔接,《刑法修正案(十一)》增加了控股股东、实际控制人实行行为与组织、指使行为的独立责任的规定,解决了针对控股股东、实际控制人适用本罪的争议。

随之而来的问题是,控股股东、实际控制人的认定标准是什么?在现行法律体系下,《公司法》及其他行政管理规定对控股股东、实际控制人的界定均存在进一步探讨的空间。

我国《公司法》第 216 条对控股股东的认定标准是出资额达 50% 以上,或持股比例达 50% 以上,或出资持股比例虽不足 50%,但是对股东会、股东大会能产生重大影响的股东;对实际控制人的认定标准为虽不是公司股东,但通过投资关系、协议或者其他安排,能够实际支配公司行为的人。

而在实践中,控股股东的认定往往比《公司法》规定更为复杂。在我国上市公司中,股东众多、股权分散的情形往往不在少数,出资额或持股比例不足 50% 的股东是否构成控股股东,在本罪中涉及罪与非罪的判断问题。对于这类股东,除了出资或持股比例,核心在于判断该股东是否对公司形成实质控制。对此,《上市公司收购管理办法》第 83 条对于一致行动人作出了 12 种具体认定情形。如果有证据证明某一股东通过协议、其他安排,与其他股东共同支配上市公司股份表决权,且符合《上市公司收购管理办法》第 84 条第 2 至 4 项规定的情形,可以认定构成对公司的共同控制。在此情况下,可以认定某一股东为本罪规制的控股股东。

依据《公司法》第 216 条,实际控制人与控股股东存在界限划分,即实际控制人不是公司股东,与所控制公司无持股关系。在司法实践中,实际控制人支配公

---

① 田宏杰:《行刑共治下的违规披露、不披露重要信息罪:立法变迁与司法适用》,《中国刑事法杂志》2021 年第 2 期,第 72 页。

司的行为,参考(2018)京行终 3156 号行政处罚案件的认定,其标准是行为人支配控制公司董事会及管理层。如果行为人可以通过协议等其他方式对公司决策产生实质影响,同样可以认定为公司实际控制人。此外,实践中还可通过判断实质的持股关系穿透认定实际控制人,如行为人是涉案公司母公司的控股股东,同时结合行为人对公司的日常经营方案、重要事项的决策等,综合认定其为实际控制人。

(三)其他直接责任人员的认定问题

实践中,对于涉案公司的中层管理人员是否构成其他直接责任人员存在一定争议。例如,涉案公司的财务管理人员,其在履行职务过程中的常态是接受上级领导的指令实施具体的职务行为。如果存在公司高管指使财务管理人员制作虚假的财务会计报表,该财务管理人员是否应当认定为其他直接责任人员?

对此问题,还是应当在前置法中寻找责任人员的法定义务。《上市公司信息披露管理办法》第 51 条第 3 款,明确了财务负责人对公司财务会计报告的真实性、准确性、完整性、及时性、公平性承担主要责任。基于该前置法规定,财务负责人员仍应当履行忠实勤勉义务。因而在认定本罪处罚主体时,对于履行职务行为的财务管理人员,一般应纳入刑法规制的范畴。

当然,刑事追诉还需进一步区分情况,对于除上市公司财务总监、财务经理等负责财务工作的主要负责人,应纳入规制范围,但对于层级较低的一般财务人员,是否一概打击,在个案中应结合具体情况予以考虑。例如对于曾提出反对意见,但迫于上级领导压力,被迫实施涉案行为者,应予以出罪考虑。

二、对"不按照规定披露"中的"规定"的理解

金融犯罪一般是法定犯,被认定为犯罪的前提是违反行政法规等前置法律的行为,只有这些法律规范中明确要求追究行政责任,且在刑法中予以规定的行为,才能被认定为犯罪,即二次违法。

与本罪同属于分则第三章"破坏社会主义市场经济秩序罪"的类似罪名,如非法经营罪、违法发放贷款罪、违法运用资金罪,行政违法前提均明确为"违反国家规定"。再如非法吸收公众存款罪,则是在司法解释中被明确为"违反国家金融管理法律规定"。根据《刑法》第 96 条,"国家规定"是指违反全国人民代表大

会及其常务委员会制定的法律和决定,国务院制定的行政法规、规定的行政措施、发布的决定和命令。

根据体系解释,我们理解本罪名的"规定",应比照国家规定,理解为是证券法及相关行政法规,不宜直接扩大到部委规章和行业规范中,否则就会出现一种结果,即所有的违规披露信息的行为,只要违反行业规范,在构成行政处罚的同时,就必然构成刑事犯罪,这忽略了二次违法评价中的违法行为违法性升格问题,将导致刑罚圈的不当扩张。因此在实践中,我们需关注违规披露信息的行政违法适用法律的层级问题,原则上只有援引符合《刑法》第 96 条规定的"国家规定",才能适用本罪。

当然,针对特定披露事项,还需要进一步看行政法规的具体规定。比如下文讨论的应披露重要信息认定问题,《证券法》第 80 条和第 81 条对"重大事件"的列举性规定,是认定披露信息重要程度的参考依据,而该两条都规定了"国务院证券监督管理机构规定的其他事项"这一兜底条款。这意味着,对于未尽的其他情形,还可参照国务院证券监督管理机构发布的其他规定寻找法律依据,如证监会发布的部门规章《上市公司信息披露管理办法》等。因此,作为例外,在特定的违规披露事项审查中如果存在证券法兜底条款"授权"的,可以参照适用,但应予以严格限制。

三、披露信息的"重要性"标准认定问题

本罪罪状对披露信息的表述为"隐瞒重要事实的财务会计报告""依法应当披露的其他重要信息",可见适用本罪名的披露信息须达到"重要性"标准。"其他重要信息"和"财务会计报告"两者是并列关系,故"其他重要信息"应当是指与财务会计报告相当的公司、企业文件,例如招股说明书、债券募集办法、年度报告、中期报告、临时报告等文件当中所记载的相关内容。就本章第一节的案例实证分析来看,实践中涉及最多的是年度报告和中期报告。而在相关案例中,对于涉案重要信息的认定并无详细论述,在司法实践中,对于重要信息判断这一专业性问题,司法机关一般直接援引行政机关作出的行政处罚认定结果,或依赖于行政机关的行政认定函件。需要引起警惕的是,该实践认定方式,同样容易忽略前文论述的刑事二次违法问题,导致刑事追诉泛化现象。因而,披露信息应结合本罪法益保护的价值判断与前置法规定进行综合判断。

根据前文对本罪名援引"规定"的分析,对"重要性"标准的判断,除了前置法《证券法》第 80 条和第 81 条(见表 3-2)分别规定了对股票和债券交易价格产生影响的"重大事件"外,还主要包括《上市公司信息披露管理办法》的其他规定,两者是本罪规制的应披露信息"重要性"判断标准的主要依据。

表 3-2 涉及重大事件的具体情形列表

《证券法》第 80 条(股票)	《证券法》第 81 条(债券)
(一) 公司的经营方针和经营范围的重大变化; (二) 公司的重大投资行为,公司在一年内购买、出售重大资产超过公司资产总额百分之三十,或者公司营业用主要资产的抵押、质押、出售或者报废一次超过该资产的百分之三十; (三) 公司订立重要合同、提供重大担保或者从事关联交易,可能对公司的资产、负债、权益和经营成果产生重要影响; (四) 公司发生重大债务和未能清偿到期重大债务的违约情况; (五) 公司发生重大亏损或者重大损失; (六) 公司生产经营的外部条件发生的重大变化; (七) 公司的董事、三分之一以上监事或者经理发生变动,董事长或者经理无法履行职责; (八) 持有公司百分之五以上股份的股东或者实际控制人持有股份或者控制公司的情况发生较大变化,公司的实际控制人及其控制的其他企业从事与公司相同或者相似业务的情况发生较大变化; (九) 公司分配股利,增资的计划,公司股权结构的重要变化,公司减资、合并、分立、解散及申请破产的决定,或者依法进入破产程序、被责令关闭; (十) 涉及公司的重大诉讼、仲裁,股东大会、董事会决议被依法撤销或者宣告无效; (十一) 公司涉嫌犯罪被依法立案调查,公司的控股股东、实际控制人、董事、监事、高级管理人员涉嫌犯罪被依法采取强制措施; (十二) 国务院证券监督管理机构规定的其他事项(进一步参见《上市公司信息披露管理办法》第 22 条)	(一) 公司股权结构或者生产经营状况发生重大变化; (二) 公司债券信用评级发生变化; (三) 公司重大资产抵押、质押、出售、转让、报废; (四) 公司发生未能清偿到期债务的情况; (五) 公司新增借款或者对外提供担保超过上年末净资产的百分之二十; (六) 公司放弃债权或者财产超过上年末净资产的百分之十; (七) 公司发生超过上年末净资产百分之十的重大损失; (八) 公司分配股利,作出减资、合并、分立、解散及申请破产的决定,或者依法进入破产程序、被责令关闭; (九) 涉及公司的重大诉讼、仲裁; (十) 公司涉嫌犯罪被依法立案调查,公司的控股股东、实际控制人、董事、监事、高级管理人员涉嫌犯罪被依法采取强制措施; (十一) 国务院证券监督管理机构规定的其他事项(进一步参见《上市公司信息披露管理办法》第 22 条)

另从本罪名的规范目的分析,本罪保护的是复合法益。一方面,本罪规定于《刑法》分则第三章第三节"妨害对公司、企业的管理秩序罪"当中,本罪所保护的

法益为公司法和证券法等法律、行政法规规定的信息披露制度、公司和企业的管理秩序;另一方面,在证券发行制度由核准制向注册制转变的背景下,证券市场投资更依赖于投资者在充分信息披露情况下进行理性判断决策。因此,本罪法益还包括投资者的知情权。

结合相关规定和对本罪保护法益的理解,披露信息的"重要性"标准主要应把握以下两个方面。

一是对投资者投资决策存在重大影响的基本原则。《证券法》第80条和第81条第1款均明确,发生可能对上市公司的债券交易价格产生较大影响的重大事件,投资者尚未得知时,公司应当立即将有关该重大事件的情况向国务院证券监督管理机构和证券交易场所报送临时报告,并予公告。《上市公司信息披露管理办法》第12条明确,对于年度报告、中期报告这类定期报告,对投资者作出价值判断和投资决策有重大影响均应当披露;该办法第22条还明确,对于临时报告,在投资者尚未得知时应及时披露。以上规定可以看出,重要信息披露的本质在于保障投资者的知情权,保护投资者投资决策对特定股票、债券的全面判断。

二是影响股票债券价格重大事件的具体标准。《证券法》第80条和第81条第2款分别对可能影响股票价格和公司债券价格产生较大影响的重大事件作了列举规定。作为该两条的兜底条款明确的情形,《上市公司信息披露管理办法》第22条对临时报告中的"重大事件"情形做出了进一步具体的列举,为披露信息的"重要性"提供了具体的判断标准。

四、违规披露、不披露重要信息罪"情节犯"的法律适用问题

根据本罪名的罪状表述,本罪名分为:结果犯,即"向股东和社会公众提供虚假的或者隐瞒重要事实的财务会计报告,或者对依法应当披露的其他重要信息不按照规定披露,严重损害股东或者其他人利益";情节犯,即"有其他严重情节的"。

对于认定本罪名结果犯的具体情形,2022年《最高人民检察院、公安部关于公安机关管辖的刑事案件立案追诉标准的规定(二)》(下称《立案追诉标准(二)》)进一步罗列了八种情形,具体包括:(1)造成股东、债权人或者其他人直接经济损失数额累计在一百万元以上的;(2)虚增或者虚减资产达到当期披露的资产总额百分之三十以上的;(3)虚增或者虚减营业收入达到当期披露的营业收入

总额百分之三十以上的;(4)虚增或者虚减利润达到当期披露的利润总额百分之三十以上的;(5)未按照规定披露的重大诉讼、仲裁、担保、关联交易或者其他重大事项所涉及的数额或者连续十二个月的累计数额达到最近一期披露的净资产百分之五十以上的;(6)致使不符合发行条件的公司、企业骗取发行核准或者注册并且上市交易的;(7)致使公司、企业发行的股票或者公司、企业债券、存托凭证或者国务院依法认定的其他证券被终止上市交易的;(8)在公司财务会计报告中将亏损披露为盈利,或者将盈利披露为亏损的。上述八种情形,均有具体的标准。

对于认定违规披露、不披露重要信息罪情节犯的具体情形,《立案追诉标准(二)》进一步明确为:(1)多次提供虚假的或者隐瞒重要事实的财务会计报告,或者多次对依法应当披露的其他重要信息不按照规定披露的;(2)其他严重损害股东、债权人或者其他人利益,或者有其他严重情节的情形这一兜底条款。

对于违规披露、不披露重要信息罪的情节犯问题,其标准相对于结果犯的具体情形而言较为模糊,可能存在法律适用争议。虽然根据目前可检索的案例,相关判决均以结果犯入罪,尚无情节犯入罪的判决,但随着《证券法》修改,《刑法修正案(十一)》颁布,中共中央办公厅、国务院办公厅《关于依法从严打击证券违法活动的意见》的印发,以及我国证监会、最高人民检察院、最高人民法院一系列文件、意见的发布,针对违规信息披露犯罪打击的刑事政策从严趋势明显。根据证监会通报数据,证监会在 2021 年办理虚假陈述案件 163 起,其中财务造假 75 起,同比增长 8%;向公安机关移送相关涉嫌犯罪案件 32 起,同比增长 50%。[①] 虽然相关案件暂无公开判决信息,但在当前从严打击证券犯罪刑事政策背景下,违规披露、不披露重要信息罪情节犯存在被"激活"的空间。而本罪情节犯的追诉标准较为模糊,尤其是"其他严重情节"这一兜底条款,是否可能对标非法经营罪的"其他严重扰乱市场秩序的非法经营行为",成为证券犯罪领域的"口袋罪",笔者持保守观点。从违规披露、不披露重要信息罪的危害后果来看,因有可能引发上市公司退市的风险,波及广大股民利益,社会影响较大,故本罪名情节犯的适用问题具有探讨必要性。

---

① 《证监会通报 2021 年案件办理情况》,中国证券监督管理委员会网站 2022 年 2 月 18 日,http://www.csrc.gov.cn/csrc/c100028/c1921138/content.shtml,2022 年 8 月 27 日。

（一）对"多次"违规披露的认定问题

在我国《刑法》及相关司法解释的规定中,"多次"是个常见用语,一般指"三次以上"。对于"多次"这一立法技术问题,判断多次行为是否属于情节严重的行为,需要结合其他行为类型作综合考量。在本罪名的事实认定中,对于存在三次以上违规披露重要信息,但均未达到《立案追诉标准(二)》第一至第八种情形的,是否应当适用本罪?笔者认为,应根据具体情况分别考量。

第一,首先需要明确的前提条件是,违规披露的信息必须满足前文所述的"重要性"标准,援引的规定原则上应当是《证券法》和其兜底条款明确的《上市公司信息披露管理办法》。对于不符合前述前提条件的其他行政处罚认定情形,或其他未作出行政处罚的披露行为,均不应认定为"一次"。

第二,对于符合前述前提条件的违规披露重要信息行为,但该行为系同一行为在三个应当披露的时间段未按规定披露的,不宜重复累加次数进而入罪。例如,有的上市公司未披露的信息为公司重大诉讼信息,根据相关规定,该诉讼信息在形成之时就应当披露,而后在半年报、年报等定期报告中也应当披露。如果行为人在该几个时间点,对该披露事项均未披露,本质上是对同一个重要信息的违规隐瞒的行为,笔者认为该等情形,不应以"多次未按照规定披露"为由入罪,而应以行政处罚处理。

第三,对于符合前述前提条件违规披露重要信息行为,且是三项不同的披露事实,可以根据具体情况入罪。全国人大常委会法工委刑法室副主任黄太云将本罪名"其他严重情节"解读为,"隐瞒多项依法应当披露的重要信息事项、多次搞虚假信息披露或者因不按规定披露受到处罚后又违反的等情形"[①]。参考该观点的表述,笔者倾向于认为应当以三项不同的违规披露事实作为入罪情形。进一步来看,对于符合三项不同违规披露事实条件的,是否就一概入罪,笔者认为还应当考虑二次性违法问题,即罪量提升的判断问题。例如在对盗窃罪的法律适用中,关于"多次盗窃"的认定,相关司法解释没有规定具体的数额标准,很难通过规范性文件进行判断。在实践中,一般对于三次以上盗窃行为都达到行政处罚的标准的,才作为犯罪处理,用该方式对"多次盗窃"进行限制解释。本罪

[①] 黄太云:《〈刑法修正案(六)〉的理解与适用(上)》,《人民检察》2006年第14期,第46页。

名的"多次"违规披露的判断,笔者认为可以借鉴这一解释方法,即对于存在三项以上不同违规披露事实的,该三项以上事实限制解释为:均已经被行政处罚,或至少均达到了以行政处罚标准,以此作为入罪前提。

(二)对"其他严重情节"的规制问题

为避免司法实践中发生适用兜底条款导致本罪的"口袋化"倾向,笔者建议本罪的"其他严重情节"通过立法或司法解释的方式作进一步细化规制。

从法理上评价"情节严重",需考量对情节要素的评价问题。根据综合要素说观点,情节严重是一个综合性的构成要件,涉及社会危险性、主体、主观方面等内容。违规披露、不披露重要信息罪作为行政犯,首先应是一种行政违法行为,随后是违法性情节从量变引起质变,进而上升到被刑法规制的程度,即本罪是以"行政违法加重要素"为构造的犯罪。行政犯罪行为中的加重要素主要包括结果加重和主观恶性加重两种类型。对于结果加重情形,往往表述为数额标准问题,这已经体现在《立案追诉标准(二)》第一至第八种情形之中。而对于主观恶性加重,则可以考虑对本罪在将来的立法或司法解释中进一步细化,可以考虑如下三种模式。

第一,行政处罚先例模式,如多次受到行政处罚的入罪情形。根据 2010 年至 2014 年的实证数据,上市公司违规披露经行政处罚后再犯的有 9 家,公司负责人违规披露经行政处罚后再犯达 18 人次。[①] 故针对曾被行政处罚再犯的行为人,升格刑法规制具有现实必要性。而从体系解释角度看,违规披露、不披露重要信息罪在《刑法》分则第三章"破坏社会市场经济秩序罪"项下,该章对于其他严重情节有规定的罪名,常用的立法模式为行政处罚先例模式,比如虚报注册资本罪、提供虚假证明文件罪、非法经营罪中的非法经营食盐和非法经营出版物等,都有类似于"两年或三年内受到行政处罚两次或者三次以上的"规定,可以借鉴参考。第二,刑事处罚前科模式,比如《刑法》分则第三章项下的利用未公开信息交易罪,将因证券期货犯罪行为受过刑事追究列为情节严重的情形之一,亦可供参考。第三,次数加时间模式,该种模式只要求具备两个要素,即受过行政处

---

① 吴晓凤:《中国证券市场违规披露监管现状的实证研究(2010—2014)》,《上海市经济管理干部学院学报》2015 年第 4 期,第 63 页。

罚至少一次,时间限定在一年或两年内不等,以此作为入罪依据。以上参考模式的设立,可以在立法技术上防范追诉机关基于主观认识扩大刑罚圈,导致违规披露、不披露重要信息罪的"口袋罪"倾向。

第三节　罪名适用中的典型案例

一、王某违规不披露重要信息不起诉案

（一）案件介绍[①]

2018年1月至2018年5月,A公司因筹划重大资产收购事宜,申请股票停牌。在停牌期间,A公司控股股东王某擅自决定以A公司名义为A公司的母公司提供了数十亿元担保。对该事项,A公司未按规定及时披露,也未在2018年中期报告中披露上述重要信息。A公司未按规定披露前述事项,且担保金额占A公司最近一期经审计净资产的51%。公安机关认为,A公司及王某行为严重损害上市股东利益,其行为涉嫌违规披露、不披露重要信息罪。

检察机关经审查认为,王某犯罪情节轻微,根据《刑法》第37条规定,不需要判处刑罚,根据《刑事诉讼法》第177条第2款规定,决定对王某不起诉。

（二）简要点评

结合前文对涉及本罪名的裁判文书梳理,多数案件均不存在定性争议。在当前从严打击证券犯罪的刑事政策背景下,适用违规披露、不披露重要信息罪定罪的案件数量还将大幅上升。与此同时需要注意的是,虽本罪名采单罚制,但对涉案自然人的定罪处罚,仍将对公司的日常经营产生重大影响。在我国资本市场中,为数不少的上市公司是家族企业,控股股东、实际控制人等行为主体一旦被定罪判刑,尤其是被判处实刑的情况下,可能同时意味着上市公司走向瓦解,或者产生新的次生危害。因此,实践中司法机关对于本罪名的适用和认定,还需

[①] 此案为本章作者以律师身份辩护的案件。

进一步考量办理案件的三个效果相统一原则,综合评估案件处理所带来的社会影响问题。

笔者作为辩护人代理的涉及违规披露、不披露重要信息罪的一起案件,即涉及犯罪情节考量、企业实际情况等多方面问题,该案中,承办机关综合全案各方面情况,做出了相对不起诉处理。笔者认为本案涉案行为在资本市场中存在一定代表性,案件处理结果同样具有参考意义。以上案件,笔者为兼顾学术探讨与当事人、上市公司的权利保护,对本案案情作匿名简化处理,供参考讨论。

本案的处理过程中,控辩双方主要就以下两个问题的法律评价达成共识。

第一,A公司是否应当起诉问题。该问题即前文讨论的单位承担责任问题。对此,本罪名条文明确为单罚制,且2013年最高人民法院《刑事审判参考》第1辑(第824号"于在青违规不披露重要信息案")和2022年2月最高人民检察院发布的第十七批指导性案例(检例第66号"博元投资股份有限公司、余蒂妮等人违规披露、不披露重要信息案")均先后作出了实践指导,故控辩双方在A公司不作为犯罪处理结论上达成了一致共识。

第二,王某的犯罪情节评价问题。从本案认定的客观数据来看,担保金额占A公司最近一期经审计净资产的51%,已经符合《立案追诉标准(二)》第6条第5项的规定,即未按照规定披露的重大担保所涉及的数额或者连续十二个月的累计数额达到最近一期披露的净资产百分之五十以上。

对于这一情形,虽然形式上符合了追诉标准,但从本案事实而言,还应当综合考量行为人的主观恶性程度、涉案行为所产生的社会危害后果等多方面因素。

首先,涉案行为刚刚达到追诉标准。王某虽然罪量上达到了定罪标准,但也仅超过追诉标准1%,情节相对轻微。

其次,涉案行为未产生严重的现实危害性。相较于虚增利润或虚减资产、营业收入、利润等危害性较大、主观恶性较深的财务造假行为而言,本案的担保行为虚假陈述的隐瞒或欺骗程度不深。且因该违规披露引发的虚假陈述民事纠纷中,涉案行为与股民损失的因果关系认定也存在较大争议,对于民事承担责任的部分,王某等主体也均积极履行相应义务,及时弥补了相关股民损失。

再次,涉案行为存在特殊背景,即涉案担保行为,是由A公司的母公司举债为A公司筹集重组资金过程中,因融资政策收紧导致母公司偿债能力受限引发的,涉案担保行为本质上还是为了A公司本身的融资需求。而披露时点恰为A

公司重大资产重组的关键敏感期,一旦披露,将影响母公司的信用评级,导致母公司融资更为困难,进而加速重大重组事项的失败,这将对 A 公司的股东、债权人利益造成更大、更直接的冲击。相较恶意虚增利润、修改财务报表、无故刻意隐瞒重大事项的违规信息披露行为而言,王某的涉案情节较为轻微。

结合上述具体情况,检察机关对 A 公司及母公司的经营情况和现实困难做了全面考察,对王某的个人经营历程、社会贡献、社会评价等客观情况作了全面了解,最终基于兼顾办案效果和社会效果的考量,对王某依法做出相对不起诉决定。

本案的启示在于,对于基本符合追诉标准的案件,还要综合考量行为人违规披露行为的主观恶性、社会危害性、企业现实情况、投资人和债权人权益保护等综合情况,防范"办理一个案件,垮掉一个企业"。在今后类案的处理中,尤其对于本章第二节所论述的可能被认定为情节犯的处理,司法机关更应秉持刑法谦抑性,在个案中不宜作扩大解释,应审慎入罪。

二、任某某等违规披露重要信息案

(一)案件介绍①

法院经审理查明,上海某股份有限公司(以下简称上海某公司)系上海证券交易所上市公司,依法负有信息披露义务。2015 年 7 月,上海某公司全资子公司厦门公司与江西某旅游公司签订项目施工合同(合同中包含已由其他企业完工的约 80% 工程量),后因未支付保证金等原因,合同未生效,由厦门公司承接的工程量未实际开展。

2015 年 10 月,上海某公司为虚增业绩,由时任公司副董事长、总经理任某某决定将上述项目中已由其他企业完工的约 80% 工程收入违规计入公司三季报,具体由公司副总经理、财务总监林某楠、公司财务经理秦某华、厦门公司副总经理盛某实施。盛某安排厦门公司提供虚假的工程、财务数据,秦某华依据上述数据编制上海某公司三季度财务报表,交林某楠签字确认。2015 年 10 月 28 日,上海某公司将该三季度财务报表对外披露。经鉴定,上海某公司共虚增主营

---

① 上海市第三中级人民法院刑事判决书(2020)沪 03 刑初 4 号。

收入 7267 万元,占同期披露主营收入总额的 50.24%;虚增利润 1063 万余元,占同期披露利润总额的 81.35%;虚增净利润 797 万余元,将亏损披露为盈利。2019 年 9 月 19 日、10 月 14 日、10 月 16 日,被告人任某某、盛某、秦某华、林某楠分别接公安机关电话通知后主动到案,并如实供述了上述犯罪事实。任某某、林某楠分别向中国证券监督管理委员会缴纳行政罚款 20 万元。

上海市第三中级人民法院经审理认为,上海某公司作为依法负有信息披露义务的公司,向股东和社会公众提供虚假的财务会计报告,具有严重情节;被告人任某某作为直接负责的主管人员,被告人林某楠、盛某、秦某华作为其他直接责任人员,其行为均已构成违规披露重要信息罪,应予依法惩处。公诉机关的指控成立。4 名被告人犯罪后均能自动投案,如实供述自己的罪行,系自首,均可以从轻处罚。4 名被告人均自愿认罪,且均已缴纳了罚款或罚金,依法可从宽处理。公诉机关结合各被告人的犯罪事实、情节及对社会的危害程度,提出的量刑建议符合法律规定,予以支持。据此,以违规披露重要信息罪判处被告人任某某有期徒刑 1 年,缓刑 1 年,并处罚金 20 万元;判处被告人林某楠有期徒刑 6 个月,缓刑 1 年,并处罚金 10 万元;判处被告人盛某拘役 3 个月,缓刑 3 个月,并处罚金 5 万元;判处被告人秦某华拘役 3 个月,缓刑 3 个月,并处罚金 5 万元。一审宣判后,4 名被告人未提出上诉,检察机关未抗诉,判决已发生法律效力。

(二)简要点评

该案值得探讨的是违规披露重要信息罪的追责对象范围问题。结合前文对"其他直接责任人员"认定问题的探讨,本案对此问题可作进一步延伸。

本案中,时任公司副董事长、总经理的任某某做出了财务造假的决定,全资子公司副总经理盛某提供虚假的工程、财务数据,财务经理秦某华依据虚假财务数据编制相应财务报表,公司副总经理、财务总监林某楠对虚假财务报表签字确认。前述公司人员中,任某某、盛某、林某楠均为公司高管,认定主管人员应无争议,而秦某华作为财务经理,系财务总监林某楠的下级,不属于公司高级管理人员,其虽然直接参与了虚假报表的编制,但因其系接受上级指令而实施职务行为,是否应纳入刑事打击范围存在一定争议。

在前置法上,《上市公司信息披露管理办法》第 51 条第 3 款明确了财务负责人对公司财务报告具有真实性、准确性等勤勉尽责的基本义务。相应地,财务负责人符合本罪名中"直接责任的主管人员"或"其他直接责任人员"主体要件。需进一步讨论的是,直接实施虚假报表编制行为的中层管理人员秦某华,是否是"财务负责人"？笔者认为,财务负责人不宜狭义地单纯理解为负责审批签字的财务总监,直接实施虚假报表编制行为的财务经理,在财务造假行为中起到的作用是直接且关键的,属于违规披露重要信息行为的核心环节之一。故财务经理应当被认定为是其他直接责任人员,进而对其予以刑事评价。当然,综合考量职位高低、对造假行为所起到的作用大小等因素,可以在量刑上予以区分,做到罪责刑相适应。

第四章 背信损害上市公司利益罪

背信损害上市公司利益罪是一个实务中适用率不高但存在较大法律适用争议的罪名,这从该罪名的实证数据中可以得到印证:在笔者查阅到的8起案件中,就有3件被法院认定为无罪。受近年来从严打击证券犯罪刑事政策的影响,背信损害上市公司利益罪的案发数量呈现较大增长态势,涉及该罪的法律适用难点问题具有较大的研讨价值。本章中,笔者将结合执业过程中办理背信损害上市公司利益罪的实务思考,就独立董事能否构成该罪主体问题、"违背忠实义务""利用职务便利操纵上市公司"等客观构成要件的理解与认定问题、"遭受重大损失"的结果要件认定问题,以及该罪与相关犯罪的竞合判断问题展开讨论,并结合笔者办理的一起涉背信损害上市公司利益罪法定不起诉案例,就其法律适用争议问题展开进一步探讨。

第一节 罪名适用概览与文献综述

一、罪名适用概览

(一)背信损害上市公司利益罪历史沿革

考察我国刑法史,背信罪首次在1910年《大清新刑律》被明文规定,其后

1912年《暂行新刑律》、1928年《中华民国刑法》及1935年国民党政府颁行的刑法条文也均有规定。我国1979年《刑法》由于受苏联刑法的影响,未规定背信罪[①],之后1997年《刑法》也没有对背信罪作出规定。然而在实践中,监管部门关注到,一些上市公司的管理人员、控股股东、实际控制人,以无偿占用或者明显不公允的关联交易等非法手段,侵占上市公司资产,严重损害上市公司和公众投资者的合法权益。在《刑法修正案(六)(草案)》拟定期间,法制工作委员会经同有关部门研究,拟在刑法中增加规定,对前述严重违法行为追究刑事责任[②]。2006年6月29日,全国人大常委会通过《刑法修正案(六)》,在《刑法》第169条后增加一条,作为第169条之一,规定对背信损害上市公司利益的行为追究刑事责任。

事实上,在《刑法修正案(六)》颁布后,对于本罪的罪名表述问题,还存在不同的提法。有学者提议将罪名表述为"损害上市公司利益罪"[③],有学者主张将罪名表述为"掏空上市公司罪"[④],也有学者将罪名表述为"操纵上市公司罪"[⑤]。最终,2007年11月6日起施行的《最高人民法院、最高人民检察院关于执行〈中华人民共和国刑法〉确定罪名的补充规定(三)》将该罪罪名确定为"背信损害上市公司利益罪",笔者认为,该表述较为全面地体现了本罪的基本构成。

《刑法》第169条之一规定:

【背信损害上市公司利益罪】上市公司的董事、监事、高级管理人员违背对公司的忠实义务,利用职务便利,操纵上市公司从事下列行为之一,致使上市公司利益遭受重大损失的,处三年以下有期徒刑或者拘役,并处或者单处罚金;致使上市公司利益遭受特别重大损失的,处三年以上七年以下有期徒刑,并处罚金:

(一)无偿向其他单位或者个人提供资金、商品、服务或者其他资产的;

---

① 高铭暄主编:《刑法修改建议文集》,中国人民大学出版社1997年版,第601页。
② 安建:《关于〈中华人民共和国刑法修正案(六)(草案)〉的说明——2005年12月24日在第十届全国人民代表大会常务委员会第十九次会议上》,《中华人民共和国全国人民代表大会常务委员会公报》2006年第6期,第429页。
③ 李立众:《刑法一本通·修订版》,法律出版社2006年版,第114页。
④ 曾静音:《刑法历次修正:背景·释义·应用》,中国法制出版社2006年版,第180页。
⑤ 李山河:《论操纵上市公司罪》,《中国检察官》2006年第11期,第15页。

（二）以明显不公平的条件，提供或者接受资金、商品、服务或者其他资产的；

（三）向明显不具有清偿能力的单位或者个人提供资金、商品、服务或者其他资产的；

（四）为明显不具有清偿能力的单位或者个人提供担保，或者无正当理由为其他单位或者个人提供担保的；

（五）无正当理由放弃债权、承担债务的；

（六）采用其他方式损害上市公司利益的。

上市公司的控股股东或者实际控制人，指使上市公司董事、监事、高级管理人员实施前款行为的，依照前款的规定处罚。

犯前款罪的上市公司的控股股东或者实际控制人是单位的，对单位判处罚金，并对其直接负责的主管人员和其他直接责任人员，依照第一款的规定处罚。

（二）背信损害上市公司利益罪实证分析

从以往监管部门查处的案件数据来看，涉及上市公司关联交易、违规担保、控股股东或关联方占用资金等违法行为不在少数，但相应的处理，往往止于对行为人出具警示函措施、作出责令改正措施的决定或作出行政处罚，移送司法机关追究刑事责任的情况较少。

笔者通过中国裁判文书网等平台检索，以"背信损害上市公司利益罪"提起公诉的案件仅有9起，其中1件因法院认为存在"不宜在互联网公布的其他情形"而未予公开。在可查阅的8起案件中（见表4-1），有3起最终被认定不构成背信损害上市公司利益罪；有1起的定性是由挪用资金罪变更为背信损害上市公司利益罪，该案件的量刑也由有期徒刑8年改为有期徒刑2年10个月并适用缓刑，可见实务中对背信罪的适用存在争议。在认定构成背信罪的5起案件中，整体量刑相对较轻，判处第二档量刑（3年至7年）的案件仅有1起，在有罪判决的案件中占比为20%；而判处适用缓刑的案件有2起，在有罪判决的案件中占比达到40%。

表 4-1 背信损害上市公司利益罪已决案例统计表

审理法院及案号	背信行为评价	主体	定罪量刑
江苏省扬州市邗江区人民法院（2012）扬邗刑初字第 0005 号	于在青为上市公司实际控制人，其使用上市公司公章，以上市公司名义，为明显不具有清偿能力的控股股东等关联方提供担保 24 笔，金额计人民币 16 035 万元 在公安立案前，控股股东和于在青通过以股抵债或用减持股票款向债权人偿还的方式，清偿了全部债务，债权人已经解除上市公司的保证责任 法院认为，本案违规担保的风险在公安机关立案前已全部化解，未给江苏琼花造成实际损失，因此于在青的行为不构成背信损害上市公司利益罪	实际控制人	不构罪
广东省珠海市中级人民法院（2016）粤 04 刑初 131 号	余蒂妮实控的公司成为上市公司新的控股股东时，尚有 3.845 亿元股改业绩承诺款没有支付，余等人制造已经支付的假象，并虚构将 3.845 亿元借款给第三方公司的方式，制造已用于借款投资理财的假象，制作虚假财务报表 法院认为，本案没有造成上市公司损失的结果；从背信损害上市公司利益罪的列举式情形以及权威解读看，该罪惩罚的是违法操作"掏空"上市公司的行为，本案不符合该罪的客观构成和主观要件，不构成背信损害上市公司利益罪	法定代表人、董事长	不构罪
北京市第三中级人民法院（2020）京 03 刑初 170 号	2015 年至 2016 年，高鹏利用董事长的职务便利，以上市公司名义与殷某签订房屋买卖合同，支付购房款共计人民币 1.653 亿元，后从殷某处转回购房款人民币 2 030 万元，因未履行付款义务，致使上市公司损失购房定金人民币 3 500 万元 法院认为，现有证据不足以证明公司损失与高鹏通过董事会购买涉案房产的涉案行为不具有刑法上的因果关系	董事长	不构罪

续 表

审理法院及案号	背信行为评价	主体	定罪量刑
陕西省高级人民法院 (2010)陕刑二终字第 20 号刑事裁定书	王忠信为上市公司和其控股股东董事长。2006 年 3 月 13 日,王忠信指使上市公司的下属子公司与关联公司签订了虚假的委托繁殖种子合同,上市公司向关联公司支付育种款。合同签订后,王忠信指使财务人员从上市公司以支付"育种款"为由,向关联公司转移资金 927 万元,王忠信指使财务人员将其中的 600 万元无偿提供给关联公司和个人使用。案发后,占用款项均未追回	董事长	构罪,判处王忠信有期徒刑 4 年,并处罚金 100 万元
上海市卢湾区人民法院(已撤销) (2010)卢刑初字第 142 号	何某系某上市公司董事长,同时系 a 公司的实际控制人及该公司参股的 b 公司的董事长。2006 年 12 月 5 日,何某利用 a 公司对 b 公司虚假增资 5 000 万,将 b 公司资本从 1 000 万元增至 6 000 万元后,再利用虚假订货合同预付款的名义将 5 000 万元资本从 b 公司抽走。随后,何某利用担任某上市公司董事长的职务便利,隐瞒虚假出资事实,操纵该公司董事会通过决议,以总资本额 6 000 万元为基数,向 a 公司收购 b 公司股权 48%,导致某上市公司实际多支付 2 400 万元被 b 公司占用使用,造成上市公司损失	董事长	构罪,判处何某有期徒刑 3 年,缓刑 5 年,罚金 50 万元
(2017)皖 0208 刑初 10 号 安徽省芜湖市三山区人民法院	被告人刘谊在担任上市公司董事长、总经理期间,违背对公司的忠实义务,利用职务便利,以明显不公平条件接受刘某 1 经营公司的商品,明显高于市场价格采购 PDC 钻头。经鉴定,自 2009 年至 2012 年,上市以上述明显不公平的条件,接受威钻公司及之后变更的正巨公司销售的钻头,造成上市公司直接经济损失 1 844.64 万元	董事长、总经理	构罪,判处刘谊有期徒刑 10 个月,罚金 10 万元

续 表

审理法院及案号	背信行为评价	主体	定罪量刑
上海市高级人民法院（2019）沪刑终110号	鲜言作为上市公司的董事长、实际控制人，违背对公司的忠实义务，利用职务便利，将上市公司资金转出循环累计达1.2亿余元。其中，2360万元被鲜言用于理财、买卖股票等，至案发尚未归还，且部分资金已被结转至开发成本账户	董事长、实际控制人	构罪，判处鲜言有期徒刑1年8个月，并处罚180万元
（2020）新 0203 刑初98号 新疆维吾尔自治区克拉玛依市克拉玛依区人民法院	2015年11月20日至12月16日，被告人秦勇利用作为上市公司法定代表人、董事长的职务便利，以上市公司作为借款人与保理公司签订借款与保证合同一份，借款金额4000万元，并由上市公司作为委托人，委托关联公司作为代理人接收该4000万，将该资金用于关联公司日常经营及资金周转，案发后仍未归还	法定代表人、董事长	构罪，判处秦勇有期徒刑2年10个月，缓刑3年，罚金10万元

3起认定不构成背信罪的案件，均系法院对指控罪名的直接改判：江苏省扬州市邗江区人民法院审理的"于在青背信损害上市公司利益一案"［（2012）扬邗刑初字第0005号］，法院虽然认定于在青存在操纵上市公司向明显不具有清偿能力的关联企业提供担保的客观行为，但提出背信损害上市公司利益罪需以"致使上市公司利益遭受重大损失"这一结果要件成就为构罪前提，鉴于违规担保风险在公安机关立案前已全部化解，未给上市公司造成实际损失，最终认定于在青不构成背信罪；广东省珠海市中级人民法院审理的"余蒂妮等人背信损害上市公司利益一案"［（2016）粤04刑初131号］，法院认为，余蒂妮等人制造已支付上市公司3.845亿元股改业绩承诺款的假象，隐瞒上市公司未实际获得的真相行为，与背信损害上市公司利益罪列举的一系列通过与关联公司不正当交易"掏空"上市公司的行为不具有同质性，不符合该罪的客观方面；北京市第三中级人民法院审理的"高鹏背信损害上市公司一案"［（2020）京03刑初170号］，法院认为，高鹏没有通过购买涉案房产掏空上市公司股份的主观故意，且未以明显不合理的

价格购买涉案房产、未故意制造违约导致上市公司已支付的 3500 万元定金遭受损失,即该损失与高鹏的涉案行为之间不具有刑法上的因果关系,指控高鹏构成背信罪的证据不足。

此外,在构成背信罪的 5 起案件中,"王忠信背信损害上市公司利益案"〔(2010)陕刑二终字第 20 号〕,行为人将上市司资金支付至关联公司用于其公司日常经营及资金周转,属于背信损害上市公司利益罪第 1 款第 1 项"无偿向其他单位或者个人提供资金"的背信行为;"鲜言背信损害上市公司利益案"〔(2019)沪刑终 110 号〕与该案认定的情形相同;"何某背信损害上市公司利益案"〔(2010)卢刑初字第 142 号〕中,何某采用虚增标的公司注册资本方式,导致上市公司收购标的公司实际多支付 2400 多万元,属于背信损害上市公司利益罪第 1 款第 2 项"以明显不公平的条件,接受其他资产"的行为;"刘谊背信损害上市公司利益案"〔(2017)皖 0208 刑初 10 号〕中,刘谊指示下属以明显高于市场价格采购 PDC 钻头,导致上市公司损失 1800 余万元,属于背信损害上市公司利益罪第 1 款第 2 项"以明显不公平的条件,接受商品"的行为;"秦勇背信损害上市公司利益案"〔(2020)新 0203 刑初 98 号〕中,秦勇为运作融资、重组、收购等事宜,利用职务便利操纵上市公司从事虚假借贷高额资金,或从上市公司借支高额备用金用于其实际控制公司及其关联公司,法院认为该行为与背信损害上市公司利益罪第 1 款第 1 至 5 项具有同质性,均已违背对公司的忠实义务,利用职务便利造成了上市公司经济损失,符合背信损害上市公司利益罪第 1 款第 6 项"采用其他方式损害上市公司利益"的规定。

总体来看,背信损害上市公司利益罪在实务中的适用率偏低,这可能是由于过往证券领域刑事政策偏轻缓所致,但这一情况目前已经发生了较大变化。随着资本市场注册制改革的落地,证券领域的监管政策和刑事政策均发生了较大转变。《最高人民法院关于为设立科创板并试点注册制改革提供司法保障的若干意见》(2019 年)提出,依法从严惩处背信损害上市公司利益等金融犯罪分子,严格控制缓刑适用。2021 年 7 月 6 日中共中央办公厅、国务院办公厅印发《关于依法从严打击证券违法活动的意见》,强调对证券犯罪"零容忍",严厉打击证券违法犯罪案件。该意见是国家基于当下证券犯罪态势,对证券犯罪行为和犯罪人运用刑罚和有关措施,以期有效实现惩罚和预防证券犯罪目的的方案,是国家层面的证券犯罪刑事政策。① 可以预见的是,在当前刑事政策的影响下,背信损害上市公司利益罪的案件数量在未来一段时间必然呈现较大增长。

二、研究文献综述

自《刑法修正案(六)》确立本罪名至今,针对背信损害上市公司利益罪的研究文献较少,仅有 20 余篇。其中具有学术代表性的文章有以下 4 篇。

王祥鹏从背信损害上市公司利益罪侵害客体的角度阐述了其设立的法理基础,提出背信行为违背了公司法规定的忠实义务,损害了广大中小投资者的利益,并对公司管理秩序乃至证券期货市场都造成严重破坏;对背信损害上市公司利益罪列举的几种客观行为进行分析,并对该罪与职务侵占罪、挪用资金罪、为亲友非法牟利罪、国有公司、企业、事业单位人员失职罪等罪的界限进行了分析,对背信损害上市公司利益罪的罪数形态认定问题进行了论述。②

杨高峰认为,因本罪以"造成重大损失"作为定性前提,而在学理上理解结果犯存在未完成形态,故理论界将背信损害上市公司利益罪界定为结果犯不够合理,应将其界定为结果要件犯,避免产生误解;从刑法规范角度、刑法体系解释角度和司法实践适用角度考察,背信损害上市公司利益罪的第二款规定应属法律拟制,具备独立的犯罪构成。③

李军认为,公司法对忠实义务侧重程序公平性,刑法对忠实义务侧重实质公平性。对于实践中出现的符合公司法忠实义务却违背刑法实质判断标准的,应当采实质违法性判断方法,根据刑法规范本身目的及特点进行判断。④

上海大学刑法学硕士金逸帆从操纵上市公司行为、利用职务便利、遭受重大损失的理解和认定、犯罪主体、主观要件、实务中的出罪事由、与近似罪名的界分及罪数形态等方面对背信罪进行了详细论述。⑤

---

① 汪明亮:《证券犯罪刑事政策内涵及其实现路径——基于〈关于依法从严打击证券违法活动的意见〉的分析》,《犯罪研究》2022 年第 4 期,第 17 页。
② 王祥鹏:《背信损害上市公司利益罪的理解与适用》,《河北法学》2008 年第 11 期。
③ 杨高峰:《背信损害上市公司利益罪定罪标准的理论展开》,《政治与法律》2009 年第 4 期。
④ 李军:《背信损害上市公司利益罪中"违背对公司忠实义务"的认定》,《政治与法律》2016 年第 7 期。
⑤ 金逸帆:《背信损害上市公司利益罪探析》,上海大学 2015 年硕士学位论文。

第二节 罪名适用中的疑难问题

一、独立董事能否构成背信损害上市公司利益罪的主体问题

《刑法》第169条之一第1款和第2款规定了本罪的两类主体：第一类是董事、监事、高级管理人员；第二类是控股股东、实际控制人，控股股东或实际控制人可以是自然人，也可以是单位。

关于控股股东、实际控制人的主体认定问题，可参考本书第三章第二节中的相关论述，本章不再赘述。

而关于董事、监事、高级管理人员的认定问题，实践中可能存在争议的是独立董事是否包含在"董事"范畴之中进而构成本罪主体问题。该问题的提出，与2021年备受关注的康美药业虚假陈述民事赔偿案件不无关系，该案件判决公司独立董事承担亿元天价连带责任。这不但引发了各界人士对独立董事民事赔偿责任的讨论，同时也引发了对独立董事承担刑事责任问题的思考。根据证监会于2023年8月1日发布并于2023年9月4日起施行的《上市公司独立董事管理办法》相关规定，独立董事具有三个特点：一是职务独立，不在上市公司担任除董事外的其他职务；二是利益独立，与其所受聘的上市公司及其主要股东、实际控制人不存在直接或者间接利害关系；三是意志独立，与其所受聘的上市公司及其主要股东、实际控制人不存在其他可能影响其独立客观判断关系。以上特征是其独立履行职责的基础。

但尽管如此，独立性并不能因此而成为独立董事构成背信损害上市公司利益罪主体的阻却理由，个案中应结合其法定职责行使情况作刑法实质判断。根据《上市公司独立董事管理办法》，独立董事不但具有《公司法》和其他相关法律、法规赋予董事的职权，还具有其他特别职权，如其可以独立聘请中介机构对上市公司具体事项进行审计或者核查等、向董事会提议召开临时股东大会及董事会会议、对可能损害上市公司或者中小股东权益的事项发表独立意见等。其中，尤其是涉及重大关联交易、重大担保、股东或实际控制人及关联企业与上市公司发生的特定资金往来等可能损害公司及其他股东利益等事项的独立职权，可以反

映出独立董事保护上市公司财产和中小股东权益的"守门人"职责,该等法律上对独立董事忠实勤勉义务的要求,相比一般的董事而言有过之而无不及。

在背信损害上市公司利益罪的司法认定中,对于忠实勤勉义务的前置法判断问题,将影响罪名中"违反忠实义务"这一行为要件的判断(下文将详述)。一旦独立董事没有依法履职,违反了该等忠实勤勉义务,如果违反忠实勤勉义务行为与上市公司所产生的实际损失存在因果关系,结合相应背信行为实施的证据情况,则可能成为独立董事构罪的情形,主要表现为:如果独立董事与实行犯存在犯意上的联络,并与实行犯共同实施背信行为或为实行犯提供一定帮助的,则成立共同犯罪;如果有证据证明独立董事应当履行监管职责但怠于行使,则即便其与背信行为的实行犯之间不存在犯意上的联络,独立董事也可能构成放任背信行为发生的间接故意,进而被入罪。故笔者认为,独立董事可以成为背信损害上市公司利益罪的犯罪主体。

需要明确的是,个案中也要防范对独立董事客观归罪的情况。如果因实行犯采用隐瞒方式导致独立董事在正常履职过程中未识别到,或独立董事在履职过程中发现了相关问题并明确提出反对意见或保留意见的,则该等情形下独立董事具备正当出罪事由。如果司法机关在办理案件过程中疏于相应证据取证的,则独立董事应积极提出相应线索申请司法机关调查核实,或组织相应证据进行积极举证。例如,媒体报道的*ST奇信独立董事质疑公司半年报一案,*ST奇信经自查发现,公司曾于2021年1月1日向深圳市达欣贸易有限公司转账合计1.31亿元。该款项未签订商务合同、未发生实质性商务经济往来、未经过公司股东大会盒董事会决策审批和内部签字流程,付款凭证中仅有公司原实际控制人、关联人,即时任公司董事长兼总经理的签字及财务管理中心资金结算部副经理的个人名章。该公司独立董事先后针对公司公司发布的2021年度报告、2022第一季报、2022年半年报均投了弃权票,认为相关财报与本案证监会和经侦调查有关联,且尚未有相关调查结论。① 该报道中,公司关联方涉嫌占用公司非经营性资金的事项,是由公司董事长及财务人员未经公司内部审批流程秘密

---

① 段芳媛:《无法保证半年报真实、准确、完整》! 半年报被独董质疑,股价却已翻倍》,"中国证券报"微信公众号2022年8月27日,https://mp.weixin.qq.com/s/luxJLt9pNyHEOniaYV_6iw,2022年8月29日。

完成的,在此过程中,独立董事及其他公司高管一般情况下都是基于事后公司财务自查过程中才获知情况的,且事后独立董事出具了保留意见,其既无共同犯意联络,也未共同实施犯罪行为,同时也履行了监督职责,故除非有证据证实其未切实履行忠实勤勉职责,一般情况下独立董事不应承担刑事责任。

二、对"违背忠实义务"的认定

违背忠实义务是认定符合背信行为要件的前提。从概念上理解忠实义务,一般认为应以公司利益为重,善意处理公司事务、善意处置所掌握的公司资产,不得通过一系列行为"掏空"公司资产、损害公司利益,否则即违背了公司对董事、高管等人的信赖关系。前置法上,《公司法》第21条明确了本罪主体不得通过关联关系损害公司利益,《公司法》第148条进一步列举了忠实义务的几种情形。但是否违背了前述规定,就可以直接作为入罪的依据,还需进一步讨论。

有观点认为,刑法意义上的"忠实义务"即《公司法》规定的忠实义务。[1] 笔者认为,不能将此简单等同。对于违反前置法的行为是否应当进行刑事评价,涉及二次违法行为评价中的实质性判断,至少需要从以下两个维度进行把握判断:

一方面,要戳破表面符合公司程序要求的面纱,对"忠实义务"作进一步的实质审查。以《公司法》第148条第1款第5项规定"不得违反本章程的规定或未经股东大会同意,与本公司订立合同或者进行交易"为例。在控股股东一家独大的情况下,即便按照公司章程或者股东大会决议,不公允的交易或者合同订立事项仍能够符合公司法意义上的程序要求,但尽管如此,也并不能阻却背信损害上市公司利益罪的成立,还需进一步判断这种不公允的交易是否达到了"以明显不公平条件提供或接受资金、商品、服务"这一客观行为要件,是否实际造成了上市公司的财产损失。事实上,公司法中对于这种以程序合法为由抗辩损害公司利益的行为,也采实质判断的方法。2020年修正的《最高人民法院关于适用〈中华人民共和国公司法〉若干问题的规定(五)》第1条第1款明确,关联交易损害公司利益,原告公司依据《民法典》第84条、《公司法》第21条规定请求控股股东、实际控制人、董事、监事、高级管理人员赔偿所造成的损失,被告仅以该交易已经履行了信息披露、经股东会或者股东大会同意等法律、行政法规或者公司章程规

---

[1] 王鹏祥:《背信损害上市公司利益罪的理解与适用》,《河北法学》2008年第11期,第133页。

定的程序为由抗辩的,人民法院不予支持。因此在刑事审查中,对于控股股东利用自身表决权优势操控股东大会决议,造成公司财产损失的行为,要用实质判断的方法作进一步判断,不应简单出罪。在前述"何某背信损害上市公司利益案"中,何某利用担任上市公司董事长的职务便利,隐瞒虚假出资标的公司的事实,操纵该公司董事会通过决议,导致某上市公司实际多支付2400万元的损失,即在形式上符合《公司法》第148条的规定,但无论在公司法层面还是刑法层面作实质判断,都不能以符合董事会决议程序抗辩或阻却损害公司利益的行为认定。在前述"秦勇背信损害上市公司利益案"中,法院提出,对"忠实义务"的判断应当采取形式与实质相统一的标准,形式上看上市公司高管行为是否符合法律及上市公司规定,实质上是否为公司利益着想,从而综合考量判断上市公司高管是否尽到忠实义务。

另一方面,要回归背信损害上市公司利益罪的规范目的,对表面违反《公司法》忠实义务的行为作实质审查。以《公司法》第148条第1款第4项规定"不得违反本章程的规定,未经股东大会或董事会同意,将公司资金借贷给他人或者以公司财产为他人提供担保"为例,是否存在该项情形就必然违反了忠实义务?笔者认为还应从规范目的作实质判断。澳大利亚公司法学家Clarke教授将忠实义务通俗地理解为"如果董事、高管等人员不考虑公司的利益,就背弃了忠实义务,如果交易是为了公司的利益进行的,就不可能有背弃忠实义务的结果"。[①] 因此,对于形式上违反《公司法》或公司章程的不合规决议,客观上导致了上市公司损失的情形,还需要考察相关违规行为的产生,是否存在为公司利益的前因,不能一概因违反前置法就入罪。例如,需关注是否存在占用上市公司资金一方与上市公司之间具有债权债务关系、是否存在占用上市公司资金一方前期为上市公司代为融资实施并购等为上市公司利益的背景事实,应警惕不问缘由的客观归罪,对此,笔者将在本章第三节结合具体案例进行论证。

三、对"利用职务便利操纵上市公司"的理解

在我国《刑法》中,规定了利用职务便利的罪名达16个,但因主体、行为方式、保护法益的不同,利用职务便利的具体含义也不尽相同。背信损害上市公司

[①] 转引自梅慎实:《现代公司法人治理结构规范运作论》,中国法制出版社2001年版,第426页。

利益罪的"利用职务便利",本质上是犯罪主体滥用权利的表现,根据犯罪主体对应职责的不同,滥用权利的表现形式也不同,如董事基于其对重大事项决策权、对公司资产的管理权、对股东会决议的执行权、对公司内部的管理权等职权实施;高级管理人员基于其对董事会决议的执行权、根据自身职责在公司的生产经营或管理等方面的具体权利等职权实施;控股股东则通过其实际持股等权利实施。一旦行为人滥用其本身权利,给公司或者其他股东造成损失的,根据《公司法》第20条规定,应当依法承担赔偿责任。而如果违法程度达到了背信损害上市公司利益罪客观方面的要求,则可对其予以刑事规制。因此,利用职务便利操纵行为的基础在于行为人违背忠实义务。

四、"遭受重大损失"的认定

背信损害上市公司利益罪以"致使上市公司利益遭受重大损失"为结果要件。根据《最高人民检察院、公安部关于公安机关管辖的刑事案件立案追诉标准的规定(二)》第13条,相关背信行为致使上市公司直接经济损失数额达到150万元以上或者致使公司发行的股票、债券等被终止上市交易的,符合背信损害上市公司利益罪的入罪标准。

对于股票、债券终止上市交易情形,实践中往往由多种原因导致,在明确是背信行为损害上市公司利益的情况下,还需进一步核实有无上市公司退市是因连续亏损达到退市条件或其他信息披露违规等原因。需要注意的是,在证券犯罪的刑事司法实践中,因为行政犯的属性,司法机关较依赖行政机关出具的认定文书、函件,然而行政认定与刑事认定的审查标准不尽相同,行政认定的事实所依据的证明标准相对较低,故对于行政认定的事实,在刑事案件的审理中,需要进一步结合全案证据判断相关背信行为与导致股票、债券终止上市交易结果之间是否构成刑法上的因果关系。

关于造成直接经济损失的数额判断问题,在事实认定时需注意以下两大问题。

第一,案发前归还的金额,一般不计入致使上市公司直接经济损失的数额。例如,"于在青背信损害上市公司利益案"中,法院认为于在青虽然操纵上市公司向明显不具有清偿能力的关联企业提供担保,但鉴于于在青和上市公司控股股东其通过以股抵债或用减持股票款向债权人偿还的方式,清偿了全部债务,解除了担保人上市公司的保证责任,上市公司的风险在公安机关立案前已全部化解,未给上市公司造成实际损失,不符合"致使上市公司利益遭受重大损失"的结果要件,进而认定于在青不构成背信损害上市公司利益罪。对该处理方式,有观点认为,对于结果犯的既遂与否,取决于损害结果造成的时间点,而不应界定在立案之前。但笔者认为,对于本罪的既遂时间节点应当进行宽松处理。理由在于,区别于抢劫、盗窃等较为典型的既成犯,针对上市公司的背信行为,有的行为存在资本运作背景,如融资需要、交易需要等,对于造成上市公司的资金缺口或损失,行为人可能并非积极追求,尤其是当本罪与挪用资金罪竞合的情况下,行为人是具有归还意愿的,只是可能因资本运作的时间差导致上市公司的损失部分无法及时填补。基于这种特殊性,对于立案前积极弥补上市公司损失的行为,从保障上市公司利益和中小股东利益的角度,实践中不轻易认定为造成上市公司经济损失结果,这是出于鼓励行为人积极弥补上市公司损失的正面导向。当然,如果行为人在刑事程序中积极弥补上市公司经济损失的,则作为量刑情节处理更为合适。

第二,上市公司为经营发展所支付的金额,一般不计入直接经济损失的数额。例如在"鲜言背信损害上市公司利益案"中,针对检察机关指控的直接经济损失,鲜言提出,其在2014年左右觉得P2P业务很有前景,后支出钱款500万元用于购买www.p2p.com的域名。法院认为,在案证据不能排除鲜言为上市公司支付钱款500万元购买域名的事实,该节事实未能达到排除合理怀疑标准,将该500万元作了有利于被告人的认定,最终没有计入公司直接经济损失的金额之中。再如在"王忠信背信损害上市公司利益案"中,王忠信所占用的上市公司相关资金,有近300万元系实际用于支付上市公司赞助费、工程费、审计费和职工工资等用途,法院查明后未予计入公司直接经济损失的数额。

因此,在对上市公司流出的相关金额审查中,应注意审查资金流向和资金实际使用用途,对于确系为上市公司所用,或为上市公司经营和发展所需的资金使用情况,可以作为其他信息披露违规认定的阻却事由予以排除。

五、本罪名的竞合问题

在本罪名与其他罪名的定性界分中,最容易混淆的即为本罪名与挪用资金罪、职务侵占罪的定性问题。

以挪用资金罪为例,其与背信损害上市公司利益罪存在以下三方面的相似性。

第一，两罪名均为复合法益，且较为相似。背信损害上市公司利益罪规定在《刑法》分则第三章第三节"妨害对公司、企业管理秩序罪"项下，故该罪保护的法益必然包括国家对公司、企业的管理秩序，该法益要求公司的董事、监事、高级管理人员等主体不得将自身利益置于公司利益之上，对公司事务应当善意处理、对公司财产应当妥当管理，积极维护公司利益。此外，本罪名以"致使上市公司利益遭受重大损失"为结果要件，故上市公司财产权也属于本罪保护的法益；而上市公司财产，又与公司的股东、债权人利益紧密关联，如果上市公司财产权益受到损害，则又必然损害股东和债权人利益，故公司股东和债权人利益也是本罪名保护的法益之一。

挪用资金罪规定在《刑法》分则第五章"侵犯财产罪"项下，其所保护的法益除了公司财产权利之外，同样也及于股东财产权利，而侵害公司财产的行为，也必然侵害了公司的正常管理秩序，尤其是公司的财务管理制度，故挪用资金罪的法益也包括公司管理秩序。因此，两罪所保护的法益具有一定相似性。

第二，从挪用资金罪与本罪名的罪状表述来看，罪状中均含有"利用职务便利"的表述，均表现为行为主体滥用职权导致对复合法益的侵害。

第三，从两罪名的客观方面来看，两罪均存在行为人个人决定以公司名义实施相应行为的情形。全国人大常委会法制工作委员会《关于挪用资金罪有关问题的答复》提出，挪用资金罪中"归个人使用"的含义与挪用公款罪相同，参照全国人大常委会《关于中华人民共和国刑法第三百八十四条第一款的解释》中"归个人使用"的相关规定。根据该规定，有三种挪用资金的情形：一是供本人、亲友或者其他自然人使用；二是以个人名义供其他单位使用；三是个人决定以单位名义供其他单位使用，谋取个人利益。其中的第三种情形，就与背信损害上市公司利益罪中的行为主体利用职务之便，操纵上市公司实施本罪名第 1 款前 3 项的行为存在重合性：均为个人利用职务便利，均为以单位名义实施，均在侵害了单位财产利益的同时为相关主体谋取了利益。

在已决案件中，"王忠信背信损害上市公司利益案"中，王忠信通过签署虚假合同的方式，个人决定以单位名义将资金供自己控制的其他单位使用，同时也将资金供本人使用；"秦勇背信损害上市公司利益案"中，秦勇为运作融资、重组、收购等事宜，利用职务便利操纵上市公司从事虚假借贷高额资金，或从上市公司借支高额备用金用于其实际控制公司及其关联公司使用；"鲜言背信损害上市公司利益案"中,鲜言利用职务便利将上市公司资金2360万元被用于理财、买卖股票等,至案发尚未归还。

以上案件均符合公司人员以单位名义挪用单位资金归个人使用的构成要件,也符合背信损害上市公司利益罪第一款的规定。那么,这种情况属于想象竞合还是法条竞合?

通常认为,法条竞合是指同一犯罪行为出现数个法条所规定的构成要件在其内容上具有从属或者交叉关系的情形,犯罪本身是单纯的一罪,并不触犯数个罪名,仅仅是法条的适用问题,所触犯的法条之间在法律适用上是排除关系,按照特别法优于一般法的原则处理;想象竞合是指一个行为触犯了数个罪名,犯罪行为本身是形式上的数罪,犯罪行为所触犯的法条在法律适用时可以全部适用,但在处理时,择其重罪处罚。

笔者认为,背信损害上市公司利益罪第一款系挪用资金罪的具体规定,从属于挪用资金罪的犯罪构成,二者属于特别法与一般法的法条竞合关系。因此,在行为既符合挪用资金罪构成要件,又符合背信损害上市公司利益罪的特殊构成要件时,应当按照特别法优于一般法的处理,认定构成背信损害上市公司利益罪。

同理,在行为人利用职务便利非法占有上市公司财产导致上市公司经济损失的场合,背信损害上市公司利益罪第一款同样系职务侵占罪的具体规定,从属于职务侵占罪的犯罪构成,二者同样属于特别法与一般法的法条竞合关系,故仍应以背信损害上市公司利益罪定性。

第三节 罪名适用中的典型案例

一、李某背信损害上市公司利益不起诉案

(一)案件介绍[①]

李某为B集团的控股股东、董事长。2018年2月,B集团为其控股的子公

[①] 该案为本章作者以律师身份辩护的案件。

司 C 上市公司业务转型升级考虑，拟发起重大收购重组项目，收购资金规模高达 90 亿元。控股股东李某通过 B 集团、李某本人等主体，自筹资金代 C 上市公司向被收购对象支付了 40 亿元保证金，该收购项目正式启动，C 上市公司公告停牌。

2018 年 6 月，为了进一步筹集收购资金，李某与 D 公司协商，由 B 集团回购其之前向 D 公司出售的价值 20 亿元资产包，而后由 D 公司置换购买 B 集团下属的价值 60 亿元优质资产。D 公司表示同意后，B 集团为尽快促成该 60 亿资产变现用于 C 上市公司收购标的，在筹集回购 20 亿元资产包资金的过程中，李某利用其董事长职务便利，以由 B 集团代 C 上市公司偿还债务为由，将 C 上市公司的 15 亿元债务转让给 B 集团，并指令 C 上市公司将应归还债务的 15 亿元直接转入 B 集团账户。但 B 集团收款后并未向上述债权人归还债务，而是将该笔款项用于支付前述 20 亿元的回购款。李某本计划在完成回购后，将出售给 D 公司所获取的 60 亿元资金抽取 15 亿元用于归还 C 上市公司，并将剩余的 45 亿元资金用于支付 C 上市公司的收购款。

但让李某始料未及的是，D 公司在收到 B 集团的回购款后，因公司内部原因单方面违约，没有履行收购 B 集团的 60 亿元资产，与此同时，因融资政策收紧，B 集团又发生债券违约，资金链吃紧。在此情况下，B 集团置换出售资产包的融资计划失败，收购项目因无力支付收购余款终告失败，C 上市公司的 15 亿元资金缺口也无法弥补。

公安机关认为，李某违背忠实义务，利用职务便利，违背公司法和公司章程规定，未经 C 上市公司股东大会决议同意，将 C 上市公司资金无偿提供给 B 集团使用，后因 B 集团资不抵债导致 C 上市公司遭受损失人民币 15 亿元，构成背信损害上市公司利益罪。

检察机关经审查认为，李某不构成背信损害上市公司利益罪，依法对其作出不起诉决定。

（二）简要点评

本章第二节重点探讨违反忠实义务的认定问题，既涉及前置法违法性判断与刑法二次违法性升格判断问题，又涉及本罪规范目的的实质判断方法问题，罪与非罪的判断往往成为争议焦点。笔者办理的一起由公安机关以背信损害上市公司利益罪移送审查起诉的案件,就涉及前述的争议焦点问题,检察机关最终对该案作出了不起诉决定。该案具有一定的典型意义,为兼顾学术探讨与当事人、上市公司的权利保护,笔者对前述案情作了匿名简化处理,供参考讨论。

本案的争议焦点在于:李某将 C 上市公司资金支付至 B 集团的行为,是否违反了忠实义务,李某是否实施了无偿向其他单位提供资金的背信行为?

公安机关的观点认为,李某违反了《公司法》第 148 条第 1 款第 3 项"违反公司章程的规定,未经股东会、股东大会或者董事会同意,将公司资金借贷给他人",进而认定其违反了忠实义务,操纵上市公司实施了背信损害上市公司利益罪第一款第 1 项"无偿向其他单位提供资金"的行为,构成犯罪。

依据公安机关的起诉意见书,虽然从形式角度看行为人符合背信损害上市公司利益罪的犯罪构成,但如果进一步结合本案的案发背景、涉案公司之间的债权债务关系等进行全面分析,本案实质上是一起企业在转型过程中,因融资政策风险和交易风险所导致的债务危机事件。C 上市公司 15 亿元的资金转出虽不合规范,但该资金的使用目的和使用去向反映出,其本质是为 C 上市公司自身收购所用,是其自身收购所应支出的资金成本。

至此,从全面审查本案事实角度来看,本案的争议焦点进一步可以梳理为:以 C 上市公司利益(收购转型)为目的,违规将 C 上市公司使用,导致 C 上市公司损失的行为,是不是对忠实义务的违反?

这就回归到了"违背对公司的忠实义务"的判断方法问题。根据前文所述,在方法论上应以实质判断方法进行认定。《公司法》重于形式上的义务违反,但对于《刑法》忠实义务的理解上不应当简单援引前置法的规定,而是应当结合犯罪的规范目的进行实质判断,包括从主观与客观两方面进行判断。

主观上,需要实质审查李某是否有损害 C 上市公司的动机和目的。

第一,要从案件起因,即李某是否为 C 上市公司利益所考虑。本案中,李某为公司转型考虑参与了收购项目的制定、收购对象的选择和洽谈,确定了收购标的。为了落实收购,李某积极自筹资金通过 B 集团和其个人代 C 上市公司筹集了收购保证金,促成了收购重整项目正式启动。

第二,本案中 C 上市公司和 B 集团均由李某控股,李某个人利益与公司利益高度混同,其经营决策行为既是为了自己利益,亦是为了公司利益。李某不存在为其本人利益而损害C上市公司的心理,也就不存在违反忠实义务的动机。

客观上,需要实质审查资金的使用用途和导致损失的客观原因。

第一,从C上市公司涉案15亿元的使用用途来看,本质上仍是为C上市公司后期收购融资所用,后期造成15亿元的C上市公司经济损失,是因D公司违约的交易风险和B集团的融资政策风险直接导致,从背信损害上市公司利益罪第一款所列举的五种背信行为来看,其表现形式均为不为上市公司利益,单纯将上市公司转移至其他主体使用的"利他"行为,是一种将上市公司财产"往外掏"的行为。而李某虽将C上市公司的15亿元支付至B集团,但B集团并未将该资金为B集团或其他主体使用,不存在"利他"行为,本质是有利于C上市公司的行为。

第二,李某与B集团为C上市公司垫付40亿元保证金,从民事法律关系来看,本质上是李某与B集团对C上市公司的债权,C上市公司的15亿元资金,作为对B集团前期垫资的债务抵扣也不为过,进而也不存在B集团"无偿"占用C上市公司资金的背信行为。

第三,造成C上市公司损失的直接原因,并非李某违反规定支配C上市公司资金的行为,而是D公司违约的交易风险和B集团融资失败的政策风险等介入因素所致,故李某支配C上市公司资金的行为与C上市公司损失之间不具有刑法上的因果关系。

检察机关在审查本案的过程中,对于忠实义务的判断方法,也经历了从形式判断到实质判断的转变。最终,检察机关从背信损害上市公司利益罪的规范目的出发,全面审查了李某在C上市公司重组全程的行为,从李某一心促成C上市公司重组,以C上市公司利益为出发点实施的融资行为和资金拆借行为证实了李某不具有背信损害C上市公司的主观故意,不能因客观上造成C上市公司资金损失和形式上符合《公司法》第148条规定,就推定被违反了刑法上的忠实义务,故而依法对李某作出了不起诉决定。

本案的启示在于,对于是否违反忠实义务的判断,必须把握整体分析的方法论,要全面把握案件事实,考虑前因后果,从主观和客观两方面进行实质判断。在类案的审查认定过程中,要把握全案事实,不能够片段地截取案件事实作为定性的基础事实,要注意避免客观归罪的情况。

二、余某妮等背信损害上市公司利益无罪案

（一）案件介绍①

2010年3月，余某妮实控的华信泰公司，通过司法拍卖取得博元公司原第一大股东勋达公司限售流通股，成为博元公司新的控股股东。由于博元公司原股东曾对上市公司2008年、2009年的股改业绩作出承诺，但最终业绩对赌失败，需向上市公司补足利润差额5.26亿元，华信泰公司等8名新股东对原股东没有按期支付股改业绩承诺款承担补足义务。截至2011年4月，华信泰公司还有3.845亿元股改业绩承诺款没有支付。

2011年4月，余某妮通过东莞科汇公司等十几家公司和华信泰公司、裕荣华公司之间循环转账，循环四次累计形成转入华信泰公司3.845亿元，从华信泰公司累计转至裕荣华公司账号3.845亿元，制造由裕荣华公司代收股改业绩承诺、虚构华信泰公司已支付剩余股改业绩承诺款的假象，再虚构3.845亿元借款给东莞景瑞公司的方式还款给出借人东莞科汇公司，以应对广东证监局的检查。

广东证监局在对股改业绩承诺款进行检查的过程中不同意将3.845亿元款项出借给东莞景瑞公司的操作，为了应对广东证监局，李某和余某妮向深圳利明泰公司借款4亿元存放在裕荣华公司账号，制造账上有钱的假象，使用伪造东莞景瑞公司转款到裕荣华公司的银行进账单，虚构已从东莞景瑞公司收回借款3.845亿元的事实，并用伪造的进账单、电汇凭证做账。2011年8月25日，博元公司的2011年半年度报告，对股改业绩承诺款的履行情况进行虚假公告披露。

为掩盖虚假支付股改业绩承诺款的事实，余某妮主持召开董事会，决定将股改业绩承诺款用于购买银行承兑汇票以掩盖事实真相，之后又通过循环转账方式虚构购买了3.47亿元银行承兑汇票的假象，借此制作并公告了虚假的财务报表。

公诉机关认为，被告人余某妮作为博元公司的实际控制人、董事长，被告人伍某清、张某萍、陈某作为公司的高级管理人员，被告人罗某元作为公司的监事，违背对公司的忠实义务，利用职务便利，操纵上市公司从事损害公司利益的行

---

① 广东省珠海市中级人民法院刑事判决书（2016）粤04刑初131号。

为,致使上市公司遭受重大损失,应以背信损害上市公司利益罪追究其刑事责任。

法院认为,公诉机关指控各被告人犯背信损害上市公司利益罪不成立,不予支持。

(二)简要点评

本案关于是否构成背信损害上市公司利益罪的主要争议在于,余某妮等人虚构事实,掩盖没有完成 3.84 亿元股改业绩承诺款缴纳的事实,是否属于背信行为。法院判决指出了本罪构罪的核心特征,即本罪规制的是上市公司董事、监事、高管通过各类不正当交易"掏空"上市公司的行为,而非所有损害公司利益的行为。

本案中,行为人虽然虚构了事实,并最终导致上市公司没有收到差额补足款,但该行为是消极的民事违约行为,虽然在客观上损害了博元公司利益,致使博元公司遭受重大损失,不符合《刑法》第 169 条之一列举的前五项行为,故需要分析可否适用第 6 项兜底条款入罪。《刑法》第 169 条之一列举的前五项行为均系公司高级管理人员通过与关联公司不正当交易"掏空"上市公司的行为,从相当性解释角度,第 6 项兜底条款应同样限定在其他通过与关联公司不正当交易"掏空"上市公司的行为。而余某妮等人虚构掩盖逃避履行付款义务的违约行为与操纵和"掏空"上市公司的背信行为不具有相当性和同质性,不应适用本罪名进行规制。

本案关于背信损害上市公司利益罪一节的判决认定,在证券犯罪从严打击刑事政策当下具有重要意义,有助于避免单纯的客观归罪现象。

三、秦某背信损害上市公司利益案

(一)案件介绍[①]

公诉机关指控,2015 年 11 月 20 日至 12 月 16 日,被告人秦某利用其担任新疆准东石油技术股份有限公司(以下简称准油股份)法定代表人、董事长的职务

[①] 新疆维吾尔自治区克拉玛依市克拉玛依区人民法院刑事判决书(2020)新 0203 刑初 98 号。

便利,于2015年11月20日,以准油股份作为借款人与中安融金(深圳)商业保理有限公司(以下简称中安融金)签订借款与保证合同一份,借款金额人民币4000万元,期限6个月,秦某、创越能源集团有限公司(以下简称创越能源)作为共同保证人;并于当日由准油股份作为委托人,创越能源北京分公司作为代理人接收该4000万。合同签订后,秦某作为实际控制人的创越能源北京分公司账户收到中安融金先后分9次转入资金共计4000万元,用于创越能源日常经营及资金周转,案发后仍未归还。

2014年1月至2016年12月,秦某利用其担任准油股份法定代表人、董事长的职务便利,以个人直接或者通过该公司财务总监王某1等高级管理人员安排的方式,指派员工吕某1等8人以个人名义借支公司备用金共计2685万元,秦某个人借支100万元,均转入秦某指定账户,用于创越能源及其关联企业的日常经营及资金周转。

公诉机关认为被告人秦某的行为已构成挪用资金罪,应当依据《中华人民共和国刑法》第272条之规定予以处罚。

秦某和其辩护人对指控事实和罪名均不认可。辩护人认为,公诉机关指控事实不符合挪用资金罪的犯罪构成,如果认为挪用资金罪与背信损害上市公司利益罪都构成,属于法条交叉竞合,应当采取特殊优于普通的原则,认定构成背信损害上市公司利益罪。

法院认为,被告人秦某作为上市公司准油股份的法定代表人、董事长,违背对公司的忠实义务,利用职务便利,操纵上市公司从事虚假借贷高额资金或从上市公司借支高额备用金用于其实际控制公司及其关联公司,致使上市公司利益遭受重大损失,其行为构成背信损害上市公司利益罪,依据《中华人民共和国刑法》第169条之一之规定,应当判处三年以下有期徒刑或者拘役,并处或单处罚金。公诉机关指控的犯罪事实清楚,证据确实充分,但适用法律及罪名有误,法院依法予以纠正。

(二)简要点评

本案关于定性问题的主要争议焦点为,秦某的涉案行为是挪用资金罪与背信损害上市公司利益罪的定性区分问题,还是两罪名的竞合问题。

本案中,秦某安排涉案资金的行为虽然具有挪用资金的行为表象,但要认定挪用资金罪,还需证明涉案资金"归个人使用"。依据全国人大常委会《关于〈中华人民共和国刑法〉第三百八十四条第一款的解释》的规定,挪用资金罪的"归个人使用"是指将资金供本人、亲友或者其他自然人使用,或者以个人名义将资金供其他单位使用,或者个人决定以单位名义将资金供其他单位使用,谋取个人利益的。

根据本案已查明的事实,涉案4000万元资金通过创越能源北京分公司的民生银行账户流向创越能源的关联公司或其他公司,被告人秦某虽然实际控制创越能源,但创越能源的公司利益不应直接等同于秦某个人利益。而涉案2785万元备用金的转出与归还,最终收款人和使用人均为准油股份和创越能源,其实质为两个公司间的关联交易,也并非被告人秦某个人使用。

因此,涉案资金无法证明归秦某个人使用的情况下,秦某依法不构成挪用资金罪。

关于本案秦某是否构成背信损害上市公司利益罪问题,首先,在该罪名的认定上,审理法院提出,"背信"即违背对公司的忠实义务,是本罪成立的前提。对忠实义务的判断应当采取形式与实质相统一的标准,形式上看上市公司高管行为是否符合法律及上市公司规定,实质上是否为公司利益着想,从而综合考量判断上市公司高管是否尽到忠实义务。该认定思路,与前文论述的忠实义务判断方法论基本一致,笔者表示赞同。结合该认定思路回归本案,被告人秦某利用职务便利,操纵上市公司从事虚假借贷高额资金或从上市公司借支高额备用金用于其实际控制公司及其关联公司,导致准油股份大额资金被长期占用,并因此受到证监会的行政处罚,主观上不仅未为公司利益着想,而且放任其行为对公司造成重大损失,符合违背忠实义务的要件。其次,秦某为运作融资、重组、收购等事宜,利用职务便利,操纵上市公司从事虚假借贷高额资金或从上市公司借支高额备用金用于其实际控制公司及其关联公司导致上市公司遭受损失的行为性质,与《刑法》第169条之一前五项明确列举的不正当交易掏空上市公司的行为具有相当性,可以适用该条第6项"采用其他方式损害上市公司利益"兜底条款,进而以背信损害上市公司罪入罪。

需要商榷的是,本案法院判决在论述不构成挪用资金罪的情况下,又论述了本案系挪用资金罪和背信损害上市公司利益罪的法条竞合,应当适用特别法条优于普通法条的原则定背信损害上市公司利益罪,前后逻辑相悖,实属赘述。

第五章 操纵证券、期货市场罪

本章围绕操纵证券、期货市场犯罪的理论前沿与实务热点展开。首先,通过梳理操纵证券、期货市场罪的立法沿革与文献综述,厘清操纵证券、期货市场罪的本质特征。通过裁判文书网、北大法宝等检索选取13件操纵证券、期货市场罪裁判文书作为样本,勾勒出目前操纵证券市场犯罪呈现出总体数量不多、行为主体不特定、操纵手段逐渐复杂化、司法实践认定分歧较大等特征。其次,本章着重就操纵证券、期货市场罪的客观方面认定、新型操纵证券市场行为的认定、"违法所得"的计算标准、主观方面的认定、兜底条款的理解与适用以及其他疑难问题等具体展开讨论。最后,通过选取徐翔操纵证券市场案等5件典型案例进行介绍,并予以简要分析。

第一节 罪名适用概览与文献综述

一般认为,操纵证券市场,是指行为人通过法律禁止的手段,影响证券交易价格和交易量的行为。由于新中国建设初期,我国没有证券、期货市场,我国1979年《刑法》中没有关于惩治操纵证券、期货市场犯罪的规定。随着证券、期货市场的建立与完善,并不断满足市场发展的需要,1997年《刑法》规定了"操纵证券交易价格罪"这一罪名和法定刑,并随着情势变化而历经多次修改。

一、罪名适用概览

(一) 我国操作证券期货、市场罪的立法沿革

1997年《刑法》第182条:"有下列情形之一,操纵证券交易价格,获取不正当利益或者转嫁风险,情节严重的,处五年以下有期徒刑或者拘役,并处或者单处违法所得一倍以上五倍以下罚金:(一)单独或者合谋,集中资金优势、持股优势或者利用信息优势联合或者连续买卖,操纵证券交易价格的;(二)与他人串通,以事先约定的时间、价格和方式相互进行证券交易或者相互买卖并不持有的证券,影响证券交易价格或者证券交易量的;(三)以自己为交易对象,进行不转移证券所有权的自买自卖,影响证券交易价格或者证券交易量的;(四)以其他方法操纵证券交易价格的。单位犯前款罪的,对单位判处罚金,并对其直接负责的主管人员和其他直接责任人员,处五年以下有期徒刑或者拘役。"

1. 第一次修改

根据1999年12月25日第九届全国人民代表大会常务委员会第十三次会议通过的《中华人民共和国刑法修正案》第一次修改,修正案修改的内容自1999年2月25日起施行。此次修改只是增加了对操纵期货交易价格的处罚,其他方面并无变化。

修改后的条文为:"第一百八十二条 有下列情形之一,操纵证券、期货交易价格,获取不正当利益或者转嫁风险,情节严重的,处五年以下有期徒刑或者拘役,并处或者单处违法所得一倍以上五倍以下罚金:(一)单独或者合谋,集中资金优势、持股或者持仓优势或者利用信息优势联合或者连续买卖,操纵证券、期货交易价格的;(二)与他人串通,以事先约定的时间、价格和方式相互进行证券、期货交易,或者相互买卖并不持有的证券,影响证券、期货交易价格或者证券、期货交易量的;(三)以自己为交易对象,进行不转移证券所有权的自买自卖,或者以自己为交易对象,自买自卖期货合约,影响证券、期货交易价格或者证券、期货交易量的;(四)以其他方法操纵证券、期货交易价格的。单位犯前款罪的,对单位判处罚金,并对其直接负责的主管人员和其他直接责任人员,处五年以下有期徒刑或者拘役。"

2. 第二次修改

根据2006年6月29日第十届全国人民代表大会常务委员会第二十二次会

议通过的《中华人民共和国刑法修正案(六)》第二次修改,刑法修正案(六)修改后的内容自 2006 年 6 月 29 日起施行。

此次修改对本罪的行为方式进行修改:(1)删除"获取不正当利益或者转嫁风险"的条文,并将"操纵证券交易价格"修改为"操纵证券市场",由此本罪的构成要件要素发生重大改变,"获取不正当利益或者转嫁风险"不再成为本罪的必备要素,也减轻了控方的证明责任,另外,由于操纵市场的行为不限于"操纵证券交易价格"的行为,因此将"操纵证券交易价格"修改为"操纵证券市场"从而更能体现操纵证券市场的行为本质;(2)在第一项的联合买卖与连续买卖中增加了"证券交易量";(3)在第二项的相互买卖中删除了"或者相互买卖并不持有的证券";(4)在第三项的自买自卖中的"以自己为交易对象,进行不转移证券所有权的自买自卖"修改为"在自己实际控制的账户之间进行证券交易",主要是我国证券交易系统采用实名制,不可能出现"以自己为交易对象"自买自卖的交易方式。

此次修改还修订了刑事处罚标准:(1)将有期徒刑最高刑期从"五年"提高至"十年";(2)规定无限额罚金,将"并处或者单处违法所得一倍以上五倍以下罚金"修改为"并处或者单处罚金",即将所处罚金的具体数额决定权限完全交由法院决定。

第二次修改后的《刑法》第 182 条:"有下列情形之一,操纵证券、期货市场,情节严重的,处五年以下有期徒刑或者拘役,并处或者单处罚金;情节特别严重的,处五年以上十年以下有期徒刑,并处罚金:(一)单独或者合谋,集中资金优势、持股或者持仓优势或者利用信息优势联合或者连续买卖,操纵证券、期货交易价格或者证券、期货交易量的;(二)与他人串通,以事先约定的时间、价格和方式相互进行证券、期货交易,影响证券、期货交易价格或者证券、期货交易量的;(三)在自己实际控制的账户之间进行证券交易,或者以自己为交易对象,自买自卖期货合约,影响证券、期货交易价格或者证券、期货交易量的;(四)以其他方法操纵证券、期货市场的。单位犯前款罪的,对单位判处罚金,并对其直接负责的主管人员和其他直接责任人员,依照前款的规定处罚。"

3. 第三次修改

面对实践中的突出情况,2020 年 12 月 26 日第十三届全国人民代表大会常务委员会第二十四次会议通过的《刑法修正案(十一)》对本条作了修改。修改后的第 182 条:"有下列情形之一,操纵证券、期货市场,影响证券、期货交易价格或者证券、期货交易量,情节严重的,处五年以下有期徒刑或者拘役,并处或者单处罚金;情节特别严重的,处五年以上十年以下有期徒刑,并处罚金:(一)单独或者合谋,集中资金优势、持股或者持仓优势或者利用信息优势联合或者连续买卖的;(二)与他人串通,以事先约定的时间、价格和方式相互进行证券、期货交易的;(三)在自己实际控制的账户之间进行证券交易,或者以自己为交易对象,自买自卖期货合约的;(四)不以成交为目的,频繁或者大量申报买入、卖出证券、期货合约并撤销申报的;(五)利用虚假或者不确定的重大信息,诱导投资者进行证券、期货交易的;(六)对证券、证券发行人、期货交易标的公开作出评价、预测或者投资建议,同时进行反向证券交易或者相关期货交易的;(七)以其他方法操纵证券、期货市场的。单位犯前款罪的,对单位判处罚金,并对其直接负责的主管人员和其他直接责任人员,依照前款的规定处罚。"

此次修改的主要内容如下:

(1)完善了本罪的罪状表述,对原来分散在各项中规定的"影响证券、期货交易价格或者证券、期货交易量"的入罪条件在本条罪状中作统一规定。在此之前,2019年6月27日,《最高人民法院、最高人民检察院关于办理操纵证券、期货市场刑事案件适用法律若干问题的解释》(法释〔2019〕9号,以下简称2019年《解释》)出台,目的在于进一步明细化实践中的操作标准,其中2019年《解释》第1条对《刑法》第182条的兜底条款予以明确,分别将蛊惑交易操纵、"抢帽子"交易操纵、重大事项操纵、控制信息操纵、虚假申报操纵、跨现、期货市场操纵等类型都纳入其中①,其中第1、2、5项规定的操纵类型被《刑法修正案(十一)》吸纳。

---

① 第一条 行为人具有下列情形之一的,可以认定为刑法第一百八十二条第一款第四项规定的"以其他方法操纵证券、期货市场":(一)利用虚假或者不确定的重大信息,诱导投资者作出投资决策,影响证券、期货交易价格或者证券、期货交易量,并进行相关交易或者谋取相关利益的;(二)通过对证券及其发行人、上市公司、期货交易标的公开作出评价、预测或者投资建议,误导投资者作出投资决策,影响证券、期货交易价格或者证券、期货交易量,并进行与其评价、预测、投资建议方向相反的证券交易或者相关期货交易的;(三)通过策划、实施资产收购或者重组、投资新业务、股权转让、上市公司收购等虚假重大事项,误导投资者作出投资决策,影响证券交易价格或者证券交易量,并进行相关交易或者谋取相关利益的;(四)通过控制发行人、上市公司信息的生成或者控制信息披露的内容、时点、节奏,误导投资者作出投资决策,影响证券交易价格或者证券交易量,并进行相关交易或者谋取相关利益的;(五)不以成交为目的,频繁申报、撤单或者大额申报、撤单,误导投资者作出投资决策,影响证券、期货交易价格或者证券、期货交易量,并进行与申报相反的交易或者谋取相关利益的;(六)通过囤积现货,影响特定期货品种市场行情,并进行相关期货交易的;(七)以其他方法操纵证券、期货市场的。

(2) 将虚假申报操纵、蛊惑交易操纵、"抢帽子"交易操纵三种操纵证券、期货市场的行为明确规定为犯罪。立法修改的动因在于操纵证券、期货市场犯罪行为具有专业性强、犯罪手段隐蔽、操纵方法多样等特点。《刑法》原第182条有关操纵证券、期货市场犯罪所列举的三类操纵情形是较为传统的犯罪形态。一些新型操纵证券、期货市场犯罪,在刑法上没有叙明条款规定,一般需要适用"以其他方法操纵证券、期货市场的"兜底规定予以惩治。立法机关认为,证券、期货市场发展迅速,操纵证券、期货市场的行为也在发生变化,对一些新型操纵证券、期货市场行为在刑法上作出明确,有利于更好地惩治此类犯罪,维护证券、期货市场秩序。同时,考虑到证券、期货市场会进一步发展,对以后再出现的新型操纵证券、期货市场的行为仍然可以通过本条规定的"兜底"条款予以惩治,因此《刑法修正案(十一)》在对本条修改时,将"虚假申报操纵""蛊惑交易操纵""抢帽子交易操纵"等三种操纵证券、期货市场的行为明确规定为犯罪。①

除此之外,1999年颁布的《证券法》之后,在2004年、2005年、2013年、2014年、2019年先后经历5次修改。其中2019年最新的一次修改,在新《证券法》第55条②对操纵证券市场予以体现:

(1) 明确操纵行为的认定不以价量影响为结果要件。

(2) 对《证券法》禁止的操纵行为类型进行了扩展,但在信息型操纵手法上与《刑法》、司法解释未能完全统一。新《证券法》第55条新增四类《证券法》禁止的操纵行为类型,具体包括:虚假申报、蛊惑交易、"抢帽子"交易和跨市场操纵,其中虚假申报和"抢帽子"交易在操纵市场行政处罚和刑事处罚中已较为常见。但值得注意的是,相比2019年《解释》对《刑法》第182条禁止的操纵行为的扩展,新《证券法》第55条并未将重大事件操纵和利用信息优势操纵纳入《证券法》的列举范围中,改变了以往《证券法》与《刑法》在禁止操纵行为的规定方面相一致的局

---

① 许永安主编:《中华人民共和国刑法修正案(十一)解读》,中国法制出版社2021年版,第115—130页。
② 第五十五条　禁止任何人以下列手段操纵证券市场,影响或者意图影响证券交易价格或者证券交易量:(一)单独或者通过合谋,集中资金优势、持股优势或者利用信息优势联合或者连续买卖;(二)与他人串通,以事先约定的时间、价格和方式相互进行证券交易;(三)在自己实际控制的账户之间进行证券交易;(四)不以成交为目的,频繁或者大量申报并撤销申报;(五)利用虚假或者不确定的重大信息,诱导投资者进行证券交易;(六)对证券、发行人公开作出评价、预测或者投资建议,并进行反向证券交易;(七)利用在其他相关市场的活动操纵证券市场;(八)操纵证券市场的其他手段。操纵证券市场行为给投资者造成损失的,应当依法承担赔偿责任。

面,导致新《证券法》与刑法在对操纵行为的界定上存在一定差异。

(3) 大幅提高操纵市场行政处罚的罚款倍数。新《证券法》第 192 条对操纵市场的处罚提高到了最高可处以违法所得十倍的罚款;对没有违法所得或违法所得不足 100 万元的,可以处以 100 万元以上 1000 万元以下罚款;单位操纵证券市场的,可以对直接负责的主管人员和其他直接责任人员处以 50 万元以上 500 万元以下的罚款。除此之外,2022 年新修订的《最高人民检察院、公安部关于公安机关管辖的刑事案件立案追诉标准的规定(二)》(以下简称《立案追诉标准(二)》)第 34 条规定了本罪立案追诉标准。

(二) 操纵证券、期货市场罪的司法样态

操纵证券市场犯罪是较为典型的"白领犯罪",技术性、专业性较强,准确认定操纵证券市场犯罪的难度较大,因此要正确理解与适用该罪名,寻求可供参考的司法适用规则标准,还需要通过梳理现有司法实践中的裁判案例,分析此类案件存在的概念分歧、共性问题、争议焦点,从而窥见操纵证券市场犯罪的发展脉络,洞悉今后可能的发展趋向。

通过检索中国裁判文书网①,案由:"操纵证券、期货市场罪",案件类型:"刑事案件",时间截止至 2022 年 6 月 19 日,共检索得到裁判文书 60 篇,其中刑事一审案件 32 件、刑事二审案件 9 件,审判监督 1 件,刑罚与执行变更 18 件。通过查阅判决书内容发现,一审 32 件中,17 件为无关案件,案由为操纵证券、期货市场案,但实际内容不符②,剩下的案件中 4 件并未公开案件具体内

---

① 另外,笔者通过威科先行·法律数据库,检索关键词:"操纵证券市场";搜索范围:"全文";案件类型:"刑事";时间截至 2022 年 6 月 18 日,共检索到裁判文书 6 件。最高人民法院判处 1 件,其他中级人民法院判处 6 件。为保证检索的正确性,通过北大法宝·司法案例库,进一步类案检索,类案层级:"普通案例";案由:"操纵证券、期货市场罪",文书类型:"判决书";共获得裁判文书 18 件。对比下来,发现裁判文书网检索得到的案例较为全面,并以此为准。

② 无关案件如(2021)晋 0224 刑初 74 号蒋某收买、非法提供信用卡信息罪,标题为:蒋某操纵证券期货市场罪刑事一审刑事判决书,内容与标题不符合。其他还有:王贺龙窃取收买非法提供信用卡信息罪一审刑事判决书、陈朱孙某 1 窃取收买非法提供信用卡信息罪一审刑事判决书、甘肃省瓜州县人民检察院与冯某 1 窃取收买非法提供信用卡信息罪一审刑事判决书、李洋窃取收买非法提供信用卡信息罪一审刑事判决书、林×张×窃取收买非法提供信用卡信息罪一审刑事判决书、刘某 1 窃取收买非法提供信用卡信息罪一审刑事判决书、罗×窃取收买非法提供信用卡信息罪一审刑事判决书、闵信辉仲志文窃取收买非法提供信用卡信息罪一审刑事判决书、太原市小店区人民检察院与唐某操纵证券期货市场罪一审刑事判决书。

容①,有效的一审案件为 11 件,二审案件中无关案件 6 件,有效案件 3 件(包括一审案件中的姜为操纵期货市场案)。② 因此,本章选取的样本案为 13 件,具体情况如表 5-1 所示。

表 5-1 操纵证券、期货市场罪刑事判决概览

案号	案例名称	法院认定的主要情节
(2016)川 01 刑初 100 号;(2017)川刑终 70 号	姜为操纵期货市场	集中资金优势、持仓优势,连续买卖甲醇 1501 合约,操纵期货交易价格,使该期货合约价格产生异常波动
上海市第一中级人民法院(2016)沪 01 刑初 78 号	高燕操纵证券、期货市场案一审刑事裁定书	2015 年 6 月 1 日至 7 月 6 日,伊世顿公司及被告人高燕、梁泽中伙同金文献,利用以逃避期货公司资金和持仓验证等非法手段获取的交易速度优势,大量交易中证 500 股指期货主力合约、沪深 300 股指期货主力合约合计 377.44 万手,从中非法获利人民币 3.893 亿余元
上海市第一中级人民法院(2018)沪 01 刑初 23 号	王凯操纵证券、期货市场罪一案一审刑事判决书	集中资金优势,连续买卖股票,操纵证券交易价格和交易量,已构成操纵证券市场罪,且系情节特别严重
上海市第一中级人民法院(2017)沪 01 刑初 86 号	朱德洪操纵证券、期货市场罪一案一审刑事判决书	被告人朱德洪作为××股份公司实际控制人,与被告人杨绍东、窦晔文合谋,利用信息优势,操纵该公司股票价格及交易量;共同犯罪,朱为主犯,其他为从犯。另外同伙构成内幕交易罪
上海市第一中级人民法院(2017)沪 01 刑初 49 号	朱炜明操纵证券、期货市场罪一案一审刑事判决书	被告人朱炜明身为证券公司工作人员,违反规定买卖或持有证券,并通过公开评价、预测或者投资建议,在相关证券交易中非法获利 75 万余元,情节严重,其行为已构成操纵证券市场罪

---

① 检索出的无效案件名称:被告人曹长源杨进松王浩峰张化毅刘帆操纵证券期货市场罪案;被告人郑建保姚敏杨明涛姚永华郑淑毓朱霞缪德伟许惠明操纵证券期货市场罪案;吕宇昂周磊谢雨辰等操纵证券期货市场罪;史亮操纵证券期货市场罪一审民事判决书。

② 无关案件如下:(2019)吉 02 刑终 216 号李昕潼案、罗某窃取收买非法提供信用卡信息罪二审刑事判决书、孙海波周星宇等柳林操纵证券期货市场罪刑事二审刑事裁定书(实际为帮助信息网络犯罪活动罪)、周某与郭某窃取收买非法提供信用卡信息罪二审刑事裁定书、王闯王浩、甘肃庆阳中级人民法院(2020)甘 10 刑终 69 号,实际为窃取、收买,非法提供信用卡信息罪,与操纵无关。

续　表

案号	案例名称	法院认定的主要情节
上海市第一中级人民法院（2019）沪01刑初19号	唐汉博等操纵证券、期货市场罪一审刑事判决书	被告人唐汉博伙同被告人唐园子、唐渊琦，不以成交为目的，频繁申报、撤单或者大额申报、撤单，误导投资者作出投资决策，影响证券交易价格、交易量，并进行与申报相反的交易，其行为均已构成操纵证券市场罪
湖北省武汉市中级人民法院（2013）鄂武汉中刑初字第00036号	唐万川操纵证券市场案一审刑事判决书	被告人唐万川作为上海中企东方资产管理有限公司董事长、总经理，在同案犯唐某甲的决策、指挥下，组织、伙同他人集中资金优势、持股优势，采取连续买卖、自买自卖等手段长期操纵股票交易价格，严重扰乱了证券市场交易秩序，其行为已构成操纵证券市场罪
湖北省武汉市中级人民法院（2015）鄂武汉中刑初字第00123号	陶某、刘某甲操纵证券、期货市场一审刑事判决书	被告人陶某、刘某甲身为证券公司从业人员，违反国家对证券交易的管理制度和有关从业禁止性的规定，在公开做出评价、预测或者投资建议前买入其将要推荐的股票，待电视节目播出后卖出牟取非法利益，情节严重，其行为均已构成操纵证券市场罪
山东省聊城市中级人民法院（2016）鲁15刑初5号	王某甲犯操纵证券、期货市场罪一审刑事判决书	被告人王某甲在自己实际控制的账户之间进行证券交易，且在该证券连续22个交易日内成交量累计达到该证券同期总成交量20％以上，影响该证券交易价格和交易量，侵犯了国家对证券市场的管理制度和投资者的合法权益，情节严重，其行为已构成操纵证券市场罪
江苏省南京市中级人民法院（2017）苏01刑初31号	吴定昌操纵证券、期货市场罪一审刑事判决书	被告人吴定昌作为证券投资咨询机构实际控制人，违背有关从业禁止的规定，买卖相关证券，通过对证券公开作出评价、预测或者投资建议，在相关证券的交易中谋取利益，情节严重，其行为已构成操纵证券市场罪

续 表

案号	案例名称	法院认定的主要情节
湖北省武汉市江岸区人民法院（2017）鄂0102刑初629号	王某操纵证券、期货市场一审刑事判决书	被告人王某利用自己实际控制的多个期货交易账户，操纵期货市场，情节严重，其行为已构成操纵期货市场罪
福建省高级人民法院（2016）闽刑终184号	陈峰操纵证券、期货市场罪二审刑事判决书	上诉人陈峰受闽发证券有限公司指派，利用资金优势、持股和持仓优势进行连续买卖、自买自卖，操纵"内蒙华电"股票交易，严重扰乱证券交易秩序，系闽发证券有限公司操纵证券交易价格的直接责任人员，已构成操纵证券交易价格罪
上海市高级人民法（2019）沪刑终110号	鲜言犯背信损害上市公司利益罪、操纵证券市场罪一案	鲜言通过控制上市公司信息的生成以及信息披露的内容，误导投资者做出投资决策，影响证券交易价格与交易量，并进行相关交易，其行为已构成操纵证券市场罪，且应认定为情节特别严重

（1）操纵证券、期货市场犯罪案件总体数量不多，但呈现增多的趋势，其中2013年（1件）、2015年（1件），2016年（4件）、2017年（4件）、2018年（1件）、2019年（2件）。

（2）操纵证券、期货市场类型多样。样本案件中，跨现货、期货操纵（1件），利用技术优势操纵（1件），联合、连续交易操纵（1件），利用信息优势操纵（2件），"抢帽子"交易操纵（3件），虚假申报操纵（1件），连续买卖、自买自卖（4件）。根据操纵行为对证券交易价格或交易量的影响机制不同，现有的操纵类型可以分为交易型操纵、信息型操纵、虚假申报操纵以及其他类型操纵。无论是传统的联合或连续买卖、串通买卖、自买自卖形式的操纵，还是新型的"抢帽子"交易、虚假申报、高频交易等类型操纵，都逐渐被纳入刑事法治轨道。在惩治操纵证券市场过程中，随着资本市场改革、大数据技术的运用，操纵证券市场犯罪更加隐蔽，新型操纵类型的案件的认定相对疑难复杂。

（3）操纵证券、期货市场犯罪的犯罪主体不特定。样本案件中犯罪主体既有公司董事长、总经理、证券公司从业人员、公司实际控制人员，也有单位、自然人等一般主体。2019年《解释》将操纵证券、期货市场犯罪的主体统一扩展为一般主体，而在此之前，由特殊主体才能构成的操纵证券、期货市场行为，不能以操纵证券、期货市场罪处理。

（4）操纵证券、期货犯罪司法认定过程中分歧较多。尽管检索现实的二审案件只有3件，并不意味着操纵证券、期货市场罪的司法认定标准，在一审过程中各方容易达成一致。恰恰相反，实践中对于操纵证券、期货市场罪的行为类型、行为标准、违法所得数额、行为人的主观故意等诸多方面都存在分歧。除此之外，场外配资等与证券违法犯罪相关的行为如何认定也成为实践中的疑难问题。

（5）操纵证券、期货市场犯罪的立法逐步完善。从上述案例发生的时间可以看出，操纵证券、期货市场犯罪的时间跨度较大，由于我国证券市场建设较晚，相应的法律制度并不健全，导致新型案件发生后法律适用过程中往往存在争议，尤其多起案件涉及原刑法第182条兜底条款能否涵摄新型操纵类型。为此，先后三次修改刑法条文、出台司法解释、修订证券法，完善证券市场管理制度，填补操纵证券市场犯罪可能存在的法律规制漏洞，进一步明确操纵证券、期货市场的适用标准，从而准确处理违法犯罪案件，更加有效地予以惩治违法犯罪行为。

二、研究文献综述

自我国建立起证券交易市场以来，与资本市场相关的刑法研究也一直从未间断。早在20世纪90年代，我国刑法学者就具有前瞻性地探讨证券违法犯罪中"操纵行情"的危害、种类及需要注意的问题。[①] 回顾我国操纵证券期货市场犯罪的研究历程，伴随法律规范的修改，在回答、解决实际中的难题过程中逐步深入细化。总体而言：一是基础理论的研究始终是学界关注重点，尤其是对于操纵证券市场犯罪的行为本质的探究，关涉到具体条文的理解，司法标准的适用，成为学者历来关注的重点课题；二是金融理论对操纵证券市场犯罪理论研究发展的影响逐步加重，特别是随着资本市场注册制改革、"新三板"的设立等，带来操纵证券市场新的问题，需要借助金融理论更好予以分析；三是相对内幕交易等其他市场滥用的犯罪，学界对操纵证券犯罪作为单独研究对象的关注有待进一

[①] "操纵行情"，即人为地变动或者固定股票行情或债券行情，以引诱他人参加买卖交易，从而为自己谋取利益的行为。参见顾肖荣主编：《证券违法犯罪》，上海人民出版社1994年版，第74—84页。

步提升。其中以谢杰、王崇青、余磊等人以操纵证券市场犯罪作为博士论文选题,刘仁文、刘宪权、王新等学者研究成果则以论文、专著的形式出现。①

(一)操纵证券、期货市场犯罪的本质探讨

目前对操纵证券、期货市场罪的研究主要集中在基础理论,探讨操纵证券、期货市场罪的实质内涵。我国主流的学说认为,市场操纵实质是价量操纵(价格操纵和交易量操纵)。对此。有学者进行反思,上述既有的观点弱化了"操纵"的核心法律标准与应然内涵,造成资本市场的法律解释与经济解释的结果完全脱节,而市场操作实质为市场欺诈的理论主要是针对市场操纵责任基础(因果关系)提供符合资本市场经济运作机制的解释。市场操作的实质应当是对金融商品或者市场资本的非正当控制并从中谋取交易利益,即操纵者通过能够向市场传递误导性信号的信息、交易、市场力量等,直接影响金融商品交易价格(交易量),或者控制市场投资者(投机者)参与特定的金融商品交易、金融投资等间接影响金融商品交易价格(交易量),同时从事相关金融投资并从金融商品市场价格偏离其真实供求关系或者基础资产价值的价差中获取利益。所以,论者认为,市场操纵的实质就是通过资本市场基本要素的非正当控制实现经济利益,即市场操纵的实质是金融商品(与)市场资本的非正当控制。② 有学者持"滥用优势地位说",欺诈并非操纵证券、期货市场行为的本质特征,操纵证券、期货市场行为的本质特征是通过滥用优势对市场进行一定的控制,主要危害体现在对证券、期货市场正常交易机制的破坏与对正常资本流动、配置的干预,并会对市场投资者利益造成侵害。③

笔者认为,上述观点具有一定的说服力,为操纵证券、期货市场罪的理解与适用提供了颇具解释力的方案。值得注意的是,近年来,有学者从不同角度重新审视了操纵证券、期货市场罪的理论根基。其中有学者从金融市场微观角度出发,分析学界"欺诈投资者说""破坏市场机制说""滥用优势地位说""剥夺公平交易机会说"等四种不同学说利弊,进而提出了市场效率减损说,应从交易行为是

---

① 由于本章在论述中会引用上述学者的著述,限于篇幅,在此不一一列出相关成果。
② 谢杰、马宏伟:《通往规制之路:资本市场的刑法逻辑》,法律出版社 2021 年版,第 61—65,78 页。
③ 刘宪权:《操纵证券、期货市场罪司法解释的法理解读》,《法商研究》2020 年第 1 期,第 5 页;刘宪权、林雨佳:《操纵证券、期货市场犯罪的本质与认定》,《国家检察官学院学报》2018 年第 4 期,第 115 页。

否损害证券价格的真实性和证券流动的充分性,即是否减损证券市场的效率的角度,来判断该交易行为是否构成操纵证券市场。①

还有学者针对《刑法修正案(十一)》与 2019 年《解释》之间存在的不协调,控制信息类型的操纵未纳入《刑法修正案(十一)》,从评价控制性信息操纵的困境出发,重新理解操纵证券、期货市场犯罪根基,并提出放弃交易型操纵与信息型操纵的存在论二分,转而采取纯粹机能性的规范视角,以基于组织管辖的诈欺操纵与基于体制管辖的优势滥用之新二分予以理解,以"管辖"为轴,操纵证券、期货市场罪被重新划分为支配虚假价量信号生成、欺骗投资者对市场合理预期的诈欺操纵和不当限制其他变量参与证券定价过程、加剧市场信息不对称性的优势滥用。"操纵证券市场罪的正犯不法不仅体现为支配虚假价量信号生成的诈欺操纵,还包括背离体制角色减损证券定价过程自由竞争性的优势滥用。"②

上述不同观点为我们理解操纵证券、期货市场罪的本质提供助力,其中区别在于时代语境,法律修改后面临的情势不同。在未有刑法规定操纵证券市场行为之前,学者就基于"操纵证券行情"来理解操纵证券市场的行为。不同的学说都是随着时代的发展,证券市场的情势变化,而提出的具有说服力的解释方案。在实践中,可以根据具体情形予以选择适用,并适当发展丰富不同的理论学说。

(二)操纵证券、期货市场犯罪的司法认定

现有理论成果往往聚焦刑法第 182 条的理解与适用、新型操纵行为的认定、操纵证券、期货市场犯罪因果关系认定③、典型疑难案例的探讨,操纵证券、期货市场犯罪的防范与治理,比如在 2019 年《解释》未出台前,对"抢帽子"交易行为、虚假申报交易的认定是否应纳兜底条款予以适用存在较大争议④。2019 年《解

---

① 樊健:《禁止操纵证券市场的理论基础:法律与金融的分析》,《财经法学》2022 年第 3 期。
② 耿佳宁:《操纵证券市场罪归属根基的重塑——以控制信息操纵的评价困境切入》,《法学家》2022 年第 4 期,第 110 页。
③ 王延祥:《以抽象危险标准界分因果关系》,《检察日报》2022 年 8 月 20 日,第 3 版。
④ 刘宪权:《操纵证券、期货市场罪"兜底条款"解释规则的建构与应用 抢帽子交易刑法属性辨正》,《中外法学》2013 年第 6 期;左坚卫、张淑芬:《"抢帽子交易"型操纵证券市场罪研究》,《法学杂志》2019 年第 6 期;莫洪宪:《"抢帽子"交易行为的法律适用与治理》,《人民检察》2018 年第 16 期。

释》出台后,细化了新型操纵证券市场类型的认定问题,但仍有诸多司法适用的问题需要进一步明确,为此,刘宪权、谢杰、商浩文等学者都对操纵证券、期货市场司法解释展开法理解读,提出仍有待细化和明晰的模糊地带。① 除具体的法律适用外,学界也逐渐关注司法实践中对新型操纵证券市场罪的风险与防范②、跨境证券犯罪的管辖问题③、场外配资的刑法定性④、操纵证券犯罪案件中的侦查困境及对策⑤等较为具体的问题,同时关注到人工智能技术对操纵证券市场法律风险和影响,由于人工智能技术能够在人类经验范围内对证券、期货市场进行预测,并且能够一定程度上优化投资决策,因此未来证券市场,需要防止滥用人工智能技术,进而操纵证券、期货市场的行为。⑥

整体来看,第一,由于我国证券市场建立起来较晚,操纵证券市场犯罪的研究成果较少,目前只停留在大众较为关注的常见操纵类型上,相比发达国家,有待进一步提升理论研究的深度和广度。第二,对法律规范修改出现的新问题需要进一步关注。由于司法实践中出现的新类型证券案件,导致刑法、证券法的修改,司法解释的出台,立案追诉标准的修改等,一定程度上能够缓解适用标准不足的困难,同时也会短时间带来适用标准的混乱,因此理论研究需要及时跟进,从而保证操纵证券犯罪司法认定能够及时,避免出现司法认定偏差。第三,关注司法适用中的具体问题。对于法律规范与现实具体问题的关注,不能偏废,既要关注操纵证券犯罪条款中司法解释、刑法、证券法修改的相关内容,也要关注实践中新出现的具体问题,如场外配资行为的定性、违法所得的计算等,在理论上予以回应,为实践提供有效的智力支持。

---

① 刘宪权:《操纵证券、期货市场罪司法解释的法理解读》,《法商研究》2020年第1期。
② 房慧颖:《新型操纵证券市场犯罪的规制困局与破解之策》,《华东政法大学学报》2022年第1期。
③ 谢贵春:《跨境内幕交易与市场操纵:典型案例与执法策略》,《证券市场导报》2019年第2期。
④ 刘欢逸:《场外配资的刑法规制研究》,《犯罪研究》2022年第2期。
⑤ 邦俊、王小鹏:《操纵证券市场犯罪案件侦查困境及其对策研究》,《湖北大学学报(哲学社会科学版)》2017年第3期。
⑥ 刘宪权:《人工智能时代证券期货市场刑事风险的演变》,《东方法学》2021年第2期;林雨佳:《证券期货市场人工智能交易的刑法规制》,《证券市场导报》2020年第5期。

第二节　罪名适用中的疑难问题

多年前就有学者指出,现有模糊的追诉标准无法适应市场变化,导致众多新型证券市场操纵犯罪无法得到刑事追究。① 操纵证券、期货市场罪的行为本质是滥用优势非法控制市场,"操纵"行为直接指向的对象只能是证券、期货市场。② 实践中对操纵证券、期货市场罪司法认定的疑难问题主要集中在操纵行为客观方面要素的认定、主观故意的认定、违法所得的认定、兜底条款的适用等方面。

一、操纵证券、期货市场罪客观方面的认定

《刑法修正案(十一)》之前,《刑法》第 182 条明文列举规定三种传统交易方式:连续交易(资金优势,持股、持仓优势,信息优势)、约定交易(串通交易)、洗售交易(自买自卖)。目前实践中存在争议较大的是围绕新型操纵市场行为认定的一系列问题。

(一)实际控制账户的认定

行为人实际控制账户的认定一直是实践中的难点,尤其在约定交易、洗售交易的操纵证券市场情形中。2019 年《解释》第 5 条规定了五条相应的认定标准,一定程度上缓解了对于"实际控制账户"认定标准模糊的问题。③ 行为人实际控制的账户有四类:(1)行为人以自己的名义开户并使用的实名账户;(2)行为人向账户转入或者从账户转出资金,并实际承担实际损益的他人账户;(3)行为人通过投资关系、协议等方式对账户内资金刑事交易决策权的他人账户;(4)行为人

---

① 王新:《证券市场操纵犯罪的刑法属性及推定规则》,《河南财经政法大学学报》2017 年第 5 期。
② 刘宪权:《操纵证券、期货市场罪司法解释的法理解读》,《法商研究》2020 年第 1 期。
③ 第五条　下列账户应当认定为刑法第一百八十二条中规定的"自己实际控制的账户":(一)行为人以自己名义开户并使用的实名账户;(二)行为人向账户转入或者从账户转出资金,并承担实际损益的他人账户;(三)行为人通过第一项、第二项以外的方式管理、支配或者使用的他人账户;(四)行为人通过投资关系、协议等方式对账户内资产行使交易决策权的他人账户;(五)其他有证据证明行为人具有交易决策权的账户。有证据证明行为人对前款第一项至第三项账户内资产没有交易决策权的除外。

以其他方式管理、支配、使用的他人账户或者具有交易决策权的账户。从司法解释来看,实际账户核心的判断依据是对他人账户的交易行为具有决策权。这一判断标准能够基于刑法实质判断规则,将普遍认为具有隐蔽性的操纵交易关联账户予以有效且全面的规制。司法解释并未进一步就"信托计划项下的证券账户""各类场外衍生工具挂钩的自营账户"进行明确,需要进一步提出判断的补充规则。①

实践中,法院审查行为人实际控制账户主要考虑:(1)账户的网络轨迹,如账户交易的 MAC 地址(物理地址)、IP 地址(网络地址)与行为人互联网访问轨迹的重合度与连贯度;(2)资金往来记录,如账户内资金来源、账户之间是否有资金划转记录等;(3)交易对象、方式,如账户交易的产品是否相似、交易的方向及频率是否趋同;(4)行为人与账户开户人之间的关系,如是否存在亲友、同事关系等。② 在朱炜明操纵证券市场案中,法院结合相关证券账户的 MAC 地址、IP 地址与被告人朱某的上网轨迹重合,证券账户与朱某银行账户之间资金往来频繁,同时考虑到交易方向与朱某的荐股意见相反等因素,综合认定涉案证券账户由朱某实际控制使用。

(二)新型操纵证券、期货市场行为的认定

目前信息型操纵证券、期货市场犯罪的认定是实践中较为棘手的问题,后文详细探讨的徐翔操纵证券市场案就是国内典型的利用信息操纵的案件。样本案件中鲜某操纵证券市场案,朱德洪操纵证券市场案也采取类似的手法。信息型证券市场操纵(信息型操纵)被当作是一种新兴的复杂的复合型市场操纵模式而在近期备受业界关注。信息型操纵是指上市公司或掌握信息优势的一方,发布对市场价格具有影响的信息,影响证券或期货交易价格,进而操纵市场的一种市场操纵行为。有观点就基于作用力和操纵力的实质判断实现对复合型操纵的动

---

① 谢杰:《操纵证券市场行为的金融机理与法律规制——〈证券法〉(2019 年修订)及市场操纵司法解释实践适用疑难问题解析》,载郭锋主编《证券法律评论(2020 年卷)》,中国法制出版社 2020 年版,第 473 页—479 页。
② 李长坤、于书生:《操纵证券市场犯罪案件的审理思路和裁判要点|类案裁判方法》,"上海一中法院"微信公众号 2022 年 5 月 31 日,https://mp.weixin.qq.com/s/0VTZTPK7-4AO3nbCPveUgQ,2023 年 9 月 10 日。

态涵摄,进而认为利用"信息优势连续买卖"属于交易性操纵行为,"利用信息优势操纵"属于信息型操纵行为。《刑法》第 182 条"兜底条款"与"叙明条款"的适用,将影响证券交易价量作为"利用信息优势"的判断规则,并区分不同类型的利用类型。对于主观故意的认定,主要以客观间接证据为支撑,合理运用刑事推定规则。①

1. 虚假申报操纵

虚假申报操纵,也称为幌骗操纵。虚假申报型操纵证券市场的行为是指行为人不以成交为目的,频繁或者大额申报、撤单,误导投资者作出投资决策,影响证券、期货交易价格或者交易量,并进行与申报相反的交易或者谋取相关利益的行为。以虚假申报手段操纵证券市场行为的一般形态为:行为人在提前建仓后,通过大量虚假买入申报,营造供不应求的假象,从而抬高股价,诱导其他投资者跟风买入,而自己趁机高价卖出,谋取非法利益;或者通过大量虚假卖出申报,营造供大于求的假象,从而打压股价,诱导其他投资者跟风卖出,而自己趁机低价买入,谋取非法利益。由此可见,该犯罪行为一般分为虚假申报和反向交易两个行为要件。在刑事司法实践中,要重点关注犯罪客体、交易账户实际控制人、犯罪的行为特征以及违法所得的计算等审查要点。需要注意的是,在证券、期货市场中,报撤单是正常交易行为。该类操纵行为与正常报撤单的区别,要根据报撤单是否频繁,或者报撤单的金额是否巨大;是否进行与申报相反的交易;是否使用多个不同的账户操作等客观方面进行判断。②

2. 蛊惑交易操纵

蛊惑交易操纵是指向资本市场及投资者编造、传播、提供、发布不真实、不准确、不完整或不确定的重大信息,诱导投资者在不了解真实且全面信息的情况下从事相关证券、期货、衍生品交易,从而通过预期的资本市场价格波动谋取金融交易利润。③《刑法修正案(十一)》的规范表述是:利用虚假或者不确定的重大信息,诱导投资者进行证券、期货交易。蛊惑交易操纵犯罪认定的难点在于虚假信息重大性、信息欺诈行为、上市公司信息操纵等问题的判断上。"虚假"强调信

---

① 商浩文:《论信息型操纵证券市场犯罪的司法认定路径——以 2019 年"两高"最新司法解释切入》,《法学》2020 年第 5 期。
② 孙谦、万春、阮齐林主编:《经济犯罪检察业务》,中国检察出版社 2021 年版,第 309 页。
③ 谢杰、钱列阳:《市场滥用犯罪与刑事合规》,法律出版社 2021 年版,第 288 页。

息的真实性;"不确定"强调信息的准确性和完整性,"重大"则应理解为行为人所利用的信息必须是证券市场上具有足以影响普通投资者判断的重要价值。①"重大信息"可以结合《证券法》第80条规定的"重大事件"范围予以确定,同时考虑包括对一般投资者投资产生重大影响的相关国家政策、行业信息等。

3. "抢帽子"交易操纵

一是是否纳入兜底条款适用的问题。对于实践中发生的"抢帽子"交易行为在刑法修改之前是否纳入刑法兜底条款规制曾引起理论上的争议,现在基本上不存在争议,直接纳入刑法条文规制,无须通过兜底条款适用。二是关于主体是否为一般主体问题。2019年《解释》首次将抢帽子交易操纵的主体从"证券公司、证券投资咨询机构、专业中介机构或者从业人员"扩展至一般主体,原因在于:随着自媒体等现代通信传播技术的发展,非持牌机构及一般公民也具有较高的影响力,足以对投资者进行误导,因而有必要予以刑事规制,但在司法认定上应当持相对慎重的态度。证券机构及其从业人员应当以客户利益为导向,负有从业禁止义务,以防发生关联交易从而破坏其与客户之间的代理关系、信赖关系。然而,非持牌机构及一般公民不负有从业禁止义务,也不存在代理关系、信赖关系,司法认定上理应更为严格。

4. 以其他方法操纵

主要涉及利用技术优势操纵的认定问题。当前证券交易的技术优势以程序化交易和数量化交易为主,两者通过计算机技术及数学分析手段实现自动化交易,能够探知短暂的市场变化并先于其他投资者进行交易。技术优势的主要特征是大量买卖,其中部分交易手法可能具备操纵特征。例如,利用技术优势向市场发出大量报单、撤单,增加不确定性并趁机完成交易,或者引导交易趋势至预期价位,或者通过在交易两侧大量报单以隐藏其一侧的真实交易意图。基于保护技术创新与遏制技术风险的刑法规制尺度之间的平衡,认定利用技术优势操纵证券市场应当极为慎重。目前尚未有相关案件进入刑事程序,但在操纵期货市场领域已有判例。例如,本章第三节的伊世顿公司操纵期货市场案中,该公司利用自行开发的报单交易系统,在本身已使用高频程序化交易的基础上,利用不

---

① 时延安、郑平心:《操纵证券市场罪的适用边界——以证券法与刑法的关系为视角》,《人民检察》2022年第17期。

正当的交易优势和额外交易速度优势抢占交易先机,限制或排除其他合规投资者的最优交易机会,其行为严重破坏了期货市场公平交易秩序和原则,非法获利3亿余元,构成操纵期货市场罪。审查是否利用技术优势操纵证券市场主要考虑以下因素:(1)是否干扰交易系统正常运行;(2)是否使其他投资者难以作出投资决策;(3)是否造成错误的供求关系;(4)是否形成虚假的价格水平。

二、"违法所得"的计算标准

2019年《解释》第9条的规定,"违法所得"是指通过操纵证券、期货市场所获利益和避免的损失。2022年《立案追诉标准(二)》亦采用相同的认定立场。司法解释认定的"情节严重"是违法所得数额50万元以上,并附有其他相关情节,违法所得由于需要基于市场判断,难点主要在于:(1)违法所得的计算时间的确认,通常计算违法所得的时间为市场操纵行为发生时至实施终了时;(2)未平仓的金额如何计算;(3)避免的损失如何计算。目前理论界与实务界对"违法所得"认定较为模糊提出了诸多解决方案,有学者就提出违法所得的计算应遵循以被滥用优势的价值转化衡量为基本原则,并且通过允许反证的方式计算公正。[①] 此种观点主张,受到操纵以外其他市场因素影响的利润不能计入操纵证券、期货市场犯罪行为的违法所得;行为人实施操纵行为之后未平仓的部分需要纳入违法所得的范围;直接交易成本和非直接获得的经济利益应当扣除。

实践中主要有实际收益法及虚拟收益法两种计算方法,而后者关于收益计算的时间节点又有操纵行为终止、操纵影响消除、行政调查开始或终结、刑事立案等多个时点,认定标准较为复杂,法院对操纵证券市场所获利益或者避免损失的具体计算遵循的操作规则可资借鉴:

第一,案发前已经平仓的,违法所得一般按照实际收益法计算。此方法将建仓时点作为计算违法所得的起点,将平仓时点作为终点,以建仓成本与平仓金额之间的差额计算违法所得。实际收益法的优势在于客观反映了行为人的实际获利,亦能与后续违法所得追缴工作紧密衔接。

第二,未平仓或以实际收益法计算明显不合理的,可以按照虚拟收益法计算。虚拟收益法又称市场吸收法,是以操纵影响消除或操纵行为中断、终止等适

---

① 刘宪权:《操纵证券、期货市场罪司法解释的法理解读》,《法商研究》2020年第1期。

当时点为基准计算违法所得。非法持有余券的,可以按照操纵影响消除之时的价格计算违法所得。行为人在操纵影响消除以后再行平仓的,即使平仓价高于操纵影响消除之时的价格,两者的差价部分也可不认定为违法所得。操纵影响消除时间难以证明的,也可以操纵行为中断、终止等时点作为计算基准。

第三,操纵多只股票,部分个股盈利、部分个股亏损的,计算违法所得宜采用"盈亏不相抵"原则,仅累计计算盈利部分的数额。操纵多只股票的社会危害性明显高于操纵一只股票的社会危害性,如果操纵过程中出现个股亏损并进行盈亏相抵,会整体上降低处罚力度,导致对重度行为的处理反而更轻,同时这也与《证券法》第 192 条对于操纵证券市场没有违法所得的行为仍然需要予以行政处罚的精神相悖。①

在全国首例虚假申报案件中,虚假申报型操纵的入罪标准是当日撤回申报量达到同期该证券总申报量 50% 以上,司法工作人员就认为,仅计算达到或超过 50% 标准的交易日当天的获利作为违法所得的计算方法并不妥当。首先,违法所得并非犯罪所得,是行为人从事违反法律法规的活动所获得的利益,违法行为造成的损害后果有逐步升级扩大的过程,对行为效果应当整体评价,不应以行为构罪的时点作为违法所得的计算时点,而是要以操纵证券市场行为获取的所有利益计算违法所得。其次,违法所得数额本身就是独立于撤回申报量之外的入罪标准,违法所得达到一定金额即构成犯罪,如果又以构成犯罪作为确定违法所得的前提,那就会陷入循环论证的逻辑错误当中。在本案中,三名被告人以谋取非法利益为目的,提前建仓,虚假申报,抬高股价,高价卖出,其一系列行为具有连贯性和延续性,具有统一的犯意,因此应当以涉案股票操纵行为实质关联的股票建仓时间直到出售时间为范围来计算违法所得。②

三、主观方面的认定

目前在操纵证券、期货市场犯罪主观方面,其中操纵故意的认定标准不清和

---

① 李长坤、于书生:《操纵证券市场犯罪案件的审理思路和裁判要点 | 类案裁判方法》,"上海一中法院"微信公众号 2022 年 5 月 31 日,https://mp.weixin.qq.com/s/0VTZTPK7-4AO3nbCPveUgQ,2023 年 9 月 10 日。
② 朱一峰、於智源:《虚假申报型操纵证券市场行为的公诉审查要点——以全国首例以虚假申报手段操纵证券市场案件为样本》,《中国检察官》2020 年第 14 期。

认知情节严重的判断标准不明是难点。操纵证券、期货市场行为人主观故意认定的争议主要集中在行为人主观故意需要哪些内容,重点考察行为人的操纵目的。① 而《刑法修正案(六)》删除了"获取不正当利益或者转嫁风险",这并非刑法意义上的目的,而是行为人的动机。因此,只要行为人主观上具有操纵证券、期货市场行情的目的,无论其出于什么动机,客观上实施了控制、影响证券、期货市场行情的操纵行为,并且出现危害证券、期货市场正常秩序被破坏的危害后果,即可认定为犯罪。有学者认为,操纵故意不需涵摄目的要素,而且信息操纵等"兜底"操纵行为与危害后果之间不成立直接的因果关系,对情节严重的认知又需特别阐释和证明。鉴于操纵证券市场行为特性以及法律适用现状,确立司法推定规则以证明成罪实有必要。排除合理怀疑和形成证据链条,需要在遵循构成要件内在需求的基础上,设置允许反驳的事实推定。②

四、兜底条款的理解与适用

学界对于兜底条款的理解与适用历来争议很大。一方面,兜底条款可以弥补刑法在规制新型操纵证券、期货市场行为的滞后性,囊括可能出现的不同类型操纵行为,解释操纵证券、期货市场罪的本质特征。另一方面,兜底条例由于缺乏明确性,往往会被质疑为违反罪刑法定原则,容易沦为"口袋罪"的条款。无论是《刑法修正案(十一)》修改前后,《刑法》第182条中都存在兜底条款。不仅如此,由于操纵证券、期货市场罪是法定犯,必须违反前置法中的规定,才能构成刑法中的犯罪。而2019年的司法解释、修订的证券法中也规定了兜底条款,从而形成了刑法与司法解释,刑法与前置法两种类型的"双重兜底"。

目前对兜底条款的探讨主要集中于对兜底条款的解释规则探究,主流观点认为兜底条款的解释遵循同质性解释规则。同质性解释规则的含义是针对,对操纵证券、期货市场的本质而言。同质性信息能够通过对刑法的条文的解释获取,同质性信息必须是例示条款中共同具备的特点和内容。③

在2019年《解释》未将"抢帽子"交易纳入刑法规制范围前,对于"抢帽子"交

---

① 刘宪权、林雨佳:《操纵证券、期货市场犯罪的本质与认定》,《国家检察官学院学报》2018年第4期,第118页。
② 王新:《操纵证券市场犯罪之主观故意的认定》,《中国刑事法杂志》2016年第6期。
③ 林雨佳:《操纵证券、期货市场罪中兜底条款的适用》,《中国检察官》2019年第22期,第10页。

易行为能否作为原《刑法》第 182 条第 4 款兜底条款进行处罚,存在极大争议。有观点认为,汪建中"抢帽子"交易案,属于操纵证券市场的行为,但基于严格"限制解释"的路径,在当时不宜直接适用刑法兜底条款,"双重兜底"条款不宜认定行为适用犯罪。① 但随着解释的出台,刑法的修改,基本上对"抢帽子"交易纳入刑法规制,不存疑义。

伴随而来新的问题是修改后的《刑法》第 182 条第 1 款第 7 项兜底条款的适用,需要注重与该条其他规定衔接,根据行为所造成的危害结果予以把握。即便行为不属于《刑法》第 182 条明文列举的犯罪情形,但只要行为人滥用资本优势、信息优势、技术优势,从而影响了证券交易价格或者证券交易量,就可以按照第 182 条第 1 款第 7 项的规定认定为操纵证券、期货市场罪。

五、其他相关疑难问题的探讨

1. 场外配资行为的定性

"场外配资"是指以高于投资者支付的保证金数倍的比例向其出借资金,组织投资者在特定证券账户上使用借用资金及保证金进行股票交易,并收取利息、费用或收益分成的活动。② 行为人为获取巨额资金用于操纵,往往通过他人进行场外配资。对于场外配资行为认定为操纵证券市场共犯、非法经营犯罪抑或不作为犯罪处理,司法实践中争议较大。

第一种情况,场外配资人员对操纵行为不知情,但配资行为符合非法经营罪构成要件的,可按非法经营罪处理。实践中,场外配资模式主要有出借账户模式与系统分仓模式。出借账户模式下,客户向配资机构缴纳保证金,配资机构向客户出借账户及资金,同时负责风控盯盘、强制平仓等,但由客户自行通过证券公司下单交易,属于以提供融资为核心特征的融资融券业务。系统分仓模式下,配资人员实际控制资金,并通过分仓系统代理客户向证券公司下达交易指令,此类行为延长了证券交易链条,还可认定为以代理买卖为核心特征的证券经纪业务。

《证券法》第 120 条规定,除证券公司外,任何单位和个人不得从事证券经纪

---

① 何荣功:《刑法"兜底条款"的适用与"抢帽子交易"的定性》,《法学》2011 年第 6 期。
② 《证监会部署开展专项整治行动,严厉打击"股市黑嘴""非法荐股""场外配资"及相关"黑群""黑 APP"》,"证监会发布"微信公众号 2020 年 9 月 18 日,https://mp.weixin.qq.com/s/u-gT24sKrjr6MdE_eo5d1g,2023 年 9 月 10 日。

和证券融资融券业务。因此,场外配资人员通过上述方式从事场外配资且情节严重的,可按非法经营罪定罪处理。同时,鉴于2020年3月1日施行的《证券法》将证券融资融券业务明确规定为证券业务,故对于此前实施的非法融资融券行为纳入非法经营犯罪规制处理应当慎重。第二种情况,场外配资人员明知他人操纵证券市场仍提供配资的,按操纵证券、期货市场罪的共犯处理。

2. 跨市场操纵行为

前述姜为跨期货市场操纵就是实践中发生的案例。根据2019《解释》第1条第6项、《证券法》第55条第7项的规定,跨市场操纵显然属于市场操纵犯罪的行为类型。但《刑法修正案(十一)》并未将此类行为直接明示为操纵证券市场犯罪的行为类型。

3. 司法解释及立案追诉标准(二)司法适用效力问题

司法解释的效力一般应及于刑法施行期间,同时按照从旧兼从轻原则,对发生于2019年7月1日以前的操纵证券市场行为采用以下规则处理。第一,2019年《解释》扩大主体范围的,适用2010年《立案追诉标准(二)》的规定。如前所述,一般主体实施利用信息优势操纵及抢帽子交易操纵的,不宜认定为操纵证券、期货市场罪。第二,2019年《解释》降低入罪标准的,适用2010年《立案追诉标准(二)》的规定。例如联合、连续交易操纵,仍然适用"持有或者实际控制证券的流通股份数达到该证券的实际流通股份总量30%以上,且在该证券连续20个交易日内联合或者连续买卖股份数累计达到该证券同期总成交量30%以上"。第三,2019年《解释》新增操纵类型的,适用该解释的规定。例如,对于蛊惑交易操纵、重大事件操纵等新增操纵类型,按照2019年《解释》予以认定。第四,2019年《解释》新增违法所得数额作为认定"情节严重""情节特别严重"的标准,应予区别适用。蛊惑交易操纵、重大事件操纵等新增操纵类型,以及"抢帽子"交易操纵、利用信息优势操纵等之前没有明确"情节严重"标准的,可以适用违法所得标准;除上述操纵类型外,一般不适用该标准。第五,2019年《解释》对不同操纵类型新增"情节特别严重"特定标准,可予直接适用。对发生于2019年7月1日以后的操纵证券市场行为,应当注意违法所得标准与其他特定标准之间的协调适用问题。如果完全不考虑不同操纵类型的特定标准,直接适用违法所得标准,极有可能造成特定标准的虚置及罪名的不当扩张。

有鉴于此,操纵行为满足违法所得标准的,还需结合相关特定标准综合认定是否属于"情节严重""情节特别严重",如持股比例、连续交易日、成交量、成交比例、撤回申报比例等是否接近特定标准;是否在市场出现重大异常波动等特定时段操纵。需要特别说明的是,2022年《立案追诉标准(二)》规定的操纵证券市场刑事案件立案追诉标准,是参照2019年《解释》对2010年《立案追诉标准(二)》的修订,其规定的入罪标准与2019年《解释》基本保持一致,并无实质变化,均应在司法实践中适用。①

4. 操纵"新三板"市场认定问题

目前我国证券市场包括主板、中小板、创业板和"新三板"(全国中小企业股份转让系统),以及新设立的科创板、北京证券交易所的交易板块。"新三板"市场与主板市场的主要区别是公司入市的程序和资质不同,但对证券交易的诚实信用原则、公平公正公平交易原则、稳定有序的市场秩序要求相同,因此对"新三板"市场中的违法犯罪行为理应坚持相同的惩罚原则。但对操纵"新三板"证券市场行为,考虑到目前"新三板"证券市场对合格投资者适当性有较高要求,市场流动性不高,特别是在一些交易稀少的证券中,一些轻微的操纵行为就可能达到2019年《解释》中所规定的入罪标准。2019年《解释》第10条也特别明示,操纵"新三板"证券市场行为,"比照本解释的规定执行,但本解释第二条第一项、第二项和第四条第一项、第二项除外",主要考虑的是行为类型、违法所得、交易金额等,相关交易行为所占比例的标准在适用时应当排除适用,确保准确惩治操纵"新三板"证券市场犯罪。②

第三节　罪名适用中的典型案例

本节的案例选取遵循的原则是:(1)尽量按照时间排序,方便从时间的脉络透析操纵证券市场犯罪的判例发展历程,从而更好理解操纵证券市场犯罪这一

---

① 李长坤、于书生:《操纵证券市场犯罪案件的审理思路和裁判要点|类案裁判方法》,"上海一中法院"微信公众号2022年5月31日,https://mp.weixin.qq.com/s/0VTZTPK7-4AO3nbCPveUgQ,2023年9月10日。
② 姜永义、陈学勇、朱宏伟:《〈关于办理操纵证券、期货市场刑事案件适用法律若干问题的解释〉的理解与适用》,《人民法院报》2020年3月12日,第6版。

罪名中最具争议的焦点;(2)按照类型划分,操纵证券市场犯罪行为具有多种类型,按照2019年《解释》规定,分为八种类型,通过不同类型划分,可以从整体上把握操纵证券犯罪的实质,如果有相同类型的案例,在理论实务界影响相当,只选取其中一例重点阐述,并在点评部分会顺带加以简要讨论;(3)考虑案例对实践指导作用以及对学说发展的影响,优先考虑入选最高人民法院、最高人民检察院发布的指导性案例、典型案例。

通过北大法宝·类案检索库普通检索,输入案由:"操纵证券、期货市场罪",得到朱炜明操纵证券市场案(最高人民检察院指导性案例第39号);汪建中案(人民法院报评为2011年十大案例);唐某博等人操纵证券市场案(最高人民检察院联合中国证券监督管理委员会发布12起证券违法犯罪典型案例之三);唐汉博等操纵证券市场案——不以成交为目的,频繁申报、撤单或者大额申报、撤单操纵证券市场,情节特别严重(最高人民法院发布7件人民法院依法惩处证券、期货犯罪典型案例之二);张家港保税区伊世顿国际贸易有限公司、金文献等操纵期货市场案——非法利用技术优势操纵期货市场,情节特别严重(最高人民法院发布7件人民法院依法惩处证券、期货犯罪典型案例之三)。另外,通过增加案由"操纵证券、期货交易价格罪",共检索到上海华亚公司和丁福根等人操纵证券交易价格案①;此案是当时证券市场上最大的一宗证券市场操纵犯罪的案例,也是当时为数不多法院公开宣判的案例。另外还有被学界讨论的赵喆操纵证券交易价格案。② 由于此案发生时的情形与现在有所不同,可以作为理解本罪的参考。

---

① 基本案情:1998年12月至2001年1月,吕新建与朱焕良(均另行处理)合谋,意图操纵股票名称为康达尔的流通股。为此,吕新建先后指使被告人丁福根、庞博、边军勇等人并联合被告单位上海华亚实业发展公司、被告人董沛霖等人在北京、上海、浙江等20余个省、自治区、直辖市以中科创业投资有限公司、北京克沃科技有限公司等公司或被告人丁福根、边军勇等个人名义,与100余家单位或个人签订合作协议、委托理财协议等,筹集资金共计人民币54亿余元,在申银万国证券股份有限公司上海陆家浜营业部、中兴信托投资有限责任公司北京亚运村营业部等120余家营业部,先后开设股东账户1500余个,同时采取以不转移实际控制权为目的的自买自卖,及利用购买深圳康达尔公司法人股,进入该上市公司董事会、发布信息从而影响股票交易价格等方法,联合或连续买卖0048股票,其间最高持有或控制0048股票共计5600余万股(占0048股票流通股份的55.36%),严重影响0048股票的交易价格及交易量,操纵0048股票交易价格。北大法宝,https://cases.pkulaw.com/detail/pfnl_leian_001/a25051f3312b07f312194adfe54f954fc8dba71a659e6957bdfb?type=fnl,2022年8月23日。
② 基本案情:1999年3月31日下午,被告人赵喆到被害单位三亚营业部的营业厅,通过操作专供客户查询信息所用的电脑终端,非法侵入三亚营业部的计算机信息系统,发现该系统中的委托报盘数据库未设置密码,即萌生了通过修改该数据库中的数据抬高上市股票价格,以便使自己在抛售股票(转下页)

一、徐某等人操纵证券市场案

（一）案件介绍①

2009年至2015年，被告人徐某成立上海泽熙投资管理有限公司、上海泽熙资产管理中心等多家有限责任公司及合伙企业，管理、控制泽熙产品；被告人王某成立极限资产管理股份有限公司、克州喜马拉雅工程咨询有限公司，上述公司均主要从事证券市场投资。其间，二被告人借用他人名义开设证券账户，以自有资金进行证券交易或者要求他人按其指令进行证券交易。徐某实际控制139个证券账户，王某实际控制50个证券账户。被告人竺某自2012年以来，帮助徐某投资证券市场，洽谈、运作投资项目。

2010年至2015年，被告人徐某单独或伙同被告人王某、竺某，先后与13家上市公司的实际控制人合谋，由上市公司实际控制人控制上市公司择机发布"高送转"方案、引入热点题材等利好信息；徐某等人基于上述信息优势，使用泽熙产品及其控制的证券账户，在二级市场进行涉案公司股票的连续买卖，拉抬股价；徐某以大宗交易的方式，接盘上述公司股东减持的股票；上述公司股东将大宗交易减持股票获利部分，按照约定比例与徐某等人分成。或者双方在共同认购涉案公司非公开发行股票（以下简称定向增发）后，以上述方式拉抬股价，抛售股票

（接上页）时获利的念头。4月15日，赵喆再次通过三亚营业部的电脑侵入该营业部的计算机信息系统，先复制下委托报盘数据库，再对该数据库进行模拟修改。当修改获得成功后，赵喆即决定次日实施。为了炫耀自己具有操纵股市变动趋势的"能耐"，赵喆示意股民高春修先购进"莲花味精"股票，待该种股票价格上扬时，抛售获利。4月16日中午股市休市时，被告人赵喆在三亚营业部的营业厅里通过操作电脑终端，对三亚营业部准备向证券交易所发送的委托报盘数据内容进行了修改，将周某等5位股民买卖其他股票的数据，均修改成以当日涨停价位委托买入"兴业房产"198.95万股、"莲花味精"298.98万股。当日下午股市开盘时，上述修改过的数据被三亚营业部发送到证券交易所后，立即引起"兴业房产"和"莲花味精"两种股票的价格大幅度上扬。赵喆乘机以涨停价抛售了其在天津市国际投资公司上海证券业务部账户上的7800股"兴业房产"股票，获利7277.01元。股民高春修及其代理人王琦华也将受赵喆示意买入的8.9万股"莲花味精"股票抛出，获利8.4万余元。由于拥有这两种股票的股民都乘机抛售，使发出买入信息的三亚营业部不得不以涨停价或接近涨停价的价格买入，为此需支付6000余万元的资金。三亚营业部一时无法支付此巨额资金，最后被迫平仓，遭受经济损失达295万余元。案发后，公安机关为三亚营业部追回经济损失40余万元。

① 参见北大法宝，https://www.pkulaw.com/pfnl/a6bdb3332ec0adc407d3fd1fa8be0e6de3652ca01219bef4bdfb.html，2023年3月31日。

获利,或实现股票增值。其间,徐某等人利用信息优势,使用泽熙产品以及控制的证券账户在二级市场连续买卖、接盘、抛售涉案股票,共计买入、卖出75亿余股,累计使用资金424亿余元,非法获利共计93亿余元及持有定向增发股票1.4亿余股。其中徐某组织实施了全部13起操纵行为,在二级市场竞价交易及大宗交易接盘后在二级市场抛售获利49亿余元,单独获取大宗交易减持分成款21亿余元,持有定向增发股票1.4亿余股;王某积极参与8起操纵行为,在二级市场竞价交易获利6.4亿余元;竺某参与5起操纵行为。徐某、王某、竺某共同获取大宗交易减持分成款15亿余元。

山东省青岛市中级人民法院于2017年1月22日作出刑事判决:一、判处被告人徐某犯操纵证券市场罪,判处有期徒刑五年六个月,并处罚金人民币110亿元;二、判处被告人王某有期徒刑三年,并处罚金人民币10亿元;三、判处被告人竺某有期徒刑二年,缓刑三年,并处罚金人民币5 000万元;四、被告人徐某、王某、竺某违法所得人民币9 337 631 655.94元依法上缴国库;被告人徐某持有的定向增发股票1.4亿余股及孳息依法上缴国库;随案移送的罪证物品一宗,依法予以没收;随案移送的涉案财物依法处置。宣判后,三名被告人未上诉,检察机关未抗诉,判决已发生法律效力。

法院生效裁判认为:被告人徐某、王某、竺某为牟取非法利益,与他人合谋,利用信息优势连续买卖,操纵证券交易价格和交易量,犯罪数额及违法所得数额特别巨大,情节特别严重,严重破坏了国家对证券交易的管理制度和正常的证券交易秩序,三被告人的行为均构成操纵证券市场罪。被告人徐某组织实施全部犯罪,系主犯,应按其参与的全部犯罪处罚。鉴于其具有坦白情节,自愿认罪认罚,所得赃款已全部被追缴,依法可对其从轻处罚。被告人王某参与8起犯罪,系主犯,应按其参与的全部犯罪处罚。鉴于其具有自首情节,自愿认罪认罚,依法对其减轻处罚。但其犯罪数额和违法所得数额特别巨大,且案发后部分赃款未追回,依法不适用缓刑。被告人竺某系从犯、具有自首情节,自愿认罪认罚,所得赃款已全部被追缴,依法应对其减轻处罚,并适用缓刑。

(二) 简要点评

本案系国内首例控制信息型操纵证券市场刑事案件,引发学界广泛讨论。

与传统的交易型操纵不同,本案争议焦点在于具体行为的认定。徐某案是信息型操纵为主并辅之以入场交易的复合型操纵典型案例,既有利用商业信息诱导市场的行为,还有直接参与二级市场交易的行为。① 司法机关将本案定性为"利用信息优势持续买卖"的操纵证券市场行为,进而以原《刑法》第182条第1款相关规定予以认定。但是如此一来,"信息"本身并不会影响证券交易价量,而这与徐某等人主要是发布"高转送""热点题材"等利好信息影响股票交易量的案件事实存在一定偏差。② 因此,在2019年《解释》第1条第4项将控制信息型操纵行为扩展至刑事处罚范围内之后,如何区分《刑法》第182条第1款第1项中的"利用信息优势联合或者连续买卖"与"控制信息披露"成为实践中的棘手的问题。两者区别在于:"利用信息优势联合或者连续买卖"是行为人利用已有的信息,基于其先知晓、知晓得完全等优势,通过交易进行操纵,本质是交易型操纵,即"信息优势+联合或连续买卖";而"控制信息披露"是行为人控制信息生成和控制信息内容以及控制信息发布的时点、节奏,利用生成信息即控制信息本身,对投资者进行诱导,从而影响股价,本身不一定有联合或连续买卖股票,本质是信息型操纵。③

而在近期官方发布的鲜某利益信息操纵证券市场案的典型意义部分指出,在信息型操纵证券案件中,应当结合当事人控制信息的手段、对证券交易价格、交易量的影响、情节严重程度等认定是否构成操纵证券市场犯罪。上市公司实际控制人、高级管理人员利用其特殊地位,迎合市场热点,控制信息的生成或信息披露的内容、时点、节奏,进行误导性披露,是信息型操纵证券犯罪的重要手段。其本质是行为人通过控制公开披露的信息,误导投资者作出投资决策,扭曲证券价格正常形成机制,影响证券交易价格或者证券交易量。该类信息型操纵属于《刑法》第182条第1款第7项(《刑法修正案(十一)》之前的第4项)规定的"以其他方法操纵证券、期货市场的"行为,《最高人民检察院、公安部关于公安机

---

① 商浩文、郭冬冬:《利用信息优势操纵证券市场犯罪的刑法规制——以全国首例刑事案件为切入》,《法律适用(司法案例)》2018年第20期,第70页。
② 商浩文:《论信息型操纵证券市场犯罪的司法认定路径——以2019年"两高"最新司法解释切入》,《法学》2020年第5期,第54页。
③ 姜永义、陈学勇、朱宏伟:《〈关于办理操纵证券、期货市场刑事案件适用法律若干问题的解释〉的理解与适用》,《人民法院报》2020年3月12日,第6版。

关管辖的刑事案件立案追诉标准的规定(二)》(2010 年规定第 39 条第 6 项、2022 年规定第 34 条第 6 项)以及《最高人民法院、最高人民检察院关于办理操纵证券、期货市场刑事案件适用法律若干问题的解释》(第 1 条第 4 项)对此均做了列举规定。实践中需要注意,信息型操纵与交易型操纵认定"情节严重"的标准不同,前者主要以证券交易成交额、违法所得数额来判断,而后者主要以持股占比、成交量占比来判断。[①] 从上述表述不难看出,官方一定程度上澄清了两者的区别。

二、汪某中操纵证券市场案

（一）案件介绍[②]

被告人汪某中在担任北京首放投资顾问有限公司负责人期间,于 2006 年 7 月至 2008 年 3 月,先后利用本人及他人身份证开立并实际控制沪、深证券账户。2007 年 1 月 9 日至 2008 年 5 月 21 日,被告人汪某中采取先买入"工商银行""中国联通"等 38 只股票,并在公司例会上,要求分析师在股评分析报告中加入推荐其买入股票的信息和让分析师将上述股票作为个股加入掘金报告中。后利用首放公司名义通过新浪网、搜狐网、上海证券报、证券时报等媒介对外推荐先期买入的股票,并在股票交易时抢先卖出,人为影响上述股票的交易价格,获取非法利益。根据中国证券监督管理委员会统计,在首放公司推荐股票的内容发布后,相关 38 只股票交易量在整体上出现了较为明显的上涨：个股开盘价、当日均价明显提高；集合竞价成交、开盘后 1 小时成交量成倍放大；全天成交量大幅增长；当日换手率明显上升；参与买入账户明显增多；新增买入账户成倍增加。汪某中采取上述方式操纵证券市场 55 次,累计买入成交额人民币 52.6 亿余元,累计卖出成交额人民币 53.8 亿余元,非法获利 1.25 亿余元归个人所有。

一审法院经审理认为,被告人汪某中无视国家法律,为获取不正当利益,操纵证券市场,侵害了国家对证券交易的管理制度和投资者的合法权益,情节特别

[①] 《最高法、最高检、公安部、中国证监会联合发布依法从严打击证券犯罪典型案例：鲜某背信损害上市公司利益、操纵证券市场案》,最高人民检察院网站 2022 年 9 月 9 日, https://www.spp.gov.cn/spp/xwfbh/wsfbh/202209/t20220909_576995.shtml, 2022 年 9 月 18 日。
[②] 北京市高级人民法院(2011)高刑终字第 512 号。

严重,其行为已构成操纵证券市场罪,依法应予惩处。故依照《中华人民共和国刑法》第182条第1款第4项、第52条、第53条、第61条、第64条及最高人民法院《关于执行〈中华人民共和国刑事诉讼法〉若干问题的解释》第359条第3款的规定判决:(1)被告人汪某中犯操纵证券市场罪,判处有期徒刑7年,罚金人民币125 757 599.5元;(2)随案移送的财物分别予以充抵罚金、发还、存档备查和退回北京市人民检察院第二分院。

一审判决后,被告人汪某中不服,提出上诉。其上诉理由为:一审量刑过重,请求二审法院对其从轻或减轻处罚。二审法院经审理认为,一审法院判决认定汪某中犯操纵证券市场罪的事实清楚,证据确实、充分,定罪及适用法律正确,量刑适当,审判程序合法,应予维持,故依照《中华人民共和国刑事诉讼法》第189条第1项的规定裁定:驳回汪某中的上诉,维持原判。

(二)简要点评

本案是新中国成立以来首例"抢帽子"交易操纵证券、期货市场案。由于本案一审审理时间是2010年8月至2011年8月,被告人汪某中实施"抢帽子"交易的时间发生在2007年1月至5月,当时最高人民检察院、公安部的追诉标准、相关立法司法解释均未对"抢帽子"交易作出明文规定,故"抢帽子"交易行为能否认定为当时《刑法》第182条第1款第4项"兜底条款"规定的"以其他方法操纵证券、期货市场",成为审理中的主要争议和审理难点。控方认为"抢帽子"交易行为属于"以其他方法操纵证券、期货市场",辩方认为不属于,一审法院支持了控方主张,以操纵证券市场罪对被告人汪某中定罪处罚。汪某中提出上诉,北京市高级人民法院终审裁定驳回上诉,维持原判。

2020年修改前的《刑法》第182条未明确规定处罚"抢帽子"交易,但通过文理解释和目的解释,可以在不违背罪刑法定原则的前提下,认定"抢帽子"交易包含在该条第1款第4项"兜底条款"规定的"以其他方法操纵证券、期货市场"之内。根据文理解释,其他方法是指前三项以外的操纵证券、期货市场的方法,"抢帽子"交易是否属于操纵证券、期货市场的方法,就成为认定其是否属于第4项的"其他方法"的全部问题,那么,"抢帽子"交易是否属于操纵证券、期货市场的方法呢?答案也是肯定的。操纵的字面含义是控制、支配,"抢帽子"交易能对证券、期货市场的价格波动产生较大影响,在一定范围内可以达到控制支配的程度，故可以认定为操纵证券、期货市场。正因如此，我国证券行政主管部门于2007年制定《证券市场操纵行为认定指引（试行）》，明确规定"抢帽子"交易属于操纵证券市场的行为。根据目的解释，刑法设立操纵证券、期货市场罪的目的是通过惩治危害市场的操纵行为维护市场秩序，"抢帽子"交易属于危害市场的操纵行为，为维护秩序，有必要对其按操纵罪行予以惩处。

此外，认定属于操纵证券、期货市场的方法，也有国外先例供借鉴。德国《有价证券交易法》与我国《证券法》规定类似，运用"列举＋概括"的立法模式，使用概括性用语"其他市场操纵行为"。2003年，德国联邦最高法院首次判决"抢帽子"交易属于市场操纵行为，确立了审判"抢帽子"交易案件的指导原则，认为行为人发出投资建议，其目的在于诱使其他市场参与人作出相应的交易行为，对股价产生波动，以便行为人通过期待的股价影响，获取经济上的利益，可以推定为《交易所法》第88条第2项以及《有价证券交易法》第20a条第1款第1句第2项意义上的"交易所行情和市场价格操纵"的其他市场操纵行为。即使根据专业判断，行为人作出的推荐是合理的，这种交易行为同样是被禁止的"交易所行情和市场价格操纵"。①

三、唐某博等操纵证券市场案

（一）案件介绍②

2012年5月至2013年1月，被告人唐某博伙同被告人唐某子、唐某琦，利用实际控制的账户组，不以成交为目的，频繁申报、撤单或大额申报、撤单，影响股票交易价格与交易量，并进行与申报相反的交易。其间，先后利用控制账户组大额撤回申报买入"华资实业""京投银泰"股票，撤回买入量分别占各股票当日总申报买入量的50%以上，撤回申报额为0.9亿余元至3.5亿余元；撤回申报卖出"银基发展"股票，撤回卖出量占该股票当日总申报卖出量的50%以上，撤回申报额1.1亿余元，并通过实施与虚假申报相反的交易行为，违法所得共计

---

① 最高人民法院司法案例研究院编：《刑法修正案（十一）新规则案例适用》，中国法制出版社2021年版，第103—110页。
② 《最高人民法院发布7件人民法院依法惩处证券、期货犯罪典型案例之二》（2020年）。

2581.21万余元。本案由上海市第一中级人民法院审理。宣判后,在法定期限内没有上诉、抗诉,原判已发生法律效力。

法院认为,被告人唐某博、唐某子、唐某琦的行为均已构成操纵证券市场罪。其中:唐某博、唐某子违法所得数额巨大,属于"情节特别严重",唐某琦属于"情节严重"。在共同犯罪中,唐某博系主犯,唐某子、唐某琦系从犯。唐某博、唐某子、唐某琦均具有自首情节,唐某博具有立功表现。综合全案事实、情节,对唐某博、唐某子减轻处罚;对唐某琦从轻处罚,并依法适用缓刑。据此,依法以操纵证券市场罪判处被告人唐某博有期徒刑三年六个月,并处罚金人民币2450万元;判处被告人唐某子有期徒刑一年八个月,并处罚金人民币150万元;判处被告人唐某琦有期徒刑一年,缓刑一年,并处罚金人民币10万元。

(二)简要点评

本案是全国首例以虚假申报手段操纵证券市场的刑事案件,首次确认了以虚假申报手段实施的操纵证券市场行为应当以犯罪定罪处罚。本案属于"恍骗交易操纵"(也称虚假申报操纵)的典型案例。"恍骗交易操纵"是指不以成交为目的,频繁申报、撤单或者大额申报、撤单,误导投资者作出投资决策,影响证券交易价格或者证券交易量,并进行与申报相反的交易或者谋取相关利益的行为。2019年"两高"《解释》第1条明确了"恍骗交易操纵"属于"以其他方法操纵证券、期货市场"的情形,并明确了"情节严重""情节特别严重"的认定标准。被告人唐某博、唐某子利用控制账户组,共同实施"恍骗交易操纵",违法所得数额巨大,应当认定为"情节特别严重"。

根据"两高"《关于适用刑事司法解释时间效力问题的规定》(高检发释字〔2001〕5号,以下简称《规定》)第3条规定①,2019年《解释》应当适用于本案。本案存在认定的诸多难点问题:一是如何确定犯罪主体,行为人实施本罪行为时常常支配、使用多个他人账户,以掩盖其犯罪活动的行迹,在审查中要穿透虚假的交易行为和身份掩护,锁定实际行为人;二是如何证明行为人实施犯罪的主观故意,将股票交易中正常的撤回申报行为与操纵市场的虚假申报区分开,把握罪

---

① 《规定》第三条:对于新的司法解释实施前发生的行为,行为时已有相关司法解释,依照行为时的司法解释办理,但适用新的司法解释对犯罪嫌疑人、被告人有利的,适用新的司法解释。

与非罪的界限;三是如何准确认定该犯罪行为的违法所得。以下将结合本案情况对上述问题进行说明。

本案认定的难点在于虚假申报中行为的认定。就虚假申报而言,主要看行为人是否实施大量买入或者卖出的申报,形成股票价格变化的假象后又撤回申报。撤回申报的行为是认定其申报行为虚假性的重要指标。本案根据2010年的《最高人民检察院、公安部关于公安机关管辖的刑事案件立案追诉标准的规定(二)》规定,撤回申报量占当日该种证券总申报量50%以上的即构成入罪标准,但是2019年《解释》将单一的比例标准调整为比例+数额的标准,即不仅需要达到50%以上,还需要达到一定的金额标准①,以避免交易不活跃证券或者期货合约较少量即达到总申报量50%以上的入罪标准。就反向交易行为而言,主要看虚假申报同时是否实施了相反的实际交易行为。对于反向交易是否需要限定在当天内,司法解释没有明文规定。由于以虚假申报手段影响股价的持续性较短,当行为人停止操作后,对市场释放的信号也随之消解,其他投资者会随之调整自己的投资策略,异动的股价便会趋于正常。因此,行为人欲获取利益便需要在虚假申报行为期间或完成后的短时间内即完成反向交易。而如果行为人在完成虚假申报操作后没有继续进行反向交易,那么可以考察其行为的动机,是否存在司法解释中的"谋取相关利益"的情形,例如为他人进行利益输送或为其他特定目的操纵股价等。②

四、朱某明操纵证券市场案

(一)案件介绍③

2013年2月1日至2014年8月26日,被告人朱某明在任国开证券营业部证券经纪人期间,先后多次在其担任特邀嘉宾的《谈股论金》电视节目播出

---

① 戴佳、徐日丹:《依法惩治证券期货犯罪 促进证券期货市场健康发展——"两高"有关负责人关于办理操纵证券、期货市场、利用未公开信息交易刑事案件适用法律问题司法解释答记者问》,《检察日报》2019年6月29日,第2版。
② 朱一峰、於智源:《虚假申报型操纵证券市场行为的公诉审查要点——以全国首例以虚假申报手段操纵证券市场案件为样本》,《中国检察官》2020年第14期。
③ 朱炜明操纵证券市场案(检例第39号),《最高人民检察院公报》2018年第5期。

前,使用实际控制的三个证券账户买入多只股票,于当日或次日在《谈股论金》节目播出中,以特邀嘉宾身份对其先期买入的股票进行公开评价、预测及推介,并于节目首播后一至二个交易日内抛售相关股票,人为地影响前述股票的交易量和交易价格,获取利益。经查,其买入股票交易金额共计人民币2094.22万余元,卖出股票交易金额共计人民币2169.70万余元,非法获利75.48万余元。

(二) 简要点评

本案的典型意义在于,确认了"抢帽子"交易操纵行为的认定规则。证券公司、证券咨询机构、专业中介机构及其工作人员,违反规定买卖或者持有相关证券后,对该证券或者其发行人、上市公司作出公开评价、预测或者提出投资建议,通过期待的市场波动谋取利益的,构成"抢帽子"交易操纵行为。发布投资咨询意见的机构或者证券从业人员往往具有一定的社会知名度,他们借助影响力较大的传播平台发布诱导性信息,容易对普通投资者交易决策产生影响。其在发布信息后,又利用证券价格波动实施与投资者反向交易的行为获利,破坏了证券市场管理秩序,违反了证券市场公开、公平、公正原则,具有较大的社会危害性,情节严重的,构成操纵证券市场罪。

实践中,行为人的实际账户审查认定是难点,犯罪嫌疑人或被告人及其辩护人经常会提出涉案账户实际控制人及操作人非其本人的辩解。司法机关会通过行为人资金往来记录,MAC地址(硬件设备地址)、IP地址与互联网访问轨迹的重合度与连贯性,身份关系和资金关系的紧密度,涉案股票买卖与公开荐股在时间及资金比例上的高度关联性,相关证人证言在细节上是否吻合等入手,构建严密证据体系,确定被告人与涉案账户的实际控制关系。

非法证券活动涉嫌犯罪的案件,来源往往是证券监管部门向公安机关移送。审查案件过程中,人民检察院可以与证券监管部门加强联系和沟通。证券监管部门在行政执法和查办案件中收集的物证、书证、视听资料、电子数据等证据材料,在刑事诉讼中可以作为证据使用。检察机关通过办理证券犯罪案件,可以建议证券监管部门针对案件反映出的问题,加强资本市场监管和相关制度建设。

五、张家港保税区伊某顿国际贸易有限公司、金某献等操纵期货市场案

(一)案件介绍①

被告单位伊某顿公司于 2012 年 9 月成立,后通过被告人金某献在华鑫期货有限公司开设期货账户。2013 年 6 月至 2015 年 7 月,伊某顿公司为逃避证券期货监管,通过被告人高某、金某献介绍,以租借或者收购方式,实际控制了 19 名自然人和 7 个法人期货账户,与伊某顿公司自有账户组成账户组,采用高频程序化交易方式从事股指期货合约交易。其间,伊某顿公司隐瞒实际控制伊某顿账户组、大量账户从事高频程序化交易等情况,规避中金所的监管措施,从而取得不正当交易优势;还伙同金某献等人,将自行研发的报单交易系统非法接入中金所交易系统,直接进行交易,从而非法取得额外交易速度优势。2015 年 6 月 1 日至 7 月 6 日,伊某顿公司及被告人高某、梁某中伙同金某献,利用以逃避期货公司资金和持仓验证等非法手段获取的交易速度优势,大量交易中证 500 股指期货主力合约、沪深 300 股指期货主力合约合计 377.44 万手,从中非法获利人民币 3.893 亿余元。

本案由上海市第一中级人民法院一审,上海市高级人民法院二审。法院认为,被告单位伊某顿公司、被告人高某、梁某中、金某献的行为均构成操纵期货市场罪,且情节特别严重;金某献的行为还构成职务侵占罪,依法应当数罪并罚。鉴于伊某顿公司能认罪悔罪,依法可以酌情从轻处罚;高某、梁某中具有自首情节,能认罪悔罪,依法可以减轻处罚,并适用缓刑;金某献两罪均具有自首情节,依法分别减轻处罚。据此,依法以操纵期货市场罪判处被告单位伊某顿公司罚金人民币 3 亿元,追缴违法所得人民币 3.893 亿元;判处被告人高某判处有期徒刑三年,缓刑四年,并处罚金人民币 100 万元;判处被告人梁某中有期徒刑二年六个月,缓刑三年,并处罚金人民币 80 万元;对被告人金某献以操纵期货市场罪、职务侵占罪判处有期徒刑五年,并处罚金人民币 60 万元。

---

① 最高人民法院发布 7 件人民法院依法惩处证券、期货犯罪典型案例之三。

（二）简要点评

本案中，被告单位伊某顿公司、被告人金某献等人违反有关规定，隐瞒实际控制伊某顿账户组、大量账户从事高频程序化交易等情况，规避中金所对风险控制的监管措施，将自行研发的报单交易系统非法接入中金所交易系统，利用以逃避期货公司资金和持仓验证等非法手段获取的交易速度优势，大量操纵股指期货交易，影响期货交易价格或者期货交易量，其行为符合操纵期货市场罪的构成要件。伊某顿公司的操纵行为严重破坏了股指期货市场的公平交易秩序和原则，与刑法规定的连续交易、自买自卖等操纵行为的本质相同，可以认定为"以其他方法操纵证券、期货市场的"情形。本案的正确处理，既符合刑法规定，也符合宽严相济的刑事政策，实现了法律效果和社会效果的统一。

本案发生在"两高"司法解释出台前，作为典型的非法利用技术优势操纵市场。滥用高频交易的行为包括"幌骗"行为、"塞单"行为，以及"高速试单"行为等类型，在以伊某顿案件中的"幌骗"行为因其具有欺诈性以及资本操纵性而本质属于资本操纵，能够被操纵证券、期货市场罪的兜底条款所规制。[①] 未来程序化交易行为是否纳入刑法规制有待进一步考察，前置性法律、法规已经将程序化交易纳入规制范围，《证券法》第 45 条规定："通过计算机程序自动生成或者下达交易指令进行程序化交易的，应当符合国务院证券监督管理机构的规定，并向证券交易所报告，不得影响证券交易所系统安全或者正常交易秩序。"

[①] 朱刚灵、孙万怀：《论滥用高频交易的刑法规制——以伊世顿公司操纵期货市场案为例》，《海南金融》2017 年第 4 期，第 46 页。

第六章 非国家工作人员受贿罪

本章全面探讨了非国家工作人员受贿罪的理论前沿与实务热点。首先,通过对裁判文书网的数千份判决书的分析,归纳出非国家工作人员受贿罪的适用数量、适用主体、查获难度等特征,以及无罪判决和罪名变更情况,并对该罪的立法沿革与研究文献进行了梳理。其次,本章着重就非国家工作人员主体的司法认定、"利用职务便利"的司法认定、"为他人谋取利益"的司法认定、索取他人财物的司法认定以及收受各种名义的回扣、手续费的司法认定等疑难问题具体展开讨论。最后,选取若干非国家工作人员受贿罪典型案例进行介绍和简要评价。

第一节 罪名适用概览与文献综述

一、罪名适用概览

截至 2022 年 7 月 20 日,在中国裁判文书网中检索案由为"非国家工作人员受贿罪"的判决书,共计有 6 529 份[①],裁判的年份自 2007 年至 2022 年。非国家工作人员受贿罪的适用存在下列特征。

[①] 本节数据均源于中国裁判文书网,网址 https://wenshu.court.gov.cn,通过高级检索,检索案由为"非国家工作人员受贿罪",案件类型为"刑事案件",文书类型为"判决书",最后检索日期为 2022 年 7 月 20 日。

1. 非国家工作人员受贿罪的案件数量与各地经济发展水平相关

非国家工作人员受贿罪属于《刑法》规定的破坏社会主义市场经济秩序犯罪,经济犯罪的产生是经济发展的必然结果,也会受到经济波动的影响,与经济发展水平有密切的关系,越是经济增长较快的时期,越是经济较为发达的地区,案件数量就越多,反之则越少。

自 2014 年 1 月 1 日至 2020 年 12 月 31 日,每年非国家工作人员受贿罪判决书数量稳定在 700 份至 900 份,而 2021 年非国家工作人员受贿罪判决书数量仅为 382 份,2022 年判决书为 21 份,数量的下降说明非国家工作人员受贿罪的案发与疫情冲击下的经济形势成正比。

从审理法院的地域分布上看,判决书数量最多的前五位分别是浙江省(845份)、广东省(634份)、江苏省(541份)、上海市(424份)、山东省(419份),上海是我国经济最发达的城市之一,而另外四省也长期处于我国 GDP 排名前 5 位。数量最少的五位分别是新疆维吾尔自治区(39份,另加新疆维吾尔自治区高级人民法院生产建设兵团分院 5 件,共计 44 份)、内蒙古自治区(41份)、海南省(29份)、青海省(23份)、宁夏回族自治区(19份)。此外,西藏自治区无非国家工作人员受贿罪判决。

2. 犯罪主体中,财政供养人员占比较高

从 2018 年 3 月 23 日国家监委成立起筛选,案由是"非国家工作人员受贿罪"的判决书数量是 2 699 份,其中一审判决书 2 563 份。进一步使用高级检索在当事人段中检索被告人被留置的案件,共计 410 份(466 人),占比 15.9%,说明实践中,监察委承担了一部分非国家工作人员受贿罪的调查。

3. 查获难度大

与裁判文书网中公开的"受贿罪"和"职务侵占罪"的判决相比较,在中国裁判文书网中检索案由为"受贿罪"的刑事判决书,共计 40 344 份,案由为"职务侵占罪"的刑事判决书共计 62 005 份,两者均远大于非国家工作人员受贿罪的判决书的总量。这反映了非国家工作人员受贿罪查获困难,贿赂犯罪因其隐蔽性而难以发现,尤其在收受现金贿赂的情况下,因此侦查难度大,取证困难,而公安机关受案范围广、负担任务重,往往难以查处。

4. 无罪判决情况

在中国裁判文书网中,检索案由为"非国家工作人员受贿罪"、判决结果为

"无罪",并经人工去重,检索出7件公诉机关指控被告人犯非国家工作人员受贿罪,而法院判决无罪的案件,均属于证据不足而宣告无罪,其中有3件案件系因被告人与行贿人之间存在经济纠纷、借贷关系而无法排除合理怀疑;有2件案件系因公诉机关不能证实被告人收受财物是利用了职务上的便利;有1件案件系因公诉机关不能证实收受财物的具体金额;还有1件案件,公诉机关以不同行贿人的证言指控被告人多笔索贿的事实,但因每笔仅依据行贿人一方的证言,且每笔犯罪时间、地点及行贿人均不同,行贿人与被告人所在公司有利益关系而被认为证据不够确实、充分而被判无罪。

5. 变更罪名情况

在中国裁判文书网中,检索案由为"非国家工作人员受贿罪",并检索判决理由中包含"罪名不当"或者"定性有误""定性不当""定性错误""予以纠正"的关键词,经人工去重,得出39份变更指控罪名、一审判决罪名的判决书,其中一审判决书34份、二审判决书4份、再审判决书1份。

其中,被告人系村委会等基层组织干部的有19件、系企业工作人员的有16件、系金融机构工作人员的有1件、系医疗机构工作人员的有2件、系评标专家的有1件。

上述39份判决书中,有24份判决将指控或一审判决的其他罪名改判为非国家工作人员受贿罪,其中改判前的罪名及判决数量为:受贿罪19份、职务侵占罪4份、诈骗罪1份。剩余15份判决将指控、一审判决非国家工作人员受贿罪变更为其他罪名,其中变更为受贿罪5份、变更为对非国家工作人员行贿罪1份、变更为诈骗罪1份、变更为职务侵占罪4份、变更为单位受贿罪1份、变更为对非国家工作人员行贿罪2份、变更为贪污罪1份。

二、研究文献综述

从立法沿革看,本罪自1997年刑法颁布以来,历经2次刑法修正案的修订、1次罪名更改。1997年《刑法》第163条公司、企业人员受贿罪规定:"公司、企业的工作人员利用职务上的便利,索取他人财物或者非法收受他人财物,为他人谋取利益,数额较大的,处五年以下有期徒刑或者拘役;数额巨大的,处五年以上有期徒刑,可以并处没收财产。公司、企业的工作人员在经济往来中,违反国家规定,收受各种名义的回扣、手续费,归个人所有的,依照前款的规定处罚。国有公司、企业中从事公务的人员和国有公司、企业委派到非国有公司、企业从事公务的人员有前两款行为的,依照本法第三百八十五条、第三百八十六条的规定定罪处罚。"2006年《刑法修正案(六)》对本罪进行修订,将本罪主体从公司、企业人员扩大为公司、企业或者其他单位的工作人员。2007年11月5日,最高人民法院、最高人民检察院联合公布刑法确定罪名补充规定,取消"公司、企业人员受贿罪",改为"非国家工作人员受贿罪"。2021年《刑法修正案(十一)》对本罪再次进行修订,主要为两个方面:一是将原本的"五年以下有期徒刑或者拘役、五年以上有期徒刑"两个量刑幅度,修改为"三年以下有期徒刑或者拘役、三年以上十年以下有期徒刑、十年以上有期徒刑或者无期徒刑"三档量刑幅度;二是对三个量刑幅度均新增配置罚金刑。

从专业研究论文和学术期刊的发表情况看,截至2022年8月,以"非国家工作人员受贿"为主题,在中国知网检索相关硕士、博士学位论文共102篇,其中博士学位论文仅1篇,为邓中文博士2020年撰写的《商业贿赂的刑法治理》;再以"非国家工作人员受贿"为主题,检索中国知网核心期刊板块,共有91篇学术论文。从上述学术论文的发表时间来看,在2006年《刑法修正案(六)》颁布前后,理论研究和研讨热度较高,反映出刑法理论界与刑事立法的关联与互动。

从学术研究的主要内容上看,非国家工作人员受贿罪的理论研究主要集中在以下几个方面。

第一,关于非国家工作人员受贿罪的主体范围。理论界对于本罪主体是身份犯的属性没有争议,但是在主体范围上存在过一定的讨论。在2006年《刑法修正案(六)》发布生效之前,本罪的主体身份限于公司、企业人员,而对于医生、教师等非公司、企业人员实施的商业贿赂行为如何定性,成为当时理论研讨的重点方面。面对比较多发的"其他单位"工作人员实施的贿赂行为,就有学者提出应当扩大本罪的规制范围①。当然,这一问题在《刑法修正案(六)》出台之后得到了回应,发生在医疗机构的药品、器械采购中的商业贿赂行为,如收取药品回扣、赞助费、新药推荐费等,数额较大的,也以商业贿赂犯罪被追究刑事责任。《刑法修正案(六)》将商业贿赂犯罪的主体扩大到公司、企业以外的其他单位的工作人员,对此类人员利用职务便利进行"权钱交易"、危害社会利益的行为,给

---

① 程宝库、林楠南:《关于我国反商业贿赂立法的反思》,《求是学刊》2006年第2期,第77页。

予刑法惩处的震慑,一定程度上解决了实际存在的非公司、企业人员实施商业贿赂行为的规制难题。"两高"2008年11月发布的《关于办理商业贿赂刑事案件适用法律若干问题的意见》进一步明确了医疗机构中的医疗人员、学校及其他教育机构中的教师与非国家工作人员,依法组建的评标委员会、竞争性谈判采购中谈判小组、询价采购中询价小组的组成人员等构成本罪的情形。也有学者提出,本罪的主体范围还应进一步扩大,以应对社会经济发展。①

第二,关于非国家工作人员受贿罪的客观行为类型。对于本罪行为内容是利用职务上的便利,索取或者非法收受他人数额较大的财物,为他人谋取利益的命题,理论中并无太多争议,即对于成立本罪要求客观上利用职务便利、索取或者非法收受他人财物且数额较大。而对于行为人是否需要"为他人谋取利益",理论中存在不同的观点。张明楷教授认为,不管是索取他人财物,还是收受他人财物,都必须为他人谋取利益;但为他人谋取利益的最低限度是允诺即可,不要求真正地为他人谋取到利益。② 相反,王作富教授认为,本罪中的索取他人财物的行为类型中,不要求为他人谋取利益。③

第三,关于财产刑在本罪中的适用。在2021年《刑法修正案(十一)》修订之前,本罪与2015年《刑法修正案(九)》修订之前的贪污贿赂相关罪名一样,对行为人不科处罚金刑,仅在部分幅度量刑中规定有"没收财产"的刑罚。因此,对于罚金刑的设置问题也成为本罪被研究讨论的重要命题之一。如有的学者提出,在"数额巨大"的情况下,本罪可以并科没收财产,但在"数额较大"的情况下,仅科以自由刑,而并不附加任何财产刑,似与"重财产刑、轻自由刑"的趋势不相符合。④ 因此,有的学者提出应扩大财产刑的适用范围,加大财产刑的处罚力度。⑤ 当然,这一问题在《刑法修正案(十一)》出台之后也得到了回应。

第四,关于量刑幅度的适用。《刑法修正案(十一)》将本罪修订为"数额较大""数额巨大""数额特别巨大"三档。2022年《最高人民检察院、公安部关于公

---

① 莫洪宪、张昱:《我国刑法中的商业贿赂犯罪及其立法完善》,《国家检察官学院学报》2013年第2期,第105页。
② 张明楷:《刑法学(第6版)》,法律出版社2021年版,第974页。
③ 王作富:《刑法分则实务研究(上)》(第5版),中国方正出版社2013年版,第311页。
④ 莫洪宪、张昱:《我国刑法中的商业贿赂犯罪及其立法完善》,《国家检察官学院学报》2013年第2期,第105页。
⑤ 邓中文:《试论商业贿赂的刑事立法完善》,《湖北社会科学》2010年第11期,第159页。

安机关管辖的刑事案件立案追诉标准的规定(二)》(下称《立案追诉标准(二)》)将本罪的立案追诉标准修订为 3 万元。而在此之前,2016 年"两高"《关于办理贪污贿赂刑事案件适用法律若干问题的解释》规定本罪的"数额较大""数额巨大"的数额标准分别为 6 万元、100 万元。司法解释未对量刑幅度进行调整造成司法者适用刑罚时的困惑。如王勇检察官提出,原刑法中"五年以上有期徒刑""五年以下有期徒刑"对应的"数额巨大""数额较大"标准与《刑法修正案(十一)》"三年以上十年以下有期徒刑,并处罚金""三年以下有期徒刑或者拘役,并处罚金"刑罚幅度对应的"数额巨大""数额较大"标准有所不同,对《刑法修正案(十一)》实施以后发生的行为,《立案追诉标准(二)》实施以前尚未处理或正在处理的应该适用新标准,由于追诉标准只规定了"数额较大"的起刑点,而司法解释对本罪"数额巨大"和"数额特别巨大"的标准没有及时调整,因此在实践上产生了混乱。①

第五,关于本罪与其他犯罪之间的界分问题。在经济发展的过程中,非国家工作人员受贿罪如同受贿罪一样,存在多种形式的犯罪模式,呈现出行为方式越来越隐蔽、越来越复杂,一些非典型的受贿方式在行为特征上可能存在定性上的争议,涉及与职务侵占罪、挪用资金罪等罪名的交叉、重合。有学者从学理上指出,非国家工作人员受贿罪与职务侵占罪的区别在于犯罪对象,如果是本单位财物则成立职务侵占罪,如果是他人给付的财物成立的是非国家工作人员受贿罪。② 而在司法实践办理具体案件时,如何处理则更具研究价值。比如,对于实际发生的一起收费员伙同他人偷逃高速公路通行费案件,应如何定性,就存在本罪与职务侵占罪的讨论。③

第六,一些判例或者指导性案例也为本罪在司法实践中的具体处理、认定提供了参考。如,关于村基层组织等非公务员编制人员的受贿行为定性问题,在纪某非国家工作人员受贿罪案中,认定村基层组织工作人员非在协助政府协调土地征用之时利用"职务之便",非法收受他人财物,构成非国家工作人员受贿罪。④ 如关于本罪主从犯的划分与认定问题,在朱某某等非国家工作人员受贿

---

① 王勇:《新法解读 | 王勇:职务侵占等罪名的追诉标准应"从新"》,腾讯网 2022 年 8 月 30 日,https://new.qq.com/rain/a/20220830A04RFR00,2022 年 9 月 12 日。
② 陈如霞、朱帅:《非国家工作人员受贿罪与职务侵占罪的区别》,《人民司法》2011 年第 4 期,第 52 页。
③ 于力、游伟等:《收费员伙同他人偷逃高速公路通行费应如何定性》,《人民检察》2011 年第 6 期,第 41 页。
④ 常琴:《协助企业管理财务中收受他人财物的行为如何定性》,《人民法院报》2013 年 6 月 6 日,第 7 版。

罪、职务侵占罪案中,认定行为人和其妻子共同实施非国家工作人员受贿行为时,实际利用的是行为人的职权,且共同受贿款也由其一人占有,可认定其为主犯。① 又如关于犯罪金额的认定。在前述朱案中,非国家工作人员未提供确实有效的证据来证明自身曾为公司支出了部分费用,且在支出该费用时,其向公司人员明示所支出的费用系受贿所得,故认定该部分支出不应从受贿数额中剔除。②

第二节 罪名适用中的疑难问题

一、非国家工作人员主体的司法认定

本罪的主体是"公司、企业或者其他单位的工作人员"。非国家工作人员受贿罪与受贿罪的最大区别也在于行为人是否系国家工作人员。《刑法》第93条规定的国家工作人员有四类:国家机关中从事公务的人员;国有公司、企业、事业单位、人民团体中从事公务的人员;国家机关、国有公司、企业、事业单位委派到非国有公司、企业、事业单位、社会团体从事公务的人员;其他依照法律从事公务的人员。理论通说与司法实践中,区分国家工作人员与非国家工作人员的标准在于是否"依照法律从事公务"。现实中存在公务与非公务混杂的情形,如在一些公司、企业等组织中,既有国家工作人员,也有非国家工作人员,在一些特殊身份的工作人员如基层自治组织成员、医疗机构的工作人员的职务中,又存在既承担公务也承担非公务的情形,在这两种情形下对工作人员身份的辨识存在较大困难,并在罪名适用上产生了分歧。

(一) 国有公司、企业、事业单位、人民团体中从事公务的人员的认定

2003年11月13日施行的《全国法院审理经济犯罪案件工作座谈会纪要》(以下简称《纪要》)明确,"从事公务,是指代表国家机关、国有公司、企业事业单位、人民团体等履行组织、领导、监督、管理等职责。公务主要表现为与职权相联系的公共事务以及监督、管理国有财产的职务活动。如国家机关工作人员依法

---

① 上海市浦东新区人民法院刑事判决书(2009)浦刑初字第2164号。
② 同上。

履行职责,国有公司的董事、经理、监事、会计、出纳人员等管理、监督国有财产等活动,属于从事公务。对于不具备职权内容的劳务活动、技术服务工作,如售货员、售票员等所从事的工作,一般不认为是公务"。《纪要》从正面描述及反向排除两方面明确从事公务的含义,正向上,从事公务具有三个特征:一是代表性,即代表国家进行活动,体现国家意志;二是公共性,处理的事务可以是国家事务以及公共事务;三是管理性,即负有组织、领导、监督、管理等职责。[①] 反向上,《纪要》将劳务与技术服务与公务作区分。

(二)关于国家机关、国有公司、企业、事业单位委派到非国有公司、企业、事业单位、社会团体从事公务的人员

由于委派单位与从事公务所在的单位是不同主体,通过"委派"的要素,比较容易辨识这类人员的主体身份。《纪要》指出,所谓"委派,即委任、派遣,其形式多种多样,如任命、指派、提名、批准等"。

争议较多地存在于对国家出资企业中国家工作人员的身份认定。"国家出资企业",包括国家出资的国有独资公司、国有独资企业,以及国有资本控股公司、国有资本参股公司。2010 年"两高"《关于办理国家出资企业中职务犯罪案件具体应用法律若干问题的意见》第 6 条对国家出资企业中国家工作人员的身份分列了 2 款,该条第一款与《刑法》第 93 条的规定以及《纪要》的内容基本一致,"经国家机关、国有公司、企业、事业单位提名、推荐、任命、批准等,在国有控股、参股公司及其分支机构中从事公务的人员,应当认定为国家工作人员。具体的任命机构和程序,不影响国家工作人员的认定"。该条第 2 款被认为是扩大了国家工作人员的认定范围:"经国家出资企业中负有管理、监督国有资产职责的组织批准或者研究决定,代表其在国有控股、参股公司及其分支机构中从事组织、领导、监督、经营、管理工作的人员,应当认定为国家工作人员。"其中包含三个要素。一是任命主体必须是国有公司、企业、事业单位中负有管理、监督国有资产职责的组织,何为国有公司、企业,在法律法规层面之前并不明确,司法实践一般认为国有公司、企业是指国有独资公司,直至 2017 年财政部《国有企业境外投资财务管理办法》第 2 条规定,"国有企业,是指国务院和地方人民政府分别

[①] 刘宪权、杨兴培:《刑法学专论》,北京大学出版社 2007 年版,第 633 页。

代表国家履行出资人职责的国有独资企业、国有独资公司以及国有资本控股公司,包括中央和地方国有资产监督管理机构和其他部门所监管的企业本级及其逐级投资形成的企业"。负有管理、监督国有资产职责的组织,通常指的是国有资产监督管理机构、上级或者本级国家出资企业内部的党委、党政联席会①。二是任命程序,必须得到委派主体提名、推荐、任命、批准等任命。三是工作内容必须是公务,必须是代表国有公司履行组织、领导、监督、管理等职责,主要表现为与职权相联系的公共事务以及监督、管理国有财产的职务活动。

还需要注意的是国有金融机构工作人员。《刑法》第184条规定:"银行或者其他金融机构的工作人员在金融业务活动中索取他人财物或者非法收受他人财物,为他人谋取利益的,或者违反国家规定,收受各种名义的回扣、手续费,归个人所有的,依照本法第一百六十三条的规定定罪处罚。国有金融机构工作人员和国有金融机构委派到非国有金融机构从事公务的人员有前款行为的,依照本法第三百八十五条、第三百八十六条的规定定罪处罚。"即便是国有银行普通的柜员,在金融业务活动中,是代表国有金融机构履行管理国有财产职务活动,仍以国家工作人员论。

(三)其他依照法律从事公务的人员的认定

《纪要》明确"其他依照法律从事公务的人员"具有"在特定条件下行使国家管理职能""依照法律规定从事公务"两个特征,并详列了四类人员:(1)依法履行职责的各级人民代表大会代表;(2)依法履行审判职责的人民陪审员;(3)协助乡镇人民政府、街道办事处从事行政管理工作的村民委员会、居民委员会等农村和城市基层组织人员;(4)其他由法律授权从事公务的人员。其中村民委员会、居民委员会等基层组织人员同时具有公务和村务、社区事务的职责,此类人员利用何种职务便利受贿,是判断构成受贿罪还是非国家工作人员受贿罪的依据。

全国人大常委会发布的《关于〈中华人民共和国刑法〉第九十三条第二款的解释》(2009年修订)规定,村民委员会等村基层组织人员协助人民政府从事七

---

① 刘为波:《〈关于办理国家出资企业中职务犯罪案件具体应用法律若干问题的意见〉的理解与适用》,载最高人民法院刑事审判第一、二、三、四、五庭主办:《刑事审判参考》(总第77集),法律出版社2010年版,第133页。

类行政管理工作,属于《刑法》第 93 条第 2 款规定的"其他依照法律从事公务的人员",具体的七类行政管理工作包括:(一)救灾、抢险、防汛、优抚、扶贫、移民、救济款物的管理;(二)社会捐助公益事业款物的管理;(三)国有土地的经营和管理;(四)土地征收、征用补偿费用的管理;(五)代征、代缴税款;(六)有关计划生育、户籍、征兵工作;(七)协助人民政府从事的其他行政管理工作。村民委员会等村基层组织人员从事这七类公务,利用职务上的便利,索取他人财物或者非法收受他人财物,构成犯罪的,认定为受贿罪。非协助人民政府从事行政管理工作的事务主要是指村委、居委自治事务的范围,利用此类职务上的便利索取他人财物或者非法收受他人财物,为他人谋取利益,数额较大的,则构成非国家工作人员受贿罪。该立法解释明确了村民委员会等村基层组织人员协助政府从事管理工作的具体情形。

  实践中的争议在于基层自治事务与协助政府从事管理工作上的区分,以农村迁移户口为例,农村迁移户口需要村委会开具相关亲属证明,但是对于开具证明的事务,就存在不同的司法认定,有的法院认为是协助政府从事有关户籍工作[1],而有的法院认为是村委会自治事务[2]。对此类事务性质的认定,关键在于其是否来源于法律法规、政府对基层组织的授权或者委托。实际上不仅是基层自治事务,市场运作的企业行为与协助政府从事管理工作的区别也是如此。根据 2003 年最高人民检察院法律政策研究室《关于在房屋拆迁过程中利用职务便利索取贿赂如何定性的批复》,国有资本控股的上海杨房拆迁综合服务有限公司受建设单位委托对政府决策改造的地块进行拆迁,是依据法律规定进行市场运作的企业行为,而非受政府委托的管理职能行为。犯罪嫌疑人沈某作为国有资本控股公司的一般工作人员,既不属于在国有公司中从事公务的人员,又不是受委派在非国有公司中从事公务的人员。其利用在房屋拆迁过程中的职务便利索取贿赂,应依法认定为公司、企业人员受贿罪。该批复表明,如有法律法规、政府对基层组织的授权或者委托,则是从事行政管理活动,属于协助政府从事行政事务,对于这些事项的请托而收受贿赂,应当认定受贿罪。

---

[1] 山东省潍坊高新技术产业开发区人民法院刑事判决书(2020)鲁 0791 刑初 3 号。
[2] 广西壮族自治区南宁市良庆区人民法院刑事判决书(2018)桂 0108 刑初 44 号。

（四）商业贿赂中的特殊主体的认定

一是医务人员。2008年"两高"《关于办理商业贿赂刑事案件适用法律若干问题的意见》（法发〔2008〕33号）列举了两类受贿行为：(1)在药品、医疗器械、医用卫生材料等医药产品采购活动中，利用职务上的便利，索取销售方财物，或者非法收受销售方财物，为销售方谋取利益；(2)医务人员利用开处方的职务便利，以各种名义非法收受药品、医疗器械、医用卫生材料等医药产品销售方财物，为医药产品销售方谋取利益。在利用采购权受贿的行为中，根据行为人是否具有国家工作人员的身份，分别以受贿罪与非国家工作人员受贿罪认定。对于利用处方权受贿的行为，通常不认为是基于公务行为，而是基于医疗服务合同的技术服务行为，故以非国家工作人员受贿罪论。是否是利用采购权受贿，在司法实践中，往往以行为人是否参与价格确定、合同签订等采购环节，以及医务活动中收取的财物是否能够根据医疗耗材使用量关联等方面进行认定。关于医疗活动中收取患者红包的行为认定，一般认为是基于技术服务而收取的利益，属于不当之风，不认为是犯罪。

二是教职人员。2008年"两高"《关于办理商业贿赂刑事案件适用法律若干问题的意见》同样也列举了两类受贿行为：(1)在教材、教具、校服或者其他物品的采购等活动中，利用职务上的便利，索取销售方财物，或者非法收受销售方财物，为销售方谋取利益；(2)教师利用教学活动的职务便利，以各种名义非法收受教材、教具、校服或者其他物品销售方财物，为教材、教具、校服或者其他物品销售方谋取利益。在利用采购权受贿的行为中，同样是根据行为人是否具备国家工作人员的身份，认定受贿罪或者非国家工作人员受贿罪。而对利用教学活动的职务便利收受财物，数额较大的，则认定非国家工作人员受贿罪。此外，教师借补课、家访、安排座位、安排班干部收受家长红包的行为，不认为是犯罪。但是对于教师以招生、帮助入学、推荐免试研究生为由收取财物，客观上已经扰乱学校的正常教学秩序，在司法实践中，作为非国家工作人员受贿罪认定。

三是依法组建的评标委员会、竞争性谈判采购中谈判小组、询价采购中询价小组的组成人员。此类主体在招标、政府采购等事项的评标或者采购活动中，索取他人财物或者非法收受他人财物，根据行为人是否具备国家工作人员的身份，分别以受贿罪与非国家工作人员受贿罪论处。

二、"利用职务便利"的司法认定

（一）"利用职务便利"的含义

"利用职务便利,是指利用本人组织、领导、监管、主管、经管、负责某项工作的便利条件。"①"职务是一项工作,不能与职权画等号;即不能把'利用职务上的便利'仅仅解释为'利用职权便利'。"②职务的含义较职权的含义更为广泛,不仅包括单位的管理职责,也包括单位的一般业务工作。如将职务等同于职权,则会产生只有单位管理人员因受贿被追究刑事责任,而从事一般业务性工作的普通员工被排除在外的情形,从而导致非国家工作人员受贿罪的适用范围被大大限缩。利用职务便利包含直接和间接两种方式。

直接利用本人职务上的便利。此处的职务便利就是指组织、领导、监管、主管、经管、负责某项工作的职务。这种职务既包括经济活动中,横向上处理对外业务工作上的职务,也包括纵向上单位内部人事管理的职务。

间接利用本人职务上的便利,即利用他人职务上的便利条件。此处指的他人,需受到本人的隶属、制约,即虽然不是行为人的职务范围之内,但仍与职务有关,是利用了本人的职权或者地位形成的便利条件。"利用与职务有关的便利条件,从表面上看,是通过他人的职务为行贿人谋取利益,从而收受贿赂。但从实质上看,行为人是利用了本人职务而产生的制约关系,这种制约关系可以左右影响被利用者的利益,使之就范,否则就会损害被利用者的利益。"③

（二）职务便利与工作便利的区分

"利用职务便利"与"利用工作便利"的区别是行为人与行贿人之间是否存在隶属与制约的管理关系。一般认为,利用工作便利"是指利用对工作环境的熟悉、在工作中建立的人际关系、从事工作的规程、在工作单位中偶然获得的信息等"。非国家工作人员受贿中的利用职务之便,职务的权限来源于公司、企业、单

---

① 全国人大常委会法制工作委员会刑法室编:《中华人民共和国刑法条文说明、立法理由及相关规定》,北京大学出版社2009年版,第279页。
② 黄祥青:《职务侵占罪的立法分析与司法认定》,《法学评论》2005年第1期,第82页。
③ 陈兴良:《受贿罪"利用职务上的便利"之探讨》,《中国人民大学学报》1994年第1期,第99页。

位的授予,"职务便利派生于商业交易强势、经济垄断特权、优势资源独占,利用的是对经济社会活动控制、支配、安排等权限或者权利,侧重于对资产管理、资本运作、社会资源、知识信息决定性、处置性的管理"①。基于这样的职务特性,行为人的职务与行贿人之间多少有着隶属与制约的管理关系,这种管理关系是行为人与行贿人进行"权钱交易"的基础,但在"利用工作便利"中却不存在。如果把用刑法手段惩治的商业贿赂的范围扩大到"工作上的便利",则出租车司机运送客人到饭店、旅馆吃饭住宿,接收饭店、旅馆给司机的回扣,旅游公司收受的旅游景点门票回扣等都要作为商业贿赂来打击,不仅会扩大刑法的打击面,而且没有对准治理商业贿赂首先要打击利用职权搞权钱交易的重点。②

(三)利用与本人职权无关的第三人的职务便利的情形

与受贿罪中的"利用职务便利"不同,非国家工作人员受贿罪中利用职务便利的要件,仅指利用本人的职务便利。不是利用本人的职权,而是利用本人职权或者地位形成的便利条件,通过其他没有隶属、制约关系的非国家工作人员为请托人谋取利益,索取或者收受请托人财物的行为,不构成本罪。

《刑法》中只有第388条规定了通过其他没有隶属、制约关系的国家工作人员为请托人谋取利益,索取或者收受请托人财物的行为。"《纪要》明确了斡旋受贿构成受贿罪的两个特点:一是接收请托、索取或者收受财物的国家工作人员与利用职务行为为请托人谋取不正当利益的国家工作人员之间没有职务上的隶属、制约关系,如单位内部不同的国家工作人员之间、上下级单位没有隶属、制约关系的国家工作人员之间、有工作联系的不同单位的国家工作人员之间等;二是索取或者收受财物的国家工作人员对于被利用的国家工作人员职务行为存在一定的影响,但这种影响应当是间接的,如果能够直接影响,则应适用刑法第385条第1款。"③

根据罪刑法定原则,法无明文规定不为罪。将非国家工作人员的"间接受贿"行为与《刑法》第388条表述的罪状相比较,除主体身份不同外,两者客观表

---

① 郑高键、谢杰:《非国家工作人员受贿罪客观方面的司法认定》,《政法学刊》2010年第1期,第22页。
② 参见黄太云:《〈刑法修正案(六)〉的理解与适用(上)》,《人民检察》2006年第14期,第48页。
③ 郭清国:《解读全国法院审理经济犯罪案件工作座谈会纪要》,载最高人民法院刑事审判庭第一庭、第二庭编:《刑事审判参考》(总第39集),法律出版社2004年版,第188页。

现基本一致,但《刑法》只将国家工作人员"间接受贿"规定为犯罪,而未对非国家工作人员"间接受贿"作相同规定。对于法律没有明文规定的行为,适用有类似规定的其他条文予以处罚,是类推适用,因 1997 年《刑法》修订后已经删除了类推适用的规定,所以不能将国家工作人员"间接受贿"行为类推适用于非国家工作人员受贿罪。

需要注意的是,尽管利用与本人职权无关的第三人的职权为他人谋取利益,收取他人财物,不能构成非国家工作人员受贿罪,但并不代表此种行为完全不能作为犯罪处罚。司法实践中,对于利用本人职权或者地位形成的便利条件,通过第三人为请托人谋取利益,收受请托人财物、转交财物时截贿的,可以认定为对非国家工作人员行贿罪。[①]

三、"为他人谋取利益"的司法认定

根据《刑法》第 163 条,非国家工作人员利用职务上的便利,无论是索取他人财物还是非法收受他人财物,都要求"为他人谋取利益"。2016 年"两高"《关于办理贪污贿赂刑事案件适用法律若干问题的解释》(法释〔2016〕9 号)第 13 条第 1 款规定:"具有下列情形之一的,应当认定为'为他人谋取利益',构成犯罪的,应当依照刑法关于受贿犯罪的规定定罪处罚:(一)实际或者承诺为他人谋取利益的;(二)明知他人有具体请托事项的;(三)履职时未被请托,但事后基于该履职事由收受他人财物的。"但对于实践中如何认定"为他人谋取利益",下列情形需要注意。

(一)虚假承诺行为的认定

在实践中,有被告人提出辩解:虽然对请托人作出了承诺,但实际上并不打算为请托人谋取利益。这种辩解往往发生于行为人尚未完成请托事项或者不打算完成请托事项的情形。被告人提出的不打算为他人谋取利益的承诺是否系虚假的,这是行为人的内心活动,较难证实。在认定犯罪构成的过程中,如果还要求考察承诺的真实性,则会出现被告人构成非国家工作人员受贿罪还是诈骗罪,完全取决于被告人本人的供述,势必造成司法适用上的混乱。为此,《纪要》明确

---

① 四川省宜宾市中级人民法院刑事判决书(2017)川 15 刑终 363 号。

"为他人谋取利益"是一种客观行为:"为他人谋取利益包括承诺、实施和实现三个阶段的行为。只要具有其中一个阶段的行为,如国家工作人员收受他人财物时,根据他人提出的具体请托事项,承诺为他人谋取利益的,就具备了为他人谋取利益的要件。"不论承诺真实与否,只要承诺为他人谋取利益,即达成了权钱交易的合意;只要收受贿赂,就构成了非国家工作人员受贿罪的既遂。因此,"为他人谋取利益"是否出自行为人内心的真实意思表示,不影响非国家工作人员受贿罪的成立。

(二)明知他人有具体请托事项的认定

在行为人对他人的具体请托事项不置可否,且尚未实施谋取利益的行动,或者不打算为对方谋取利益的情况下,可以通过行为人的客观行为判断其是否实际作出了承诺。承诺不仅有明示的承诺,也有默示的方式。由于权钱交易的非法性和隐蔽性,行为人往往作出承诺时会采用心照不宣的默示方式。对于默示的承诺的认定,仍要把握权钱交易的实质,即一方用掌握的职务便利变现,另一方以财物谋取利益。行为人明确知晓他人有请托事项,仍然收取财物,就是以实际行动对请托事项作出了承诺。具体包括两种情况:一是行贿人告知受贿人具体请托事项,或者受贿人基于客观情况能够判断行贿人有请托事项,受贿人收受对方财物的,虽然尚未实施具体谋取利益行为,也应认定为受贿人为他人谋取利益;二是受贿人知道或者应当知道行贿人的具体请托事项,但并不想具体实施为对方谋取利益的行为,此种情形同样属于利用具体职务的权钱交易行为,职务廉洁性同样受到侵害,故也应认定为受贿人为他人谋取利益。①

(三)履职时未被请托,但事后基于该履职事由收受他人财物的认定

本情形即为事后受贿。请托行为与收受财物行为相互之间并不需要形成先后顺序、因果关系,关键在于请托事项与收受财物有无关联。履职时没有受贿的故意,但是收受的财物是请托事项的对价,即侵犯了非国家工作人员的职务廉洁性。需要注意的是,在受贿罪中,国家工作人员离职、退休后收受财物,认定受贿

---

① 裴显鼎、苗有水等:《〈关于办理贪污贿赂刑事案件适用法律若干问题的解释〉的理解与适用》,《人民司法》2016 年第 19 期,第 22 页。

需以国家工作人员身份存续期间有事先约定为条件,根据举重以明轻的原则,在判断非国家工作人员离职、退休后收受财物是否构成受贿时更需要以职务身份存续期间是否有事先约定为条件。

(四)没有明确具体请托事项的认定

实践中,往往存在没有明确具体请托事项的情况,此时要认定行为人收受财物行为属于权钱交易,存在一定困难。

需要首先明确的是,为他人谋取利益并不需要有明确的具体请托事项。"贿赂关系必须是作为职务行为以及与职务有密切关系行为的对价而提供的,这种对价关系,只要具有针对一定职务行为所实施抽象的、概括的回报性质就够了,不要求各种职务行为和该利益之间具有对价关系。"①有些情况下,行贿人所要求的是概括性的利益,包括日常性的照顾或者将来可能在某些具体事项上的照顾,在这种情况下,不存在具体的承诺,也就不需要查明具体的请托事项的内容,而需要考察行为人收受财物与行贿人追求的概括性利益之间的关系,两者存在关联,即属于权钱交易。

具体在司法认定中,往往通过行为人职务便利与请托人之间存在制约关系,并根据行为人接收财物的行为进行推定。这种推定建立在高度盖然性、足以排除合理怀疑的证明标准上。对该种推定,行为人可以通过证据提出反驳,但在行为人不能提出相反证据的情况下,应当认定行为人为他人谋取利益。

需要注意的是,根据行为人的职务与相对人的利益存在制约关系直接认定行为人承诺为他人谋取利益,仅限于横向上对外发生业务、经济往来的情形,而不能适用于收受下属或者具有行政管理关系的被管理人员的财物的情形。司法解释明确规定,这一情形的主体身份仅限于国家工作人员。《最高人民法院、最高人民检察院关于办理贪污贿赂刑事案件适用法律若干问题的解释》第13条第2款规定"国家工作人员索取、收受具有上下级关系的下属或者具有行政管理关系的被管理人员的财物价值三万元以上,可能影响职权行使的,视为承诺为他人谋取利益"。该条款只能适用于国家工作人员,不能对非国家工作人员类推适用。

---

① [日]大谷实:《刑法各论讲义》,黎宏译,中国人民大学出版社2008年版,第580页。

(五) 索贿与"为他人谋取利益"的认定

有观点认为,非国家工作人员受贿罪中,索贿不要求"为他人谋取利益"。但是索贿人能够索要财物,其凭借的就是职务的便利,能够为他人谋取利益。在"权钱交易"中,交易是双向的,行贿人以钱换权,行为人以权换钱,"索取他人财物"和"非法收受他人财物"的区别无非是主被动双方的地位的调换。更何况在非国家工作人员受贿中,行受贿双方的交往基础在于经济往来,如果不是利益驱动,行为人索贿也不会成功。立法者也持这样的态度,"'索取他人财物'主要是指公司、企业或者其他单位的工作人员以为他人谋取利益为条件,向他人索取财物"。①

在索贿的情况下,行为人通常以不履行其应当履行的职务,不为行贿人牟利,或者履行对行为人产生不利后果的职务相要挟,以此索取财物。因此往往出现不为行为人谋取利益的情形,对这种行为的性质认定,不能认为因为行贿人没有获得利益,权钱交易没有实现,而认为索贿的性质发生变化。只要行为人利用职务便利,向他人索取财物,本身已经侵犯到职务行为的不可收买性和非国家工作人员的职务廉洁性,仍然成立非国家工作人员受贿罪。

四、索取他人财物的司法认定

(一) 索取他人财物的界定

根据《刑法》第163条第1款之规定,非国家工作人员受贿罪有"索取他人财物"和"非法收受他人财物"两种行为,"索取他人财物"即是"索贿"("索取贿赂"),刑法或者司法解释并未规定明确的含义,现代汉语中的意思是"向人要(钱或者物品)"。通说认为,索贿是指"行为人主动向他人索要、勒索并收受财物,其基本特征是索要行为的主动性和交付行为的被动性"。② 对比非国家工作人员受贿罪的两种行为模式,"索取他人财物"带有明显的主动性,即行为人主动向他

---

① 全国人大常委会法制工作委员会刑法室编:《中华人民共和国刑法条文说明、立法理由及相关规定》,北京大学出版社2009年版,第279页。
② 高铭暄、马克昌主编:《刑法学》,北京大学出版社、高等教育出版社2022年版,第643页。

人索取、相对人被动给予,而"非法收受他人财物"则是相对人主动给予、行为人被动收受。

在利用职务便利为他人谋取某项利益收取财物时,不可能同时存在"索取他人财物"和"非法收受他人财物"两种行为,或者行为人先向相对人提出财物要求,或者相对人先向行为人提出给予财物的意向,两种行为是对立互斥关系。所以有观点通过积极层面的认定与消极层面的排除两个方面理解索贿:"即只要国家工作人员利用职务便利主动提出具体明确的财物要求,即构成索贿,除外情形是在国家工作人员索要财物之前或者提出之时,行贿人已经明示或者暗示要给予财物。"① 尽管这是对受贿罪中索贿情节的理解,但也同样适用于非国家工作人员受贿罪。

还有观点认为"'索取他人财物'的行为,索取包括'索'和'取'两个方面,而所谓的'索'就是勒索之意"②,但实际上,相对人遭到索取贿赂后,有时是真心自愿甚至出于感激的心态提供财物,并不一定是因受到勒索而被迫给予,这种情况相对人并不具有被胁迫的心态。可见,勒索贿赂只是"索取他人财物"的一种行为方式,并不能涵盖"索取他人财物"的全部含义,而这种方式由于相对人受到胁迫要挟,恶性较一般的索要行为更大。

据此,根据相对人给予财物时是否出于其自由意志,索贿可以表现为两种方式:要求型索贿、勒索型索贿。两者的区别在于行为人索取财物时,是否以实施或者不实施某种职务行为会损害相对人利益,威胁、迫使相对人交付财物。在要求型索贿中,又存在以欺骗方式要求相对人交付财物的情形。比如行为人以转送领导为由向请托人索要财物,只要行为人具有为他人牟利的职务便利,就构成索贿。

(二)勒索型索贿、欺骗方式索贿的性质认定

正因为索贿中的勒索型索贿的表现形式,在客观方面与敲诈勒索罪相似,进而出现非国家工作人员受贿罪与敲诈勒索的定性争议。

勒索型索贿在行为上可能同时符合敲诈勒索罪与非国家工作人员受贿罪的

---

① 段剑良:《从两个层次把握索贿的认定》,《检察日报》2021年9月7日,第7版。
② 刘光显:《简论索贿的几个问题》,《求实》1999年第10期,第20页。

要件,可能涉及刑法竞合的形态。刑法竞合是指行为人的一个行为或者数个关联行为符合多个构成要件的情况。刑法竞合包括了想象竞合与法条竞合。两者的区别在于,当一个犯罪行为同时触犯的数个法条之间存在重合或者交叉关系时,是法条竞合而非想象竞合;当一个犯罪行为同时触犯的数个法条之间不存在重合或者交叉关系时,是想象竞合而非法条竞合。法条竞合中,有一种类型是交叉关系的法条竞合,即数个法条之间的部分要件相互重合。想象竞合与交叉关系的法条竞合的区别在于,想象竞合犯是犯罪行为的竞合,是犯罪的现象形态,而法条竞合是犯罪所侵犯的社会关系错综交织以及法律规定的交错规定造成的,法条之间的联系,不以犯罪的发生为转移,无论犯罪是否发生,都可以通过对法条内容的分析,而确定其交叉关系。[①] 非国家工作人员受贿罪与敲诈勒索罪就属于这种交叉关系的法条竞合。

敲诈勒索罪的客观方面表现为,使用恐吓手段,使他人产生恐惧心理,进而获取财物。恐吓手段通常有两种,一种是直接以暴力相威胁,另一种是以恶害相通告的胁迫手段,既包括针对个人的以不作为的方式使掌握的隐私或者不法行为不被暴露或者揭发,也包括针对公司、单位的取消合作资质、揭发负面信息等。

非国家工作人员勒索型受贿在客观方面有勒索的情节,勒索情节能够同时被非国家工作人员受贿罪与敲诈勒索罪评价,从两个罪名的构成要件上不难看出,勒索行为既可以发生在敲诈勒索罪中,也可以发生在非国家工作人员受贿罪中,而敲诈勒索罪的构成要件也并不排除非国家工作人员利用职务便利,向他人勒索取财的行为。因此两罪在利用职务便利敲诈勒索的范围内存在重合的关系。

确定了法条竞合关系后,应当再通过特别法优于普通法的原则对罪名进行适用。如果一个行为(或者行为单数)违反了至少两个法规,其中一个法规除了包含另一个法规的所有要素之外,还至少规定了其他一些要素,那么这时法规之间成立特别关系。[②] 非国家工作人员受贿罪与敲诈勒索罪相较,非国家工作人员受贿罪除了有勒索的客观要件外,还增加了非国家工作人员的主体要件和利用职务便利的客观要件。因此,勒索型非国家工作人员受贿罪与敲诈勒索罪是

---

① 陈兴良、龚培华、李奇路:《法条竞合论》,复旦大学出版社1993年版,第114页。
② [德]乌尔斯·金德霍伊泽尔:《刑法总论教科书》,蔡桂生译,北京大学出版社2015年版,第487页。

特殊法与普通法的关系。非国家工作人员勒索时利用了职务便利，则构成非国家工作人员受贿罪，如果没有利用职务便利，则构成敲诈勒索罪。因此，在判断勒索型非国家工作人员受贿罪和敲诈勒索罪时，需要注意区分"利用职务便利"与"利用工作便利"的区别，即行为人与行贿人之间是否有隶属与制约的管理关系。如果没有这种管理关系，行为人利用在工作时获取的行贿人的负面消息，以揭发负面消息或者是以通过与其没有隶属关系的工作人员取消合作资质等方式胁迫相对人给付财物，应当认定为敲诈勒索罪。

此外，对于非国家工作人员利用职务便利实施犯罪的法条竞合关系并非局限于勒索型非国家工作人员受贿罪与敲诈勒索罪两罪。非国家工作人员利用职务便利，盗窃、诈骗本单位财物的，因行为人利用职务便利的特殊要件，故而认定的是职务侵占罪，而非盗窃罪与诈骗罪。

同理，在评价以欺骗方式索贿时，诈骗罪与非国家工作人员受贿罪在虚构事实、隐瞒真相，欺骗相对人自愿交付财物的客观要件上也是重叠的，只是非国家工作人员受贿罪还规定了利用职务便利的规范要素。对利用职务便利、以欺骗方式索贿的，同样应当认定为非国家工作人员受贿罪。

五、收受各种名义的回扣、手续费的司法认定

《刑法》第 163 条第 2 款规定，公司、企业或者其他单位的工作人员在经济往来中，利用职务上的便利，违反国家规定，收受各种名义的回扣、手续费，归个人所有的，构成非国家工作人员受贿罪。

根据《刑法》第 96 条的规定，违反国家规定，是指违反全国人民代表大会及其常务委员会制定的法律和决定，国务院制定的行政法规、规定的行政措施、发布的决定和命令。我国关于收取回扣、手续费的国家规定一般指的是《反不正当竞争法》。《反不正当竞争法》第 7 条规定："经营者不得采用财物或者其他手段贿赂下列单位或者个人，以谋取交易机会或者竞争优势：（一）交易相对方的工作人员；（二）受交易相对方委托办理相关事务的单位或者个人；（三）利用职权或者影响力影响交易的单位或者个人。经营者在交易活动中，可以以明示方式向交易相对方支付折扣，或者向中间人支付佣金。经营者向交易相对方支付折扣、向中间人支付佣金的，应当如实入账。接受折扣、佣金的经营者也应当如实入账。经营者的工作人员进行贿赂的，应当认定为经营者的行为；但是，经营者有证据

证明该工作人员的行为与为经营者谋取交易机会或者竞争优势无关的除外。"

根据原国家工商行政管理总局《关于禁止商业贿赂行为的暂行规定》（国家工商行政管理局令〔1996〕第 60 号）："回扣，是指经营者销售商品时在帐外暗中以现金、实物或者其他方式退给对方单位或者个人的一定比例的商品价款"；"帐外暗中，是指未在依法设立的反映其生产经营活动或者行政事业经费收支的财务帐上按照财务会计制度规定明确如实记载，包括不记入财务帐、转入其他财务帐或者做假帐等"；"折扣，即商品购销中的让利，是指经营者在销售商品时，以明示并如实入帐的方式给予对方的价格优惠，包括支付价款时对价款总额按一定比例即时予以扣除和支付价款总额后再按一定比例予以退还两种形式"。回扣和折扣相较，有如下区别：一是回扣系双方均账外暗中秘密给付，而折扣则是计入合同、如实入账；二是折扣只能由卖方提供，而回扣既可以由卖方支付，也可以由买方支付；三是折扣没有损害单位的利益，而回扣增加了单位的费用。

《关于禁止商业贿赂行为的暂行规定》还明确："本规定所称佣金，是指经营者在市场交易中给予为其提供服务的具有合法经营资格中间人的劳务报酬。"佣金具有如下特点：第一，佣金是一种劳务报酬，是对中间人促成交易的对价，可以由买方支付，也可以由卖方支付，还可以双方共同支付；第二，佣金只能支付给促成交易，为交易双方从事信息介绍、代理服务等活动的单位和个人，不能是交易双方本身或者其代表人、代理人；第三，佣金的支付和接收必须公开明示、如实入账。

第三节　罪名适用中的典型案例

一、缪某某职务侵占案

（一）案件介绍[①]

2011 年起，被告人缪某某在安正时尚集团股份有限公司（以下简称安正公

[①] 浙江省海宁市人民法院刑事判决书（2012）嘉海刑初字第 705 号。

司)采购部担任研发采购经理,主要负责服装面料的研发、采购、议价及选择供货商等。2012年初,被告人缪某某利用职务便利,在与材料供应商可丽有限公司(以下简称可丽公司)业务员谯利春进行面料采购业务洽谈过程中,经被告人缪某某提议后双方约定,可丽公司在向安正公司销售面料的原报价基础上,再每米增加3元,可丽公司从安正公司结算货款后将上述虚增的价款支付给被告人缪某某。事后,谯利春于同年5月31日按约定支付被告人缪某某虚增价款共计21000元。案发后,被告人缪某某退出全部赃款21000元,现存于海宁市公安局。

海宁市人民检察院指控被告人缪某某构成非国家工作人员受贿罪,建议海宁市人民法院适用简易程序,对被告人缪某某依法判处。

被告人缪某某对起诉书指控的犯罪事实及罪名均无异议。

海宁市人民法院经审理认为,被告人缪某某利用职务上的便利,将本单位财物非法占为己有,共计21000元,数额较大,其行为已构成职务侵占罪。公诉机关指控罪名有误,适用法律不当,应予纠正。归案后,被告人缪某某能如实供述自己的罪行,案发后已退出全部违法所得,分别可以依法及酌情从轻处罚。依照《中华人民共和国刑法》第271条第1款、第67条第3款、第72条第1款、第73条第2、3款、第64条之规定,以职务侵占罪判处被告人缪某某有期徒刑九个月,缓刑一年。被告人缪某某违法所得21000元,由海宁市公安局发还安正公司。

(二)简要点评

司法实践中,对如下两种行为的定性可能出现非国家工作人员受贿罪与职务侵占罪的混淆:

一种是购买方单位工作人员利用采购的职务便利,与卖方单位约定"好处费"并虚增采购价,价款汇入卖方单位后通过转移支付的方式将差价占为己有的行为,本案就属于这种情形。

另一种是卖方单位工作人员利用商谈价格的职务便利,与买方约定较低的合同价款,并另与卖方单位约定"好处费",由卖方单位直接向其支付的行为。

对第一种行为不能仅根据差价被冠以"好处费"的名义认定非国家工作人员受贿罪,而应当认定为职务侵占罪。对第二种行为不能仅根据买方单位的利益受损认定为职务侵占罪,而应当认定为非国家工作人员受贿罪。

非国家工作人员受贿罪与职务侵占罪的关键区别是犯罪对象不同。非国家工作人员受贿罪的犯罪对象是他人给付的财物、回扣以及手续费,获取的财物不属于本单位所有;而职务侵占罪的犯罪对象是本单位财物,犯罪对象既包括本单位所有的财物,也包括本单位依照法律规定或者依照合同约定收取、管理、使用或者运输的他人财物。因此,区分两罪的关键在于"好处费"的来源。在第一种行为中,表面看是卖方给行为人的"好处费",符合非国家工作人员受贿罪的特征,但实质上这笔钱款是买方单位的,行为人利用供应商骗取本公司的钱款,符合职务侵占罪虚构事实、隐瞒真相骗取本单位钱款的本质特征,因此构成职务侵占罪。而在第二种行为中,表面上看,卖方单位因行为人做低合同价款而利益受损,但实际上,"好处费"是直接来源于买方单位,行为人利用职务便利,做低价款,收受对方钱财,符合非国家工作人员受贿罪的构成要件。

本案被告人缪某某通过与供应商串通,将提高的面料采购款以回扣的形式返还给缪某某,供应商在原定价格的基础上并没有损失,受到直接损失的是被告人缪某某所在的安正公司,安正公司在缪某某的欺骗下,额外支付了本不该支付的货款,并最终被缪某某占为己有,因此构成职务侵占罪。

二、马某林非国家工作人员受贿案

(一) 案件介绍[①]

2012年1月至2013年6月,北京春庭月文化传媒有限公司(以下简称春庭月公司)以加入"百度联盟"的形式与百度在线网络技术(北京)有限公司(以下简称百度公司)进行合作,在此期间被告人马某林利用其在百度公司担任联盟发展部总经理的职务便利,收受春庭月公司关某、张某以转账形式给予的钱款共计人民币3953951.28元。2014年11月7日,被告人马某林被公安机关抓获归案。

北京市海淀区人民法院审理北京市海淀区人民检察院指控被告人马某林非

[①] 一审:北京市海淀区人民法院刑事判决书(2015)海刑初字第1953号;二审:北京市第一中级人民法院刑事判决书(2016)京01刑终109号;再审:北京市东城区人民法院刑事判决书(2018)京0101刑初135号。

国家工作人员受贿一案,于 2015 年 12 月 30 日作出(2015)海刑初字第 1953 号刑事判决。认定被告人马某林犯非国家工作人员受贿罪,判处有期徒刑七年;向被告人马某林追缴违法所得,予以没收,上缴国库;在案查封的房产予以处理。

马某林对一审判决不服提出上诉,上诉理由为:春庭月公司基于其对该公司的帮助给予其钱款,其没有利用在百度公司的职务便利为该公司谋取利益,其收取的钱款不是受贿所得。上诉人马某林辩护人的辩护意见为:在北京创通联合科技有限公司(以下简称创通公司)与百度公司合作初期,马某林对创通公司给予了诸多业务指导,该公司基于对马某林的感激,将从百度公司获得的收入以一定的比例支付给马某林。该笔钱款与马某林在百度公司担任的职务无关,系马某林获得的合法报酬。在马某林担任联盟发展部总经理后,虽负责管理创通公司及承接该公司业务的春庭月公司与百度公司之间的合作,但春庭月公司仍延续之前的比例给予马某林报酬,故原有比例范围内的钱款仍属于马某林获得的合法收入,故原判认定犯罪数额有误。

北京市第一中级人民法院经审理,查明原审法院作出的判决认定马某林非法收受钱款的数额有误,纠正为人民币 349 万余元,并改判被告人马某林犯非国家工作人员受贿罪,判处有期徒刑五年。

北京市第一中级人民法院认为,经查:2012 年 1 月,马某林担任百度公司联盟发展部总经理,负责联盟发展部全面工作,包括百度联盟与会员单位的业务合作、分成比例等。同年 3 月,春庭月公司的负责人张某请求马某林帮助将该公司获取的分成比例提高至 50%,并向百度公司提出申请。马某林作为联盟发展部负责人依职权审批通过。为了感谢马某林在审批过程中提供的帮助,春庭月公司将每月从百度公司获取的分成按照一定的比例以转账的形式给予马某林。故马某林的行为符合利用职务上的便利,非法收受他人财物,为他人谋取利益的构成要件。其上诉理由缺乏事实及法律依据,不予采纳。对于上诉人马某林的辩护人关于原判认定犯罪数额有误的辩护理由,经查:马某林利用职权帮助春庭月公司审批通过提高分成比例,与该公司明确约定提高给予其钱款的数额,且在此后长期收受该公司给予的好处费。其所收受的钱款与其在百度公司担任的职务以及其为春庭月公司提供的帮助之间具有明确的对应关系,符合受贿型犯罪中权钱交易的本质特征。故其于 2012 年 5 月后收受的钱款均属于受贿所得。马某林的辩护人关于马某林于 2012 年 1 月至 5 月收受的钱款不属于受贿所得的辩护意见,本院予以采纳,但关于马某林于2012年5月后收受钱款中的部分数额不应计入受贿数额的辩护意见缺乏法律依据,不予采纳。

北京市人民检察院于2017年4月13日向北京市高级人民法院提出抗诉。北京市高级人民法院于2017年12月27日作出(2017)京刑再12号刑事裁定撤销了北京市第一中级人民法院作出的二审判决,发回北京市海淀区人民法院重新审判,并于同日作出(2017)京刑再12号指定管辖决定书,将该案移送北京市东城区人民法院审判。

北京市东城区人民法院认定事实与一审认定事实一致,并判决被告人马某林犯非国家工作人员受贿罪,判处有期徒刑五年;扣押在案的违法所得予以没收,上缴国库;查封在案的房产,解除查封,予以发还。

再审法院认为,根据规定,利用职务上的便利,是指工作人员利用自己主管、经营或者参与公司某项工作的便利条件。为他人谋取利益,既包括不正当利益,也包括正当利益,包括承诺、实施和实现三个阶段,只要具备其中一个阶段的行为,即可认定为"为他人谋取利益"。

2012年1月至4月,被告人马某林虽然未审批春庭月公司与百度公司的合作合同,提高春庭月公司的广告费分成比例,但其已于2012年1月升任为百度公司联盟发展部总经理,有权决定联盟一切事务,包括确定合作对象、决定分成比例等,具备了非国家工作人员受贿罪要求的职务便利条件;马某林在明知春庭月公司负责人关某、张某有谋求其利用职务便利为春庭月公司带来利益的请托目的,仍收受二人给予的好处费,视为"承诺"为他人谋取利益,其行为侵犯了非国有公司人员职务行为的廉洁性,故该阶段马某林收受的钱款应认定为受贿款。2012年4月至2013年6月,被告人马某林具备百度公司联盟发展部总经理的职务便利,且利用了上述职务便利,审批了春庭月公司与百度公司之间的合作合同,提高了春庭月公司的广告费分成比例,实施了保障春庭月公司和百度公司之间的顺利合作的行为,视为"实施""实现"为他人谋取利益,即使该利益正当,马某林的行为仍侵犯了非国有公司人员职务行为的廉洁性,故该阶段马某林收受的钱款均应认定为受贿款。另,马某林收受春庭月公司给付钱款的时间、金额、比例与春庭月公司从百度公司获得的广告费分成密切相关,且呈现一定的比例关系,马某林收取春庭月公司给付的钱款时,采用了他人的账户而非其个人账户等,均印证了本案钱款的受贿款性质。

（二）简要点评

本案针对被告人马某林 2012 年 1 月至 4 月涉案贿款 40 万余元的争议，历经一审、二审、再审，以再审认定事实与一审认定事实一致而尘埃落定。该 40 万元背后的争议在于，如何认定收受的财物系为行贿人谋取利益的对价？本案二审法院认为，马某林利用职权帮助行贿人谋取利益在前，收取财物在后，故其收取的财物与其职务便利具有对应关系。再审法院认为，被告人马某林升任为百度公司联盟发展部总经理后，明知他人有具体请托事项，仍收受财物，视为"承诺"为他人谋取利益，故构成非国家工作人员受贿罪。本案中，春庭月公司此前已和百度联盟有合作关系，在被告人马某林升任后，在分成比例、达成合作等事项上均受到被告人马某林制约。根据行贿人与百度公司联盟发展部的业务往来情况以及被告人马某林的总经理的职务内容，马某林是明知或者应当知道对方有具体请托事项，在此情形下，仍然收取财物，即成立了非国家工作人员受贿罪。即便是之后春庭月公司没有提出提高广告费分成比例，基于马某林与春庭月公司之间的制约管理关系，其主观上仍有获得日常性的照顾等概括性利益。二审改判错误的根源在于，忽视了被告人马某林收取财物之前已经对行贿人的利益产生制约的事实。

三、邵某非国家工作人员受贿案

（一）案件介绍①

成都市第三建筑工程公司 2011 年 5 月 23 日与成都市龙光房地产有限公司签订建设工程施工合同，由成都市第三建筑工程公司承包"龙某天悦龙庭"项目的施工总承包。2011 年 7 月 15 日成都市第三建筑工程公司与四川中宇建设工程有限公司签订联合施工协议书，成都市第三建筑工程公司授权四川中宇建设工程有限公司开展"龙某天悦龙庭"项目建设工程联合施工，刘某 1 为项目负责人。2011 年 12 月，被告人邵某由刘某 1 招聘进入"天悦龙庭"履行项目经理职责，全面负责该项目工程施工的绝大部分具体事务，2012 年 9 月 3 日被告人邵

---

① 四川省成都市中级人民法院刑事判决书(2016)川 01 刑终 20 号。

某与成都市第三建筑工程公司签订劳动合同。

闵某 1 于 2012 年 5 月经人介绍与被告人邵某认识。2012 年 5 月 20 日,被告人邵某以成都市第三建筑工程公司名义与闵某 1 以四川龙昕伟业建筑加固工程技术有限公司名义签订"龙某天悦龙庭植筋工程劳务分包合同",由闵某 1 在"龙某天悦龙庭"项目内进行植筋工程施工,2014 年 1 月 2 日双方进行了结算。2012 年 5 月至 2013 年 2 月间,被告人邵某分四次收受闵某 1 现金共计 4 万元并全部耗用。

成都市锦江区人民法院于 2015 年 11 月 30 日作出(2015)锦江刑初字第 835 号刑事判决,判处被告人邵某犯非国家工作人员受贿罪,判处有期徒刑一年六个月;被告人邵某的违法所得 40 000 元予以追缴。

被告人邵某不服提出上诉,邵某及其辩护人提出下列理由请求改判无罪:刘某 1 借用四川中宇建设有限公司名义、利用成都市第三建筑工程公司建筑施工资质修建"龙某天悦龙庭"项目,是挂靠单位承建项目的个体户,邵某与刘某 1 之间属雇佣关系,其不符合非国家工作人员受贿罪主体资格;一审法院认定的证据相互矛盾,邵某没有非法占有和索取他人财物的目的,在施工管理中未利用职务上的便利为他人谋取利益,其收受的 4 万元是闵某 1 的私人赠予;邵某收取闵某 1 的 4 万元用于"龙某天悦龙庭"项目日常开支,未据为己有。

二审法院认为,上诉人邵某作为成都市第三建筑工程公司承建的"龙某天悦龙庭"项目管理人员期间,利用职务便利,非法收受该项目植筋工程负责人闵某 1 给予的人民币 4 万元,为他人谋取利益,数额较大,其行为已构成非国家工作人员受贿罪。上诉人邵某的亲属已代其退赃 4 万元,可酌情从轻处罚。鉴于二审期间上诉人邵某的家属代其退出全部受贿所得,本院在量刑上予以调整,改判判处有期徒刑一年二个月。

裁判理由:(1)对上诉人邵某及其辩护人所提刘某 1 借用四川中宇建设有限公司名义、利用成都市第三建筑工程公司建筑施工资质修建"龙某天悦龙庭"项目,是挂靠单位承建项目的个体户,邵某与刘某 1 之间属雇佣关系,其不符合非国家工作人员受贿罪主体资格的上诉理由及辩护意见。二审法院认为,成都市第三建筑工程公司与四川中宇建设工程有限公司签订的"龙某天悦龙庭"工程联合施工协议书、上诉人邵某与成都市第三建筑工程公司签订的劳动合同与证人刘某 1、闵某 1、林某 3 等人的证言及被告人邵某在侦查阶段的供述能够相互印证,证实成都市第三建筑工程公司聘任刘某1为"龙某天悦龙庭"工程项目经理,后刘某1招聘邵某担任该项目执行经理,邵某就在成都市第三建筑工程公司从事管理工作,主持了"龙某天悦龙庭"项目日常工作的事实。"建筑工程劳务分包合同"等证据亦证实上诉人邵某对外系以成都市第三建筑工程公司名义签订合同。故上诉人邵某属于成都市第三建筑工程公司授权刘某1雇佣、安排并认可的人员。同时,工程项目部属于成都市第三建筑工程公司为实施特定项目而设立的非常设性的组织,具有相对独立的实施专项工程的职责、确定的工作场所、人员、管理制度等,应认定为非国家工作人员受贿罪中的"其他单位"性质。上诉人邵某符合非国家工作人员受贿罪中的公司、企业或者其他单位工作人员的主体资格规定。(2)对上诉人邵某及其辩护人所提邵某没有非法占有和索取他人财物的目的,在施工中未利用职务上的便利为他人谋取利益,其收受的4万元是闵某1的私人赠予,且该钱款已用于工程项目的上诉理由及辩护意见。二审法院认为,首先,证人刘某1、闵某1的证言及上诉人邵某的供述等证据能够相互印证,证实邵某负责对涉案"龙某天悦龙庭"项目在工程款结算等方面履行全面管理职责;其次,上诉人邵某在侦查阶段供述称其收受闵某1给予的钱款,是闵某1在植筋工程入场及拨款结账后表示的感谢,该供述与闵某1陈述的邵某负责"龙某天悦龙庭"项目部工程款的发放,其为了能够在工程款回来后先拨款和结算,因此才分4次给予邵某4万元好处费的证言相吻合,足以证实上诉人邵某利用职务便利,非法收受被管理项目中植筋工程负责人财物,为他人谋取利益的事实;最后,邵某及其辩护人所提该4万元已全部用于项目部的意见,并无任何证据印证。

(二) 案件点评

在建筑业里,所谓挂靠是指一个施工企业允许他人在一定期间内使用自己企业名义对外承接工程的行为。允许他人使用自己名义的企业是被挂靠企业,挂靠人是指使用被挂靠企业名义从事经营活动的企业或者个人。挂靠在《建筑法》中是被禁止的行为。该法第26条规定"禁止建筑施工企业超越本企业资质等级许可的业务范围或者以任何形式用其他建筑施工企业的名义承揽工程。禁止建筑施工企业以任何形式允许其他单位或者个人使用本企业的资质证书、营业执照,以本企业的名义承揽工程"。挂靠人与被挂靠企业之间签订的施工协议、分包协议、内部承包协议以及被挂靠企业与业主签订的总包施工合同,一般认定无效。2004年《最高人民法院关于审理建设工程施工合同纠纷案件适用法律问题的解释》(已废止,法释〔2004〕14号)第一条规定"建设工程施工合同具有下列情形之一的,应当根据合同法第五十二条第(五)项的规定,认定无效:……(二)没有资质的实际施工人借用有资质的建筑施工企业名义的"。①

为了规避《建筑法》及司法解释的规定,挂靠人及挂靠人的雇员,会通过与被挂靠方签署劳动合同的方式,掩盖挂靠的实质;挂靠人会在向他人分包部分工程时收取以"好处费""中介费"为名义的钱款。

本案案发的背景是建筑工程中的挂靠乱象。如何认定此类挂靠人及挂靠人的雇员的身份,是认定此类案件是否构成非国家工作人员受贿罪的关键。

有观点认为挂靠人及其雇员是出于规避法律的目的,与被挂靠公司签署劳动合同,有时甚至不签署劳动合同,挂靠人及其雇员本身并不从被挂靠公司领取工资,业务上只是完成承揽工程,并不受被挂靠公司管理。因此其不属于非国家工作人员,是中间人的身份,其分包工程时收取的"好处费"仅具有佣金的性质。

但笔者认为,认定行为人是否是非国家工作人员,挂靠关系,甚至有无签订劳动合同、单位有无为员工缴纳社保,都不是影响认定非国家工作人员主体的要素。认定非国家工作人员的关键是,是否受单位的劳动管理,以单位名义从事单位业务。原劳动和社会保障部《关于确立劳动关系有关事项的通知》(劳社部发〔2005〕12号)规定:"用人单位招用劳动者未订立书面劳动合同,但同时具备下列情形的,劳动关系成立。(一)用人单位和劳动者符合法律、法规规定的主体资格;(二)用人单位依法制定的各项劳动规章制度适用于劳动者,劳动者受用人单位的劳动管理,从事用人单位安排的有报酬的劳动;(三)劳动者提供的劳动是用人单位业务的组成部分。"根据该通知,接受用人单位管理,从事指定工作,并获取劳动报酬、享有相关劳动权利、负有劳动义务的,形成事实劳动关系的人员,应当认为是"公司、企业或者其他单位的工作人员"。本案邵某主持"龙某天悦龙

---

① 该司法解释现已废止,现行司法解释系《最高人民法院关于审理建设工程施工合同纠纷案件适用法律问题的解释(一)》(法释〔2020〕25号),该解释第一条规定:"建设工程施工合同具有下列情形之一的,应当依据民法典第一百五十三条第一款的规定,认定无效:……(二)没有资质的实际施工人借用有资质的建筑施工企业名义的;……承包人因转包、违法分包建设工程与他人签订的建设工程施工合同,应当依据民法典第一百五十三条第一款及第七百九十一条第二款、第三款的规定,认定无效。"予以说明。

庭"项目日常工作,实际履行了成都市第三建筑工程公司业务的组成部分,又因主持项目日常工作具有管理职能,仍具备非国家工作人员受贿罪的主体身份。其利用职务便利,非法收受被管理项目中植筋工程负责人财物,为他人谋取利益,构成非国家工作人员受贿罪。

第七章 违法发放贷款罪

违法发放贷款罪规定在《刑法》分则第三章第四节,属于破坏金融管理秩序的犯罪。本罪的犯罪主体为特殊主体,包括银行或者其他金融机构的工作人员,这些人员由于其工作特性,是破坏金融秩序犯罪的主要防控对象。违法发放贷款的行为现已成为金融机构工作人员常见的犯罪行为之一,属于常见的职务犯罪。本章重点就违法发放贷款罪适用中的疑难问题进行介绍与论证,包括本罪构成要件的认定问题,如"违反国家规定"、"其他金融机构"、主观要件、数额与损失的认定等;本罪与其他犯罪如"骗取贷款罪""贷款诈骗罪""挪用资金罪"等的区别与联系;并通过案例对以上问题中的争议进行举例与探讨。

第一节 罪名适用概览与文献综述

一、罪名适用概览

违法发放贷款罪,是指银行或者其他金融机构的工作人员违反国家规定发放贷款,数额巨大或者造成较大损失的行为。"向关系人发放贷款"是本罪的从重处罚情节,根据《商业银行法》第40条规定,"关系人"是指"(一)商业银行的董事、监事、管理人员、信贷业务人员及其近亲属;(二)前项所列人员投资或者担任高级管理职务的公司、企业和其他经济组织"。本罪的刑事立案标准是①:违法发放贷款,数额在二百万元以上的;或是违法发放贷款,造成直接经济损失数额在五十万元以上的。

1979年《刑法》对于"违法发放贷款"的行为缺少单独的规定,在当时的实践中,对商业银行工作人员违反规定发放贷款造成损失的,按玩忽职守罪定罪处罚。1995年全国人大常委会《关于惩治破坏金融秩序犯罪的决定》首次将违法向关系人发放贷款和违法发放贷款的行为规定为独立的犯罪。② 我国1997年《刑法》基本采纳了该决定中的上述内容,将本罪规定为:违法向关系人发放贷款罪、违法发放贷款罪。2006年根据《刑法修正案(六)》,具体修改为:将"违反法律、行政法规规定"改为"违反国家规定";简化罪状;明确违法向关系人发放贷款与违法发放贷款的犯罪条件相同;将向关系人发放明确为从重处罚情节;将"较大损失""重大损失""特别重大损失"结果改为"数额巨大或造成重大损失""数额特别巨大或造成特别重大损失"。

通过对裁判文书的实证研究发现③,本罪判决书数量从2013年的29例逐年上升,2015年—2020年年均150例左右,2021年仅56例。本罪一审刑事判决结果为④:判处不满三年有期徒刑或拘役的为38.56%(445例)、三年以上不满十年有期徒刑的为29.29%(338例)、十年以上有期徒刑的为1.3%(15例),28.34%的被告人被判处了缓刑(327例),49.05%的被告人被从轻处罚(566例)、9.18%的被告人被减轻处罚(106例)、5.58%的被告人被免予刑事处罚(141例),免予刑事处罚的案例中,多为贷款本金已追回(当然被告人同时还具

---

① 《最高人民检察院、公安部关于公安机关管辖的刑事案件立案追诉标准的规定(二)》第37条(2022年5月15日施行);原规定为"……数额在一百万元以上的;……造成直接经济损失数额在二十万元以上的",参见《最高人民检察院、公安部关于公安机关管辖的刑事案件立案追诉标准的规定(二)》第42条(2010年5月7日施行)。
② 《全国人民代表大会常务委员会关于惩治破坏金融秩序犯罪的决定》(中华人民共和国主席令第五十二号)1995年6月30日实施。
③ 本章通过"聚法案例"平台进行检索,以本罪为案由的刑事案件一审判决书共2 527例,检索日期为2022年8月28日。
④ 为确保数据正确性,本章又通过"聚法案例"平台的"类案检索"功能进行检索,本罪的一审情况如下:1 136个判决书,平均刑期为2年8个月,缓刑可能性为26.94%,判处不满三年有期徒刑或拘役的为440例(38.73%)、三年以上不满十年有期徒刑的为341例(30.02%)、十年以上有期徒刑的为25例(2.2%),被告人无罪可能性为0.44%、免予刑事处罚可能性为12.15%。

有从犯、自首、认罪认罚等情节),①量刑情节中被认定较多的情节分别为自首(482 例,19.07%)、犯罪未遂(243 例,9.62%)、坦白(167 例,6.61%),认定单位犯罪的仅 3 例。②

二、研究文献综述

外文文献中,经检索,并未查找到相关文献,这可能与国外对本罪的立法模式有关,如日本刑法中就没有规定违法发放贷款罪,但是该行为可能构成背信罪。③ 中文文献中,对本罪的理论研究不多,多体现为研究金融犯罪专著的一个章节,④或是与其他存款贷款犯罪一起作为研究对象出现。⑤ 如刘宪权教授的《金融犯罪刑法学新论》《金融犯罪刑法学专论》《金融犯罪刑法学原理》中,将本罪的司法认定,作为"危害金融机构存贷管理制度犯罪研究"一章的其中一节,讨论了如"违反国家规定"、违法发放贷款行为、"关系人"范围、"数额巨大或者造成重大损失"、主观罪过的认定问题。

经知网以"违法发放贷款"为主题词检索,共检索到 72 篇期刊论文、6 篇博士论文⑥、23 篇硕士论文⑦。经检索发现,最早的研究出现在 1996 年⑧,2006 年《刑法》修正后,曾出现研究的"小热潮"。既有研究主要包括以下四方面内容:一是违法发放贷款罪与骗取贷款罪、挪用资金罪的关系。如认为违法发放贷款罪

---

① 如辽宁省盘锦市中级人民法院刑事判决书(2019)辽 11 刑初 11 号、山西省运城市新绛县人民法院刑事判决书(2019)晋 0825 刑初 119 号等。
② 经检索,法院认定为单位犯罪的为:四川省眉山市东坡区人民法院刑事判决书(2018)川 1402 刑初 38 号、湖南省桂阳县人民法院刑事判决书(2020)湘 1021 刑初 104 号、四川省三台县人民法院刑事判决书(2016)川 0722 刑初 281 号。
③ "即使属于不当贷款,如果确实采取了设定担保等确保债权回收的必要措施,那么仍不构成背信罪。"[日]芝原邦尔:《经济刑法》,金光旭译,法律出版社 2002 年,第 28 页。
④ 刘宪权:《金融犯罪刑法学原理》,上海人民出版社 2020 年版,第 228—238 页。
⑤ 张勇:《存贷犯罪刑法理论与实务》,上海人民出版社 2012 年版;任继鸿、陈英慧、王鑫磊:《贷款犯罪论纲》,吉林人民出版社 2017 年版。
⑥ 同样是作为研究对象之一出现,另见胡洪春:《我国存贷款犯罪研究》,华东政法大学 2013 年博士学位论文;任继鸿:《贷款犯罪研究》,吉林大学 2005 年博士学位论文;刘鑫:《论民间融资的刑法规制》,华东政法大学 2012 年博士学位论文;等等。
⑦ 大部分是在"骗取贷款罪"研究中涉及,参见赵晓雯:《骗取贷款罪疑难问题研究》,中国人民公安大学 2021 年硕士学位论文;李佳波:《骗取贷款罪客观方面的司法认定研究》,华东政法大学 2019 年硕士学位论文等。
⑧ 徐建新:《试论违法发放贷款罪》,《浙江省政法管理干部学院学报》1996 年第 3 期。

与挪用资金罪为重合关系,违法发放贷款行为的不法内涵可理解为特殊的挪用资金,二者本质上属于使本单位所有资金脱离本单位控制而为他人或行为人自己使用,进而侵犯本单位财产权的背信行为;只不过基于信贷金融领域的特殊性,违法发放贷款是违反国家意志的挪用资金,不仅侵犯本单位财产权还侵犯其他借款人的机会利益,而一般的挪用资金只违反单位意志,也仅侵犯本单位财产权;①认为骗取贷款罪关键是使银行人员陷入认识错误,因此两罪并不一定是对合犯的关系。②

二是违法发放贷款罪的主体范围能否包括小额贷款公司、典当行等。如认为小额贷款公司等放贷经营主体非法发放高利贷业务的行为,可以以"违法发放贷款罪"定罪;③认为典当行违规发放贷款不能构成违法发放贷款罪,但可以构成高利转贷罪。④

三是违法发放贷款罪的司法认定问题⑤,包括"违反国家规定""主观罪过""违法给自己放贷"等。如认为"违反国家规定"的范围限于中国人民银行或者国家金融监督管理总局制定的规章以上层级规范,不包括金融机构内部自行制定的贷款细则;⑥认为"违反国家规定"属违法要素,体现的内涵是行为人违反国家对贷款工作人员实施的特别管控,只能援引放贷制度的规定,而不能援引其他有关工作职责的规定等。⑦

四是从犯罪学角度对金融机构职务犯罪的原因及防控进行分析。如认为,农村金融机构职务犯罪高发的原因是:涉案人员法制观念淡薄,职业道德素质低下;内部管理宽松,考核机制不合理,稽核检查落实不到位;行业监管体制长期没有理顺,缺乏有效监管,公安经侦部门的基础防控工作也没有得到有效开展;经济形势的下行也在一定程度上催生了案件的频发。对此,农村金融机构应当健全招录制度和培训机制;健全内部激励和约束机制;实现稳健经营;健全监督体

---

① 黄小飞:《违法发放贷款罪的构成要件行为新诠》,《甘肃政法大学学报》2021年第3期。
② 张明楷:《骗取贷款罪的构造》,《清华法学》2019年第5期。
③ 王志远:《非法放贷行为刑法规制路径的当代选择及其评判》,《中国政法大学学报》2021年第1期。
④ 卢勤忠:《涉典当犯罪的法教义学分析》,《法学》2016年第3期。
⑤ 例如王美鹏、李俊:《违法发放贷款犯罪问题研究》,《人民检察》2017年第18期;侯国云、陈丽华:《违法向关系人发放贷款罪的几个问题》,《法学杂志》2001年第2期;等等。
⑥ 汪红年、徐政楠:《违法发放贷款罪的认定》,《河南科技大学学报(社会科学版)》2016年第5期。
⑦ 黄小飞:《违法发放贷款罪的构成要件行为新诠》,《甘肃政法大学学报》2021年第3期。

系；上级机构应强化管理力度；公安应构建起防控聚合性工作机制，从根本上控制职务犯罪的发生。①

纵览以上研究发现，我国学界目前关于本罪的研究呈现以下两方面特点：一是研究重点主要是教义学面向，即本罪构成要件及与他罪的关系问题是研究的重心；二是随着民间融资样态的多样化，对本罪规制的主体范围是否需要扩张也成为理论探讨热点，借此对融资犯罪行为进行防控。

第二节 罪名适用中的疑难问题

一、"违反国家规定"的认定

根据《刑法修正案（六）》，本罪由"违反法律、行政法规规定"改为了"违反国家规定"，显示出扩大前置法的立法意图。根据《刑法》第96条规定，"违反国家规定，是指违反全国人民代表大会及其常务委员会制定的法律和决定，国务院制定的行政法规、规定的行政措施、发布的决定和命令"。按照这一规定，银保监会、中国人民银行等机构制定的规范性文件如《贷款通则》（中国人民银行令〔1996〕2号）、《流动资金贷款管理暂行办法》（中国银行业监督管理委员会令〔2010〕第1号）、《个人贷款管理暂行办法》（中国银行业监督管理委员会令〔2010〕第2号）等是不能作为本罪"违反国家规定"适用范围的。"立法者更倾向于对违规发放贷款罪的违法依据取严格解释。"②

然而司法实践中，"国家规定"的范围却在进一步扩大，如2010年最高人民检察院审监厅在《关于对郭××涉嫌违法发放贷款犯罪性质认定的回复意见》（〔2010〕高检审监函32号）中明确："银监会制定的《流动资金贷款管理暂行办法》和《个人贷款管理暂行办法》是对《中华人民共和国商业银行法》有关规定的细化，可以作为认定案件性质的依据。"法院在判决中也同样适用上述规定。③

---

① 原军：《农村金融机构职务犯罪原因及防控对策》，《山东警察学院学报》2020年第5期。
② 刘宪权：《金融犯罪刑法学专论》，北京大学出版社2010年版，第246页。
③ 如黑龙江省哈尔滨市中级人民法院刑事判决书（2021）黑01刑终15号、湖北省随州市中级人民法院刑事判决书（2020）鄂13刑终135号。

笔者认为,《流动资金贷款管理暂行办法》《贷款通则》等规定,是对《商业银行法》的细化。《商业银行法》第 74 条规定了商业银行可能构成犯罪的情形,第 78 条规定了相关责任人的罚则,与本罪相关的如"违反规定提高或者降低利率以及采用其他不正当手段,吸收存款,发放贷款的""向关系人发放信用贷款或者发放担保贷款的条件优于其他借款人同类贷款的条件的"等行为,以及贷款发放条件和程序等规定都需要予以进一步明确。这些规范性文件的规定并不与"国家规定"相左,且使其得到进一步明确,因此适用这些规定,并不违背罪刑法定原则。"评价行为人是否构成违法发放贷款,关键在于评判行为人是否存在违反'审慎经营'和'依法放贷'等《人民银行法》《银行业监督管理法》以及《商业银行法》中规定的原则。"[①]

二、"其他金融机构"的范围

本罪的犯罪主体为"银行或者其他金融机构的工作人员"以及单位,然而随着民间融资形式的多样化,"其他金融机构"的范围在理论上有所争议。《商业银行法》第 93 条规定:"城市信用合作社、农村信用合作社办理存款、贷款和结算等业务,适用本法有关规定。"《贷款通则》第 2 条规定:"本通则所称贷款人,系指在中国境内依法设立的经营贷款业务的中资金融机构。"第 21 条规定:"贷款人必须经中国人民银行批准经营贷款业务,持有中国人民银行颁发的《金融机构法人许可证》或《金融机构营业许可证》,并经工商行政管理部门核准登记。"根据以上规定,小额贷款公司似乎难以成为"其他金融机构"而被规制。然而,中国人民银行发布的《金融机构编码规范》(银发〔2009〕363 号),又将小额贷款公司作为金融机构编码。原银监会、中国人民银行发布的《关于小额贷款公司试点的指导意见》(银监发〔2008〕23 号),小额贷款公司确实具有发放贷款的资质。然而,2019 年 7 月 23 日,最高人民法院、最高人民检察院、公安部、司法部联合发布了《关于办理非法放贷刑事案件若干问题的意见》,其第 1 条把"违反国家规定,未经监管部门批准,或者超越经营范围,以营利为目的,经常性地向社会不特定对象发放贷款,扰乱金融市场秩序,情节严重的"行为界定为《刑法》第 225 条规定的"其他严重扰乱市场秩序的非法经营行为",从而确定了对小额贷款公司违法发放高利

---

① 浙江省宁波市中级人民法院刑事判决书(2020)浙 02 刑终 294 号。

贷的行为可依照非法经营罪定罪处罚。

司法实践中对此存在认定争议,承认小额贷款公司主体资格的如"根据中国人民银行、中国银行业监督管理委员会、中国证券监督管理委员会、中国保险监督管理委员会、国家统计局关于《金融业企业划型标准规定》的通知(银发〔2015〕309号)精神,将货币金融服务分为货币银行服务和非货币银行服务两类,其中,将非货币银行服务类金融企业分为银行业非存款金融机构、贷款公司、小额贷款公司及典当行。没有取得'金融许可证'牌照不影响其金融机构的认定"①。反对意见如"××公司虽然形式上与银行和其他金融机构的业务相似,但是论其本质,其在资本的来源、设立、监管主体、风险承担等方面与银行和其他金融机构存在差别。中国人民银行泸州市中心支行赋予了××公司金融机构编码,但是该行明确表示其仅进行注册、变更、撤销管理,不负责××公司的其他业务经营的管理,原中国银行业监督管理委员会泸州监管分局也明确表示××公司由金融办负责审批和监管。金融机构编码是为了金融统计、调查、分析,不是对××公司属于金融机构的确认,同时××公司也未获得'金融许可证'这一金融机构的主要牌照"②。

理论界从本罪保护法益的角度,对此有所争议。如果认为本罪保护的法益是公众(如存款人)的利益,那么"小额贷款公司并不吸收公众存款,公司本身及其工作人员的渎职与失职行为只是给公司造成财产损失,不会损害公众利益。所以,作为被害人主体时,小额贷款公司属于金融机构(如可以成为贷款诈骗罪、骗取贷款罪的被害人),但作为行为主体时,小额贷款公司不是本罪中的金融机构"③。但如果认为本罪保护的法益是金融市场管理秩序、信贷秩序的稳定,那么"小额贷款公司超出中国人民银行规定的利率范围,以高于36%的年利率从事发放贷款业务的,存在着贷款无法收回的高度风险,升高了金融信贷的不确定性,严重扰乱了信贷经营秩序的稳定,构成违法发放贷款罪"④。笔者更倾向于支持后一种意见,本罪保护的不仅是公众的存款利益,更重要的还是对贷款管理

---

① 内蒙古自治区锡林郭勒盟中级人民法院刑事判决书(2019)内25刑终79号。
② 四川省泸州市江阳区人民法院刑事判决书(2016)川0502刑初614号。
③ 张明楷:《刑法学》(第6版),法律出版社2021年版,第1015—1016页。
④ 王志远:《非法放贷行为刑法规制路径的当代选择及其评判》,《中国政法大学学报》2021年第1期,第188页。

制度的保护,违法发放贷款的行为危害了贷款秩序的稳定,尤其是小额贷款公司已经具备了发放贷款的功能,已成为市场上发放贷款的主要主体之一,其违法发放贷款更容易侵害贷款管理制度。

三、本罪的主观罪过

在《刑法修正案(六)》修改之前,对本罪的主观罪过问题,理论上的争议较多。持过失说或过失及间接故意说的学者的主要立论依据,往往是违法发放贷款罪及违法向关系人发放贷款罪的行为人主观上对行为持故意,但对造成较大、重大损失的结果持过失或间接故意,由于我国刑法原理中的主观罪过是行为人对行为结果的心理态度,不是行为人对行为本身的心理态度,因而得出上述两罪的罪过是过失或是间接故意兼有的结论。而按照此思路,修正后的违法发放贷款罪将会出现复合罪过,即行为人违法放贷在造成重大损失时主观罪过是过失或间接故意,而在行为人违法放贷数额巨大但没有造成重大损失构成本罪时,只能以其对行为的心理态度认定其罪过,即此时行为人主观上是直接故意。[①] 也有学者认为,本罪的责任形式为故意,但其中的重大损失属于客观的超过要素。[②]

四、本罪与骗取贷款罪、贷款诈骗罪的关系

贷款业务会同时涉及申请贷款一方与发放贷款一方,二者之间具有明显的交互关系。违法发放贷款行为与骗取银行贷款行为、贷款诈骗行为之间具有一定的对合关系。当银行或其他金融机构的工作人员明知借款人使用欺骗手段骗取贷款时,如果存在串通,有两种意见,一是认为构成骗取贷款罪、贷款诈骗罪的共同犯罪,因为此时贷款人在明知借款人有非法占有金融机构贷款的目的时,仍然违法发放贷款,说明其主观上有帮助借款人完成犯罪的目的,而作出为借款人贷款诈骗犯罪提供帮助的行为,"如果借款人事先与银行等金融机构个别工作人员串通,向银行等金融机构提供虚假材料,欺骗银行等机构决策人员发放贷款,则银行工作人员与借款人构成骗取贷款罪的共同犯罪"[③];另一种观点认为,此

---

① 刘宪权:《金融犯罪刑法学原理》,上海人民出版社 2020 年版,第 237 页。
② 张明楷:《刑法学》(第 6 版),法律出版社 2021 年版,第 1016 页。
③ 绍兴市中级人民法院《关于办理骗取贷款类经济犯罪有关法律适用问题的座谈会纪要》(绍公通〔2018〕15 号)。

行为构成违法发放贷款罪的共同犯罪,"被告人××身为工行经济开发区支行负有贷款审查职责的客户经理,与被告人×××共谋,为牟取个人利益,违反国家规定,向有贷款批准权的银行领导谎报情况、隐瞒真相,致使该行先后两次向不符合贷款条件的贷款人共计发放贷款630万元人民币,依法应以违法发放贷款罪论处"[1]。笔者认为此情况下,应首先确认金融机构工作人员的审批、发放贷款权限,如果其并不具备此权限,只是利用对金融机构业务的熟悉性或是其他方面的便利性,帮助借款人骗取贷款或贷款诈骗,那么即使其利用了职务便利,此时金融机构工作人员和借款人都应成立骗取贷款罪或是贷款诈骗罪的共同犯罪;而如果金融机构工作人员具备审批、发放贷款的权限,那么其行为同时触犯违法发放贷款罪和贷款诈骗罪、骗取贷款罪,属于想象竞合,而此时借款人不应单独成立骗取贷款罪,因为"骗取贷款罪的成立,要求行为人使用欺骗手段,使金融机构工作人员产生认识错误进而发放贷款"[2],在贷款人没有陷入认识错误的情况下,借款人不构成骗取贷款罪。在借款人与贷款人没有通谋的场合下,如果认同"片面共犯"理论,那么贷款人构成骗取贷款罪的片面共犯。[3]

五、违法发放贷款归自己使用的情形

如果金融机构工作人员违法给自己发放贷款,成立何种罪,且该行为是否属于本罪第2款"向关系人发放贷款"的情形,司法实践中存在争议。《刑法》第185条规定了挪用资金罪和挪用公款罪,金融机构工作人员利用职务上的便利,挪用资金或公款归自己使用,可能会构成上述犯罪,根据金融机构性质的不同而有所区别。因此,金融机构职员违法给自己发放贷款的行为,可能同时构成本罪和挪用型犯罪,以及之前提及的骗取贷款罪。实务中的争议主要是基于对两罪客体认识的不同而产生。如果认为挪用型犯罪与本罪的侵犯客体不同,前者是国家工作人员职务行为的廉洁性、公共财产的所有权,而后者则侵犯了国家的贷款管理制度,那么当该行为侵犯的是单位的财产所有权,但并没有侵犯贷款管理

---

[1] 浙江省金华市中级人民法院一审刑事判决书(2013)浙金刑二初字第24号。张明楷教授认为,这是由于审判机关沿用了1998年最高人民法院《关于审理挪用公款案件具体应用法律若干问题的解释》,适用挪用公款罪共犯的规定所致。然而,判决书并未将此规定作为认定理由。
[2] 张明楷:《骗取贷款罪的构造》,《清华法学》2019年第5期,第32页。
[3] 刘宪权:《金融犯罪刑法学原理》,上海人民出版社2020年版,第238页。

制度时,就构成挪用资金罪①;而如果认为两种犯罪侵犯的客体不存在区别,则认为该行为同时构成二罪,可以根据想象竞合犯从一重处罚②。笔者认为,前一种意见更为合理,虽然挪用资金罪与违法发放贷款罪具有高度重合,但其并不是一般规定与特别规定的区别,两罪在客体方面存在明显区别,行为人挪用银行资金给自己使用,虽然通过违法放贷的方式,但是其要么通过伪造账户,要么直接给自己发放,最终都是归自己使用,整个行为过程中,并未侵犯贷款管理制度,反而侵犯了其职务行为的廉洁性。

本罪第2款规定,"银行或者其他金融机构的工作人员违反国家规定,向关系人发放贷款的,依照前款规定从重处罚"。那么给自己发放贷款是否属于"向关系人发放贷款"呢?实务中认为自己显然属于关系范畴的依据主要是《商业银行法》第40条的规定,其认为"关系人是商业银行的董事、监事、管理人员、信贷业务人员及其近亲属"。那么,信贷业务人员应当属于"关系人"的范畴,其违规发放贷款归个人使用属于《刑法》第186条第2款规定的情形,应当认定为违规发放贷款罪。③ 然而,笔者认为这些案件中,金融机构的工作人员都是借用别人的账户进行贷款申请,或是利用他人的账户贷款后归个人使用,在成立违法发放贷款罪的基础上,其实际上是对别人的账户发放贷款,因此如果"借用"的不是工作人员的近亲属或是商业银行董事、监事、管理人员的账户,则不宜认定为"向关系人发放贷款"。再者,该行为存在本罪与挪用犯罪的适用争议,本罪处罚更重,考虑到罪责刑相适应原则,不宜再对该行为进行从重处罚。

六、数额与损失的认定

根据犯罪结果标准的不同,可以划分为数额型违法放贷和损失型违法放贷。数额型违法放贷行为未造成银行等金融机构贷款的重大损失,与造成重大损失的违法发放贷款罪存在区别。《刑法修正案(六)》施行之前,本罪是损失犯罪,即只有造成"较大损失""重大损失""特别重大损失"的违法发放贷款才能定罪,修正后,增加了数额的标准,即改为"数额巨大或造成重大损失""数额特别巨大或造成

---

① 湖南省岳阳市中级人民法院刑事判决书(2018)湘06刑终301号。
② 山西省吕梁市中级人民法院刑事判决书(2018)晋11刑终328号。
③ 同上。

特别重大损失"。如此修改可以说降低了本罪的入罪门槛。因为在司法实践中,损失的认定是一个难题。虽说目前立法规避了这一争议,但基于解释论上周延的立场,且不论数额问题,损失仍然涉及本罪的量刑,在此还是对损失的认定进行介绍。

金融机构在贷款业务过程中有一系列程序,包括贷前调查、贷中审查、贷后检查等环节,一旦贷款造成损失,应对哪个环节定罪难以界定。很多贷款发放后,借款人又继续办理过很多次借新还旧,那么对于办理过借新还旧的贷款,如何对责任人定罪?是对最早发放贷款的工作人员,还是对后来办理借新还旧的其他工作人员定罪?损失是以立案时的损失还是以审判时的损失作为标准计算?[1] 理论界对于损失的认定存在争议,有学者认为"发放贷款只有列为损失时,才是银行实际的损失"[2]。然而2007年7月3日实施的《贷款风险分类指引》(银监发〔2007〕54号)第五条规定,损失是指在采取所有可能的措施或一切必要的法律程序之后,本息仍然无法收回,或只能收回极少部分。如此,只有当金融机构采取所有可能的措施或一切必要的法律程序后,贷款仍无法收回,才能认定为金融机构的损失。对此,反对的学者认为,"不能要求银行穷尽一切手段后才视其为实际损失,否则对于银行的要求过于严格。银行只要采取了合理的补救措施后经确认无法收回的,即视为已造成了实际损失"。[3] "认定本罪损失的核心问题是确认借款人或者保证人是否确实无力偿还贷款。如银行处置抵押物、质押物后虽不足清偿,但行为人尚有其他财产可清偿的,不属于无法偿还,如果无其他财产或者其他财产仍不足清偿的,可以认为无偿还能力。担保贷款,只有借款人或者保证人之一丧失偿还能力的,金融机构应依法催收,不能认定贷款损失。借款人、保证人虽一时无力偿还,但对外有债权的,金融机构应依法催收或依法行使代位权,不应直接认定损失。"[4]

还有学者认为,到期不能收回贷款的,即构成损失,"是否造成了重大损失,不是用法律的观点判断,而是用经济的观点判断,即不是从法律上考察金融机构是否丧失了财产(法律上的损害概念),而是从经济上、事实上考察金融机构是否受到了损失(经济上的损害概念)。例如,行为人向关系人发放1000万元的贷款

---

[1] 刘宪权:《金融犯罪刑法学原理》,上海人民出版社2020年,第234页。
[2] 马克昌主编:《经济犯罪新论:破坏社会主义经济秩序罪研究》,武汉大学出版社1998年版,第326页。
[3] 刘宪权:《金融犯罪刑法学原理》,上海人民出版社2020年,第236页。
[4] 赵秉志主编:《破坏金融管理秩序犯罪疑难问题司法对策》,吉林人民出版社2000年版,第311页。

后,借款人到期不能偿还。从法律的观点来看,金融机构还存在1000万元及利息的债权,没有受到损失;但从经济的观点来看,贷款到期不能收回,就是造成了较大损失。因此,违法向关系人发放贷款,到期不能收回的贷款或者利息数额巨大的,就应认为造成了重大损失"。① 但这与司法机关的立场不一致,2009年《公安部经侦局关于骗取贷款罪和违法发放贷款罪立案追诉标准问题的批复》规定:如果银行或者其他金融机构仅仅出具"形成不良贷款数额"的结论,不宜认定为"重大经济损失数额"。根据目前国有独资银行、股份制商业银行实行的贷款五级分类制,商业贷款分为正常、关注、次级、可疑、损失五类,其中后三类称为不良贷款,不良贷款尽管"不良"但并不一定形成了既成的损失,因此"不良贷款"不等于"经济损失",也不能将"形成不良贷款数额"等同于"重大经济损失数额"。

第三节 罪名适用中的典型案例

一、张某某违法发放贷款案

(一)案件介绍②

2009年至2010年,阳某1以其本人与儿子阳某2、阳奥林、阳某3前的名义在原桂阳县农村信用合作联社(现改制为湖南桂阳县农村商业银行股份有限公司)共贷款780万元,并以郴州市香雪公馆项目一楼门面(105—108、1012)进行抵押担保。至2012年2月8日,上述四笔贷款均已逾期未还。2012年底,桂阳县农村信用合作联社为了处置到期贷款,完成到期贷款收回率、控制不良贷款占比,决定对2012年年度到期贷款进行筛查处置。桂阳县农村信用合作联社信贷部根据各支行、营业部上报的数据,整理上交联社领导。2012年11月18日,联社审贷会召集审贷会成员开审贷会,统一研究处置了一批到期贷款,同意对此批到期贷款进行换据,其中就有阳某1、阳某3前、阳奥林、阳某2父子四笔到期贷款共780万元。当日审贷会由何某某(联社主任、审贷会主任)主持,参会人员有

---

① 张明楷:《刑法学》(第6版),法律出版社2021年版,第1016页。
② 湖南省桂阳县人民法院一审刑事判决书(2020)湘1021刑初104号。

张某某(监事长)、张某(副主任)、何某(副主任)、欧某某(信贷部主任)、李某某(风险部主任)、陈某(稽核部主任)。到会的审贷会成员均同意对阳某1、阳某3前、阳奥林、阳某2四人四笔到期借款共计780万元以阳某2名义换据780万元,用于归还四人到期贷款。2012年12月25日,时任桂阳县农村信用合作联社城郊信用社主任的被告人张某某在原桂阳县农村信用合作联社党委书记、理事长何某某(另案处理)授意下,经审贷会成员审批,对上述四笔贷款进行转据。2012年12月29日,被告人张某某在阳某2本人没有到场核实真伪,且未办理财产抵押登记的情况下,以"阳某2"申请贷款的名义发放贷款780万元给阳某1,用于对上述四笔贷款转据处理,偿还了之前申请的780万元逾期贷款,导致转据后发放的780万元贷款至今无法追回。

2019年6月5日,被告人张某某经桂阳县公安局电话传唤,主动到案,并如实供述了其罪行。2020年1月23日,被告人张某某通过其家属向桂阳县清收不良贷款领导小组办公室缴纳了人民币20万元,作为本案挽回部分贷款损失的方式上缴。2020年3月5日,被告人张某某向湖南省桂阳县人民检察院签署《认罪认罚具结书》,对指控的犯罪事实和证据没有异议,并自愿认罪认罚,同意公诉机关提出的量刑建议和适用程序。

一审法院认为,原桂阳县农村信用合作联社违反国家规定发放贷款,数额巨大,系单位犯罪。被告人张某某作为直接责任人,在办理发放贷款业务过程中,不认真调查借款人的偿还能力和资信情况,在未办理抵押物担保手续的情况下,违反《商业银行法》《担保法》《贷款通则》《个人贷款管理暂行办法》等法律、行政法规关于信贷管理的规定,玩忽职守,违法发放贷款,其行为不仅破坏了国家的贷款管理制度,同时还造成国家贷款780万元至今尚未追回的严重后果,影响国家金融秩序的稳定,其行为已构成违法发放贷款罪。被告人张某主动投案,如实供述犯罪事实,构成自首,依法可从轻处罚。被告人张某某到案后自愿向公诉机关签署《认罪认罚具结书》,并且在庭审中表示认罪悔罪,依法可以对其从宽处理。案发后,被告人张某某通过家人自愿向桂阳县清收不良贷款领导小组缴纳人民币20万元作为本案挽回部分贷款损失的方式上缴,具有一定的悔罪表现,可以酌情从轻处罚。

被告人张某某作为原桂阳县农村信用合作联社城郊信用社主任没有发放30万元以上贷款的审批权限,其是听从原桂阳县农村信用合作联社理事长何某某的安排,在审贷会违规审批的情况下,未履行作为贷款发放直接责任人的职责,违法发放贷款,是一种过失犯罪,因此,本案不属于共同犯罪。综上,根据被告人张某某的犯罪事实、犯罪的性质、情节和对社会的危害程度,以及认罪、悔罪态度,认定被告人张某某犯违法发放贷款罪,判处有期徒刑十一个月,并处罚金人民币五万元。

(二) 简要点评

本案主要涉及两个问题。

一是本罪的单位犯罪问题。根据《刑法》和《最高人民法院关于审理单位犯罪案件具体应用法律有关问题的解释》(法释〔1999〕14号)的规定,以单位名义实施犯罪,违法所得归单位所有的,是单位犯罪。以单位名义实施犯罪,是单位意志的体现。本案中,原桂阳县农村信用合作联社属于《刑法》第30条规定的单位犯罪的主体范围。贷款经由审贷会批准,可以说是体现了单位的集体意志。

二是涉及本罪的主观罪过问题。一审法院认为,本罪是过失犯罪,因此不成立共同犯罪。由于我国刑法原理中的主观罪过是行为人对行为结果的心理态度,不是行为人对行为本身的心理态度,因此,行为人违法放贷在造成重大损失时主观罪过是过失或间接故意,而在行为人违法放贷数额巨大但没有造成重大损失构成本罪时,只能以其对行为的心理态度认定其罪过,即此时行为人主观上是直接故意。① 也有观点认为,本罪的责任形式为故意,但其中的重大损失属于客观的超过要素。② 因此,本案如果认定为"数额巨大"的危害结果,则应认为故意犯罪;如果认定为"造成重大损失"的危害结果,则可能为故意或过失。且本案在认定单位犯罪的前提下,直接负责的主管人员与其他直接责任人员之间并不会成立共同犯罪。

二、邹某违法发放贷款案

(一) 案件介绍③

2012年2月至2013年2月,凤城市恒大精密机械制造有限公司(以下简称

---

① 刘宪权:《金融犯罪刑法学原理》,上海人民出版社2020年,第237页。
② 张明楷:《刑法学》(第6版),法律出版社2021年版,第1016页。
③ 辽宁省丹东市中级人民法院刑事判决书(2019)辽06刑终65号。

恒大公司)的法定代表人王某1以采购货物为由,编制虚假的恒大公司"资产负债表",并伪造抵押物钢材为恒大公司所购买,数量1520吨、价值766万元的产品购销合同及增值税专用发票等材料,先后通过聚宝支行向丹东工行申请贷款五笔,均采用贷新还旧的方式偿还前四笔贷款,最后一笔贷款(金额480万元)系王某1将其诈骗佟某的465.6万元赃款用于偿还该笔贷款。

一审法院认为,被告人邹某某作为恒大公司申请贷款的第一调查审核人,在该上述贷款的贷前审核中,违反《中华人民共和国商业银行法》《贷款通则》等相关规定,对恒大公司提供虚假的质押物产品购销合同、增值税专用发票等相关材料及抵押物数量未进行严格审查,致使该贷款能够被顺利审批并发放。被告人邹某某犯违法发放贷款罪,判处有期徒刑二年,缓刑三年,并处罚金人民币二万元。

检察机关抗诉意见为:被告人邹某某先后5次违法发放贷款,累计数额2180万元,罪行严重,天津市规定了本罪"数额特别巨大"的标准为违法发放贷款500万元以上,虽然辽宁省尚未规定本罪"数额特别巨大"标准,但比照天津的标准,显见原审判决错误。

被告人亦提起上诉,认为:上诉人的行为是严格依据相关法律规定及银行内部流程规定作出的,贷款发放合法,手续齐全,贷款也不是直接发放到企业的账户上。其不存在未尽严格审查义务的情形,不具有犯罪故意与过失,也不具备刑事危害性,不构成犯罪。原审法院依据《商业银行法》的相关规定,认定上诉人没有尽到严格审查义务,从而认定上诉人构成违法发放贷款罪,属于适用法律错误。

二审法院认为,凤城市恒大公司共向丹东工行申请五笔贷款,总额累计2180万元。其中,前四笔贷款均系采用贷新还旧的方式偿还,该种还款方式未被法律及部门规章所禁止。第五笔金额为480万元的贷款,即案涉贷款,系恒大公司法定代表人王某1以骗取他人钱款的方式予以偿还,因有证据显示恒大公司此时已存在清偿不能的风险,此时上诉人邹某某作为案涉贷款的第一调查人,仅应对该笔480万元贷款负责。本案中,王某1为取得贷款而提供的书面材料虽系伪造,但却具有形式上的真实性,而上诉人邹某某提交的贷后管理谈话记录、照片、《关于我行员工涉嫌违法发放贷款一案的情况说明》等证据证实上诉人邹某某对上述材料进行了审查,并根据辽宁工行〔2012〕97号文件要求,对贷款所涉及的增值税发票进行网上查验。此外,原审判决认定涉案部分发票存在"84位密码区密码相同"的问题,但无证据证实,该密码区密码是核实发票真伪的法定要件或核实该84位密码是上诉人邹某某的法定职责。

《中华人民共和国刑法》第186条规定的违法发放贷款罪,是指银行或者其他金融机构的工作人员违反国家规定发放贷款,数额巨大或者造成重大损失的行为。根据《中华人民共和国刑法》第96条的规定,上述"国家规定"是指全国人民代表大会及其常务委员会制定的法律和决定,国务院制定的行政法规、规定的行政措施、发布的决定和命令。目前,我国涉及商业银行贷款的法律主要是《中华人民共和国商业银行法》。本案中,上诉人邹某某的行为不存在违反《中华人民共和国商业银行法》第35条第1款,"商业银行贷款,应当对借款人的借款用途、偿还能力、还款方式等情况进行严格审查";第36条第1款规定,"商业银行贷款,借款人应当提供担保。商业银行应当对保证人的偿还能力,抵押物、质物的权属和价值以及实现抵押权、质权的可行性进行严格审查";不存在第52条规定的违法行为,"商业银行的工作人员应当遵守法律、行政法规和其他各项业务管理的规定,不得利用职务上的便利,索取、收受贿赂或者违反国家规定收受各种名义的回扣、手续费,不得违反规定徇私向亲属、朋友发放贷款或者提供担保等"。

因此,上诉人邹某某作为银行工作人员,在向恒大公司发放贷款的过程中,虽然存在一定瑕疵,但该瑕疵是由于银行工作流程、制度设计存在缺陷所导致,故邹某某行为本身不具有刑事违法性;而邹某某主观上亦没有违法发放贷款的故意,故邹某某的行为不符合违法发放贷款罪的构成要件。认定邹某某无罪。

(二)简要点评

本案同样涉及两个问题。

一是数额的认定。本案中,借款人采用"贷新还旧"的方式贷款四次,而"贷新还旧"并不违反法律规定,且是实践中常见的情况,故不能认为前四次的贷款数额为违法发放贷款的数额。

二是金融机构工作人员的职责范围。只要不违反"国家规定",即《商业银行法》与其他贷款相关细化规定,那么就不能认为其违反国家规定。例如本案中,一审法院认为,被告人在对贷款所涉及的增值税发票进行网上查验时,没有注意到部分发票存在"84位密码区密码相同"的问题,"但无证据证实,该密码区密码是核实发票真伪的法定要件或核实该84位密码是上诉人邹某某的法定职责";"根据银行规定,借款人恒大公司属于提供未经审计财务报表的小型企业,对此类企业财务报表的真实性,无须专业审计,而是由银行工作人员进行书面审查,并进行实地调查";"涉案质物是钢管,其重量直接影响其价值,但其重量无法通过直观方式获知,必须经过检斤称重。而银行因不具有核实数量和监管的条件,特将此项业务委托给专业的监管公司,但监管公司同样不具有检斤条件"。因此,即使本案中,涉案钢管存在账、实不符的风险,但该风险是由于相关工作制度、机制不完善所导致,不应归咎于被告人。

三、钮某、傅某违法发放贷款案

(一)案件介绍①

2010年5月钮某被聘为客户经理,主要负责贷款调查、市场营销、日常贷后管理、反洗钱工作、内控工作等职责。2011年1月开始,被告人钮某与被告人傅某合伙从事民间借贷。2011年5月叶某因需资金向被告人傅某提出借款500万元人民币,傅某与被告人钮某因自有资金不足,商议后决定通过以叶某、肖某夫妇为贷款人向钮某所在银行贷款的方式从中谋取利益;叶某向二人提供了贷款所需的公司及个人相关资料用于贷款。随后,被告人钮某又以月息1分为条件找到陈某甲,由陈某甲存入工行经济开发区支行200万元后,用存单质押,提供贷款担保。同月30日,被告人钮某以叶某、肖某为贷款人向工行经济开发区支行申请贷款180万元,借期一年,同时委托支付至钮某使用的金某名下的账户。同月31日,工行经济开发区支行审批同意后,将180万元贷款转入金某账户,被告人钮某随后将此款转入被告人傅某账户,筹足500万元借给了叶某。叶某出具给被告人傅某一张借款500万元的借条,约定月息8分,借期一年。2012年1月13日该笔180万元的贷款由工行经济开发区支行一次性收回。

2011年7月,叶某再次向被告人傅某提出借款500万元人民币,傅某与被

---

① 浙江省金华市中级人民法院刑事判决书(2013)浙金刑二初字第24号。

告人钮某商议后决定再次从银行贷款。随后,被告人钮某找到陈某乙、裘某、吴某甲、郭某,以月息 1 分为条件,由陈某乙、吴某甲、郭某各存入工行经济开发区支行 100 万元,裘某存入工行经济开发区支行 200 万元后,以存单质押,提供贷款担保。同时,被告人钮某还伪造了一份金华梅林农业开发有限公司向金某采购苗木的购销合同,以肖某经营需资金为由向工行经济开发区支行申请贷款 450 万元,同月 29 日该笔贷款上报审批。同年 8 月 4 日,工行经济开发区支行将 450 万元贷款转入金某账户,随后被告人钮某将该款转入傅某账户,筹足 500 万元借给叶某。叶某某再次出具给傅某一张借款 500 万元的借条,约定月息 8 分,借期一年。2012 年 7 月 27 日,该笔贷款由工行经济开发区支行一次性收回。

法院认为,被告人钮某身为银行工作人员与被告人傅某共谋,违反法律规定发放贷款计 630 万元,数额特别巨大,其行为均已构成违法发放贷款罪。被告人钮某身为工行经济开发区支行负有贷款审查职责的客户经理,与被告人傅某共谋,为牟取个人利益,违反国家规定,向有贷款批准权的银行领导谎报情况、隐瞒真相,致使该行先后两次向不符合贷款条件的贷款人共计发放贷款 630 万元人民币,依法应以违法发放贷款罪论处。在违法发放贷款的共同犯罪中,被告人钮某起主要作用,系主犯;被告人傅某起次要作用,系从犯。

(二)简要点评

本案涉及违法发放贷款罪的共犯问题。本案中,被告人钮某与傅某为借款给叶某,利用钮某为银行客户经理的工作(钮某对何种材料容易通过审批较为熟悉,同时其还是这几次贷款的调查员),编造贷款材料,致使银行向其发放 630 万元贷款。钮某的行为实际上构成违法发放贷款罪与骗取贷款罪,根据想象竞合从一重原则,钮某应构成违法发放贷款罪。而傅某在本案中与钮某成立共同犯罪,钮某是主犯,因此,无论是根据主犯性质决定说,还是实行犯决定说、核心角色说、想象竞合犯说、义务重要者正犯说等[①],本案都成立违法发放贷款罪的共同犯罪。

---

① 周光权:《论身份犯的竞合》,《政法论坛》2012 年第 5 期,第 123-139 页。

四、某商业银行违法发放贷款案

(一) 案件介绍

2013年至2017年,为了提高存款业务量,A商业银行B支行行长刘某某等人违规开展"存贷款"业务,与犯罪嫌疑人高某某、贺某某协商,通过高某某、贺某某利用虚假资料以开具进出口证等方式申请大量银行贷款,并利用高某某、贺某某实际控制的企业账户周转贷款资金来逃避贷后资金审查,再将贷款资金存回该支行。犯罪嫌疑人高某某、贺某某从中牟取存款业务好处费,A商业银行B支行行长刘某某等人则以此提高存款量,并提升可用贷款指标,以此获得绩效奖金。截至案发,经A商业银行内部初步审计,银行账目亏空达近20亿元。

公安机关拟以违法发放贷款罪追究A商业银行B支行单位犯罪与刘某某等人自然人犯罪。后公安机关未对某商业银行进行单位犯罪立案,仅追究自然人犯罪。

(二) 简要点评

在此案公安侦查阶段,A市人民检察院向银保监局A市监管分局提交了《检察建议》,A市监管分局将《检察建议》转告A商业银行,要求其整改。应A商业银行之邀,笔者结合《检察建议》向该银行出具了专家建议,认为A商业银行B支行不构成违法发放贷款罪的单位犯罪。主要理由是:

1. A商业银行B支行不具有单位犯罪的目的要件

从实然看,违规开展"存贷款"业务不仅没有使A商业银行B支行从中获利,反而亏空近20亿元。

从应然看,第一,银保监局A市监管分局转交的《检察建议》提及的A商业银行B支行通过违规开展"存贷款"业务,"以此提高存款量,并提升可用贷款指标,通过向社会其他企业放贷盈利"之认定,并不能证明违规开展"存贷款"业务是为了银行的利益。原因很简单:违规开展"存贷款"业务存在巨大的风险,即由于缺乏监管、贷出去的款项极有可能收不回来;"通过向社会其他企业放贷盈利"难以对抗贷出去的款项收不回来的风险。因此,从应然看,A商业银行B支行通过违规开展"存贷款"业务使得银行利益处在极大风险之中,未来的收益极不确定。违规开展"存贷款"业务不是为了银行利益,而是使银行利益处在受侵害的风险之中。第二,只有A商业银行B支行的少数员工从银行违规开展"存贷款"业务获得了利益(绩效奖金)。第三,《中国银监会关于整治银行业金融机构不规范经营的通知》(银监发〔2012〕3号)在规定"七不准"同时,亦强调,"对贷款融资,要从风险管理角度出发,对受理、审批、签约、放款、贷后管理等环节进行严格把关"。可见,原银监会颁布"七不准"的一个重要意义是控制银行面临的风险。具体来说,从表面上看,商业银行违规开展"存贷款"业务,能在短期内带来业绩上的靓丽,以及利息和中间业务收入的明显增加。但以贷转存容易诱发银行系统性金融风险,信贷资金的空转造成银行业短期繁荣的假象与长期暗藏危机的并存。因此,从实质上看,商业银行违规开展"存贷款"业务,给银行带来了巨大风险,有损银行的利益,必须进行风险管理和控制。

2. A商业银行B支行不具备单位犯罪的行为要件

现有证据不能证明A商业银行B支行的违法发放贷款行为是由单位的决策机构按照单位的决策程序决定的,理由是:第一,不存在经过A商业银行B支行决策层讨论通过并颁发的违规开展"存贷款"业务的内部文件;第二,不存在经过A商业银行B支行决策层讨论通过的关于违规开展"存贷款"业务的会议纪要;第三,由于不存在前面提到的"内部文件"和"会议纪要",现有证据难以证明违法发放贷款是单位犯罪行为。

必须强调的是,构成单位犯罪必须同时具备目的要件和行为要件。这意味着,即使A商业银行B支行存在单位犯罪行为(银行决策机构按照银行的决策程序决定违法发放贷款),但由于本案明显不存在单位犯罪的目的要件,即便如此,A商业银行B支行亦不构成单位犯罪。

3. 类案检索制度角度的分析

通过类案检索,一方面,单位构成该罪的案例非常少,2018年、2019年、2020年,只有两起处罚单位犯罪主体的。另一方面,这两起案例与违规开展"存贷款"业务无关。类案检索结果对此案的处理有着重要的参考价值。

4. A商业银行B支行违规开展"存贷款"业务的实质

A商业银行B支行违规开展"存贷款"业务的实质是:少数银行工作人员为了自身利益,假借银行之名开展违规业务,涉及的只能是涉嫌违法发放贷款罪之自然人犯罪。

详言之,第一,从 A 商业银行 B 支行违规开展"存贷款"业务中获利的是银行的少数工作人员,他们获得了大量的奖金。因此,A 商业银行 B 支行违规开展"存贷款"业务不是为了银行全体员工的利益,而是为了少数人的利益。第二,表面上看,该论述反映了 A 商业银行 B 支行违规开展"存贷款"业务是"以单位名义实施犯罪",但实质上,由于该违规"存贷款"业务无论从实然还是应然看,都不会为银行带来利益,其只能是参与该违规业务的个别工作人员为了自己的绩效而实施的犯罪行为。

第八章 保险诈骗罪

保险诈骗罪规定在《刑法》分则第三章第五节,属于金融诈骗罪。随着中国保险业的发展与成熟,保险主体形式与实质分离、保险合同可以合法转让、保险合同电子化、保险种类复杂等现象出现,加之保险诈骗行为的方式多样化,甚至形成黑灰产业链,保险诈骗犯罪态势急剧上升,犯罪认定越来越复杂,给司法实践带来不小挑战。本章重点就保险诈骗罪适用中的疑难问题进行介绍与论证,包括本罪的行为主体、"虚构保险标的"行为、着手、单位主体、共犯的认定;对冒名投保和骗赔、保险人进行保险诈骗、内外勾结、被保险人自残自杀、恶意复保险、事后投保、隐瞒保险危险投保、谎报被保险人年龄等行为的认定等;并通过案例对以上问题中的争议进行举例与探讨。

第一节 罪名适用概览与文献综述

一、罪名适用概览

保险诈骗罪,是指行为人以非法占有保险金为目的,故意虚构保险标的,或者对已发生的保险事故编造虚假的原因或夸大损失程度,或者编造未曾发生的保险事故,或者故意制造保险事故,进行保险诈骗活动,骗取数额较大的财物的行为。本罪采取的是叙明罪状,行为方式由刑法明确规定。同时,《刑法》第183

条还规定了保险公司的工作人员、国有保险公司工作人员和国有保险公司委派到非国有保险公司从事公务的人员,利用职务上的便利,故意编造未曾发生的保险事故进行虚假理赔,骗取保险金归自己所有的,分别按照职务侵占罪和贪污罪定罪处罚。本罪的刑事立案标准是:进行保险诈骗活动,数额在五万元以上的,应予立案追诉。①

1979年《刑法》没有保险诈骗罪这一罪名,司法实践中一般均将保险诈骗行为定为诈骗罪。② 1995年全国人大常委会《关于惩治破坏金融秩序犯罪的决定》(主席令第五十二号)中,将保险诈骗行为规定为独立的犯罪。③ 1997年《刑法》采纳了该决定中的内容。

通过对裁判文书的实证研究发现④,本罪判决书数量从2013年的66例逐年上升,2016年—2019年年均300例左右,2020年达到"峰值"431例后,2021年仅149例。本罪一审刑事判决结果为⑤:判处拘役的为7.84%(189例)、不满五年有期徒刑的为58.84%(1 418例)、五年以上不满十年有期徒刑的为6.69%(161例),9.05%的案件是共同犯罪(218例),55.6%的被告人被判处了缓刑(1 340例),45.64%的被告人被从轻处罚(1 100例)、8.09%的被告人被减轻处罚(195例),40名被告人被免予刑事处罚,免予刑事处罚的案例中,多为已退赔保险金,且还具有从犯、自首、认罪认罚等情节,⑥量刑情节中被认定较多的情节

---

① 《最高人民检察院、公安部关于公安机关管辖的刑事案件立案追诉标准的规定(二)》第51条(2022年5月15日施行);原规定为"……涉嫌下列情形之一的,应予立案追诉:(一)个人进行保险诈骗,数额在一万元以上的;(二)单位进行保险诈骗,数额在五万元以上的",参见《最高人民检察院、公安部关于公安机关管辖的刑事案件立案追诉标准的规定(二)》第56条(2010年5月7日施行)。
② 王新:《论危害保险罪的若干问题》,《中外法学》1998年第5期。
③ 《全国人民代表大会常务委员会关于惩治破坏金融秩序犯罪的决定》(中华人民共和国主席令第五十二号)1995年6月30日实施。
④ 本章通过"聚法案例"平台进行检索,以本罪为案由的刑事案件一审判决书共2 410例,检索日期为2022年8月28日。
⑤ 为确保数据正确性,本章又通过"聚法案例"平台的"类案检索"功能进行检索,本罪的一审情况如下:2 527个判决书,2 226例案件,平均刑期为2年,缓刑可能性为51.98%,判处不满五年有期徒刑或拘役的为1 301例(86.97%)、三年以上不满十年有期徒刑的为157例(10.49%)、十年以上有期徒刑的为38例(2.54%),被告人无罪可能性为0.09%,免予刑事处罚可能性为2.25%。
⑥ 如四川省巴中市巴州区人民法院刑事判决书(2018)川1902刑初128号、山东省青岛市市北区人民法院刑事判决书(2017)鲁0203刑初874号、辽宁省盘锦市兴隆台区人民法院刑事判决书(2017)辽1103刑初66号等。

分别为自首(1 159 例,48.09%)、退赃退赔(934 例,38.76%)、犯罪未遂(890 例,36.93%),认定单位犯罪的为 13 例。[①]

二、研究文献综述

中文文献中,以"保险诈骗"为主题的专著并不多,经"读秀"检索,共有 16 本专著,主要涉及不同种类保险的欺诈理论与案例研究[②]、保险诈骗犯罪的理论问题与案例研究[③]、保险诈骗的防范等问题。[④] 其他研究金融犯罪或金融诈骗犯罪的专著中,也有涉及对保险诈骗罪的研究,如刘宪权教授的《金融犯罪刑法学原理》《金融犯罪刑法学新论》《金融犯罪刑法学专论》中,将本罪的司法认定,作为"金融诈骗犯罪研究"一章的其中一节,讨论了如立法依据、主体认定、对虚构保险标的的理解及相关行为的定性、冒名骗赔行为的定性、被保险人采用自损方式让他人获取保险金行为的定性、故意扩大保险事故骗取保险金行为、保险诈骗罪罪数认定、保险公司工作人员虚假理赔行为的定性、既遂未遂的界定、共同犯罪形态的认定;还有如毛玲玲教授所著的《经济发展与刑法发展研究》中,对保险诈骗的新情况,保险诈骗行为与非法集资行为竞合,通过平衡保险行业的发展需要与保险领域的犯罪调查与刑事惩罚力度、建立健全保险欺诈犯罪的预防机制、强化保险欺诈稽查机制等增强对保险诈骗犯罪的防控等问题。[⑤]

期刊论文与学位论文方面,经知网以"保险诈骗罪"为主题词检索,共检索到

[①] 如四川省雅安市雨城区人民法院刑事判决书(2019)川 1802 刑初 208 号、吉林省白山市江源区人民法院刑事判决书(2018)吉 0605 刑初 3 号、河南省许昌市魏都区人民法院刑事判决书(2019)豫 1002 刑初 366 号等。

[②] 参见李聪:《健康保险欺诈的理论分析与实证研究》,中国社会科学出版社 2018 年版;叶明华:《中国机动车保险欺诈:经济理论与实证分析》,光明日报出版社 2010 年版;李有祥:《保险欺诈典型案例汇编》,中国财政经济出版社 2018 年版;等等。

[③] 张利兆:《保险诈骗罪研究》,中国检察出版社 2007 年版;林荫茂、陆爱勤:《保险违约与保险犯罪》,中国检察出版社 2002 年版。

[④] 参见李有祥:《反保险欺诈理论与实务研究》,中国财政经济出版社 2018 年版;《保险欺诈防范与处理实务全书》,中国检察出版社 1999 年版;关浣非编译:《保险欺诈》,中国检察出版社 1992 年版;等等。

[⑤] 其他著作还有如李邦友、高艳东:《金融诈骗罪研究》,人民法院出版社 2003 年版;张明楷:《诈骗罪与金融诈骗罪研究》,清华大学出版社 2006 年版;张明楷:《刑法学》(第 6 版),法律出版社 2021 年版等。

308篇期刊论文、2篇博士学位论文①、105篇硕士学位论文②。经检索发现,最早的研究出现在1995年③,2001年后,每年有10余篇期刊论文。既有研究主要包括以下六方面内容:

一是在刑法教义学层面对保险诈骗罪的构成要件进行研究。主要围绕保险诈骗罪的着手认定、罪数区分、共同犯罪、其犯罪主体到底是一般主体还是特殊主体等,并依据对犯罪构成要件的解释,分析司法实践中的一些疑难问题的认定。具体而言,如通过对"虚构保险标的"的解释,对于恶意复保险、事后投保、隐瞒保险危险投保等问题进行认定④;因被保险人无法成为第五种保险诈骗行为,即"投保人、受益人故意造成被保险人死亡、伤残或者疾病,骗取保险金"的行为主体,故认为被保险人采用自损方式让他人获取保险金不能被认定为保险诈骗罪⑤;对于共同犯罪问题,有学者认为《刑法》第198条第2款的规定属于"注意规定",而非"法律拟制"⑥,同时也有学者持相反意见⑦;对于保险诈骗罪着手的认定,有认为将索赔和请求给付保险金作为着手的标准⑧,也有认为本罪的实行行为是复合行为,虚构保险理赔原因的欺诈行为是其中之一,因此任一行为都可以是本罪的着手⑨。

二是从保险诈骗罪的角度对刑法理论问题进行教义学研究。如张明楷教授

---

① 张利兆:《保险诈骗罪研究》,华东政法大学2007年博士学位论文;王强:《保险诈骗罪定罪研究》,吉林大学2006年博士学位论文。
② 例如旷银:《我国保险诈骗罪"着手"问题研究》,甘肃政法大学2022年硕士学位论文;李燕:《保险诈骗罪的共同犯罪研究》,中国政法大学2006年硕士学位论文;庄倩倩:《保险诈骗罪的刑事立法完善探讨》,南京大学2019年硕士学位论文;等等。
③ 彭剑鸣:《略论保险诈骗罪》,《法学探索·贵州省政法管理干部学院学报》1995年第4期。
④ 例如韩玲:《保险诈骗罪中几种特殊行为方式的司法认定》,《政治与法律》2005年第4期;肖晚祥:《保险诈骗罪的若干问题研究》,《政治与法律》2010年第1期;张利兆:《保险诈骗犯罪"虚构保险标的"的行为方式》,《法学论坛》2007年第4期。
⑤ 刘宪权:《保险诈骗罪疑难问题的司法认定》,《浙江大学学报(人文社会科学版)》2008年第4期,第59—60页。
⑥ 张明楷:《保险诈骗罪的基本问题探究》,《法学》2001年第1期;孙万怀:《保险诈骗共同犯罪的实践难题及合理解决》,《法学家》2012年第6期。
⑦ 阴建峰:《保险诈骗罪的共犯问题探究》,《河南大学学报(社会科学版)》2013年第2期。
⑧ 龙洋:《论保险诈骗罪的着手》,《法学评论》2009年第5期;张明楷:《保险诈骗罪的基本问题探究》,《法学》2001年第1期。
⑨ 阴建峰:《保险诈骗罪的共犯问题探究》,《河南大学学报(社会科学版)》2013年第2期;谢望原:《保险诈骗罪的三个争议问题》,《中外法学》2020年第4期。

通过对保险诈骗罪的主体是真正身份犯的分析，来论证真正身份犯的问题，认为无身份者不能成为间接正犯[1]；劳东燕教授通过对航空延误险虚假理赔类案件对保险诈骗罪的法益进行分析，认为金融诈骗罪与合同诈骗罪、诈骗罪之间并不成立想象竞合或法条竞合，而是中立关系，金融诈骗罪的核心法益是金融市场运作机制中涉及防范逆向选择现象的组成部分，金融机构的财产权只是附属法益[2]。

三是保险诈骗罪与诈骗罪、合同诈骗罪的界分问题。如有学者认为保险诈骗罪与诈骗罪不仅是一般法条与特殊法条的区别，还有如行为方式等方面的不同。[3]

四是比较法层面的研究。如通过研究立法方式、构成条件、刑事责任的不同，比较中国与德国、美国等地区的区别，有学者认为中国刑法这种法典化立法模式、结果犯、干预强度更大的特点有一定优势。[4]

五是保险诈骗罪立法模式的研究。[5] 如有学者基于本罪是特殊主体的情况下，建议将本罪改为一般主体[6]；因为我国加入WTO后，与国际保险刑法制度存在较大差距，而建议对我国保险诈骗罪的罪名、构成要件等修改，并增设"欺骗客户投保罪""拒不赔付罪""妨害投保罪""保险代理、经纪诈骗罪""虚假理赔罪""提供虚假保险材料和拒绝、妨碍保险检查罪"等[7]；基于司法认定困境，如对被保险人自残后骗保的定性困境，建议对保险诈骗罪进行修改[8]。

六是保险诈骗罪民刑交叉问题的研究。如有学者认为基于《保险法》"保险方未行使合同解除权"这一事实不足以阻却保险诈骗罪的成立[9]；通过法经济学

---

[1] 张明楷：《论身份犯的间接正犯——以保险诈骗罪为中心》，《法学评论》2012年第6期。
[2] 劳东燕：《金融诈骗罪保护法益的重构与运用》，《中国刑事法杂志》2021年第4期。
[3] 林荫茂：《保险诈骗犯罪定性问题研究》，《政治与法律》2002年第2期。
[4] 叶高峰、王俊平：《保险诈骗罪比较研究》，《郑州大学学报(哲学社会科学版)》2001年第5期。
[5] 例如张亚杰、刘新艳：《保险诈骗罪之立法评价——对刑法198条的思考》，《政治与法律》2004年第5期；曾月英、周文迪：《罪状建构的理念定位与标准采纳——以我国刑法第198条之保险诈骗罪为例》，《政治与法律》2010年第5期；
[6] 张利兆：《关于保险诈骗罪一般主体立法模式的思考》，《人民检察》2007年第8期。
[7] 卢勤忠：《WTO与我国保险刑法制度的改革》，《法商研究》2004年第2期。
[8] 王立志：《被保险人自残后骗取保险金行为定性之困境及因应——兼论保险诈骗罪罪状设计》，《政治与法律》2012年第3期。
[9] 陈航：《年龄误保条款与保险诈骗罪认定问题研析——以一起"骗保"疑案引发的民刑法关系为视角》，《中国刑事法杂志》2006年第5期。

教学对保险欺诈行为进行刑事法、民事法方面的完善建议①。

纵览以上研究发现,我国学界目前关于本罪的研究呈现以下三方面特点:一是研究重点主要是教义学面向,即对本罪构成要件的解释是研究重点;二是立法论面向的讨论较多,基于我国保险诈骗犯罪的立法特点及司法认定的困境等原因,认为需要对本罪的刑事立法进行修改完善;三是民刑交叉研究热点,因保险欺诈行为涉及保险合同的有效性、保险标的究竟该如何认定等问题,涉及《保险法》的相关规定,因此本罪的探讨也涉及民刑交叉问题。

英文文献方面,尤其是美国对保险诈骗罪的研究中,由于美国联邦刑事法律中没有专门的"保险诈骗罪"②,大量文献主要基于保险诈骗行为的危害,或是比较法的角度,而对其如何进行防控的研究③,也有针对保险公司的犯罪行为进行刑法规制的研究④,以及对保险公司为预防保险欺诈而设置的规则的实践困境问题的研究⑤。

第二节　罪名适用中的疑难问题

一、本罪的行为主体到底是一般主体还是特殊主体

本罪的犯罪主体是投保人、被保险人、受益人。投保人是指与保险人订立保险合同,并按照合同约定负有支付保险费义务的人。被保险人是指其财产或者人身受保险合同保障,享有保险金请求权的人。受益人是指人身保险合同中由

---

① 陈志国、刘轶:《法经济学视角下的保险欺诈行为研究》,《河北大学学报(哲学社会科学版)》2017年第2期。
② 其多是通过行为方式定罪,如"邮件诈骗罪"。参见周密主编:《美国经济犯罪和经济刑法研究》,北京大学出版社1994年版,第316页。
③ Steven P. Del Mauro, "Health Insurance Fraud: Fighting Back", *Brief*, 1996, 26, p.11; Michael Clarke, "Insurance Fraud", *The British Journal of Criminology*, 1989, 29(1), pp.1-20; Johnny Parker, "Detecting and Preventing Insurance Fraud: State of the Nation in Review", *Creighton Law Review*, 2018, 52, p.293.
④ Eugene R. Anderson, John A. MacDonald, and James J. Fournier, "Fighting Insurance Company Fraud with RICO: The Supreme Court Clears the Way under the McCarran-Ferguson Act", *American Journal of Trial Advocacy*, 1998, 22, p.267.
⑤ Allan Kanner, "The Filed Rate Doctrine and Insurance Fraud Litigation", *North Dakota Law Review*, 2000, 76, p.1.

被保险人或者投保人指定的享有保险金请求权的人。投保人、被保险人可以为受益人,因而都可以成为保险诈骗罪的主体。① 本罪的五种行为形式中,主体并不相同:第一种行为为虚构保险标的,故只有投保人方可;第二种行为以发生了保险事故为前提,行为人仅对保险事故的发生编造虚构原因或者夸大损失程度,则三者都可构成;第三种行为是虚构保险事故,财产险与人身险均可发生,也是三者都可;第四种行为仅限于财产险,因财产保险中被保险人就是受益人,这是由财产所有权固有特性所决定的,故犯罪主体不再有受益人;第五种行为发生在人身保险中,这类行为的主体,仅限于投保人、受益人,而不包括被保险人。②

理论和实践中一般认为,本罪的主体是特殊主体③,也有反对意见认为,本罪是一般主体,因为"刑法上某一犯罪的主体是否为特殊主体,关键是看刑法有无特别规定以及这种特定的身份是否会影响到此罪与彼罪的界限"④。特殊主体抑或一般主体,主要涉及本罪是否属于真正身份犯,从而不具有身份的人能否成立保险诈骗罪的间接正犯,就会有不同的意见。根据我国刑法理论,存在肯定说、否定说与折中说之争。张明楷教授支持否定说,亦即,无身份者不可能成为身份犯的间接正犯。⑤ 实际上,基于本罪身份犯的理论之争,除了共犯问题的争议外,还会造成很多实践中的疑难问题,以下将对几类问题进行介绍。

(一)冒名投保、冒名骗赔行为的定性

冒名投保是指行为人冒用他人名义,与保险公司签订保险合同;冒名骗赔是指行为人不参加投保或不全部投保,一旦出了事故便设法冒用已参加投保的单位或个人的户名向保险公司骗赔的情况。冒名骗赔行为人不一定进行了冒名投保。如果仅仅是冒名投保,而没有进行冒名骗赔,则只可能涉及合同诈骗罪;如果投保方实施的欺诈行为相较于正常的投保情形并未升高赔付率风险,或者虽然提升了赔付率风险但并未达到严重的程度,则并不构成犯罪。是否成立保险

---

① 高铭暄、马克昌:《刑法学》(第10版),北京大学出版社2022年版,第428页。
② 刘宪权:《金融犯罪刑法学原理》,上海人民出版社2020年版,第543页。
③ 张明楷:《保险诈骗罪的基本问题探究》,《法学》2001年第1期;张利兆:《关于保险诈骗罪一般主体立法模式的思考》,《人民检察》2007年第8期。
④ 刘宪权:《保险诈骗罪疑难问题的司法认定》,《浙江大学学报(人文社会科学版)》2008年第4期,第55—56页。
⑤ 张明楷:《保险诈骗罪的基本问题探究》,《法学》2001年第1期。

诈骗罪的诈骗行为,关键在于与征得他人同意的情形相比,冒用行为是否实质性地升高了保险人的赔付率风险。① 而如果将"冒名投保"认定为保险诈骗的预备行为,则还有可能构成保险诈骗罪,这又将涉及对本罪着手的认定问题,下文将涉及。

关键是冒名骗赔行为,此时不管按照何种着手标准,本罪都已经具备保险诈骗罪的行为要件,但是因"冒名者"不具备真实的身份资格,其不会成为真正的投保人、受益人和被保险人,此时,如果进行了冒名骗赔应该定为何罪。如果冒名者与被冒名者具有共同骗赔的故意,则对冒名者完全可以按保险诈骗罪的共犯处理。② 如果没有合意的话,有意见认为其应该定为诈骗罪,"因为保险诈骗罪的成立,必须以行为人与被诈骗的保险人之间存在保险合同为前提,行为人正是利用了这种合同关系的存在,才实施了保险诈骗行为。如果不存在这种保险合同关系,就不可能产生所谓的保险诈骗行为"③。也有意见认为,既然行为性质符合保险诈骗罪,就应以保险诈骗罪定罪处罚。④ 笔者认为,如果认为一般主体与特殊主体的区别是基于刑法规定,以及"此罪与彼罪"界分的问题,那么《刑法》第198条的规定,应该符合特殊主体的特征。虽然一般主体支持论者是通过否定保险合同关系来否定冒名骗赔者的保险诈骗行为的成立,但其根源仍然在于主体的不适格。因此,笔者认同本罪的特殊主体属性,也认为基于此,冒名骗赔行为不能认定为保险诈骗罪。

(二)保险人进行保险诈骗的行为定性

根据《刑法》第183条的规定,保险公司的工作人员利用职务上的便利,故意编造未曾发生的保险事故进行虚假理赔,骗取保险金归自己所有的,依照职务侵占罪定罪处罚;国有保险公司工作人员和国有保险公司委派到非国有保险公司从事公务的人员有前款行为的,依照贪污罪定罪处罚。然而,如果保险公司的工作人员对投保人、被保险人或者受益人进行诈骗,骗取其保险金的行为,又该如何定罪?

---

① 劳东燕:《金融诈骗罪保护法益的重构与运用》,《中国刑事法杂志》2021年的4期,第19页。
② 刘宪权:《金融犯罪刑法学原理》,上海人民出版社2020年版,第549页。
③ 同上书,第548—549页。
④ 高铭暄主编:《新型经济犯罪研究》,中国方正出版社2000年版,第964页。

我国《保险法》第116条、第179条规定,保险公司及其工作人员在保险业务活动中对投保人隐瞒与保险合同有关的重要情况,欺骗投保人、被保险人或者受益人,构成犯罪的,依法追究刑事责任。但是《刑法》上却没有相关的规定。理论上,大多数人认为,由于保险人在《刑法》中并未归入保险诈骗罪的犯罪主体之中,因而对保险人所实施的诈骗行为,尽管与保险业务直接相关,但仍然应该以一般诈骗罪定性。① 笔者同意这种处理方式,这亦是基于本罪是特殊主体的立场。

(三)内外勾结行为的定性

实践中,保险人进行保险诈骗的情形,更多的不是针对投保人、被保险人和受益人,而往往是联合起来,进行保险诈骗。此时,保险人就因"合作方"的身份,而可能构成保险诈骗罪的共犯。对此,理论上有按照主犯的行为性质说、区别对待说、核心角色说等处理方式。②

有意见认为,投保人等与保险公司工作人员共谋骗取保险金的,如果保方人员并未利用其职务之便,而是单纯利用其工作经验为其出谋划策,从而使诈骗易于得逞的,这时保方人员相当于"无身份者",对这种共同犯罪只能以保险诈骗罪定性处罚;如果保险公司工作人员利用了自己的职务之便进行虚假理赔的,这时应借鉴核心角色说,将投保人等作为核心角色,二者首先构成保险诈骗罪的共犯,同时保险公司工作人员的行为触犯了贪污罪或职务侵占罪,这时应依照想象竞合犯的处罚择一重处。③ 笔者认为,后一种情况下,保方人员利用职务之便进行虚假理赔,此时其作为保险机构的工作人员,并未陷入认识错误,并不符合诈骗犯罪的构成要件,因此,保险公司工作人员此时构成了贪污罪或职务侵占罪,而投保人等则构成贪污罪或职务侵占罪的共犯。

(四)被保险人自杀自残行为的定性

被保险人是本罪的主体之一,但是在第五种行为方式,即"投保人、受益人

---

① 刘宪权:《金融犯罪刑法学原理》,上海人民出版社2020年版,第543—544页。
② 阴建峰:《保险诈骗罪的共犯问题探究》,《河南大学学报(社会科学版)》2013年第2期。
③ 杜国强:《保险诈骗罪共犯问题研究》,《人民检察》2005年第1期。

故意造成被保险人死亡、伤残或者疾病,骗取保险金的",被保险人是行为对象。那么当被保险人自杀、自残时,该如何认定。

这种行为发生在人身保险中,虽然也有被保险人为使受益人得到保险金而自杀的情况,但由于《刑法》并未规定自杀为犯罪,且自杀者本身也不能成为犯罪主体,故立法时,将这类行为的主体仅限于投保人、受益人,而不包括被保险人。[①] 参加立法起草的人员曾对此做过解释:"第五项规定的情形比较复杂,虽然也涉及投保人、受益人和被保险人,但故意造成被保险人死亡、伤残或者疾病的,通常情况下,多是投保人和受益人所为。当然也不排除实践中会发生被保险人为使受益人取得保险金而自杀、自残的情况,这类情况可不作为犯罪处理。"[②]

学者认为,被保险人也可能同时为投保人、受益人,所以,当投保人、受益人同时为被保险人时,投保人自伤、自残或者自己故意感染疾病,然后以被保险人死亡的名义骗取保险金的,不属于"故意造成被保险人死亡,骗取保险金",而属于"编造未曾发生的保险事故,骗取保险金"。[③] 对此,笔者同意该情况不属于第五项行为的意见,但认为此行为符合第二项"对发生的保险事故编造虚假的原因",而非第三项"编造未曾发生的保险事故",因为不管被保险人如何造成死亡或是伤残结果,其死亡或伤残的"事故"已经存在,故只能是编造事故的原因而非编造事故。

被保险人采用自杀、自残方式骗取保险金,由于此种故意制造保险事故的行为是由被保险人实施的,很多情况下,投保人和受益人并不知情。当投保人、受益人与被保险人不是同一人时,如果投保人和受益人不知情的,以保险诈骗罪论处明显存在犯罪主体上的障碍,因为实施自杀未遂或自残的被保险人并非投保人或受益人;但当被保险人与受益人通谋,以自杀、自残或者自己故意感染疾病,骗取保险金的,完全符合编造虚假的原因骗取保险金的构成要件,成立保险诈骗罪的共犯;[④]如果被保险人自杀、自残后,投保人、受益人在明知且有能力救治的情况下,故意不对被保险人进行救治,导致被保险人死亡、伤残后果发生,并以此骗取保险金的,可以不追究被保险人的刑事责任,但对投保人或受益人则可以保

---

① 刘宪权:《金融犯罪刑法学原理》,上海人民出版社2020年版,第543页。
② 朗胜主编:《〈关于惩治破坏金融秩序犯罪的规定〉释义》,中国计划出版社1995年版,第164—165页。
③ 张明楷:《刑法学》(第6版),法律出版社2021年版,第1051页。
④ 张明楷:《诈骗罪与金融诈骗罪研究》,清华大学出版社2006年版,第763—764页。

险诈骗罪论处。①

二、对虚构保险标的的理解及相关行为的定性

虚构保险标的是指虚构根本不存在的保险对象,与保险人订立保险合同。② 根据《保险法》第 12 条的规定,人身保险是以人的寿命和身体为保险标的;财产保险是以财产及其有关利益为保险标的。虚构保险标的,一般表现为:原本不存在保险标的,却谎称存在保险标的,与保险人签订保险合同;恶意超值(超额)投保;以不合格的保险标的冒充合格的保险标的;将非保险标的冒充保险标的投保;将他人的财产谎称为自己的财产而投保,进而骗取保险金的行为。③ 虚构保险标的的范围,既可以是虚构保险标的的整体,也可以是虚构保险标的的一部分。④ 刘宪权教授认为,对于"虚构保险标的"包括广义解释和狭义解释,狭义解释是指虚构一个根本不存在的保险对象与保险人订立保险合同;广义解释是指虚构既可包括编造完全不存在的内容,也可包括编造与实际不相同的内容。⑤ "虚构保险标的"行为中,常被讨论的是以下行为。

(一)恶意复保险行为

如果复保险的各保险金额的总数没有超过保险标的的价值,而且告知各保险人,则通常是被允许的,不成立犯罪;但是,如果超过保险标的的价值,对保险人隐瞒复保险的事实,以取得双倍乃至更多的赔偿为目的进行保险,则属于被法律所仅指的恶意复保险(法律特殊允许的除外)。在恶意复保险的情况下,行为人实际上是将价值较小的保险标的虚构为价值较大的保险标的。⑥ 价值较小的保险标的虚构为价值较大的保险标的,属于虚构保险标的。

(二)隐瞒保险危险投保行为

隐瞒保险危险投保,即瑕疵投保行为,其特征是没有将与保险相关的真相告

---

① 刘宪权:《金融犯罪刑法学原理》,上海人民出版社 2020 年版,第 550 页。
② 最高人民检察院法律政策研究室编著:《刑法新立罪实务述要》,中国检察出版社 1996 年版,第 345 页。
③ 张明楷:《刑法学》(第 6 版),法律出版社 2021 年版,第 1048—1049 页。
④ 高铭暄主编:《新型经济犯罪研究》,中国方正出版社 2000 年版,第 966 页。
⑤ 刘宪权:《金融犯罪刑法学原理》,上海人民出版社 2020 年版,第 545 页。
⑥ 张明楷:《刑法学》(第 6 版),法律出版社 2021 年版,第 1049 页。

知保险人。保险合同是诚信合同,行为人与保险人订立合同时,有义务向保险人说明复保险的事实、当下的健康状况等,行为人不履行这种说明义务,使保险人陷入认识错误,从而取得保险人数额较大的保险金的,理当属于保险诈骗行为。① 诈骗罪的行为方式为虚构事实与隐瞒真相,在有告知义务的前提下,隐瞒不报,行为人的行为可以成立不作为的保险诈骗罪。

(三)事后投保行为

事后投保行为构成保险诈骗罪没有争议,但是应该将其视为"虚构保险标的"还是"编造未曾发生的保险事故"呢?有意见认为,应该将其归入"虚构保险标的"。因为,从理赔时相关保险标的是否实际发生过保险事故角度分析,似乎将事后投保骗取保险金行为归入"虚构保险标的"更为妥当。保险事故确实发生了,"编造保险事故"应该是指针对从没发生过的保险事故。因此,投保人在投保时明显隐瞒了投保标的已经发生事故的实际情况,也即投保的标的与实际存在的标的并不完全一致。② 也有更具体的意见认为,对于标的从未被保险的事后投保应视为虚构保险标的,因为未经保险的标的自然不能成为日后保险事故理赔的依据;而对于标的虽曾被保险但保险有效期已过且未及时续保的事后投保行为,可视为编造未曾发生的保险事故的行为而予以规制。③

(四)谎报被保险人年龄行为

著名的"帅英骗保案"中,投保人帅英在为其母亲投报的人身保险中,对其母亲的年龄进行了谎报。④ 根据《保险法》的规定,人身保险的保险标的是人的寿命和身体,那么谎报被保险人年龄似乎不能构成虚构保险标的;且根据当时《保险法》第54条的规定,⑤ 如果保险公司在两年内不能查出年龄误保问题并据此解除合同的话,该保险合同就是有效的。因此,如果是基于《保险法》,谎报被保险人年龄不应该被认定为虚构保险标的。但是如果按照广义解释,虚构保险

---

① 张明楷:《诈骗罪与金融诈骗罪研究》,清华大学出版社2006年版,第753—754页。
② 刘宪权:《金融犯罪刑法学原理》,上海人民出版社2020年版,第547页。
③ 赵秉志、许成磊:《金融诈骗罪司法认定中的若干重点疑难问题研讨》,《刑事司法指南》2000年第4辑。
④ 何海宁:《难道法官的骗保案》,《南方周末》2005年4月14日,第A6版。
⑤ 经修正后,现行《保险法》于第三十二条、第十六条也规定了相应的内容。

标的的一部分也是虚构,因年龄也是保险合同约定的重要事项之一,谎报年龄也应被认定刑法意义上的虚构保险标的。

对于以上行为,也有学者对于保险诈骗罪的保护法益有不同的见解。其认为,就"虚构保险标的"的界定而言,显然不应当泛泛地将不符合保险合同要求的标的虚构为符合保险合同要求的标的都归入"虚构保险标的"的范围。虚构保险标的的一部分未必能成立虚构保险标的,更非任何与保险标的成立条件不符的欺瞒行为都可视为虚构保险标的,关键在于虚构或隐瞒行为与正常投保情形相比,是否实质性地升高了保险公司赔付率的风险。基于此,不仅在人身保险中伪造、变更受益人的书面指定或书面同意获取保险金的行为不可能成立虚构保险标的,恶意复保险、隐瞒保险危险(瑕疵担保)、超额投保、谎报被保险人的年龄等一般情形也不应归入"虚构保险标的"的范围,而只应作为民事违约意义上的保险欺诈来对待。①

三、本罪的着手标准

对于保险诈骗罪着手的认定,张明楷教授认为,到保险公司索赔的行为或者提出支付保险金的请求的行为,是本罪的着手,而不应从开始实施虚构保险标的、开始制造保险事故等行为着手。因为,实行行为只能是具有法益的紧迫危险性的行为,索赔才使得本罪的法益具有紧迫危险。② 有学者认为本罪的实行行为是复合行为,虚构保险理赔原因的欺诈行为是其中之一,因此任一行为都可以是本罪的着手。③ 对此,也有学者认为,虽然本罪的实行行为是复合行为,但是是一种紧密型复行为犯,由虚构保险理赔原因的欺诈行为和骗取保险金的行为构成。只有当两个行为同时具备时,才显现出行为人骗取保险金的目的和对本罪法益侵害的紧迫危险性。因此,着手还是应该从索赔开始。④ 笔者同意将索赔作为着手的意见,因为在虚构保险标的、编造保险事故等虚构保险理赔原因行为的过程中,很可能涉及其他犯罪,如果将其作为保险诈骗罪的实行行为,可能

---

① 劳东燕:《金融诈骗罪保护法益的重构与运用》,《中国刑事法杂志》2021年的4期,第19页。
② 张明楷:《诈骗犯罪论》,法律出版社2021年版,第990页。
③ 阴建峰:《保险诈骗罪的共犯问题探究》,《河南大学学报(社会科学版)》2013年第2期;谢望原:《保险诈骗罪的三个争议问题》,《中外法学》2020年第4期。
④ 龙洋:《论保险诈骗罪的着手》,《法学评论》2009年第5期。

会涉及重复评价的问题。如《刑法》第 198 条第 2 款规定，为骗取保险金，故意造成财产损失的保险事故，或者故意造成被保险人死亡、伤残或者疾病的，如果同时构成其他犯罪，则实行数罪并罚。那么在没有索赔的情况下，如果将上述两种行为评价为保险诈骗罪的实行行为，又评价为如放火、故意杀人等其他犯罪的实行行为，这违反了"禁止重复评价"原则。

　　对此，有反对意见认为，本款是对"牵连犯"的例外规定。"为了骗取保险金而放火烧毁被保险的财物或故意伤害、杀害被保险人的行为既属于保险诈骗的行为，也同时触犯了放火罪、故意伤害罪、故意杀人罪等罪名。这种情况，属于手段行为和目的行为存在牵连关系的牵连犯。对于牵连犯，按照一般原则，应当按其中的一个重罪定罪并从重处罚。但是按照本罪第二款的规定，则按照数罪并罚。这是对处理牵连犯一般原则的例外。"①

　　但是笔者并不同意本条是"牵连犯"的观点，因为牵连犯的两个行为应包含在一个犯罪构成客观要件之中，行为人的保险诈骗与放火、杀人等行为，在构成要件上并没有相互包含的关系。在实施保险诈骗行为时，兼犯其他诸如故意杀人罪等的案件中，虽然行为人的诈骗行为与杀人等行为之间，具有一定的联系，但行为人的方法行为与目的行为或原因行为与结果行为在法律上没有被包含于一个犯罪构成客观要件之中。即杀人等行为无法被保险诈骗罪中"虚构事实、隐瞒真相"的客观特征所包含，所以不能将这种情况视为牵连犯。②

四、单位主体的数罪认定问题

　　当单位实施《刑法》第 198 条第 1 款第 4 项和第 5 项行为时，即单位作为投保人，故意造成财产损失的保险事故，骗取保险金，或者单位作为投保人，故意造成被保险人死亡、伤残或者疾病而骗取保险金时，根据该条第 2 款规定，应依照数罪并罚的规定处罚。但是单位不能成为故意毁坏财物罪、放火罪、故意杀人罪和故意伤害罪等犯罪的主体。

　　通常认为，这种情况下应分别定罪，即在单位人员为本单位利益，以放火等单位不能成为主体的手段行为实施保险诈骗的，对单位应以保险诈骗罪定罪，同

---

① 高铭暄、马克昌：《刑法学》（第 10 版），北京大学出版社 2022 年版，第 428 页。
② 刘宪权：《金融犯罪刑法学原理》，上海人民出版社 2020 年版，第 553 页。

时追究单位与直接负责的主管人员和其他直接责任人员的刑事责任;而对放火等罪,尽管单位不能构成,但单位中直接负责的主管人员和其他直接责任人员并不能免除对这些罪的责任。①

笔者同意这样的观点,因为《刑法》上只有规定单位为主体的犯罪,才成立单位犯罪,很多自然犯确实无法由单位构成犯罪主体,即在此情况下,自然人为了单位利益实施这些犯罪,不能理解为单位行为,而只能视为自然人行为。因此,在保险诈骗犯罪中,对单位只能追究保险诈骗罪的刑事责任,而对单位中的直接负责的主管人员和其他直接责任人员则既要追究保险诈骗罪的刑事责任,也要追究故意杀人等犯罪的刑事责任,并对有责任人员实行数罪并罚。②

五、共犯规定是拟制规定还是注意规定

《刑法》第198条第4款规定,保险事故的鉴定人、证明人、财产评估人故意提供虚假的证明文件,为他人诈骗提供条件的,以保险诈骗的共犯论处。本款是关于对保险事故鉴定人、证明人、财产评估人的共犯认定,属于片面共犯,按照通说观点,我国刑法并不认可片面共犯。③ 基于此,如果认可片面共犯的问题,本款应该为注意规定;反之,本款则应为拟制规定,是对片面共犯的例外认定。主张片面共犯的学者就认为本款是一项注意规定,认为"即使没有本款规定,上述行为也成立保险诈骗罪的共犯,故本款旨在引起司法人员的注意"。"由于刑法第229条规定了提供虚假证明文件罪,保险事故的鉴定人、证明人、财产评估人故意提供虚假的证明文件,为他人诈骗保险金提供条件的行为,也可能符合第229条的规定",对于故意为金融诈骗的行为人提供虚假证明文件或其他便利条件的,也应认定为金融诈骗罪的共犯(这种行为属于保险诈骗罪与提供虚假证明文件罪的想象竞合)。④

反对意见则认为本款属于拟制规定,因为首先该款是针对保险事故的鉴定

---

① 李亚飞、黄河:《保险诈骗罪刍议》,《人民司法》2001年第5期。
② 张明楷:《刑法学》(第6版),法律出版社2021年版,第1053页;刘宪权:《金融犯罪刑法学原理》,上海人民出版社2020年版,第544—545页。
③ 所谓片面共犯,是指共同行为人的一方有与他人共同实施犯罪的意思,并协力于他人的犯罪行为,但是他人却不知道其给予协力,因而缺乏共同犯罪故意的情况。参见马克昌主编:《犯罪通论》(第3版),武汉大学出版社1999年,第514页。
④ 张明楷:《刑法学》(第6版),法律出版社2021年版,第1052页。

人、证明人、财产评估人而规定,其中的鉴定人、财产评估人虽为中介组织人员,但证明人却不一定是中介组织人员。在证明人故意提供虚假的证明文件,为他人诈骗提供条件的情况下,有时并不存在与第 229 条竞合的问题;即便是保险事故的鉴定人、财产评估人故意提供虚假的证明文件,为他人诈骗提供条件的,如果符合共同犯罪的成立条件,相信以现今司法人员的素质,也不至忽略保险诈骗罪共犯之构成,而偏执地适用第 229 条的规定,因而此处似无提示注意的必要。作此语焉不详的所谓注意规定,反倒可能会导致司法人员定性上的混淆,甚至可能将并非中介组织人员的证明人也不当地纳入提供虚假证明文件罪的主体范畴。[①]

笔者基于通说观点,即同意我国刑法并不认可片面共犯的观点,同意本款属于法律拟制的意见。这也体现出,保险诈骗犯罪中,这种片面共犯行为的社会危害严重性及刑罚处罚必要性,导致立法对其进行了特别关注,从而进行了例外的规定。

第三节　罪名适用中的典型案例

一、王某 1 等故意杀人、保险诈骗案

(一) 案件介绍[②]

被告人王某 1 在齐齐哈尔市打工时与被害人朱某相识,王某 1 认为朱某比较有钱,遂起意先抢了朱某的钱后再买人寿保险来骗取保险金。1999 年 1 月 23 日,王某 1 以合伙做生意为名将朱某骗至其老家。25 日凌晨 4 时,王某 1 乘朱某睡熟时,用斧子向朱某头部猛击数下,致其死亡,并搜走朱某随身携带的人民币 5300 余元。杀死朱某后,王某 1 返回齐齐哈尔市其暂住地,用抢来的一部分钱先后在太平洋保险公司为自己购买了人寿保险 7 份,保险金额总计 14 万余

[①] 阴建峰:《保险诈骗罪的共犯问题探究》,《河南大学学报(社会科学版)》2013 年第 2 期,第 44 页。
[②] 参见最高人民法院刑事审判第一庭、第二庭编:《刑事审判参考》(总第 28 集),法律出版社 2002 年版,第 198 号"王志峰、王志生故意杀人、保险诈骗案"。

元。其后便与其弟被告人王某 2 共同预谋商定杀死被害人刘某,自己再借尸诈死实施保险诈骗。1999 年 3 月 20 日 14 时,王某 1 以请客为名,将刘某骗至王某 2 在齐齐哈尔市开办的音像店内一起喝酒吃饭。在将刘某灌醉后,二被告人即共同将刘某摁倒在床上,用衣物捂压刘某的口鼻致其死亡。

次日晨,王某 1 用事先准备好的汽油浇在尸体上和室内,点燃后逃往外地躲藏起来,王某 2 则向公安机关报案谎称死者系其兄王某 1,想等骗取公安机关的证明后再向太平洋保险公司骗取保险金。因公安机关及时侦破此案,王某 2 尚未来得及向太平洋保险公司申请赔付,保险诈骗未得逞。

对于本案,检察院以故意杀人罪和保险诈骗罪提起公诉。一审法院审理后认为:被告人王某 1 为购买人寿保险而杀死朱某抢劫财物,又为诈骗保险金与被告人王某 2 共同预谋并杀死刘某,其行为已分别构成抢劫罪、故意杀人罪;被告人王某 2 为帮助王某 1 骗取保险金,与王某 1 共同预谋并杀死刘某,其行为已构成故意杀人罪。检察机关指控二被告人犯有保险诈骗罪,定性不准,不予支持。二审法院维持原判。

(二)简要点评

本案共分为两个阶段。第一阶段,被告人王某 1 为购买保险,抢劫朱某的行为。第二阶段,二被告人共同杀死刘某后,王某 1 烧毁音像店后逃跑躲藏,王某 2 报假警,以骗取公安机关出具死亡证明后向太平洋保险公司索赔保险金。基于本罪特殊主体的规定,第一阶段王某 1 尚未购买保险,其并不具备构成保险诈骗罪的主体资格。关键在于第二阶段的行为认定,根据保险诈骗罪第 3 种行为,即"投保人、被保险人或者受益人编造未曾发生的保险事故,骗取保险金的",王某 1 是投保人与被保险人、王某 2 是受益人,二被告符合本罪的主体资格,但是是否构成保险诈骗罪,还需要看二被告杀害被害人刘某的行为,是否是保险诈骗罪的实行行为,即保险诈骗罪是否已经着手。关于保险诈骗罪的着手问题,如果认为虚构保险理赔原因的行为也是保险诈骗行为,那么故意杀害刘某的行为,已经属于保险诈骗罪的实行行为;如果认为向保险公司进行索赔时才是本罪的着手,那么故意杀害刘某的行为,不能认定为保险诈骗罪。基于同意"索赔时"为保险诈骗罪着手意见,笔者认同审判机关的判决。

二、曾某、黄某故意伤害、保险诈骗案

(一) 案件介绍[①]

2003年4月,被告人曾某因无力偿还炒股时向被告人黄某所借的10万元债务,遂产生保险诈骗的念头。被告人曾某分别于2003年4月18日、21日、22日,以自己为被保险人和受益人,投保了意外伤害保险,保额共为41.8万元。被告人曾某为了达到诈骗上述保险金及其单位(某保险公司)为在职普通员工承保的30万元人身意外伤害团体保险金的目的,找到被告人黄某,劝说黄某砍掉他的双脚,并承诺将所得高额保险金中的16万元用于偿还所欠黄某10万元债务本金及红利。2003年6月17日晚9时,二被告人按事先的约定,完成了砍掉双脚的计划。事后,被告人曾某向公安机关、保险公司报案谎称自己是被三名陌生男子抢劫时砍去双脚,曾某指使其妻子向自己供职的单位(某保险公司)提出30万元的保险金赔付申请,后因公安机关侦破此案而未能得逞。

一审法院认为,被告人曾某作为投保人、被保险人和受益人,伙同他人故意造成自己伤残,企图骗取数额特别巨大的保险金,其行为已构成保险诈骗罪;被告人黄某故意伤害他人身体,致人重伤,其行为已构成故意伤害罪。对于公诉机关指控被告人黄某犯保险诈骗罪的意见不能成立,按照《刑法》规定,保险诈骗罪的犯罪主体属特殊主体,只有投保人、被保险人或者受益人才能构成保险诈骗罪,另外保险事故的鉴定人、证明人、财产评估人故意为保险诈骗行为人提供虚假的证明文件,为其进行保险诈骗提供条件的,以保险诈骗罪的共犯论处,这是刑法对保险诈骗罪的主体及其共犯构成要件的严格界定,而本案被告人黄某既不是投保人、被保险人或者受益人,也不是保险事故的鉴定人、证明人、财产评估人,不具有保险诈骗犯罪的主体资格和构成其共犯的主体资格,因此,被告人黄某的行为不构成保险诈骗罪。二审法院维持原判。

(二) 简要点评

本案中主要涉及本罪的三个问题。一是保险诈骗罪的着手认定问题。本案

[①] 参见最高人民法院刑事审判第一庭、第二庭编:《刑事审判参考》(总第38集),法律出版社2004年版,第296号"曾劲青、黄剑新保险诈骗、故意伤害案"。

中,被告人已指使其妻子向保险公司进行索赔,按照上文的观点,这已经是保险诈骗罪的实行行为。因此,一方面,被告人妻子向保险公司索赔的保险金30万元应作为保险诈骗罪未遂的数额,余下41.8万元因还没提起索赔,可以作为保险诈骗罪预备的数额计算;另一方面,对于另一被告人黄某而言,二被告合谋制造保险事故骗取保险金,既然保险诈骗罪已经开始实行,那么黄某应当被认定为保险诈骗罪的共犯。二是黄某的行为属于"投保人、被保险人或者受益人对发生的保险事故编造虚假的原因"还是"投保人、受益人故意造成被保险人死亡、伤残或者疾病"。如果认为其属于后者,那么如果将黄某认定为保险诈骗罪共犯的话,其行为根据《刑法》第198条第2款的规定,应进行数罪并罚;如果认为是前者,则其因想象竞合被判处一重罪。笔者认为,本案中的行为应属于第2项,即"投保人、被保险人或者受益人对发生的保险事故编造虚假的原因"。第5项行为的行为主体,是投保人或受益人,黄某虽然最终可能受益,但并不是保险合同的当事人,其并不具备主体资格;对于曾某来说,虽然是其指使黄某伤害自己,但这与自伤自残还是有区别,因此不能认定为其作为投保人、受益人、被保险人实施了造成自己伤残的情形。三是保险诈骗罪共犯的问题,即没有特殊身份的人员能否构成本罪的共犯。本案中的审判机关认为,黄某之所以不构成保险诈骗罪,是因为其不具备保险诈骗罪的犯罪主体。但是黄某帮助曾某实施了保险诈骗罪的行为,其完全可以认定为保险诈骗罪的共犯。只是对黄某之所以最后不判处保险诈骗罪,是因为其还行使了故意伤害行为,故黄某的行为同时触犯两个罪名,系想象竞合,根据想象竞合的从一重处断原则,对被告人黄某判处故意伤害罪一罪即可。

三、唐某、吴某等放火、保险诈骗案

(一)案件介绍①

2015年5月间,被告人唐某、吴某经营的某箱包有限公司资金周转困难,二人伙同被告人周某经事先商量,由被告人周某放火烧毁厂内纸板箱、成品箱等设备制造保险事故,再联系保险公司骗取保险金。2015年5月31日晚,被告人周

---

① 浙江省平湖市人民法院一审刑事判决书(2016)浙0482刑初173号。

某将厂房、办公楼及彩板棚烧毁,过火面积达 3 260 平方米,该厂房北侧有商店,店内住人,厂房门卫室有门卫值班,火灾导致公用电线烧断,造成公私财产遭受重大损失,价值共计 964 630 元,严重危害公共安全。次日,被告人唐某、吴某在故意制造火灾事故后,以某箱包有限公司的名义,向太平洋财产保险股份有限公司申报理赔,申报理赔金额为 595 万余元,因被及时发现而未得逞。

法院认为,被告人唐某、吴某、周某共同商议实施放火,并由被告人周某实际实施放火行为,造成公私财产遭受重大损失,并严重危害公共安全,其行为均已构成放火罪,系共同犯罪;某箱包有限公司以非法占有为目的,在故意制造保险事故后向保险公司申报理赔 595 万余元,属数额特别巨大,属单位犯罪,后因意志以外的原因而未得逞,属犯罪未遂,被告人唐某、吴某作为该公司主管人员和直接责任人员,其行为均已构成保险诈骗罪,对二被告人以保险诈骗罪和放火罪数罪并罚。被告人周某虽实施了制造保险事故的放火行为,但对于保险诈骗行为其并不是主管人员和直接责任人员,故对于被告人周某以放火罪一罪定罪处罚较为妥当。

(二) 简要点评

本案涉及单位实施保险诈骗罪的问题认定。根据《刑法》和《最高人民法院关于审理单位犯罪案件具体应用法律有关问题的解释》的规定,以单位名义实施犯罪,违法所得归单位所有的,是单位犯罪。以单位名义实施犯罪,是单位意志的体现。本案中,唐某、吴某为了单位利益,以单位名义进行保险诈骗行为,某箱包公司作为投保人、受益人与被保险人,为了骗取保险金实施了放火行为,完全符合保险诈骗罪第四种行为,即"投保人、被保险人故意造成财产损失的保险事故,骗取保险金的"。问题在于,根据《刑法》第 198 条第 2 款的规定,实施了第 4 项、第 5 项行为,同时构成其他罪的,数罪并罚。但是单位不能成为放火罪的行为主体,因此根据上文的观点,可以采取分别定罪的方案,即对单位认定为保险诈骗罪,同时追究直接负责的主管人员和其他直接责任人员的刑事责任;对于故意造成财产损失的行为,则对单位中直接负责的主管人员和其他直接责任人员处以放火罪。那么本案中,某箱包公司构成保险诈骗罪;其直接负责的主管人员唐某和吴某,则根据《刑法》第 198 条第 2 款,以放火罪和保险诈骗罪数罪并罚;如果周某不能被认定为单位的直接负责的主管人员或其他直接责任人员,其不会构成保险诈骗罪,从而对其放火的行为,仅以放火罪定罪,而非数罪并罚。

四、简某、韩某保险诈骗案

(一)案件介绍①

简某系江苏A速递公司负责人,韩某系该公司的货车驾驶员。2016年7月,简某将本公司的一辆营业用轻型货车挂靠在江苏B配送公司名下,并以B公司名义与某保险公司签订了机动车商业保险合同,保险期1年。该保险合同为格式合同,其中部分免责条款如下:"下列情况下……保险人均不负责赔偿:(驾驶人)驾驶出租机动车或营业性机动车无交通运输管理部门核发的许可证书或其他必备证书。"经查,该保险合同要求手写的免责事项为空白。

2017年2月16日,韩某驾驶投保货车发生交通事故,致1人死亡。在处理交通事故、咨询保险理赔手续过程中,韩某被告知其需要提供营运性道路驾驶员从业资格证。该证书由市级道路运输管理机构核发,韩某于2017年3月3日紧急办理了该证书。但韩某的证书系事发后取得,无法用于之前事故的理赔。为此,简某、韩某经商议,从社会上的"办证"渠道购买了一份未加盖印章的证书,并提供给了保险公司。保险公司审核通过后,支付理赔款26.27万元。后保险公司复查发现韩某提供的证书系伪造,于2017年12月向公安机关报案,公安机关随后立案侦查。

简某、韩某到案后被取保候审,简某向保险公司全额退还了理赔款。2019年3月19日,公安机关以简某、韩某涉嫌保险诈骗罪移送审查起诉。在审查起诉期间,B公司以相关免责条款要求的证书指向不具体,保险合同中手写的免责事项为空白,保险公司未尽到合理提示说明义务等为由,认为免责条款无效,于2019年5月对保险公司提起民事诉讼,请求法院判令保险公司赔偿理赔款。案件经一审、二审法院审理,2019年12月23日二审法院作出终审民事判决,认定保险公司未能向投保人明确说明"许可证书或其他必备证书"的具体证书种类和名称并经投保人确认,该免责条款不发生法律效力,判决保险公司支付理赔款。

---

① 最高人民检察院关于印发《检察机关涉民营企业司法保护典型案例选编(第三辑)》的通知(2021年6月10日)。

检察机关认为,根据本案的实际情况,应当采取"先民后刑"的审查原则,即需要等待民事案件有定论后再认定刑事案件的基础事实。民事判决发生法律效力后,检察机关及时调取判决书,补充为刑事案件的证据。检察机关审查刑事案件认为,根据终审民事判决的认定,保险合同中相关免责条款不发生法律效力,而不发生法律效力的条款自始没有法律约束力,故简某、韩某的行为不会造成保险公司的财产损失,二人不构成保险诈骗罪。另外,二人购买伪造的空白从业证书的行为,应受治安管理处罚,亦不构成刑事犯罪。2020年3月12日,江苏省苏州工业园区人民检察院依据《中华人民共和国刑事诉讼法》第177条第1款的规定,分别作出苏园检诉刑不诉〔2020〕20号、21号不起诉决定,对简某、韩某不起诉。在决定不起诉的同时,检察机关分别向本市保险业协会、运输管理部门发出检察建议书,建议就保险合同免责条款的说明提示程序、车辆"挂靠"的治理等工作进行改进。上述两单位接受建议,分别完善了相关行业管理工作。

(二)简要点评

1. 检察院处理结果之创新与评价

苏州工业园区检察院对该案的处理有两方面的理论创新。第一,提炼了"先民后刑"程序的适用规则。在涉及"刑民交叉"案件中,对于事实清楚但法律关系复杂或技术问题难以判断的案件,可以民事上的权利确认及法律关系判断作为基础,进而作为刑事程序的先决依据,以保证法秩序的统一性。第二,对不能犯作出罪处理。刑法理论中的不能犯,由于客观行为没有也不可能存在侵害法益的任何危险,或者说不会对刑法规范保护的具体社会关系造成任何危害或危险,因不具备社会危害性这一犯罪的本质特征,故不能成立犯罪。

笔者主要就"先民后刑"程序的适用规则提炼方面做一评价。张军检察长在2019年全国大检察官研讨班上提出,要切实履行检察官在刑事诉讼中的主导责任。这一理念的提出反映了深刻的时代背景,体现了检察机关主动担当作为的精神,为检察工作发展指明了新的方向。要将主导责任体现在扎扎实实的检察工作当中,光空谈无法推动检察事业的发展。

江苏省苏州工业园区检察院主办的这起涉"刑民交叉"案件就是践行主导责任理念的典范。苏州工业园区检察院在办理该案过程中,没有机械地适用法律,而是综合考虑到了该案被告人的案发事由、该案关联民事案件进展情况、"刑民交叉"案件的理论前沿、刑法学理论前沿等诸多因素,最后作出了不起诉决定。

该案件的处理结果不仅取得了良好的法律效果与社会效果,而且在一定程度上推动了"刑民交叉"案件法律适用的理论研究,对"刑民交叉"案件法律适用的实践具有一定的指导意义。具体来说,该案件的处理结果为"先民后刑"诉讼程序的适用提供了可操作的一项规则,即在涉及"刑民交叉"案件中,对于事实清楚但法律关系复杂或技术问题难以判断的案件,可以民事上的权利确认及法律关系判断作为基础,进而作为刑事程序的先决依据。

对于"刑民交叉"案件的操作程序,无外乎"先刑后民""刑民并行"与"先民后刑"三种。"先刑后民"与"刑民并行"的适用规则已有诸多理论研究和实践判例,但对"先民后刑"的适用规则却鲜有涉及。

该案所确立的"先民后刑"案件适用规则,于法有据、于理应当。就合法性而言,《民事诉讼法》第150条第5项规定,"本案必须以另一案的审理结果为依据,而另一案尚未审结的",中止诉讼。该规定为该案所确立的"先民后刑"案件的处理规则提供了依据。在该案中,刑事案件的处理必须以民事案件的审理结果为依据,而非相反。原因是:其一,保险合同的"免责条款"的效力认定对刑事处理的影响大;其二,保险合同的"免责条款"的效力认定属于民事审判内容。

就合理性而论,该处理规则符合法秩序的统一性要求。法秩序的统一性是指各个部门法在合法化事由上具有统一的根据。在一个部门法中合法的行为,不得在另一个部门法中认定为违法。也就是说,一旦刑事或者民事判决作出来,我们应当充分尊重判决结果。就该案而言,保险合同的"免责条款"一旦被民事判决认定为无效,就意味着嫌疑人的行为不可能侵害到保险公司的法益,其只能成立不能犯。

2. 该案实体处理结果的进一步思考

在民事一审之后、民事终审判决尚未做出之前,笔者应苏州工业园区人民检察院的邀请,参与了该案的论证。笔者认为,即便民事终审判决认定保险合同责任免除条款有效,嫌疑人的行为也不构成犯罪。理由是:

1) 嫌疑人的行为不构成保险诈骗罪

原因主要是嫌疑人未实施保险诈骗行为。根据《刑法》第198条的规定,保险诈骗罪包括五种行为:一是投保人故意虚构保险标的,骗取保险金;二是投保人、被保险人或者受益人对发生的保险事故编造虚假的原因或者夸大损失的程度,骗取保险金;三是投保人、被保险人或者受益人编造未曾发生的保险事故,骗取保险金;四是投保人、被保险人故意造成财产损失的保险事故,骗取保险金;五是投保人、受益人故意造成被保险人死亡、伤残或者疾病,骗取保险金。该法条没有类同于其他金融诈骗罪兜底性的规定,对构成保险诈骗罪仅限于上述五种情形。与本案嫌疑人的行为最相似的是第二种情形的前部分,即"投保人、被保险人或者受益人对发生的保险事故编造虚假的原因",进而骗取保险金。

笔者认为,本案嫌疑人的行为不符合第二种情形的前部分要求。第一,把"编造虚假的营运证书"解释为刑法规定的"对发生的保险事故编造虚假的原因"这一情形,是扩张解释,有悖罪刑法定原则。第二,按文义解释,对发生的保险事故编造虚假原因,骗取保险金,是指在发生保险事故后,对造成保险事故的原因做虚假陈述或隐瞒真实情况。也就是说,作虚假陈述或隐瞒真实情况的必须是针对造成保险事故的原因,行为方式仅仅只是对原因的编造,而非其他。本案中,发生保险事故的原因——是已取得车辆行驶证的犯罪嫌疑人韩某驾驶汽车与行人相撞,而并非当时其没有取得货运从业资格。

实际上,"对发生的保险事故编造虚假的原因"的解释本身就是一种因果关系的判断,即什么原因发生了,进而导致交通事故?原因和事故之间必须有必然的联系。此处的原因(包括谁、什么方式),事故则是死亡结果。事后伪造货运从业资格证明不能成为原因要素。

2)嫌疑人的行为不构成诈骗罪或者合同诈骗罪

保险诈骗罪与诈骗罪、合同诈骗罪是法条竞合犯。对于法条竞合犯的处理原则,通行观点是:如果没有法律明文规定,特殊条款罪名优于普通条款罪名。目前刑法明文规定的对法条竞合犯可以适用普通条款罪名的是《刑法》第140至149条(生产、销售伪劣商品罪)。

保险诈骗罪与诈骗罪、合同诈骗罪这一法条竞合犯只能按特殊条款罪名优于普通条款罪名来处理,特殊条款罪名不成立时,就不能按犯罪定性。第一,不能参照《刑法》第140至149条(生产、销售伪劣商品罪),这违反了罪刑法定原则。第二,参照《刑法》第140至149条不符合体系性解释原理,有违刑法公正原则。一方面,《刑法》第140至149条规定的一般条款罪名"生产、销售伪劣产品罪"是较轻的罪(最高判无期徒刑),而特殊条款罪名(如"生产、销售有毒、有害食品罪"等)多为较重的罪(最高判死刑)。可诈骗罪、合同诈骗罪与保险诈骗罪之法条竞合则是另一回事：一般条款罪名（诈骗罪、合同诈骗罪）是较重罪名（最高判无期徒刑），而特殊条款罪名（保险诈骗罪）是较轻罪名（最高判处15年）。因此，这两类法条竞合案件不能做比较。另一方面，如果把不能定性为保险诈骗罪的行为定性为诈骗罪或合同诈骗罪会带来如下结果：在保险领域，实施了保险诈骗行为，定性为保险诈骗罪，最高判15年；而在保险领域，实施了其他的危害相对小一些的保险诈骗行为之外的行为，定性为诈骗罪或合同诈骗罪，最高可判无期徒刑。第三，从立法原意考察，也不能把不构成保险诈骗罪的行为以诈骗罪或合同诈骗罪论处。刑法之所以对保险诈骗罪设置了比诈骗罪或合同诈骗罪较轻的法定刑（最高为有期徒刑）、设置较高的入罪门槛（明确了五种骗保行为），是因为立法者考虑到了保险领域诈骗行为的特殊性：保险公司为特殊行业，往往处在强势甚至垄断地位，一般人难以诈骗得逞，其社会危害性相对来说要小一些。

3）刑民交叉视角的分析

随着市场经济的进一步发展，刑民交叉案件大量出现。刑民交叉法律适用问题引发了司法高层关注，相关司法解释基本完成。刑法谦抑原则是指导处理刑民交叉案件的一个重要原则。其意指：在处理刑民交叉的案件时，如果案件性质模糊，并且如果没有明确符合刑法规定的情况下，应当尽量本着民事手段优先选用的原则，尽量做出罪化处理。

就本案而言，在难以适用保险诈骗罪之刑法规定情形下，按照《保险法》第27条的规定："……保险事故发生后，投保人、被保险人或者受益人以伪造、变造的有关证明、资料或者其他证据，编造虚假的事故原因或者夸大损失程度的，保险人对其虚报的部分不承担赔偿或者给付保险金的责任。投保人、被保险人或者受益人有前三款规定行为之一，致使保险人支付保险金或者支出费用的，应当退回或者赔偿。"就足以对保险公司权益予以救济，实际上，保险公司也已经拿回了被本案嫌疑人骗去的款项。在此背景下，适用刑法就没有必要了。

第九章 虚开发票罪

虚开发票罪中的虚开行为可以参照虚开增值税专用发票罪中的规定,但让他人为自己虚开和介绍他人虚开只能在共犯的场合下进行认定,而不能作为虚开发票罪的实行行为单独认定。虚开发票罪中的发票应当是真实的发票,对于虚开伪造发票的行为可以非法出售伪造的发票罪等罪论处,对于以伪造的发票报销等行为所造成的税收安全问题可由逃税罪予以规制。进而,在实然层面将在空白发票上填写金额并据此获取返点的方式从非法出售发票罪的逻辑行为方式中剥离出来,由虚开发票罪进行规制是合理妥当的,但在真实的空白发票上对真实发生的业务进行"虚开"并出售的不构成虚开发票罪而应以非法出售发票罪论处。明知他人使用发票用于逃税、贪污、职务侵占等犯罪行为,或者与之共谋而虚开发票、非法出售发票、出售非法制造的发票的,应分别根据想象竞合从一重和数罪并罚进行处断。

第一节 罪名适用概览与文献综述

一、罪名适用概览

《刑法》第205条之一规定的虚开发票罪是《刑法修正案(八)》在分则第三章危害税收征管罪一节中新增的一个罪名。根据该条规定,虚开发票罪是虚开第

205 条规定以外的其他发票,即一般认为的普通发票。由于普通发票本身只是商家与消费者之间交易的一个凭证,但当其被赋予本身所不应该涵盖的异化职能,成为税务机关税源监控和管理税收的重要工具后①,这在一定程度上导致普通发票在现有报销体制下等同于现金,进而与虚开普通发票相关的违法犯罪行为便开始泛滥。近年来,实践中在真实的或者伪造的发票上虚开的、有真实业务或者没有真实业务而开具假发票入账的以及仅仅将真实发票予以出售的等情形,以虚开发票罪论处的情形便时有发生。尽管如此,司法实践中直接从构成要件角度认定无罪的判例也并不罕见,大体上集中在以下两个方面。

(一) 行为主体方面

本罪可以由单位构成,实践中便会存在虚开发票行为属于单位中的个人行为并未体现单位意志而不构成单位犯罪。如内蒙古自治区包头市青山区人民法院(2018)内 0204 刑初 2 号刑事判决,以及河北省邢台市广宗县人民法院(2018)冀 0531 刑初 12 号刑事判决等,均是公诉机关指控单位犯罪,但经审理查明相关行为均系单位中个人或者个人名义实施的,被指控的单位构成单位犯罪的证据不足。

(二) 以真实交易为基础的虚开方面

虚开发票罪作为《刑法》第 205 条之一,与第 205 条规定的虚开增值税专用发票罪,在针对国家税款的保护方面具有等同的立法旨趣。因此,实践中对于有真实的实际交易、主观上并无骗取抵扣税款故意的虚开发票行为,一般不认定为犯罪。如山东省烟台市莱州市人民法院(2018)鲁 0683 刑初 699 号刑事判决,河北省邢台市广宗县人民法院(2017)冀 0531 刑初 20 号刑事判决等,均是以真实的交易为基础而迫于领取工程款项、收入报销等而虚开发票,同时亦无证据证明行为人具有利用虚开的发票进行侵占、骗取、套取单位资金以及偷逃税款等行为的情况下,便不应认定为犯罪。

除此之外,也有因虚开发票行为在刑法修正案(八)之前发生,因刑法溯及力问题而经过再审改判无罪的,如江西省九江市共青城市人民法院(2019)赣

---

① 刘剑文:《税收管理,发票难以承受的职能之重》,《法制日报》2011 年 1 月 6 日,第 7 版。

0482刑再1号刑事判决书,因刑法不能溯及既往而改判被告人不构成虚开发票罪。①

当然,实践中也存在相当数量因为无虚开行为、数额尚未达到追诉标准以及犯罪已过追诉时效等因素而不起诉的案例,因与本罪的构成要件的理论争议无涉,便不再赘述。

二、研究文献综述

与司法实践中虚开发票罪的争议显著不同的是,刑法理论中关于虚开发票罪的争议焦点则另有蹊径。在《刑法修正案(八)》刚颁布的之后两三年内,刑法理论与实务中围绕着虚开发票罪的上述相关争议问题曾有过一定的讨论,主要围绕虚开发票的行为方式、行为对象以及相关罪名之间的关系等方面,但讨论尚未充分展开。

(一)关于虚开发票罪的虚开行为方面

对于虚开发票罪的虚开行为如何理解,较为常见甚至可以认为是通说的观点均认为,《刑法》第205条第3款关于虚开增值税专用发票或者虚开用于骗取出口退税、抵扣税款的其他发票的虚开行为的界定,也适用于虚开发票罪中的虚开行为的认定②,甚至有学者更为直白认为,虚开发票罪中的虚开行为可以套用虚开增值税专用发票罪中第3款关于虚开行为的规定③。

该种观点的论证理由认为,首先,同一部刑法典中的同一概念与规定应当是一致的,否则就会造成司法者理解上的矛盾与冲突。虚开发票与虚开增值税专用发票均使用了"虚开"一词,因此这两个"虚开"当然要进行同一解释。其次,法

---

① 以上案例参见:《虚开发票罪无罪案例裁判要旨》,"法纳刑辩"微信公众号2022年7月1日,https://mp.weixin.qq.com/s/jNDcTx9bus9hR8QePdmiow,2022年8月2日。

② 例如,全国人大常委会法制工作委员会刑法室编:《中华人民共和国刑法修正案(八)条文说明、立法理由及相关规定》,北京大学出版社2011年版,第122页;黄太云:《〈刑法修正案(八)〉解读(三)》,《人民检察》2011年第8期;黄晓文:《虚开发票罪司法适用若干问题探析》,《中国检察官》2013年第1期;罗开卷:《新型经济犯罪实务精解》,上海人民出版社2017年版,第217页;等等。以及陈洪兵:《简评〈刑法修正案(八)〉有关发票犯罪的规定》,《华东政法大学学报》2011年第5期;陈国庆、韩耀元、吴峤滨:《〈关于公安机关管辖的刑事案件立案追诉标准的规定(二)的补充规定〉解读》,《人民检察》2011年第24期。

③ 金懿:《虚开发票罪探讨》,《上海政法学院学报》2012年第6期。

律具有简洁性,对于同一概念没有必要重复说明。虚开增值税专用发票罪中已经对虚开一词予以明确阐释,就没有必要在虚开发票罪中再重复一遍,故对没有重复规定的同一概念作出同一解读,以保证相同用语在刑法体系中的一贯性。再次,《刑法修正案(八)》增设虚开发票罪,其目的在于修补虚开发票行为的处罚疏漏,故刑法对于虚开一词的规定需贯彻到所有虚开发票的行为当中,否则必然会使得虚开发票罪在运用过程中出现新的处罚漏洞,削弱该罪的完整性。最后,法律编排都有其特殊的含义,虚开发票行为与虚开增值税专用发票的行为分别属于刑法第205条和第205条之一,说明两罪的行为具有同质性,只是犯罪对象不同而已,故而两罪中的虚开就不能作二重解释。①

还有观点认为,从《刑法》第205条最后一款的表述来看,该虚开行为的界定所针对的对象仅为"增值税专用发票或者虚开用于骗取出口退税、抵扣税款的其他发票",即该"虚开"行为的规定并非当然适用于虚开发票罪。由于让他人为自己虚开、介绍他人虚开均不属于虚开,但《刑法》第205条第3款将其一并拟制为虚开行为,同时,介绍虚开与虚开显然是不同的两种行为,故介绍他人虚开普通发票,可以构成虚开发票罪的教唆犯或帮助犯,从而构成虚开发票罪的共犯。但让他人为自己虚开普通发票行为既不属于虚开发票罪中的虚开行为,也不构成虚开发票罪的共犯。②

(二) 关于虚开发票罪的行为对象方面

不论是1997年《刑法》中规定的虚开增值税专用发票罪,还是《刑法修正案(八)》中增设的作为《刑法》第205条之一的虚开发票罪,刑法条文及相关司法解释等均未明确上述发票是否限于真实的发票?若在伪造的发票上虚开,是否构成虚开发票罪?理论与实务中的绝大部分观点均认为虚开发票罪中的发票可以包含伪造的假发票。③ 在论证理由不外乎是因为有"权威"观点的解读、虚开增值税专用发票罪中的发票包含伪造的以及伪造的发票也能导致国家税收损失

---

① 简琨益:《虚开发票罪中"假票真开"行为的规范诠释》,《科学经济社会》2015年第4期。
② 刘焱:《虚开发票罪若干问题探析》,《长江大学学报(社科版)》2014年第9期。
③ 例如,王作富主编:《刑法分则实务研究》(第5版),中国方正出版社2013年版,第582页;陈天敏、周少华、张淼等:《虚开普通发票行为如何适用法律》,《人民检察》2013年第6期;杜文俊:《发票犯罪若干问题辨析》,《政治与法律》2013年第6期。

等,具体而言:

第一,权威解读观点认可。如全国人大常委会法制工作委员会刑法室编写的《中华人民共和国刑法修正案(八)条文说明、立法理由及相关规定》中认为,虚开发票罪中"第二百零五条规定以外的其他发票",是指除增值税专用发票或者其他具有退税、抵扣税款功能的发票以外的普通发票,既包括真的,也包括伪造、变造的普通发票。①

第二,假发票在功能与真发票相同。由于虚开发票罪侵害的法益为双重法益,既包括国家发票管理秩序,也包括国家税收征管制度。真假发票均能作为收付款凭证,起到记录单位和个人发生的经济业务事项最基本的原始凭证的功能,进而影响纳税申报的真实性,从而影响国家税收。②

第三,假发票客观上可能造成国家的税收损失。虚开发票罪中的发票真假不影响罪名定性。惩治税收犯罪的法律规定保护的法益是国家税收利益和税收安全,无论是真发票还是假发票,在客观上都可能造成国家税收损失,对税收安全造成威胁。从现实角度考虑,虚开假发票的行为比虚开真发票危害性更严重。③

第四,虚开增值税专用发票罪中的发票可以是伪造的。虚开发票罪与虚开增值税专用发票罪同属《刑法》第205条,虚开发票罪应比照适用虚开增值税专用发票罪的构成要件。两罪区别仅在于对象不同,即前者所虚开的是后者之外的发票,其余包括虚开行为方式等二者均一样。④ 由于虚开增值税专用发票罪中的发票可以包含伪造的,所以虚开发票罪中的发票也可以是包含伪造的。

(三) 关于虚开发票罪与相关罪名之间的关系方面

由于当前认为虚开发票罪中的发票可以包含伪造的发票的观点近乎通说,由该观点导致虚开发票罪和非法出售发票罪、出售非法制造的发票罪以及逃税

---

① 全国人大常委会法制工作委员会刑法室编:《中华人民共和国刑法修正案(八)条文说明、立法理由及相关规定》,北京大学出版社2011年版,第123页。
② 黄晓文:《虚开发票罪司法适用若干问题探析》,《中国检察官》2013年第1期。
③ 张伶俐、张宪:《虚开普通发票罪中的虚开发票行为认定》,《江苏法制报》2014年11月19日,第3版。
④ 李宁:《虚开发票罪不宜以造成国家税款损失为要件》,《中国检察官》2018年第3期。

罪之间的相互纠缠关系至今尚无令人信服的观点能够厘清。如关于虚开发票罪与非法出售发票罪之间，在虚开发票罪的行为方式中，即便在共犯场合下参照虚开增值税专用发票罪的行为方式，非法出售发票罪的客观行为一般不会和为自己虚开、让他人为自己虚开和介绍他人虚开行为产生竞合，而只有为他人虚开发票可能是非法出售发票罪的手段行为。在此种情形下，将发票出售获利才是非法出售发票罪的目的行为。例如，有观点认为，虚开发票罪中的重点在于虚开发票的行为，相较于非法出售发票罪，虚开发票罪的客观行为强调的是虚开并非虚开后的谋利行为；而非法出售发票罪中出售是核心行为，故在非法出售发票类案件中，金钱交易是必然存在的①。

又如，关于虚开发票罪与逃税罪之间，有观点认为，虚开发票罪不以造成国家税款损失为要件，没有造成税款损失的虚开行为同样可以按虚开发票罪定罪处罚。②进而，便有观点认为，当行为人为自己虚开发票减少利润从而逃税的，该虚开行为同时构成逃税行为的，成立想象竞合关系从一重罪处罚。③

再如，还有观点认为，虚开发票行为必然破坏发票管理秩序，虚开发票并造成国家税款流失的情况下，虚开发票罪与逃税罪可能存在手段行为与目的行为之间的牵连关系，以牵连犯从一重罪处罚的原则较为合适。特别情况下，采用虚开发票的手段进行逃税的，前后只构成一个犯罪则直接适用该罪名进行定罪处罚即可。④

第二节 罪名适用中的疑难问题

一、虚开发票罪行为方式的问题

《刑法》第 205 条和第 205 条之一分别规定了虚开增值税专用发票、用于骗取出口退税、抵扣税款发票罪（为了论述方便，以下将以虚开增值税专用发票罪

---

① 杨圣坤、王珏：《虚开发票罪与非法出售发票罪的甄别》，《人民司法》2013 年第 12 期。
② 李宁：《虚开发票罪不宜以造成国家税款损失为要件》，《中国检察官》2018 年第 3 期。
③ 刘焱：《虚开发票罪若干问题探析》，《长江大学学报（社科版）》2014 年第 9 期。
④ 金懿：《虚开发票罪探讨》，《上海政法学院学报》2012 年第 6 期。

代表)和虚开发票罪,但对于两个罪名中的虚开并未等同规定,进而对于虚开发票罪中的虚开行为能否按照虚开增值税专用发票中的虚开行为作等同理解便需要结合罪名本身进行解释。

(一)虚开增值税专用发票罪中的虚开行为解读

《刑法》第205条第3款将虚开增值税专用发票罪的虚开行为方式列明为四种,即该罪的虚开是指有为他人虚开、为自己虚开、让他人为自己虚开、介绍他人虚开行为之一的。如果认为该罪的实行行为就是虚开行为[①],则其中后两种虚开行为方式的实质是虚开行为的共犯,即让他人为自己虚开行为是要求或者诱骗收买他人为自己虚开,即教唆行为,而介绍他人虚开行为则是在虚开的犯罪过程中起牵线搭桥、组织策划作用[②],即帮助行为。为了严惩虚开增值税专用发票行为,《刑法》以立法的方式将虚开行为的教唆、帮助行为独立入罪,即共犯行为的正犯化。换言之,原本认定教唆、帮助虚开行为构成虚开增值税专用发票罪,只能在共犯的场合下进行。譬如甲为了抵扣税款让乙为其虚开增值税专用发票,乙收取了相应费用后将其伪造的增值税专用发票给了甲。当甲尚未抵扣时案发。此种情形下,由于乙并未虚开,只是向甲出售了其伪造的增值税专用发票,故乙不构成虚开增值税专用发票罪。[③] 根据共犯从属性理论,即甲的教唆行为并未起到应有的作用,进而也就没有间接地侵害该罪所要保护的法益,甲也不构成虚开增值税专用发票罪的教唆犯。但基于《刑法》第205条第3款的规定,教唆、帮助虚开增值税专用发票行为便可以不依赖于被教唆、被帮助的对象行为是否构成虚开增值税专用发票罪,只要行为人具有让他人为自己虚开、介绍他人虚开的行为即可独立认定而无须依附于共犯场合。此种情形下的甲便可以直接

[①] 有观点认为,当行为人为他人骗取国家税款而虚开时,这种虚开是骗取国家税款的帮助行为。当行为人为自己骗取国家税款而虚开时,这种虚开是骗取国家税款的预备行为。当行为人为自己骗取国家税款而让他人为自己虚开时,这种虚开是骗取国家税款的预备行为。当行为人为他人骗取国家税款而介绍他人虚开时,这种虚开是骗取国家税款的帮助行为。因此,上述四种虚开形式可以概括为:为自己虚开和为他人虚开。其中,为自己虚开是诈骗罪的预备行为,为他人虚开是诈骗罪的帮助行为。参见陈兴良:《虚开增值税专用发票罪:罪名沿革与规范构造》,《清华法学》2021年第1期。

[②] 全国人大常委会法制工作委员会刑法室编:《中华人民共和国刑法修正案(八)条文说明、立法理由及相关规定》,北京大学出版社2011年版,第119页。

[③] 可能有观点认为乙可以构成虚开增值税专用发票罪,这里涉及该罪的发票能否包含伪造的发票的观点争议。笔者认为不应包含伪造的发票,详见本章相应部分论述。

依据该款的规定,以让他人为自己虚开这一实行行为方式认定其构成虚开增值税专用发票罪。由于该罪属于抽象危险犯①,客观上要求必须有造成税款损失的危险②,故此种情形下伪造的增值税专用发票是不可能造成国家税款损失的,进而甲不构成虚开增值税专用发票罪的犯罪既遂,但已经着手实施犯罪,故属于犯罪未遂。因此,对于虚开增值税专用发票罪而言,不论认为该罪的主要保护法益是国家的税款安全③,还是国家对发票管理制度④,虚开行为作为其实行行为或者实行行为的一部分应该是没有多大争议的。同时,《刑法》第205条第3款明确将该罪的虚开行为规定为"为他人虚开、为自己虚开、让他人为自己虚开、介绍他人虚开",因此,这四种虚开行为便均为该罪的实行行为,行为人实施其中的任何一种虚开行为皆可据此单独认定该罪。⑤

(二)非共犯场合下虚开发票罪的行为方式不包括"让他人为自己虚开"和"介绍他人虚开"

与虚开增值税专用发票罪不同的是,《刑法》第205条之一规定的虚开发

---

① 有观点认为该罪是目的犯,也有认为是行为犯,同时也有观点在评述该罪的犯罪分类时,给人以感觉是若认为该罪属于行为犯就不能认定为目的犯,反之亦然。但笔者认为,一方面,犯罪分类有其不同的标准,在何种标准之下的分类往往具有非此即彼的界限,但若是在不同的分类标准下,认定某罪同时属于多种类型的犯罪并无不当。如目的犯是以特定目的为主观构成要件要素的犯罪,是涉及犯罪行为人的主观方面的动机、追求等因素;而行为犯与结果犯以及危险犯则是根据犯罪行为本身对法益所造成的侵害和危险的形态进行的分类。另一方面,行为犯也有结果,只不过结果是和行为同时发生并不需认定其因果关系而已。因此,如果认为虚开增值税专用发票罪属于行为犯,则当虚开行为完成便同时发生了与虚开行为相伴生的结果,换句话说,一旦虚开行为完成便构成该罪。但事实上,2018年12月4日,最高人民法院召开新闻发布会发布第二批人民法院充分发挥审判职能作用保护产权和企业家合法权益典型案例中的首个案例即"张某强虚开增值税专用发票案",最高人民法院通过该案例明确,不具有骗取国家税款的目的,未造成国家税款损失,其行为不构成虚开增值税专用发票罪。意即,即便完成了虚开行为,也有可能不构成虚开增值税专用发票罪,只要有证据证明其不具有骗取国家税款的目的,未造成国家税款损失的便不构成该罪。这实质上便是抽象危险犯的行为构造。故认定虚开增值税专用发票罪属于抽象危险犯的同时,当然也可以认为其属于以抵扣税款为目的的目的犯。
② 张明楷教授在2016年版教材中主张的是抽象危险犯,但在2021年的《刑法学》(第6版)采用了实害犯观点。笔者认同其旧版教材观点。参见张明楷:《刑法学》(第6版),法律出版社2021年版,第1059页。
③ 陈兴良:《虚开增值税专用发票罪:罪名沿革与规范构造》,《清华法学》2021年第1期。
④ 马克昌主编:《百罪通论(上卷)》,北京大学出版社2014年版,第403页。
⑤ 本章重点在于论证虚开行文及其对象等相关问题,故对于文中提及的相关罪名的构成,根据司法解释的规定需要满足一定的数额或者数量问题,除非特别注明,否则皆假设满足相关追诉标准。下同。

票罪中并没有关于该罪虚开行为的规定。从前述相关文献综述可以看出,当前对于虚开发票罪的行为方式的认定基本参照虚开增值税专用发票罪中的规定。

其一,为了使刑法的正义理念得以实现,为了使刑法协调,解释者经常使用体系解释的方法,但体系解释并不等于对同一用语作出完全统一的解释。之所以对同一用语在不同场合作出不同解释,是为了实现刑法的正义理念,使值得科处刑罚的行为置于刑法规制之内,使不值得科处刑罚的行为置于刑法规制之外。因此,对刑法中的相同用语进行相对不同的解释便具有了相对合理性和合目的性。如对《刑法》第240条规定的拐卖妇女、儿童罪中的"妇女"一词的解释即是如此。当刑法条文将妇女与儿童并列规定时,一般认为妇女是指已满14周岁的女性,而儿童是指不满14周岁的男女。但若将该条第1款第4项中的"妇女"一词与该款其他项下的"妇女"做相同解释,认为该项中的"妇女"也是指已满14周岁的女性而不包括14周岁以下的幼女的话,势必造成处罚不公平的现象。因为当行为人强迫被拐卖的幼女卖淫的,只能以拐卖儿童罪(五年以上十年以下处刑)和强迫卖淫罪(五年以上十年以下从重处刑)对行为人并罚。但若将该项中的"妇女"解释为包括14周岁以下的幼女,则对行为人可以拐卖儿童罪在十年以上直至死刑处刑,其前后的刑罚差异可见一斑。因此,该项中的"妇女"便应当和其他项下的"妇女"一词做不同解释,即该项下的"妇女"包含幼女①。可见,在同一个刑法条文中的用语都会出现相对不同含义的解释,则在不同条文乃至整部刑法中,根据用语的多义性、解释的目的性、限制或扩大解释的必要性等因素导致刑法用语的相对性,进而对同一用语比如"暴力""胁迫""伪造""猥亵""占有"以及"虚开"等作出相对不同的解释便不稀奇。②

其二,将虚开发票罪作为《刑法》第205条之一,只不过是一种立法体例而已,是刑法修正案的一种表现形式,事实上很多刑法修正案增加的条文"之一"的规定,其与原法条属于不同的罪刑构造以及分属不同的主观故意亦很常见,如《刑法》第177条规定的是伪造、变造金融票证罪,而《刑法》第177条之一规定的

---

① 其实,《刑法》第240条第1款第3项也存在同样的问题,但《刑法修正案(十一)》对强奸罪的条文进行了完善,进而填补了该漏洞。
② 以上参见张明楷:《刑法分则的解释原理》(第2版),中国人民大学出版社2011年版,第775—805页。

是妨害信用卡管理罪①。又如《刑法》第133条的交通肇事罪属于典型的过失犯罪,而《刑法》第133条之一规定的危险驾驶罪便为故意犯罪②或者间接故意③,等等。同时,根据上述后一种观点,既然《刑法》第205条第3款将让他人为自己虚开、介绍他人虚开这两种行为方式一并拟制为虚开行为,介绍他人虚开可以构成虚开发票罪的共犯,则让他人为自己虚开完全可以成立教唆他人虚开,进而构成虚开发票罪的共犯。

需要注意的是,由于《刑法》第205条第3款的明文规定,可以认为虚开增值税专用发票罪的四个虚开行为皆为实行犯。一般情况下,作为教唆他人虚开的让他人为自己虚开的行为不会被认定为从犯,主要在于该种情形的虚开已经属于虚开行为的实行犯。既然有让他人为自己虚开,则必然有为他人虚开的行为,在此共犯场合下,让他人为自己虚开也几乎不会被认定为从犯,但不排除实践中在让他人为自己虚开行为的内部区分主从犯。④ 对于作为帮助他人虚开的介绍他人虚开行为,实践中并非一律不认定为从犯,而是根据介绍虚开行为在共同犯罪中的具体地位和作用不区分主从犯或者认定为从犯。⑤ 因此,在《刑法》第205条之一规定的虚开发票罪中,由于其只是参照虚开增值税专用发票罪中的虚开行为而无明文规定,故其虚开的实行行为只能是为他人虚开和为自己虚开,此二者一般可以认定为主犯。而作为教唆犯的让他人为自己虚开的行为,应基于教

---

① 显然,伪造、变造金融票证罪和妨害信用卡管理罪这两个罪名不论是在构成要件还是法定刑方面均属不同的罪刑规范,可能将妨害信用卡管理罪作为《刑法》第177条之一的唯一理由在于,伪造、变造金融票证罪中有一项行为是伪造信用卡行为而已。
② 认为危险驾驶罪的主观方面为故意的,详见马克昌主编:《百罪通论(上卷)》,北京大学出版社2014年版,第137页;刘宪权主编:《刑法学》(第4版),上海人民出版社2016年版,第439页;张明楷:《刑法学》(第6版),法律出版社2021年版,第930—933页。但也有观点认为,醉酒型危险驾驶罪的主观方面为过失,详见冯军:《论〈刑法〉第133条之1的规范目的及其适用》,《中国法学》2011年第5期。甚至还有观点认为醉酒型危险驾驶罪的主观方面是过失的抽象危险犯,但故意醉酒驾驶的行为没有发生具体公共危险的也成立该罪,即该观点实际上认为该罪既可以由过失构成也可能由故意构成,详见梁根林:《刑法第133条之一第2款的法教义学分析——兼与张明楷教授、冯军教授商榷》,《法学》2015年第3期。
③ 王作富主编:《刑法分则实务研究》(第5版),中国方正出版社2013年版,第149页。
④ 例如上海市静安区人民法院刑事判决书(2017)沪0106刑初1135号、上海市虹口区人民法院刑事判决书(2017)沪0109刑初525号。
⑤ 罗开卷:《新型经济犯罪实务精解》,上海人民出版社2017年版,第216页。

唆犯在共同犯罪中通常起主要作用而一般将其应认定为主犯①亦无不妥②;但作为帮助犯的介绍他人虚开的行为则在一般情形认定为主犯时更需慎重。

二、虚开发票罪行为对象的"真伪"问题

根据《刑法》第 205 条之一的规定,虚开发票罪所虚开的是《刑法》第 205 条规定以外的其他发票(简称普通发票),显然,刑法条文对于虚开发票罪的行为对象规定得非常明确。一般而言,其与虚开增值税专用发票罪行为对象之间的界限亦属分明,但该界限并不绝对。由于增值税专用发票不仅具有普通发票所具有的记载商品或者劳务的销售额以作为财务收支记账凭证的功能,而且是兼记销货方纳税义务和购货方进项税额的主要依据,是购货方据以抵扣税款的证明。③ 故增值税专用发票本身并不缺少普通发票的功能性因素。因此,若行为人主观上以为是普通发票而虚开,但客观上虚开的却是增值税专用发票的,应在主观认识的范围内,以增值税专用发票所具有的普通发票功能性因素认定行为人构成虚开发票罪④;反之,若行为人主观上以为是增值税专用发票而虚开,但客观上虚开的却是普通发票的,则由于其主观上虚开的增值税专用发票故意可以包含普通发票的故意,依然应认定为虚开发票罪。可见,在认识错误情形下虚开发票罪和虚开增值税专用发票罪在行为对象上也是可能出现竞合的。此外,这种"竞合"也体现在两罪行为对象的真伪方面。虚开增值税专用发票罪的行为对象应当是真实的发票,不过由于刑法条文明确规定了虚开增值税专用发票罪的四种虚开行为方式,且均为虚开发票罪的实行正犯,故在特定情形下虚开伪造的增值税专用发票依然可以构成该罪(的未遂)。但笔者认为,基于虚开发票罪的行为方式的差异性,该罪中的行为对象应当只能是真实的发票。

---

① 参见熊红文:《教唆犯在共同犯罪中作用地位的认定——也谈"造意"不为首》,《人民检察》2011 年第 4 期。在该文中作者认为,只有在间接教唆、教唆帮助犯等罕见的场合,才有成立从犯的余地。
② 但也有观点认为,如果坚持刑法客观主义的立场,肯定共犯从属性说,并在共同犯罪人作用的评价上采取先客观后主观的逻辑顺序,对于提起犯意的人,十之八九都应该评价为从犯,只有在造意后又着手实行、针对未成年人提起犯意、为犯罪集团或者聚众犯罪造意等并不多见的场合,才有成立主犯的余地。参见周光权:《造意不为首》,《人民检察》2010 年第 23 期。
③ 全国人大常委会法制工作委员会刑法室编:《中华人民共和国刑法修正案(八)条文说明、立法理由及相关规定》,北京大学出版社 2011 年版,第 120 页。
④ 张明楷:《刑法学》(第 6 版),法律出版社 2021 年版,第 1061 页。

(一)虚开发票罪中的发票不应包含伪造的发票

前述理论与实践中认为虚开发票罪中的发票可以包含假发票的论证理由,在事实上不免牵强。

首先,权威观点不是立法解释或者司法解释。立法机关在制定法律时,由全国人大代表对法律进行投票表决,只是对法律条文的表述投了赞同票,并不意味着每一名人大代表对该条文本身所具有的意思持有相同的观点。因此,上述认为虚开发票罪中的发票可以包含假发票是权威解读观点认可的观点便缺乏说服力。同时,全国人大常委会法制工作委员会刑法室编写的书籍中的观点,或者全国人大常委会常设机关的工作人员甚至是《刑法》起草者的观点,也只能代表其本人观点,其解释效力和学理解释并无二致。如全国人大常委会法制工作委员会刑法室编写的《中华人民共和国刑法修正案(八)条文说明、立法理由及相关规定》一书的"编写说明"中写道:"希望本书的出版对于刑法学界对刑法的理论研究,对于执法机关正确执法和公民遵守法律会有所帮助。"[1]可见,编者对于该书的定位也只是"有所帮助"而已,且参加编写的人员有14人之多,想必是每人负责编写相应的内容,而不是所有人在意见相同的情况下一起编写。因此,该书中的观点也就是具体编写者的观点,充其量得到主编的认可而已。

其次,假发票在功能与真发票相同以及假发票客观上可能造成国家税收损失,这两种理由也不能成为需要将假发票纳入虚开发票罪进行规制的理由。一方面,认为假发票在功能与真发票相同就需要将其纳入虚开发票罪的规制范围,这种解释理由并不是从虚开发票罪的构成要件本身进行的一种规范的解释;另一方面,若认为假发票客观上可能造成国家税收损失作为将假发票纳入虚开发票罪的规制范围,只是纯粹从保护国家税收安全的角度进行的牵强论证。言外之意,若能从其他角度进行国家税收安全保护,假发票是否还有必要作为虚开发票罪的行为对象呢?例如将虚开假发票客观上可能造成国家税收损失这一不法结果以逃税罪等其他罪名进行规制完全能够保护国家的税收安全。

---

[1] 详见全国人大常委会法制工作委员会刑法室编:《中华人民共和国刑法修正案(八)条文说明、立法理由及相关规定》,北京大学出版社2011年版。

最后,虚开增值税专用发票罪中的发票可以是伪造的[①],也不能成为虚开发票罪中的发票可以是伪造的充分理由。承前所述,笔者认为,伪造的增值税专用发票是不可能造成国家税款损失的危险,故没有必要将其纳入该罪的行为对象。一方面,虚开增值税专用发票罪属于抽象危险犯,其主要保护法益是国家的税款安全,意即若行为人的虚开行为根本就不可能造成国家税款损失的危险则不构成该罪,起码不构成犯罪既遂。实践中部分虚开伪造的增值税专用发票罪以该罪论处,也并不意味着据此得出该罪中的发票可以是伪造的,而是在一定情形下,比如前述案例中,当教唆、帮助他人虚开时,被教唆、被帮助虚开的行为人用伪造的增值税专用发票冒充真实的发票,从法益侵害的角度看不可能构成犯罪既遂,但已经着手实施犯罪,故属于犯罪未遂。从这个意义上而言,与其认为虚开伪造的增值税专用发票罪在特定情形下可以认定为该罪(未遂),倒不如说本质上还是在于该罪的行为对象只能是真实的发票,只是由于被教唆、被帮助者所虚开的并非真实的发票而导致该罪既遂的构成要件并未充足才构成犯罪未遂的。另一方面,之所以认定让他人虚开或者介绍他人虚开伪造的增值税专用发票构成该罪(犯罪未遂),主要在于该罪的四种行为方式中的让他人虚开、介绍他人虚开两种行为方式原本只能在共犯场合下认定,但现在《刑法》第205条第3款予以明文规定,故该两种行为方式便可以不依赖于实行正犯是否构成该罪而独立认定。即若虚开的是真实的增值税专用发票的,则让他人虚开者[②]、介绍他

[①] 也有观点认为,根据《刑法》第208条第2款的规定:"非法购买增值税专用发票或者购买伪造的增值税专用发票又虚开或者出售的,分别依照本法第二百零五条、第二百零六条、第二百零七条的规定定罪处罚。"根据该条规定,将伪造的增值税发票虚开,同样能构成第二百零五条的虚开增值税专用发票罪。参见简琨益:《虚开发票罪中"假票真开"行为的规范诠释》,《科学·经济·社会》2015年第4期。但根据笔者的观点,可以对该条进行目的性限缩解释,即对于非法购买增值税专用发票可以对应又虚开又出售行为,而对于购买伪造的增值税专用发票的则只对应出售而不对应虚开行为,以出售伪造的增值税专用发票罪论处即可。因为一方面,虚开增值税专用发票罪和出售伪造的增值税专用发票罪两罪的法定刑完全相同,另一方面若虚开增值税专用发票罪中包含了伪造的、非法制造的增值税专用发票,则势必使得《刑法》第206条(伪造、出售伪造的增值税专用发票罪)、第207条(非法出售增值税专用发票罪)、第208条(非法购买增值税专用发票、购买伪造的增值税专用发票罪)所规定的相关惩治伪造和非法制造假发票的罪名空置,导致法律适用上的混乱。故按照笔者的这种解释,既可以使得虚开增值税专用发票罪不包含伪造的发票,也避免处罚的漏洞,同时也减少了法律适用上的混乱。

[②] 值得注意的是,在让他人为自己虚开发票的行为方式中,行为人的主观故意一般可以分为积极主动地要求他人为自己虚开的直接故意和在明知的主观状态下任凭他人为自己虚开的间接故意。(转下页)

人虚开者以及虚开的实行正犯(为他人虚开者)均构成该罪;若虚开的是伪造的增值税专用发票的,则让他人虚开者、介绍他人虚开者构成该罪的犯罪未遂(若其主观上明知或者应知是伪造的增值税专用发票,则可能同时构成购买伪造的增值税专用发票罪,按照想象竞合论处),虚开的实行正犯(为他人虚开者)不构成该罪,但可以考虑构成伪造、出售伪造的增值税专用发票罪。

综上,笔者认为,虚开发票罪中的发票不应包含伪造的发票。将虚开发票罪中的发票解释为包含伪造的发票没有实际意义,因为虚开发票罪中的发票是《刑法》第205条规定之外的发票,不具有抵扣税款的作用,并且伪造的假发票也无法实现抵扣目的和抵扣税款的结果。据此,对于虚开伪造的发票行为则可以非法出售伪造的发票罪等罪论处,若以假发票报销等行为所造成的税收安全问题可以由逃税罪予以规制。

(二)相关"虚开"发票行为的限缩认定

在厘清了虚开发票罪的行为对象不包含伪造的发票的基础上,对于实践中的"真票假开""假票假开"以及"假票真开"①等所谓的"虚开"行为的认定便迎刃而解。

所谓"真票假开"行为主要指发票本身是真实的,但是发票所开具的内容却不真实,比如挂靠行政、事业单位的企业,利用经济利益的关联,通过其所挂靠的行政事业单位,获取从财政部门取得合法行政事业费收据收取款项,进而逃避纳税义务,其发票本身并无造假,但发票开具的内容却不实,通过票据变通达到其逃避税收等非法目的。此种情形就应当是虚开发票罪所应当规制的。

所谓"假票假开"行为指的是无论发票本身还是所开具的内容都是虚假的,通常情况表现为行为人使用假发票,捏造业务开支,开列虚假内容,以蒙混过关,便于报销不当开支的行为。此种情形下的发票不是真实的,因此不构成虚开发

(接上页)在直接故意的支配下,认定行为人构成虚开发票罪的教唆犯进而以该罪论处应无争议,但在间接故意的情形下,行为人是被动接受他人虚开的,由于其原本没有教唆他人虚开发票的犯罪故意,其在他人虚开发票的侵害法益这一犯罪行为中并未起到教唆、诱使虚开发票行为实行正犯的加功作用,进而也就没有通过实行正犯间接地侵害虚开发票罪所要保护的法益。故对于间接故意情形下,行为人在明知的主观状态下任凭他人为自己虚开发票的,不应认定为虚开发票罪。

① 以下关于"真票假开""假票假开"以及"假票真开"部分的概念,参见简琨益:《虚开发票罪中"假票真开"行为的规范诠释》,《科学·经济·社会》2015年第4期。

票罪,但可以考虑逃税罪或者诈骗罪等。

所谓"假票真开"指的是发票本身是假的,但是发票开具内容是已发生业务的真实记录,纳税人以开具假发票的方法来逃避国家税收监控,偷逃税收。由于《中华人民共和国发票管理办法》(简称《发票管理办法》)第 22 条规定:"开具发票应当按照规定的时限、顺序、栏目,全部联次一次性如实开具,并加盖发票专用章。任何单位和个人不得有下列虚开发票行为:(一)为他人、为自己开具与实际经营业务情况不符的发票;(二)让他人为自己开具与实际经营业务情况不符的发票;(三)介绍他人开具与实际经营业务情况不符的发票。"因此,从该条文来看,虚开发票的"虚开"必须是与实际经营业务不符的情况。言外之意,《发票管理办法》作为一部加强发票管理和财务监督,保障国家税收收入,维护经济秩序的行政法规,也是主管机关对发票违法行为进行行政处罚的主要依据,其没有将"假票真开"行为纳入虚开发票的行为当中,表明"假票真开"行为不属于虚开发票行为。更为重要的是,若一个行为都不构成行政法意义上的违法行为,刑法如何能认定其为犯罪行为? 这不仅违反了法秩序的统一性原理,也违背了一般民众的预测可能性。因此,对于"假票真开"行为,发票开具内容是已发生业务的真实记录,不论是自己"假票真开"还是让代开者"假票真开",由于都是真实记录,所以"虚开"行为本身便不应以虚开发票罪论处。但若行为构成逃税罪或者非法制造、出售非法制造的发票罪以及持有伪造发票罪的另当别论。若行为人或者代开人者将从别处以购买等途径获取的假发票当成是真发票而真开的,其主观上没有虚开的故意就更加不能认定为虚开发票罪。

三、虚开发票罪与相关罪名之间的界限与竞合问题

实践中虚开发票罪中的为他人虚开行为往往会与出售行为产生交叉竞合,如何理解虚开发票罪中的为他人"虚开"行为与《刑法》第 209 条规定的"非法出售""出售伪造"等相关罪名中的法律用语之间的关系,便需要对相关罪名之间的界限与竞合关系进行探究。

(一)虚开发票罪与非法出售发票罪之间的界限与竞合

由于笔者认为虚开发票罪中的发票只能是真实的发票,故虚开发票罪便只可能与非法出售发票罪之间存在竞合,同时排除了其与出售非法制造的发票罪

之间的竞合关系。在此基础上,前述观点中认为虚开发票罪与非法出售发票罪之间,前者的客观行为强调的是虚开并非虚开后的谋利行为而后者的核心行为是出售,则在一定程度上体现出二者的区别,但该观点在实质上并不能有效地界分两罪。根据2022年《最高人民检察院、公安部关于公安机关管辖的刑事案件立案追诉标准的规定(二)》的规定,虚开发票罪和非法出售发票罪在有关发票的数量和票面金额的立案追诉标准基本相同的,即一是发票份数加票面金额累计型,即虚开发票以及非法出售发票100份以上且票面累计在30万元以上的;二是纯票面金额累计型,即虚开发票(非法出售发票)金额累计在50万元以上的。从该立案追诉标准的变化来看,根据《最高人民检察院、公安部关于公安机关管辖的刑事案件立案追诉标准的规定(二)》(已废止,公通字〔2010〕23号)以及《人民检察院、公安部关于公安机关管辖的刑事案件立案追诉标准的规定(二)的补充规定》(已废止,公通字〔2011〕47号),两者的追诉标准是均是虚开或者非法出售的份数100份或者票面金额40万元以上,但这事实上并非两个不同的标准。从实践来看,虚开的发票是以一张或者一份的形式存在,且每一张或者每一份上均有虚开的具体金额,当有的虚开金额较小而累计不足40万元时,若满足虚开的份数达到100份的便可以追诉;反之亦然。也就是说,结合虚开发票不外乎是为了逃税或者抵扣相关税费等目的,行为人不论是为自己虚开、为他人虚开还是在共犯场合下让他人为自己虚开、介绍他人虚开,均有虚开的具体数额要求,而不可能是不在乎虚开的数额而仅仅只要求虚开的份数即可。也就是说,虚开发票罪中构成要件行为的虚开行为便具体体现为在从税务机关申领的真实发票上填写需要的金额,也唯有如此解释才能将"虚开"行为投射到"填写"行为上。故,2022年的立案追诉标准便因此而排除纯粹的份数标准而调整以"且票面金额"的方式。

同时,对于非法出售发票罪的行为方式,从逻辑上而言不外乎两种,一种是直接将定额发票或者已经开具好金额的发票出售获利,另一种是在空白的发票上填写好金额后出售获利。因此,非法出售发票行为中的收费方式便存在两种,一种是以发票的张数为单位;第二种则是根据发票的票面金额大小以返点的方式收取佣金,一般票面金额越大,抽取的点数就越小。[①]

---

① 李晓娟:《非法出售发票罪与虚开发票罪的界限》,《中国检察官》2012年第18期。

由上可见,纯粹以发票的份数为单位进行出售的方式不可能与虚开发票罪之间产生竞合关系;同时将已经开具好金额的发票出售的也因为不具有"虚开"的行为(即"虚开"行为已经完成)而不会和虚开发票罪之间产生竞合关系。进而,能够与虚开发票罪之间产生竞合关系的便仅是在空白发票上填写金额后出售获利的这种方式。正是基于此种情形,便有观点认为虚开发票罪的牟利方式包含了通过交易赚取佣金的方式,这说明在行为人为他人虚开票面内容并提供发票以此赚取佣金时,两罪存在竞合[①];即出售发票方可能会应购买方的要求,填写发票金额、业务内容等,使得"出售"行为与"虚开"行为发生重合[②]。

那么接下来的问题是,发生此种竞合之后该如何处理呢?该行为属于想象竞合还是法条竞合?还是认为行为人如果虚开真发票并出售,构成虚开发票罪与非法出售发票罪的牵连,虚开发票是手段行为,出售真发票是目的行为,应以牵连犯从一重罪处罚呢?[③]前述分析可知,非法出售发票罪逻辑上包含直接将定额发票或者已经开具好金额的发票出售获利以及在空白的发票上填写好金额后出售获利两种行为方式;同时,若行为人仅出于帮忙性质,为他人虚开发票,依然可以构成虚开发票罪但却因无获利目的及无非法出售故意而不构成非法出售发票罪。故在空白的发票上填写好金额后出售获利的行为既构成非法出售发票罪,也构成虚开发票罪,进而两罪属于交互竞合型的法条竞合关系。[④]根据交互竞合型的法条竞合的适用原则,即重法优于轻法。[⑤]根据虚开发票罪和非法出售发票罪的条文规定[⑥],两罪的自由刑相同,但非法出售发票罪包含单处罚金以及属于限度罚金刑,而虚开发票罪的罚金刑均为并处。因此,相比较而言虚开发

---

① 杨圣坤、王珏:《虚开发票罪与非法出售发票罪的甄别》,《人民司法》2013年第12期。
② 陈天敏、周少华、张淼、殷金福等:《虚开普通发票行为如何适用法律》,《人民检察》2013年第6期。
③ 刘焱:《虚开发票罪若干问题探析》,《长江大学学报(社科版)》2014年第9期。
④ 既然属于法条竞合,便不存在想象竞合的余地;同时,由于牵连犯属于处断的一罪,或称裁判的一罪,是指数个行为原本构成数罪,但由于数行为之间存在某些特殊关系而按一罪处理的情况[参见刘宪权主编:《刑法学》(第4版),上海人民出版社2016年版,第254页],即尽管"成立"数罪,但只按照一个罪来"科刑"[参见黎宏:《刑法学总论》(第2版),法律出版社2016年版,第323页],所以也不成立牵连犯。
⑤ 陈兴良:《教义刑法学》(第3版),中国人民大学出版社2017年版,第733页。
⑥ 根据《刑法》第205条之一、第209条规定,虚开发票情节严重的,处二年以下有期徒刑、拘役或者管制,并处罚金;情节特别严重的,处二年以上七年以下有期徒刑,并处罚金。非法出售发票的处二年以下有期徒刑、拘役或者管制,并处或者单处一万元以上五万元以下罚金;情节严重的,处二年以上七年以下有期徒刑,并处五万元以上五十万元以下罚金。

票罪的法定刑应重于非法出售发票罪的法定刑,故应以虚开发票罪论处。①

综上分析,尽管在应然层面,非法出售发票罪的行为方式可以包含在空白的发票上填写金额的虚开方式,但在实然层面,可以认为非法出售发票罪的行为方式便只有根据发票的份数或者已经开具好金额的发票以抽取返点的方式出售获利这种方式,而将在空白发票上填写金额并据此获取返点的方式从非法出售发票罪的逻辑行为方式中剥离出来,交由虚开发票罪进行规制。但应排除一种例外情形,即在空白发票上填写的金额与已发生真实业务的金额相一致,就如同前文所述的"假票真开"情形一样,既然"假票真开"情形下,在伪造的假发票上虚开但却是真实业务的记录都不构成虚开发票罪,则在真实的空白发票上对真实发生的业务数量进行"虚开"便当然也不能以虚开发票罪论处。进而,由于此种情形下的发票不是真实业务交易方提供的,而是由他人以出售获利的方式提供的,故应以非法出售发票罪论处。

(二)出售非法制造的发票罪与非法出售发票罪之间的界限与竞合

由于该两罪规定于《刑法》第209条中,均含有"出售"二字,但该条第2款和第4款分别规定了非法制造、出售非法制造的发票罪和非法出售发票罪,前者出售的系伪造的发票,后者出售的系真实的发票。据此,不论行为人出售的是真发票还是假发票均涉嫌犯罪。众所周知,认定犯罪需要主客观相统一,意即主客观构成要件需要对应一致,即主观故意要符合客观事实。由于刑法所称的对应一致关系是规范评价,从来都不(也不可能)要求其像钟表齿轮般精确嵌合,而是概略、大致地对应。一言以蔽之,只要行为人主观上能够认知到所有且唯有的客观构成要件要素即可。② 尽管《刑法》第209条规定了两款出售发票犯罪,且两罪的法定刑相同,但对于"出售"发票行为而言,只要行为人主观上认识到其出售的

---

① 司法实践中有观点认为,虚开增值税专用发票并收取手续费的,因为有专门的虚开增值税专用发票予以规范,不必以非法出售增值税专用发票罪论处。参见《虚开用于结算货款的普通发票并收取手续费的行为如何处理》,载最高人民法院刑事审判第一、二、三、四、五庭主办《刑事审判参考》(总第55集),法律出版社2007年版,第92页。由于2007年时,虚开发票罪并未增设,故该案例中以非法出售发票罪论处。而上述观点是否也可以说明,当2011年《刑法修正案(八)》增设了虚开发票罪后,当虚开发票并收取手续费的,因为有专门的虚开发票罪予以规范,则不必以非法出售发票罪论处。
② 林钰雄:《新刑法总则》,中国人民大学出版社2009年版,第152页。

是发票,其主观上的故意便和客观事实对应一致,便构成出售发票犯罪。但由于《刑法》第 209 条以发票的真伪之分将出售发票犯罪分别规制在两个罪名之中,进而发票的真伪便只是作为两个出售发票犯罪更为具体的事实要素,行为人在出售发票时,主观上对发票真假的认识错误便不会影响到出售发票犯罪的认定。①

因此,一方面,若行为人以为是真发票但事实上是假发票而出售的,只要其认识到所出售的是发票即可。即便其认为当时不知道发票是假的,但不可否认的是其客观行为在本质上是一种出售发票的行为,且在主观上也认识到自己出售的是发票。故退一步而言,即使行为人主观上以为其出售的是真发票,但毕竟其客观上出售的却是假发票,因此在其主观故意为择一的故意下②,主观故意是能够和客观事实相对应的,其行为应当以非法出售发票罪未遂和出售非法制造的发票罪既遂,想象竞合从一重论处。由于该两罪的法定刑相同,故亦应以出售非法制造的发票罪既遂论处并无不当。

另一方面,若在客观查获的发票中,行为人所出售的发票中既有真发票又有假发票的,则区分两种情形处理:一种情形是有时出售的是真发票,有时出售的是假发票,则直接以非法出售发票罪和非法制造、出售非法制造的发票罪数罪并罚即可;另一种是当行为人在某次出售的发票中既有真发票又有假发票的,此时其主观上在概括的故意③支配下,所出售的发票真假均未超过其主观认识,且客观上也有真假相随的发票与之主观对应,则依然以非法出售发票罪和出售非法制造的发票罪论处,数罪并罚。但问题在于,若行为人已概括地故意出售真假发票的,案发后真假发票分开统计均未达到追诉标准,或者真发票(假发票)未达到法定刑升格的数量,但两者累计后达到追诉标准或者可以法定刑升格的,如何处理?对此,可以根据出售的发票真假情况,若真的多假的少,以非法出售发票罪论处,数额累计,反之则以出售非法制造的发票罪论处,数额累计;若两者发票份

---

① 如果一旦刑法规定故意杀男人罪和故意杀女人罪且法定刑相同时,行为人想杀男人,但却杀了女人,并不影响其构成故意杀人罪,只是罪名不同而已。在这个意义上,可以认为想杀男人结果杀了女人只是构成要件等价的客体错误,在刑法评价上便不会影响故意犯罪的成立。
② 刑法理论中,择一的故意是指行为人对行为的结果发生的认识是确定的,但对于数个目的物中的哪一个可能造成一定的结果无确定的认识,但确信必有其一发生结果的故意。即非此即彼,二者必居其一。林亚刚:《刑法学教义(总论)》,北京大学出版社 2014 年版,第 228 页。
③ 此种情形下,行为人的主观故意应当是,真发票也卖,假发票也卖,真假均可卖。故不属于择一的故意,而是概括的故意。

数相同,以票面金额多的定性①,反之则以发票份数多的定性。但是,在上述情形下若假发票中有行为人自己伪造、擅自制造的部分,即便数量偏少,也一律以非法制造、出售非法制造的发票罪论处,数额累计计算。

(三)虚开发票罪与逃税罪等罪名之间的界限与竞合

根据刑法规定,逃税罪的法定刑显然比虚开发票罪重,对于采取虚开发票的方式逃税的,若以想象竞合或者牵连犯从一重论处,一般均以逃税罪论处。同时根据逃税罪的条文规定,有第一款逃税行为,经税务机关下达追缴通知后,补缴应纳税款,缴纳滞纳金,已受行政处罚的,不予追究刑事责任。这便导致,同样是虚开行为,若以逃税为目的的虚开反而比单纯虚开的最终处罚可能要轻,进而出现刑罚的不均衡与明显的不公平。

刑法理论认为,中立帮助行为有其特殊性,即行为在促进他人犯罪的同时,行为本身还具有正常业务行为或者日常活动的一面。当存在法律、法规或者行业的禁止性规定、规范的,行为人违反该禁止性规定的,则该行为制造了不被法律所允许的危险,应以帮助犯论处。② 对于发票的管理和适用,包括《中华人民共和国发票管理办法》等法律法规严格禁止虚开、擅自出售以及非法制造发票。因此,当行为人明知他人使用发票用于逃税、贪污、职务侵占等犯罪行为而为他人虚开发票(以及构成共犯情形下的介绍他人虚开发票)的,应构成逃税、贪污或者职务侵占等犯罪的帮助犯,应以虚开发票罪与逃税罪、贪污罪或者职务侵占罪的帮助犯想象竞合从一重论处;当行为人与他人共谋后,为他人虚开发票(以及构成共犯情形下的介绍他人虚开发票)用于逃税、贪污、职务侵占等犯罪行为的,应以虚开发票罪与逃税罪、贪污罪或者职务侵占罪数罪并罚;当行为人为自己虚开发票用于逃税、贪污或者职务侵占等犯罪行为的,亦应以虚开发票罪与逃税罪、贪污罪或者职务侵占罪数罪并罚。明知他人使用发票用于逃税、贪污、职务侵占等犯罪行为,或者与之共谋而非法出售发票、出售非法制造的发票的,同虚开发票罪相应的处断规则。

---

① 可能有人会认为,若两者份数和票面金额均相同,该如何定性? 笔者认为此种情形在理论上可能会存在,但在实践中根本就不可能会发生。
② 陈洪兵:《论中立帮助行为的处罚边界》,《中国法学》2017 年第 1 期。

第三节　罪名适用中的典型案例

一、刘某甲等人虚开发票罪案

（一）案件介绍①

2013年8月至2014年3月,徐水县新希望大午农牧有限公司(简称新大公司)总经理被告人刘某甲为达到给员工发放奖金及绩效工资不交个人所得税的目的,要求该公司财务经理被告人唐某甲虚开发票,以冲抵公司员工发放的绩效奖金入账,唐某甲亦表示同意。在新大公司与深州金粮饲料科技有限公司(简称金粮公司)没有真实交易的情况下,唐某甲多次通过金粮公司财务经理被告人卢某虚开普通发票14份,虚开金额总计1046481元。后唐某甲用虚开发票冲抵了新大公司给员工发放的奖金、绩效工资及其他工作费用。

（二）简要点评

我们并不反对虚开发票罪中的虚开行为可以参照虚开增值税专用发票罪中关于虚开的四种方式的规定,即虚开发票罪中的虚开也可以是为他人虚开、为自己虚开、让他人为自己虚开、介绍他人虚开。但是在此种参照下,让他人为自己虚开和介绍他人虚开的两种行为方式只能是在共犯的场合下,分别以教唆犯和帮助犯的地位进行认定。在该案中,被告人刘某甲要求被告人唐某甲虚开发票,而唐某甲又让被告人卢某虚开发票,均属于让他人为自己虚开的情形,最后由卢某完成虚开行为,故三人构成虚开发票罪的共同犯罪。

但是,若被告人卢某最后因为所虚开的发票因系伪造而未被认定为虚开发票罪②,则由于虚开发票罪的条文中没有类似于《刑法》第205条第3款的规定,根据共犯从属性的原理,当虚开发票罪的实行正犯不构成该罪时,其教唆犯、帮

---

① 河北省保定市徐水区人民法院刑事判决书(2016)冀0609刑初249号。
② 当然,也有观点认为虚开发票罪中的发票可以包含假发票,但本书认为虚开发票罪中的发票必须为真实的发票,相关论证详见下文。

助犯即便有虚开甚至抵税的故意也都不能构成该罪。因此,虚开发票罪中的虚开可以参照虚开增值税专用发票罪中的四种虚开行为方式进行理解,但非共犯场合下虚开发票罪的行为方式不包括"让他人为自己虚开""介绍他人虚开",意即在虚开发票罪中,该两种虚开方式不能像虚开增值税专用罪中那样作为虚开的实行正犯并据以单独定罪,而只能作为虚开行为的共犯来理解。这既是尊重刑法条文的表述,体现的是罪刑法定原则的贯彻,同时更是保障人权,严格限定处罚范围的必然解释。

在此前提下,需要注意的是,由于《刑法》第205条第3款的明文规定,可以认为虚开增值税专用发票罪的四个虚开行为皆为实行犯。一般情况下,作为教唆他人虚开的让他人为自己虚开的行为不会被认定为从犯,主要在于该种情形的虚开已经属于虚开行为的实行犯。既然有让他人为自己虚开,则必然有为他人虚开的行为,在此共犯场合下,让他人为自己虚开也几乎不会被认定为从犯,但不排除实践中在让他人为自己虚开行为的内部区分主从犯。① 对于作为帮助他人虚开的介绍他人虚开行为,实践中并非一律不认定为从犯,而是根据介绍虚开行为在共同犯罪中的具体地位和作用不区分主从犯或者认定为从犯。② 因此,在《刑法》第205条之一规定的虚开发票罪中,由于其只是参照虚开增值税专用发票罪中的虚开行为而无明文规定,故其虚开的实行行为只能是为他人虚开和为自己虚开,此二者一般可以认定为主犯。而作为教唆犯的让他人为自己虚开行为,应基于教唆犯在共同犯罪中通常起主要作用而一般将其应认定为主犯③亦无不妥④;但作为帮助犯的介绍他人虚开行为则在一般情形认定为主犯时更需慎重。

---

① 例如上海市静安区人民法院刑事判决书(2017)沪0106刑初1135号、上海市虹口区人民法院刑事判决书(2017)沪0109刑初525号。
② 罗开卷:《新型经济犯罪实务精解》,上海人民出版社2017年版,第216页。
③ 参见熊红文:《教唆犯在共同犯罪中作用地位的认定——也谈"造意"不为首》,《人民检察》2011年第4期。在该文中作者认为,只有在间接教唆、教唆帮助犯等罕见的场合,才有成立从犯的余地。
④ 但也有观点认为,如果坚持刑法客观主义的立场,肯定共犯从属性说,并在共同犯罪人作用的评价上采取先客观后主观的逻辑顺序,对于提起犯意的人,十之八九都应该评价为从犯,只有在造意后又着手实行、针对未成年人提起犯意、为犯罪集团或者聚众犯罪造意等并不多见的场合,才有成立主犯的余地。参见周光权:《造意不为首》,《人民检察》2010年第23期。

二、王某某出售非法制造的发票罪案

（一）案件介绍①

2015年4月至2019年2月，王某某受秀爱国际贸易有限公司（简称秀爱公司）财务负责人刘某某的委托并根据其要求，在明知没有真实经营活动的情况下联系介绍宋某某，由宋某某以殿展汽车服务有限公司（简称殿展公司）的名义，向秀爱公司开具了36份增值税普通发票，价税合计人民币280万余元。经税务机关鉴定，上述发票均系伪造。

其间，王某某在支付了宋某某票面金额1％左右的开票费后，将上述发票出售给秀爱公司，并收取刘某某支付的票面金额5％左右的开票费。

2020年7月27日，王某某经公安机关电话通知后主动到案，如实供述相关犯罪事实并退出全部违法所得，但其并未如实供述其明知上述发票系伪造的，直至庭审中才供述其将发票出售给刘某某时已经明知上述发票系伪造的。

（二）简要点评

关于本案，公安机关以王某某涉嫌非法出售发票罪向检察院移送起诉，检察院以虚开发票罪向法院提起公诉，法院经审理后以出售非法制造的发票罪认定。

从上述案件的处理来看，公安机关认定王某某的行为涉嫌非法出售发票罪，没有从发票的真伪角度进行判断；检察机关尽管考虑到本案中发票的真伪，但将虚开发票罪的虚开行为方式简单地参照虚开增值税专用发票罪的虚开行为方式进行处理。

承前所述，一方面，笔者认为，在伪造的发票上进行虚开不构成虚开发票罪，且虚开方式可以参照虚开增值税专用发票罪的虚开方式，但只能是在共同犯罪的场合下进行。因此，本案中的王某某根据刘某某的要求，联系宋某某由宋某某以殿展汽车服务有限公司的名义，向秀爱公司开具了36份增值税普通发票，王某某是在介绍他人（宋某某）虚开发票，若宋某某构成虚开发票罪，则基于王某某的教唆或者帮助行为，王某某当然可以和宋某某构成虚开发票罪的共犯，进而王

---

① 上海市徐汇区人民法院刑事判决书（2020）沪0104刑初1279号。

某某可以虚开发票罪论处。但该36份增值税普通发票经鉴定均系伪造，且尚无证据证明系宋某某伪造，故宋某某被以出售非法制造的发票罪论处。即宋某某的行为不构成虚开发票罪，根据共犯从属性原理，教唆帮助的王某某也就不能以虚开发票罪的共犯论处。不过需要注意的是，认为教唆帮助的王某某不构成虚开发票罪的共犯，是因为被教唆帮助的实行正犯宋某某的行为不构成虚开发票罪，而不是未认定为虚开发票罪。换句话说，如果宋某某的行为可以被认定为虚开发票罪，但由于其他因素最终其行为没有被以虚开发票罪论处的，则王某某当然可以认定为虚开发票罪的共犯。由于该案中，王某某是明知发票系伪造，且在支付了宋某某票面金额1%左右的开票费，并收取刘某某支付的票面金额5%左右的开票费后将上述发票出售给秀爱公司，故，法院最终认定王某某构成出售非法制造的发票罪。

另一方面，《刑法》第209条第2款和第4款分别规定了非法制造、出售非法制造的发票罪和非法出售发票罪，前者出售的系伪造的发票，后者出售的系真实的发票。据此，不论行为人出售的是真发票还是假发票均涉嫌犯罪。若行为人以为是真发票但事实上是假发票而出售的，只要其认识到所出售的是发票即可。此种情形下，发票的真假作为更具体的事实要素，行为人主观上的认识错误并不影响犯罪的认定。该案中的王某某到案后供述其不知道发票是假的，而是在庭审中供述其将发票出售给刘某某时已经明知发票是假的。即便其在庭审中依然认为当时不知道发票是假的，但不可否认的是其客观行为在本质上是一种出售发票的行为。故退一步而言，即使王某某主观上以为其出售的是真发票，但毕竟其客观上出售的却是假发票，其主观上的故意应当属于择一的故意，因此在主客观相统一的立场下，其行为应当以非法出售发票罪未遂和出售非法制造的发票罪既遂，想象竞合从一重论处。由于该两罪的法定刑相同，故亦应以出售非法制造的发票罪既遂论处。

综上，虚开发票罪中的发票必须是真实的发票，且在非共犯场合下，该罪的行为方式不包括"让他人为自己虚开""介绍他人虚开"，而只能是"为他人虚开"和"为自己虚开"。

第十章 侵犯著作权罪

我国《刑法》规定,侵犯著作权或者与著作权有关的权利,并且具有《刑法》第 217 条规定情形的,处以侵犯著作权罪。侵犯著作权罪是实践中较为多发的侵犯知识产权犯罪。同时,侵犯著作权罪在行为类型上也具有多样性,这在技术手段不断发展的当下表现得尤为明显。多发性和多样性导致侵犯著作权罪的认定存在诸多疑难。结合法治中国建设越来越注重保护著作权等知识产权的时代背景,梳理侵犯著作权罪的理论前沿和实务热点颇为重要。有鉴于此,本章将结合侵犯著作权罪的罪名适用情况、理论研究脉络、司法实务立场,结合司法实践中的经典案例,讨论"复制发行"的认定、"违法所得数额"的判断、民刑程序的衔接等侵犯著作权罪疑难、争议问题的解决方案。

第一节 罪名适用概览与文献综述

一、罪名适用概览

侵犯著作权罪,是指自然人或者单位,以营利为目的,违反著作权管理法规,未经著作权人许可,侵犯他人著作权或与著作权有关的权利,违法所得数额较大或者有其他严重情节的行为。

我国 1979 年《刑法》没有规定侵犯著作权罪。在此后的司法实践中,对于严重侵犯著作权的行为是以投机倒把罪处理的。1994年7月5日,全国人大常委会发布我国第一部专门对著作权进行刑法保护的单行刑事法律——《关于惩治侵犯著作权的犯罪的决定》,首次规定了侵犯著作权罪。1997年刑法修订后,关于侵犯著作权的犯罪规定吸收了《关于惩治侵犯著作权的犯罪的决定》的内容,规定了两条两个罪名,即《刑法》第217条的侵犯著作权罪和第218条的销售侵权复制品罪。

原《刑法》第217条规定了四种侵犯著作权罪的行为类型:(1)未经著作权人许可,复制发行其文字作品、音乐、电影、电视、录像作品、计算机软件及其他作品的;(2)出版他人享有专有出版权的图书的;(3)未经录音录像制作者许可,复制发行其制作的录音录像的;(4)制作、出售假冒他人署名的美术作品。2020年出台的《刑法修正案(十一)》在此基础上对侵犯著作权罪进行修正。一方面对前述四种行为类型进行修改,将第一种行为类型修改为"未经著作权人许可,复制发行、通过信息网络向公众传播其文字作品、音乐、美术、视听作品、计算机软件及法律、行政法规规定的其他作品的未经著作权人许可,复制发行、通过信息网络向公众传播其文字作品、音乐、美术、视听作品、计算机软件及法律、行政法规规定的其他作品",将第三种行为类型修改为"未经录音录像制作者许可,复制发行、通过信息网络向公众传播其制作的录音录像"。另一方面,增加了两种行为类型,即"未经表演者许可,复制发行录有其表演的录音录像制品,或者通过信息网络向公众传播其表演"和"未经著作权人或者与著作权有关的权利人许可,故意避开或者破坏权利人为其作品、录音录像制品等采取的保护著作权或者与著作权有关的权利的技术措施"。由此一来,侵犯著作权罪的情形增加至六种。

侵犯著作权罪是侵犯知识产权犯罪中较为常见的罪名。根据检索,2000年至今,司法实践中裁判犯有侵犯著作权罪的案例共有2200余件。[①] 如图10-1所示,从地域分布情况来看,案件主要集中在经济较为发达的东部沿海地区。2200余案件中,浙江占比达到26.61%,广东占比23.34%,北京占比7.9%。就此而言,侵犯著作权罪与经济发达程度呈现较为明显的正相关关系。在深层原

---

① 本章通过"聚法案例"数据库进行检索,以本罪为案由的刑事案件一审判决书共2294例,检索日期为2022年8月25日。

因上,这一方面与经济较为发达地区的知识产权申报更多有关,另一方面则与著作权保护力度更强有关。

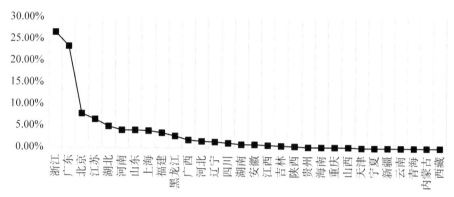

图 10-1　侵犯著作权罪案件数量占比

(数据来源:"聚法案例"数据库)

从罪刑分布来看,2 200 余案件中,判处不满三年有期徒刑的共有 956 件,占比 41.71%,判处三年以上十年以下有期徒刑的共有 420 件,占比 18.32%,判处十年以上有期徒刑的共有 4 件,占比仅 0.17%。此外,还有 37 例被免予刑事处罚,占比 1.16%。由此可见,侵犯著作权罪总体判罚相对较轻。

二、研究文献综述

近年来,随着我国加大对著作权的保护力度和对侵犯著作权罪的打击力度,以及各类新型技术尤其是侵犯著作权手段的不断发展,侵犯著作权罪也受到学界的不少关注。相关讨论主要展开于以下四个方面。

其一,侵犯著作权罪所保护的法益问题。在这一问题上,学界的主要观点是,侵犯著作权罪所保护的法益是著作权以及与著作权相关的权利。[1] 而在传统刑法理论中,这一问题则主要在犯罪客体的范式中进行讨论。按照学者们的观点,本罪的客体国家的著作权、与著作权有关权利的管理秩序和他人的著作

---

[1] 张明楷:《刑法学》(第 6 版),法律出版社 2021 年版,第 1070 页;周光权:《刑法各论》(第 4 版),中国人民大学出版社 2021 年,第 350 页。

权、与著作权有关权利。① 所谓著作权,指公民依法对文学、艺术和科学作品所享有的各种权利的总称。所谓与著作有关的权限,指传播作品的人对他赋予作品的传播形式所享有的权利,也即著作邻接权。关于本罪所保护法益的本质,传统学界存在"私权说""秩序说"两种不同的观点。其中,私权说认为本罪所保护的著作权乃是与债权、物权等并列的私权利②,应当从私权的角度予以保护,而非一味强调国家本位和社会本位的价值观念③。更有论者基于本罪更倾向于著作权的财产权保护提出④,私权保护更贴合本罪的立法意图。比较而言,秩序说则主张侵犯著作权罪的保护法益首先是国家的著作权管理秩序。⑤ 其依据在于,侵犯著作权罪位于破坏社会主义市场经济秩序罪一章,本质是对市场秩序的破坏。而诸多该罪的司法解释都有"维护社会主义市场经济秩序"的用语。而随着网络社会的深入发展,更有学者提出侵犯著作权罪保护的乃是"市场经济秩序"。⑥ 在私权说与秩序说之外,随着两种学说的对垒,还发展出一种相互渗透的"新秩序说"。该说认为,在网络时代应将市场秩序确定为本罪的保护法益,该说不仅可以包容"私权说",还可以加工新型的侵犯著作权行为纳入本罪的规制范围。⑦

其二,侵犯著作权的犯罪对象问题。本罪的犯罪对象是著作权及其相关权利的客观载体。在相当长时间里,这一载体主要以"作品"的形式呈现,并不存在多少争议。直到近年来人工智能技术快速发展,人工智能生成物是否可以成为本罪的犯罪对象引发学界的讨论。总体而言,论者基本上都赞同当下的人工智能属于弱人工智能。而关于这类人工智能的生成物是否属于本罪的犯罪对象,则存在一些分歧。肯定论者认为,弱人工智能时代下的人工智能生成物在形式上和实质上都具备了著作权法中对"作品"的要求,应赋予其在著作权法意义上

---

① 高铭暄、马克昌主编:《刑法学》(第10版),北京大学出版社2022年版,第444页。
② 冯晓青:《知识产权法》(第3版),中国政法大学出版社2015年版,第9页。
③ 寇占奎、路红兵:《我国知识产权犯罪体系的反思与重构》,《河北师范大学学报(哲学社会科学版)》2014年第6期,第127—128页。
④ 刘宪权:《人工智能生成物刑法保护的基础和限度》,《华东政法大学学报》2019年第6期,第60页。
⑤ 高铭暄、马克昌主编:《刑法学》(第10版),北京大学出版社2022年版,第444页。
⑥ 田宏杰:《侵犯知识产权犯罪的几个疑难问题探究》,《法商研究》2010年第2期,第111页。
⑦ 王志远:《网络知识产权犯罪的挑战与应对——从知识产权犯罪的本质入手》,《法学论坛》2020年第9期,第117—118页。

的排他性保护。① 对于"人工智能作品",应当将其著作权归属于对作品投入"个性"的人。② 区分论者则认为,人工智能生成物能否成为侵犯著作权罪的保护对象不应一概而论,只有通过权威鉴定的人工智能作品才能被纳入侵犯著作权罪的保护范围,亦即,只有达到与人类作品同等质量且被严重侵犯,才可以考虑通过扩大解释对相应行为进行刑事规制。③ 当然,肯定论者和区分论者都认为,对人工智能生成物著作权的保护力度应当低于自然人创作的作品④,以保证文化市场中利益分配的均衡。

其三,侵犯著作权的行为问题。虽然《著作权法》详细规定了多种侵犯他人著作权的表现形式,但在相当长时间内,《刑法》只规定了四种行为可以成立侵犯著作权罪。随着各类信息技术的快速发展,侵犯著作权的手段不断翻新,行为类型的讨论一度成为本罪最热门的研究话题。例如,非法获取网络游戏源代码后的运营行为是否属于侵犯著作权的行为⑤,互联网电视中内置视频播放的深度链接行为是否属于对作品的复制发行⑥,网络云端技术是否可能侵犯著作权等等。⑦ 这在一定程度上构成了《刑法修正案(十一)》将行为类型增加至六种并对原来四行为类型加以扩充的主要原因。但是,修改之后本罪的行为认定依然存在一些遗留的问题。例如,《刑法》第 217 条所说的"复制发行"是指"复制+发行",还是"复制或发行",还是"复制或发行或复制+发行"。有学者指出,复制发行包括复制或者发行以及复制且发行的行为。⑧

---

① 刘宪权:《人工智能生成物刑法保护的基础和限度》,《华东政法大学学报》2019 年第 6 期。
② 叶良芳、李芳芳:《弱人工智能背景下侵犯著作权罪犯罪对象之扩张》,《学习与探索》2019 年第 5 期。
③ 安然:《人工智能时代侵犯著作权罪的法益嬗变与刑法应对》,《扬州大学学报(人文社会科学版)》2022 年第 3 期。
④ 刘宪权:《人工智能生成物刑法保护的基础和限度》,《华东政法大学学报》2019 年第 6 期,第 67 页;安然:《人工智能时代侵犯著作权罪的法益嬗变与刑法应对》,《扬州大学学报(人文社会科学版)》2022 年第 3 期,第 76 页。
⑤ 曹虎、隋岳:《非法获取网络游戏源代码后运营行为的审查与定性——邱某、曹某侵犯著作权案》,《法治论坛》2022 年第 1 期。
⑥ 张玲玲:《深度链接服务提供者侵犯著作权的司法实践与思考》,《苏州大学学报(法学版)》2018 年第 3 期;黄细江:《互联网电视著作权侵权责任探析——兼评北京盛世骄阳文化传播有限公司诉同方股份有限公司侵犯著作权案》,《中国版权》2016 年第 4 期。
⑦ 李永升、袁汉兴:《网络云端服务提供者侵犯著作权罪的刑法应对——刑法实质解释论之运用》,《吉首大学学报(社会科学版)》2017 年第 2 期。
⑧ 张明楷:《刑法学》(第 6 版),法律出版社 2021 年版,第 1071 页。

其四，其他问题。除了前述几个讨论相对集中的问题，侵犯著作权的既有研究中还包括其他几项问题。一是共犯归责问题。有学者以深度链接、P2P 技术实施的著作权侵权案件为例指出，应当先判断行为是否构成侵犯著作权罪的正犯，如得出否定结论来判断是否构成本罪的共犯。行为人虽仅提供侵权作品链接，但与侵权作品提供者存在共同意思联络的，构成共同犯罪。行为人间不存在意思联络，但链接对象具有法益侵害的高度盖然性时，提供链接服务的行为属于可罚的中立帮助行为。① 二是犯罪未遂问题。有学者提出，侵犯著作权罪属于行为犯、情节犯，作为有自身特殊性的侵犯著作权罪存在犯罪未遂形态，但必须在修正后的"情节严重"前提下进行认定。② 三是罪数问题。侵犯著作权罪往往同时触犯生产、销售伪劣产品罪、诈骗罪、销售侵权复制品罪等罪名，对此，应当视具体情况进行具体讨论。构成想象竞合的，择一重罪处罚。构成数罪的，数罪并罚。

第二节　罪名适用中的疑难问题

一、"复制发行"的认定问题

根据《刑法》第 217 条第 1、3、4 项的规定，"复制发行"构成了侵犯著作权罪三种行为类型的核心要素。但如何认定"复制发行"，学界则依然存在不小的争论。特别是在"复制发行"的行为结构、认定标准等方面，依然颇有分歧。

第一，"复制发行"的行为结构。包括三种观点：一是"复制或发行或复制＋发行"，《最高人民法院、最高人民检察院关于办理侵犯知识产权刑事案件具体应用法律若干问题的解释（二）》（法释〔2007〕6 号）第二条便指出，侵犯著作权罪中的"复制发行"，包括复制、发行或者既复制又发行的行为。二是"复制且发行"。有学者指出，仅有复制行为或者仅有发行行为的，不能成立侵犯著作权罪。③ 也

---

① 马文博：《论新技术实践下侵犯著作权罪共犯归责的具体认定》，《法律适用》2020 年第 21 期。
② 徐璐、吕国强：《侵犯著作权罪之犯罪未遂形态研究》，《科技与法律（中英文）》2021 年第 2 期。
③ 姜伟主编：《知识产权刑事保护研究》，法律出版社 2004 年版，第 239—242 页。

有学者认为,仅有复制行为或者仅有发行行为的,只能认定为侵犯著作权罪的未遂犯。① 三是将复制发行解释为单纯的"复制",将发行行为评价为销售侵权复制品罪。②

关于这一问题的解释,需要依照"语言学+规范学"的路径加以展开。首先,从语义学的角度审视复制发行可见,在中文词语和词组的使用中,"复制发行"乃是典型的词组,包含复制、发行、复制且用于发行等多种可能的语义。其次,从语用学的角度审视复制发行的使用场景可见,《刑法》第 217 条并未将复制发行一词限制在某种特定的语境中。最后,从"复制发行"的规范本质来看,其之所以被纳入刑法规制范围,根源在于其侵犯著作权的规范意义。毫无疑问,复制且发行的行为侵犯著作权。而在著作权法上,复制权和发行权乃是相对独立、互不依赖的著作权,法律并不要求侵犯复制权行为和侵犯发行权行为的同时存在方才构成对两种权利的侵犯。就此而言,单纯的复制行为或发行行为都足以构成对著作权的侵犯。进言之,单纯的复制行为或单纯的发行行为均可以被包含在"复制发行"之内。此外,承认复制发行的多种行为类型也并不会架空《刑法》第 218 条的适用可能。③ 概言之,如学者所言,司法解释将"复制发行"解释为"复制、发行或者既复制又发行"具有其合理性。④

第二,"复制发行"的认定标准,主要是指何种程度的行为足以构成复制发行。这包括两个具体的问题:一是何为复制,二是何为发行。

在"何为复制"这一问题上,学界和实务界的争论主要集中于程度问题上。司法实践中,法院主要以实质性相似为判断标准。后文所述"王安涛侵犯著作权案"中,司法机关便明确,复制的核心标准为实质性相似,无须追求形式上的相同。不过,也有学者对实质性相似的标准提出了质疑,认为实质性相似不符合复制的文义,实质性相似的事物整体上是与原件不同的事物,而复制则是对原作品进行翻印,增加一份或者数份。同时,著作权法上的复制发行与一般公民的可认知范围中,实质性相似均不足以达到复制的标准。因此,应当以同一性代替实质

---

① 聂洪勇:《知识产权的刑法保护》,中国方正出版社 2000 年版,第 122 页。
② 赵永红:《知识产权犯罪研究》,中国法制出版社 2004 年版,第 297—298 页。
③ 张明楷:《刑法学》(第 6 版),法律出版社 2021 年版,第 1072 页。
④ 贾学胜:《著作权刑法保护视阈下"复制发行"的法教义学解读》,《知识产权》2019 年第 6 期,第 29 页。

相似性标准。①

如学者所说,之所以存在上述争议,原因在于,人们往往在制作复制件的意义上理解复制,而忽略了著作权法还存在另一种复制,即在创作过程中对他人作品的再现行为。② 毫无疑问,制造作品复制件的行为直接侵犯了他人的著作权。但著作权的边界显然不仅限于对复制件的制造,还包括对包含著作权的内容不被随意使用的限制。而所谓复制,本质上并不具备著作权法意义上的独创性。其侵犯著作权的规范逻辑乃是,破坏著作权人对作品内容的独占和控制。由此,即便行为人并未制造新的复制件,而是以修改原件的方式制造看似具有新颖性的物件,依然属于对著作权的侵犯。在此意义上,对复制行为的判断便不应当止步于单纯的形式相同,而应当进行实质性的判断。要言之,判断是否构成复制,应当首先看是否形式相同,如果形式完全相同,可以认为构成复制;如果形式有所不同,则还需要判断是否存在实质性相似,只要存在实质性相似,即便形式有所差异,也可认为构成复制。

在"何为发行"这一问题上,学界和实务界的争议则集中于发行行为的类型上。根据《著作权法》第 10 条,发行权是指以出售或者赠予方式向公众提供作品的原件或者复制件的权利。显然,这种权利乃是著作权人在销售渠道上从无到有、从少到多的权利。具体而言,所谓发行,首先包括从"未曾销售"到"开始销售"的过程。亦即,学界所说的"第一次销售"的含义。其次,发行还应当包括销售规模从小到大的过程,特别是,对于已经开始销售的行为,发行便必须意味着销售范围的扩大,例如所谓的批发。由此,虽然发行本身包含了多种销售行为(实际上,发行也是一种销售),但并非所有的销售行为都构成发行。只应将部分不法程度较高的行为视为发行。《刑法》第 218 条明确将销售侵权复制品的行为单列在侵犯著作权罪之外,便意味着在立法者看来销售行为与发行行为应当存在一定的界限。通过法定刑的比较,《刑法》第 218 条的销售行为应当在不法程度上小于发行行为。因此,对于发行行为的认定,应当以销售范围的明显扩大为标准。具体而言,包括第一次销售或扩大销售规模(如批

---

① 余为青、桂林:《复制发行"实质性相似"标准反思与重构——以近五年来网络游戏类侵犯著作权犯罪为视角》,《中国出版》2019 年第 4 期。
② 高富平:《数字时代的作品使用秩序——著作权法中"复制"的含义和作用》,《华东政法大学学报》2013 年第 3 期,第 146 页。

发等)。

二、"违法所得数额"的判断问题

根据现行《刑法》规定,侵犯著作权罪以"违法所得数额较大"或"有其他严重情节"为犯罪成立条件。其中,违法所得数额在侵犯著作权罪的裁判中占据着重要地位。2004年出台的《最高人民法院、最高人民检察院关于办理侵犯知识产权刑事案件具体应用法律若干问题的解释》(法释〔2004〕19号)规定,违法所得数额在三万元以上的,属于"违法所得数额较大"。这为司法实践中违法所得的判断提供了判断标准。

然而,违法所得数额的裁判并不是简单易行之事。在理论上,关于侵犯知识产权犯罪中违法所得数额的认定问题,学界主要存在总额说和净利说两种观点。总额说认为,犯罪行为的所有收益均应被视为违法所得。违法所得是行为人已经获得的全部非法收入。[1] 行为人在实施犯罪过程中获得的加工费、运输费、保管费及已得或应得的销售收入应计入违法所得。[2] 净利说认为,"违法所得数额是违法收入中扣除成本、费用、税收等支出后的余额"[3],"违法所得本身要剔除成本,那么若不剔除成本的数额就等于非法经营数额,二者存在着明显区别"[4]。除此之外,还有部分学者主张"违法所得不要说",主张将违法所得数额解释为非法获利数额,甚至取消违法所得数额的立法设置[5];也有学者提出,可以参考《工商行政管理机关行政处罚案件违法所得认定办法》中规定的生产商品、销售商品、提供服务等六种违法行为的"违法所得数额"计算方法对违法所得数额进行认定。[6] 而在实践中,有观点认为,可以"非法经营额"或"销售数额"等较为容易查清和确定的数额来代替"违法所得"作为罚金刑的量刑标准和计算依据,以便

---

[1] 胡云腾、刘科:《知识产权刑事司法解释若干问题研究》,《中国法学》2004年第6期,第139页。
[2] 林清红:《侵犯知识产权犯罪中数额的认定》,《犯罪研究》2012年第4期,第68页。
[3] 陈兴良:《知识产权刑事司法解释之法理分析》,《人民司法》2005年第1期,第15页。
[4] 曾祥璐:《知识产权犯罪数额体系重构探析》,2020年11月12日"做优刑事检察之网络犯罪治理的理论与实践——第十六届国家高级检察官论坛"会议文章,第5页。
[5] 刘科:《侵犯知识产权犯罪定罪量刑情节司法解释探析》,《刑法论丛》2009年第1卷,第226—230页。
[6] 刘丽娜:《侵犯知识产权犯罪"违法所得数额"的认定》,《中国刑事法杂志》2015年第2期,第138—139页。

于在司法实践中操作。①

总体而言,总额说、净利说、不要说都或多或少误读了立法者的本意。第一,不要说忽视了立法者的立法动机。一方面,从立法流变看,立法者眼中的违法所得数额与销售数额等概念明显不同。立法者在《刑法修正案(十一)》将原《刑法》第214条的"销售数额"修改为"违法所得数额"足以说明这一点。另一方面,从司法实践看,司法者眼中的违法所得与销售收入、非法经营数额、销售金额等概念之间存在显著区别。现行有效的2004年"两高"《关于办理侵犯知识产权刑事案件具体应用法律若干问题的解释》第12条第2款明确指出,多次实施侵犯知识产权行为,未经行政处理或者刑事处罚的,非法经营数额、违法所得数额或者销售金额累计计算。这表明,在司法者看来违法所得数额与非法经营数额等概念并不相同。即便最高人民检察院1993年将违法所得与销售收入等同视之,但由于2004年"两高"解释属于"后法",对违法所得与销售收入关系的理解也应当以2004年"两高"解释为准。第二,总额说不当扩大了违法所得概念的外延。如前所述,立法动向和司法实践均表明,违法所得与销售金额、非法经营数额之间并不相同。总额说把违法所得与代表总额的非法经营数额等概念之间无根据地混同,实际上犯了与不要说相同的错误。如果将犯罪成本纳入违法所得的总额,那么便可能导致最终被认定为违法所得的内容远超其概念原本的外延。第三,净利说会导致部分情形无法判断。净利说对总额说形成了有力批判,在相当大的程度上弥补了总额说的缺陷,特别是区分了违法所得与犯罪收益总额之间的关系。但净利说依然存在不足。其主要原因在于,与总额说不同的是,净利说是一种对总额进行核减的差额说。这便是涉及哪些部分应当核减,哪些部分应当保留的问题。由于净利说采用的是经济学上的净利润概念,其对违法所得中的利润、成本进行划分过于笼统,无法为违法所得的判断提供规范上的依据。例如,在包含手段行为与目的行为的犯罪中,手段行为创造的收益应当被视为违法成本还是违法所得?鉴于与违法所得相关的刑事违法行为往往是多个行为的集合,这个未解决的问题相当重要。概言之,由于净利润的概念不具有刑法上的定型性,仅仅以扣除犯罪成本等要素的方法来确定违法所得数额并不能真正解决问题。

---

① 常晓山:《建议明确界定"违法所得"的含义》,《人民法院报》2015年5月8日。

应当基于对"违法所得数额较大"规范本质的确立来确定其判断方案。总体而言,学界对此存在构成要件说、违法阻却事由说、客观处罚条件说等主要观点。① 构成要件说之中还存在单独的构成要件说和整体性评价两种具体分支,前者认为违法所得数额是单独的构成要件②,比如罪量要件③、构成要件基本不法量域中的结果不法④等。违法阻却事由说也存在犯罪成立消极要件⑤、可罚的违法性前提⑥两种分支。但可惜的是,一来,这些讨论依然没有形成较为有力的通说,前述学说基本没有真正触及违法所得的规范本质;二来,这些讨论仅仅停留于对违法所得以及相关范畴的规范本质的讨论,并未由此展开对违法所得规范判断方案的讨论。

在本书看来,侵犯著作权罪中违法所得数额的规范本质乃是构成要件结果的数量侧面。首先,既有学说中的违法性阶层说和客观处罚条件说都显得颇为牵强。一方面,在三阶层的话语体系中,违法性阶层本质上是对经由构成要件阶层推定的违法性进行反向判断。这也是国内外学界均将违法性阶层的主要内容称作为违法阻却事由的原因。而违法所得数额与此相反。根据现行刑法的条文表述,违法所得数额的制度功能依然主要是推定造成特定后果的行为具有刑法上的违法性。侵犯知识产权犯罪中,违法所得数额的规范意义在于,当行为人造成的违法后果达到刑法规定的数量时,推定其具备刑法上的违法性。就此而言,违法所得数额最主要的功能乃是违法性的推定而非违法性的阻却。因此,将违法所得数额视为违法性阻却事由难以自圆其说。另一方面,按照学界的既有认识,就某些犯罪而言,除了具备构成要件符合性、违法性、有责性之外,只有具备其他事由时才能处罚该行为,这种事由就是客观处罚条件。⑦ 但是,"侵犯知识产权犯罪中犯罪数额作为大多数犯罪的构成要件是侵犯知识产权犯罪本质的最

---

① 熊琦:《德国刑法问题研究》,台湾元照出版公司2009年版,第99页以下。
② 刘宪权:《侵犯知识产权犯罪数额认定分析》,《法学》2005年第6期,第36页。
③ 陈兴良:《知识产权刑事司法解释之法理分析》,《人民司法》2005年第1期,第14页。
④ 王莹:《情节犯之情节的犯罪论体系性定位》,《法学研究》2012年第3期,第144页。
⑤ 张永红:《我国刑法第13条但书研究》,法律出版社2004年版,第170页。
⑥ 参见王彦强:《可罚的违法性论纲》,《比较法研究》2015年第5期。值得注意的是,关于可罚的违法性属于构成要件阶层还是违法性阶层,日本学者依然存在争议。例如,藤木英雄认为可罚的违法性属于构成要件的最低标准,而大塚仁则认为可罚的违法性必须在违法性阶层。此处主要将其置于违法性阶层。
⑦ 卢勤忠:《程序性附加条件与客观处罚条件之比较》,《法学评论》2021年第1期,第69页。

明显、最普遍的表现和定型化"①。换言之,违法所得数额依然在构成要件的范围之内,将其称作为客观处罚条件并不合适。基此,违法所得数额在犯罪论体系中更加合理的定位是构成要件的组成部分。

其次,将违法所得数额定位为构成要件结果的数量维度更为合理。第一,就单独性与复合性而言,违法所得的数额应当属于单独的构成要件要素。与其他情节犯对情节的要求不同,违法所得数额仅仅是对数量的单一要求,并不具有如"情节恶劣""情节严重"一般具有整体性评价的意味,因而不宜被视为整体性评价要素。第二,从一般文义看,违法所得数额的核心含义依然在于行为人通过违法行为所获得的收益,而这种收益毫无疑问是构成要件结果的内容之一。一般而言,构成要件结果包含何种结果和多少结果两部分内容,前者意指结果的类型,后者则意指结果的数量。而比较违法所得数额与构成要件阶层中的常规性构成要件要素,可以发现,数额乃是犯罪结果在数量维度上的呈现。"刑法规定之犯罪不可能没有成罪之量的限度"②,承认违法所得数额是构成要件结果的数量维度这一点,并不会引发与罪量要素论等学说之间的对立。

由此,应当基于构成要件结果的基本规定性来确定违法所得数额的判断问题。具体而言,侵犯著作权罪的违法所得数额应当满足如下要求:第一,违法所得数额系由《刑法》第217条明文规定的六种行为类型所引发的违法所得,合法行为或一般侵犯著作权行为的违法所得均应从中扣除;第二,违法所得应当与前述六种行为之间存在刑法上的因果关系,仅存在条件因果关系但不具有相当性的违法所得应当从中扣除;第三,违法所得数额应当与著作权及其相邻权利之间存在密切关联,不存在关联的违法所得应当从中扣除。

三、侵犯著作权罪的民刑衔接问题

作为典型的行政犯(或者说法定犯),侵犯著作权罪面临着民刑衔接的问题。例如,侵犯著作权罪的复制发行与著作权法上的复制发行是否应当保持一致的

---

① 刘宪权:《侵犯知识产权犯罪数额认定分析》,《法学》2005年第6期,第36页。
② 李洁:《罪刑法定之明确性要求的立法实现——围绕行为程度之立法规定方式问题》,《法学评论》2002年第6期,第30页。

问题。不少知识产权学者基于知识产权的一般原理，提出了复制发行的解释方案。例如，张鹏教授提出，《刑法》第217条"复制发行"概念的解释与适用，应遵循目光往返于民事规制与形式规制的解释方法，侵犯著作权罪的成立范围不应大于著作权法对著作权侵权行为的规制范围。① 王迁教授提出，由于《刑法》本身没有对"发行"下一个不同于《著作权法》的新定义，根据法律解释的一般原则，《刑法》第217条中"发行"的含义应当与《著作权法》第10条中的"发行"是一致的。② 对比之下，也有学者明确反对以著作权法的基本立场解释刑法规范语词含义的观点，进而主张基于刑法教义学的一般规则来理解复制发行。③ 这一问题是前置法与刑法的衔接问题。在刑法教义学的范式下，这一问题则是刑事违法性的独立性问题。在这一问题上，学界存在独立说、从属说、相对独立说等多种观点。本罪中复制发行是否与著作权法保持一致，则需要具体审视立法者所持的是何种立场。

总体而言，应当相对独立说来把握侵犯著作权罪的民刑衔接问题。一方面，与其他法定犯或者行政犯不同的，侵犯著作权罪不存在诸如交通肇事罪中"违反交通运输管理法规"的空白罪状。也就是说，侵犯著作权罪并未将违反著作权法视为定罪前提。因此，对于某些并不违反著作权法但依然侵犯公民著作权的行为，依然存在适用侵犯著作权罪的可能。另一方面，即便是《刑法修正案（十一）》之后，侵犯著作权罪也只规定了六种行为类型。而根据新修订的《著作权法》，侵犯著作权的行为类型远不止这六种。也就是说，不少违反《著作权法》、侵犯公民著作权的行为并不会构成侵犯著作权罪。因此，虽然可以借鉴《著作权法》来加深对侵犯著作权罪的理解，从而更好地判断侵犯著作权罪，但是，不能认为侵犯著作权罪及其罪状中的多个概念必须与《著作权法》保持一致。换句话说，应当承认侵犯著作权罪相对独立于其前置法《著作权法》的地位。

---

① 张鹏：《〈刑法〉第217条"复制发行"概念的解释与适用》，《知识产权》2018年第4期。
② 王迁：《论著作权意义上的"发行"——兼评两高对〈刑法〉"复制发行"的两次司法解释》，《知识产权》2008年第1期，第66页。
③ 贾学胜：《著作权刑法保护视阈下"复制发行"的法教义学解读》，《知识产权》2019年第6期，第26页。

第三节 罪名适用中的典型案例

一、王某某侵犯著作权案

(一) 案件介绍①

被告人王某某,男,29岁,原系浙江省杭州泓瀚软件系统有限公司的法定代表人。1998年10月28日被逮捕。

浙江省杭州市下城区人民检察院以被告人王某某犯侵犯著作权罪,向杭州市下城区人民法院提起公诉。

杭州市下城区人民法院经审理查明:

被告人王某某原系杭州天利咨询工程服务公司(以下简称天利公司)职员。1996年6月,天利公司开发了《天丽鸟自来水智能系统》软件(以下简称天丽鸟软件)。1998年4月,王某某从天利公司辞职,与他人合伙注册成立了杭州泓瀚软件系统有限公司(以下简称泓瀚公司)。

1998年上半年,被告人王某某从天利公司技术员严某某处取得了非法拷贝的天利公司开发的天丽鸟软件,并让原天利公司程序员肖某某将软件源代码稍做修改并更名为《泓瀚自来水智能调度、信息发布、热线服务系统》(以下简称泓瀚软件)。嗣后,王某某即以泓瀚公司的名义,将泓瀚软件销售给青岛市自来水公司和大同市自来水公司,销售金额16万元,获利15.2万元。王某某还以泓瀚公司的名义,与广东省顺德市的桂洲镇、容奇镇自来水公司签订合同,收取定金12.25万元,准备再将泓瀚软件销售给上述两公司,后因案发而未成。

杭州市下城区人民法院认为:公诉机关指控被告人王某某侵犯著作权,事实清楚,所举证据确实、充分,且能相互印证,可作为定案根据。王某某及其辩护人所提从青岛、大同自来水公司收到的只有15.2万元而非16万元的意见,经查与事实相符,应予采纳。其他辩护意见与查明的事实和法律规定不符,不予采纳。

---

① 最高人民法院刑事审判第一庭、第二庭编:《刑事审判参考》(总第19集),法律出版社2001年版,第120号"王安涛侵犯著作权案"。

天利公司开发了天丽鸟软件,依照《中华人民共和国著作权法》第3条第8项、第2条第1款的规定,该公司是著作权人。被告人王某某以营利为目的,未经著作权人许可,复制销售他人计算机软件,违法所得数额巨大。故依照《中华人民共和国刑法》第217条第1项的规定,于1999年6月4日判决如下:被告人王某某犯侵犯著作权罪,判处有期徒刑四年,并处罚金人民币二万元。

宣判后,王某某不服,以销售给青岛、大同两公司的软件是让肖某某重新开发的;销售给广东两家公司的软件是网络版,与天利公司的产品在运行环境、源码上均不相同;本公司有大量合法业务,并非仅为犯罪而设立;本人主观上没有侵犯天利公司软件著作权的故意,并且是代表泓瀚公司从事业务活动,应由公司承担一切责任为由提出上诉。

王某某的辩护人提出:肖某某并未按照王某某的指令修改软件,王某某并不知道肖某某提供的仍是天利公司的复制品,在王某某看来,软件经过修改后就不会侵犯他人的版权,王某某的主观上不具备侵犯著作权的故意,其行为不构成犯罪。

杭州市中级人民法院经审理认为:上诉人王某某及其辩护人提出已销售给青岛、大同两公司的软件是让肖某某重新开发的;准备销售给广东两公司的软件是网络版,与天利公司的产品在运行环境、源码上均不相同的意见,已经被鉴定结论及证人肖某某、汪某某的证言证明不是事实,王某某本人也无法提供出其公司独立开发出来的软件产品作为证据。证人肖某某等人的证言及泓瀚公司的往来账目已经证明,从事侵权软件的复制和销售,是王某某的公司设立后的主要活动,王某某关于公司设立后有大量合法业务的辩解不能成立。王某某未经软件著作权人天利公司的同意,擅自复制、修改天利公司的产品进行销售,非法获利达20万元以上,其行为已触犯《刑法》第217条的规定,构成侵犯著作权罪。故于1999年7月26日裁定驳回上诉,维持原判。

(二)简要点评

本案为较为典型的侵犯计算机软件承载著作权的案件。根据《著作权法》第3条规定,著作权法所谓"作品"包含9种类型。其中第8种明确将计算机软件视为著作权法上的作品。根据《刑法》第217条第1项规定,未经著作权人许可,复制发行、通过信息网络向公众传播其文字作品、音乐、美术、视听作品、计算机软件及法律、行政法规规定的其他作品的(《刑法修正案(十一)》出台之前为"未经著作权人许可,复制发行其文字作品、音乐、电影、电视、录像作品、计算机软件及其他作品的"),属于刑法上侵犯著作权的情形。由此可见,计算机软件属于侵犯著作权罪的犯罪对象,其承载的著作权属于侵犯著作权罪的保护法益。

根据《刑法》第217条的规定,以计算机软件为对象构成侵犯著作权罪应当同时具备以下三个条件:一是行为人具有营利的目的;二是行为人未经软件著作权人许可,实施了复制发行其计算机软件的行为;三是违法所得数额较大或者有其他严重情节的。本案被告人王某某实施了销售行为,其营利目的是显而易见的;其违法所得数额达27万余元,根据《最高人民法院关于审理非法出版物刑事案件具体应用法律若干问题的解释》(法释〔1998〕30号,以下简称《非法出版物解释》)第2条的规定,应当认定其"违法所得数额巨大";根据《计算机软件保护条例》第3条第5项的规定,计算机软件的复制,就是指把软件转载在有形物体上的行为。王某某将同一泓瀚软件销售给青岛市自来水公司和大同市自来水公司,还与广东省顺德市的桂洲镇、容奇镇自来水公司签订销售合同,毫无疑问其实施了"复制发行"行为。原因有二。

其一,王某某未经软件著作权人许可,将其计算机软件修改后复制发行的行为,属于刑法意义上的"复制发行"。从形式上看,王某某将以不正当手段获得的天丽鸟软件进行了修改,并且更名为泓瀚软件,是一种未经权利人许可而使用其软件的行为,与《著作权法实施条例》第5条第1项规定的"以印刷、复印、临摹、拓印、录音、录像、翻录、翻拍等方式将作品制作一份或者多份"的"复制"行为有一定的区别。但是,认定是否属于复制行为,不能仅以原件与复制件在形式上、表现上是否完全相同作为判断依据,还应当看其实质,如行为人是否对该软件进行了实质性改进。如果对软件的功能做了实质性改进,应属于演绎行为,与"复制"有所不同;如果仅依靠一定的设备、技术、技艺,机械性地再现原作品,则属于复制行为。从本案审理查明的事实来看,王某某并没有对天丽鸟软件作实质性的改进,仅将其源代码稍做修改后,便更名为泓瀚软件。泓瀚软件所包含的智力创造仍是天利公司独自的劳动成果,不具有在某一方面的独创性和原创性,不是新的作品,因此,在实质上仍是原作品的复制。王某某以营利为目的,未经软件著作权人许可,复制发行其天丽鸟软件的行为,应当认定属于刑法意义上的"复制发行"行为。

其二,王某某复制发行未办理软件著作权登记的软件侵犯了软件开发者的软件著作权。《计算机软件保护条例》第 5 条规定,中国公民和单位对其所开发的软件,不论是否发表,不论在何地发表,均依照本条例享有著作权。该条例第八条同时规定,软件著作权人享有发表权、署名权、修改权、复制权、发行权、出租权、信息网络传播权、翻译权、应当由软件著作权人享有的其他权利。因此,虽然天利公司的天丽鸟软件既未发表,亦未向软件登记管理机构办理软件著作权登记,天利公司作为天丽鸟软件的开发者,仍然依法享有软件著作权。任何单位和个人未经著作权人天利公司许可,对其软件进行修改、复制发行的行为,均侵犯了天利公司软件著作权。

二、孟某某、李某某、金某某侵犯著作权案

(一)案件介绍①

被告人孟某某,男,39 岁,个体经营者。因涉嫌犯侵犯著作权罪,于 2001 年 7 月 18 日被逮捕。

被告人李某某,女,52 岁,原系北京市通州区胡各庄乡三元装订厂厂长。因涉嫌犯非法经营罪,于 2001 年 6 月 28 日被逮捕。

被告人金某某,男,26 岁,原系北京市通州区胡各庄乡三元装订厂业务员。因涉嫌犯非法经营罪,于 2001 年 6 月 28 日被逮捕。

2001 年 3 月 1 日,北京市通州区人民检察院以被告人孟某某、李某某、金某某犯侵犯著作权罪,向北京市通州区人民法院提起公诉。

北京市通州区人民法院经公开开庭审理查明:

1978—1995 年,被告人孟某某在北京市新华印刷厂工作,后辞职从事个体经营。1999 年底,孟某某发现上海外语教育出版社和高等教育出版社出版的《大学英语》《高等数学》《中专英语综合教程》等教材在市场上畅销,遂起意盗印上述图书牟取非法利益。2000 年初,被告人孟某某从他人处得知北京市通州区胡各庄乡三元装订厂(以下简称三元装订厂)能够印刷无委印手续书刊,便电话

---

① 最高人民法院刑事审判第一庭、第二庭编:《刑事审判参考》(总第 33 集),法律出版社 2003 年版,第 253 号"孟祥国、李桂英、金利杰侵犯著作权案"。

与时任三元装订厂厂长的被告人李某某取得联系,称自己是书商,想印一些书,并约见面细谈。后李某某带着本厂业务员被告人金某某在北京市丰台区六里桥与孟某某商谈,孟某某对李、金二人讲,其准备印一些大学教材,但无任何手续,李某某认为所要印的教材不是"黄色"和"反动"的,即同意印刷。经过协商,双方商定:由孟某某提供盗版图书的印刷软片及封皮,三元装订厂负责印刷正文和装订图书,并将成品书送到孟某某所指定的托运站,每个印张0.3元。依据约定,李某某安排工人从事盗版图书的印刷及装订,金某某将成品书送到孟某某指定的托运站。孟某某接货后通过石家庄科教书店经理王某某、浙江省三通商业教材发行站四方书店经理徐某、沈阳市文源书店经理夏某某等人将书销往全国各地。

自2000年3月至2001年2月,被告人孟某某、李某某、金某某为牟取非法利益,在明知无复制、发行等权利的情况下,未经许可复制发行外语教育出版社享有专有出版权的《大学英语》系列教材、高等教育出版社享有出版权的《中专英语综合教程》《高等数学》等教材共计22万余册,非法经营额达人民币272万余元。

北京市通州区人民法院认为:被告人孟某某无视国家法律,以营利为目的,出版上海外语教育出版社、高等教育出版社享有专有出版权的《大学英语》《高等数学》《中专英语综合教程》等教材,被告人李某某身为北京市通州区胡各庄乡三元装订厂的厂长,被告人金某某身为北京市通州区胡各庄乡三元装订厂的业务人员,在明知无图书印制委托书等相关手续的情况下,为牟取非法利益,未经许可印刷、装订上述教材,非法经营数额达人民币272万余元,被告人李某某负主管责任,被告人金某某是直接负责的责任人员,三被告人的行为均侵犯了他人的专有出版权和国家的著作权管理制度,构成侵犯著作权罪。被告人孟某某犯罪情节特别严重,被告人李某某、金某某犯罪情节严重,对三被告人均应依法予以惩处。在共同犯罪中,被告人孟某某、李某某起主要作用,系主犯,应当按照二被告人所参与的全部犯罪进行处罚。被告人金某某系从犯,且在犯罪后协助公安机关抓捕其他犯罪嫌疑人,有立功表现,依法对其从轻、减轻或免除处罚。依照《中华人民共和国刑法》第217条第2项、第220条、第25条第1款、第26条第1款和第4款、第27条、第68条第1款、《最高人民法院关于审理非法出版物刑事案件具体应用法律若干问题的解释》第5条和《最高人民法院关于处理自首和立

功具体应用法律若干问题的解释》第 5 条的规定,于 2002 年 6 月 3 日判决如下:

(1) 被告人孟某某犯侵犯著作权罪,判处有期徒刑五年,并处罚金人民币五万元;

(2) 被告人李某某犯侵犯著作权罪,判处有期徒刑二年六个月,并处罚金人民币三万元;

(3) 被告人金某某犯侵犯著作权罪,免予刑事处罚。

宣判后,孟某某、李某某、金某某均未上诉,检察机关未提出抗诉。判决发生法律效力。

(二) 简要点评

本案的裁判过程较为典型地体现了侵犯著作权罪与他罪的罪数问题。根据《刑法》第 217 条规定,侵犯著作权罪往往还包含了经营行为、销售行为。因此,侵犯著作权罪很容易与非法经营罪、销售侵权复制品罪、生产销售伪劣产品罪等罪名产生罪数问题。对此,应当结合不同个案的情况具体判断,根据罪数原理确定最终的裁判结果。

本案中,被告人孟某某、李某某、金某某以营利为目的,盗印外语教育出版社享有专有出版权的《大学英语》系列教材、高等教育出版社享有出版权的《中专英语综合教程》《高等数学》等教材共计 22 万余册,非法经营额人民币 272 万余元。虽然《刑法》第 217 条第 2 项明确,以营利为目的,出版他人享有专有出版权的图书,违法所得数额较大或者有其他严重情节的,以侵犯著作权罪定罪处罚;《最高人民法院关于审理非法出版物刑事案件具体应用法律若干问题的解释》(法释〔1998〕30 号)进一步明确了侵犯著作权罪的定罪处刑标准,但由于非法出版物的范围十分宽广:既包括宣扬色情、迷信、有政治问题的出版物,也包括侵犯著作权的出版物;既包括没有出版资格的单位和个人出版的出版物,还包括依法成立的出版单位违法、违规出版的出版物。以营利为目的,违法、违规从事出版、印刷、复制、发行业务,是对现行出版管理体制造成了严重的冲击,导致书刊市场秩序的混乱,也是一种可能引发严重后果的非法经营行为。因此,在司法实践中,对于盗印他人享有专有出版权图书、构成犯罪的行为,仍然存在是定侵犯著作权罪还是定非法经营罪的争论。如本案在审理过程中,就有一种观点认为,被告人孟某某不是《大学英语》《中专英语综合教程》《高等数学》等教材的出版者,被告人李某某、金某某身为印刷业务的从业人员对此也是明知的,却为了牟取非法利益,违反《出版管理条例》第33条第3款关于"印刷或者复制单位不得接受非出版单位和个人的委托印刷报纸、期刊、图书或者复制音像制品、电子出版物,不得擅自印刷、发行报纸、期刊、图书或者复制、发行音像制品、电子出版物"的规定,接受个人的委托,违法印刷《大学英语》《中专英语综合教程》《高等数学》等教材,不仅侵犯了外语教育出版社和高等教育出版社的著作权,还严重扰乱了出版物市场管理秩序,情节特别严重,其行为同时触犯了《刑法》第217条和第225条的规定,根据《最高人民法院、最高人民检察院关于办理生产、销售伪劣商品刑事案件具体应用法律若干问题的解释》(法释〔2001〕10号)第10条关于"实施生产、销售伪劣商品犯罪,同时构成侵犯知识产权、非法经营等其他犯罪的,依照处罚较重的规定定罪处罚"的规定,应当依照处罚较重的非法经营罪定罪处罚。

  实务观点认为,以非法出版物为犯罪对象的非法经营罪与侵犯著作权罪之间属于普通法条与特别法条之间的法条竞合关系。所谓法条竞合,是指行为人实施一个犯罪行为同时触犯数个法律条文,仅选择适用一个法条定罪处罚的情形。在普通法条与特别法条发生竞合的情况下,适用特别法条对行为人定罪处罚是法律适用的一般原则。当然,特别法条优于普通法条的原则也有例外,当立法机关认为适用特别法条不能对某一行为作出全面、恰当的评价时,在立法中特别规定普通法条与特别法条发生竞合的需要适用普通法条。就以非法出版物为犯罪对象的非法经营罪与侵犯著作权罪而言,《刑法》第225条是普通法条,第217条是特别法条,在刑法没有作出特别规定的情况下,应当采用特别法条优于普通法条的适用原则,以侵犯著作权罪定罪处罚。《最高人民法院关于审理非法出版物刑事案件具体应用法律若干问题的解释》第11条的规定也肯定了这一原则,即"违反国家规定,出版、印刷、复制、发行本解释第一条至第十条规定以外的其他严重危害社会秩序和扰乱市场秩序的非法出版物,情节严重的,依照《刑法》第225条第3项的规定,以非法经营罪定罪处罚"。也就是说,对于以非法出版物为犯罪对象的犯罪行为,只有在没有特别法条可以适用的情况下,才能适用《刑法》第225条,以非法经营罪定罪处罚。《最高人民法院、最高人民检察院关于办理生产、销售伪劣商品刑事案件具体应用法律若干问题的解释》(法释〔2001〕10号)第10条关于"实施生产、销售伪劣商品犯罪,同时构成侵犯知识产权、非法经营等其他犯罪的,依照处罚较重的规定定罪处罚"的规定,是指在行为人生产、销售伪劣商品犯罪过程中,其手段、方法行为或者结果行为同时构成侵犯知识产权、非法经营等其他犯罪的情形,属于刑法理论中的牵连犯,当然应当适用处罚较重的刑法条款定罪处罚。

与本案不同的是,在"谈某某非法经营案"中,针对被告人擅自制作网游外挂出售牟利的行为,实务意见认为,制作外挂出售牟利的行为侵犯的乃是著作权中的修改权而非复制发行权,因此并不构成侵犯著作权罪。在该案中,只能依据"擅自制作网游外挂出售牟利,既属于出版程序违法的非法经营行为,也属于出版内容违法的非法经营行为"的理由,判定被告人构成非法经营罪。

三、张某等人侵犯著作权案

(一)案件介绍①

被告人张某,男,1981年9月6日出生,农民。因涉嫌犯侵犯著作权罪于2008年5月21日被逮捕。

被告人陈某,男,1979年2月21日出生,农民。因涉嫌犯侵犯著作权罪于2008年4月23日被逮捕。

被告人赵某某,男,1974年1月18日出生。因涉嫌犯侵犯著作权罪于2008年4月23日被逮捕。

被告人王某某,男,1971年10月27日出生,农民。因涉嫌犯侵犯著作权罪于2008年4月23日被逮捕。

北京市朝阳区人民检察院以被告人张某、陈某、赵某某、王某某犯侵犯著作权罪,向北京市朝阳区人民法院提起公诉,后撤回对王某某的起诉。

北京市朝阳区人民法院经公开审理查明:2007年10月,被告人张某购进盗版的《十七大报告辅导读本》2 300本、《十七大报告》单行本1 000本,其中销售给被告人陈某两种书籍各1 000本,销售给被告人赵某某《十七大报告辅导读本》1 300本。陈某将从张某处购买的上述书籍销售给赵某某《十七大报告辅导读本》200本,销售给王某某《十七大报告辅导读本》100本、《十七大报告》单行本

---

① 最高人民法院刑事审判一、二、三、四、五庭主办:《刑事审判参考》(总第78集),法律出版社2011年版,第680号"张顺等人侵犯著作权案"。

100本,另卖给其他单位一部分。赵某某将从张某、陈某处购进的《十七大报告辅导读本》1500本,连同从他人处购买的此书卖给国家发改委2300本。公安机关从国家发改委收回《十七大报告辅导读本》1033本,其中1031本经鉴定为侵权复制品。

被告人王某某将从被告人陈某处购进的《十七大报告辅导读本》100本、《十七大报告》单行本100本,连同从他人处购进的《党章》等相关图书,向北京市劳教局等单位销售。公安机关从北京市劳教局等单位收回《十七大报告辅导读本》211本、《党章》369本。其中,579本经鉴定为侵权复制品。

北京市朝阳区人民法院认为,被告人王某某以营利为目的,未经著作权人许可,发行其文字作品,但行为尚未达到情节严重的程度,故依照《最高人民法院关于执行〈中华人民共和国刑事诉讼法〉若干问题的解释》第177条之规定,裁定准许北京市朝阳区人民检察院撤回对王某某的起诉。被告人张某、陈某、赵某某以营利为目的,未经著作权人许可,发行其文字作品,情节严重,均已构成侵犯著作权罪,均应依法惩处。北京市朝阳区人民检察院指控罪名成立。故依照《中华人民共和国刑法》第217条第1项、第52条、第53条、第61条以及《最高人民法院、最高人民检察院关于办理知识产权刑事案件具体应用法律若干问题的解释(二)》(以下简称《知产解释(二)》)第1条之规定,判决如下:

(1)被告人张某犯侵犯著作权罪,判处有期徒刑一年六个月,并处罚金人民币一万五千元;

(2)被告人赵某某犯侵犯著作权罪,判处有期徒刑一年三个月,并处罚金人民币一万三千元;

(3)被告人陈某犯侵犯著作权罪,判处有期徒刑一年,并处罚金人民币一万元。

一审宣判后,被告人张某、陈某、赵某某、王某某均未上诉,检察机关亦未抗诉,判决发生法律效力。

(二)简要点评

本案是较为典型的行为人销售了部分不为著作权保护的作品的案例。《刑法》第217条规定了多种可以构成侵犯著作权罪犯罪对象的作品。但实际上,根据《著作权法》规定,部分作品并不属于著作权法保护范围。本案中的《党章》和

《十七大报告》单行本便是如此。虽然本案中,被告人因为销售《十七大报告辅导读本》构成了侵犯著作权罪,但由于《党章》和《十七大报告》单行本并不属于《著作权法》的保护范围,所以这部分销售数额并不应被计算入犯罪数额之中。

本案中,被告人擅自销售的图书有《党章》《十七大报告》单行本和盗版的《十七大报告辅导读本》。其中,《十七大报告辅导读本》的著作权归"本书编写组",由人民出版社享有独家出版发行权,该书著作权人明确。因此,四被告人在未经著作权人许可的情况下,以营利为目的发行该书,只要发行数量超过500本的定罪数量标准,即符合《刑法》第217条第1项情形下的"有其他严重情节",可以按照侵犯著作权罪定罪处罚。

但值得注意的是,四被告人擅自销售的《党章》或《十七大报告》单行本的数量并不应当计入其犯罪数额。这涉及《党章》和《十七大报告》单行本的著作权归属问题。《著作权法》明确了该法的保护范围,并在第5条列举了不适用其保护的三类情形:(1)法律、法规、国家机关的决议、决定、命令和其他具有立法、行政、司法性质的文件,及其官方正式译文;(2)时事新闻;(3)历法、通用数表、通用表格和公式。显然,《党章》和《十七大报告》作为党中央发布的官方文献,由一定的组织和人员负责起草,经特定的组织程序决议通过,在全党范围内具有约束力,可视为"具有立法、行政、司法性质的文件",属于上述第一类除外情形。换言之,《党章》和《十七大报告》都没有著作权人。为了规范《党章》和《十七大报告》的出版发行,相关机构授权人民出版社享有专有的出版权,其他任何组织和个人不得擅自出版。其他组织和个人的出版行为,侵犯人民出版社的专有出版权,按照《刑法》第217条第2项的规定,可能构成侵犯著作权罪。"出版"一词具有特定的含义,《著作权法实施细则》规定,出版是指"将作品编辑加工后。经过复制向公众发行"的行为,故单纯销售、贩卖他人享有专有出版权的图书的,不属于"出版"此类图书,也就不构成侵犯著作权罪,但可能构成其他犯罪。如果行为人明知是他人侵犯出版权出版的此类刊物而予以销售,违法所得数额达到10万元以上的,可以按照销售侵权复制品罪论处。如果行为人明知是非法出版物而销售,达到2000册以上的,可以根据《最高人民法院关于审理非法出版物刑事案件具体应用法律若干问题的解释》第11条、第12条之规定,按照非法经营罪定罪处罚。在同时构成销售侵权复制品罪和非法经营罪的情况下,按照想象竞合犯的处理原则,择一重罪处罚。

本案中，四被告人对《十七大报告》单行本、《党章》等他人享有专有出版权的图书实施了销售行为，但没有实施出版行为，故不符合《刑法》第216条规定的四种侵犯著作权的情形，不能认定构成侵犯著作权罪。四人销售这两种出版物的非法所得不应计入其侵犯著作权行为的犯罪数额。相关鉴定机构认定查获的《党章》《十七大报告》单行本属于侵权复制品，所指的是侵犯了他人的专有出版权，而不是著作权。同时，本案被告人销售非法出版物的行为尚未达到非法经营罪的定罪标准，故也不能以非法经营罪论处。

第十一章 提供虚假证明文件罪

提供证明文件,是市场经济下促进商业交易的必要环节。两个陌生的市场主体之间,如何快速建立信任,依赖于第三方中介组织给出客观评价。因此,中介组织基于其社会交易制度设计的天职,对于其提供的证明文件必须具备中立、客观、专业、真实等基础要素,是当然的要求。其中最重要的是专业要素,也由此产生了对中立、客观、真实等要素的冲击。进入到刑事领域,专业要素会决定该证明文件是否"虚假",作出"虚假"行为的主体是谁等一系列问题。有学者提出,该罪名是较为典型的资格型犯罪,但实践中发生该类提供虚假证明文件的行为多有无资格人员的参与,给司法办案带来困境。特别是知名中介机构出具虚假证明文件时,会出现单位犯罪与个人犯罪的交织,有待厘清。

第一节 罪名适用概览与文献综述

一、罪名适用概览

(一)罪名沿革

1978年之前,我国实行计划经济体制,中介组织没有产生和发展的土壤,不存在现代市场经济意义上的中介组织。1978年以后,我国开始实行市场经济体制,中介组织开始产生、发展和完善,并在公司设立、经营等方面起着重要的作用。

1979年《刑法》中并没有规定提供虚假证明文件罪,在司法实践中,对中介组织及其人员提供虚假证明文件的行为,一般不构成犯罪,如果情节特别严重的,一般按玩忽职守罪追究刑事责任。

1993年11月,党的十四届三中全会通过的《中共中央关于建立社会主义市场经济体制若干问题的决定》首次确定了发展中介组织,指出:"中介组织要依法通过资格认定,依据市场规则,建立自律性运行机制,承担相应的法律责任和经济责任,并接受政府有关部门的管理和监督。"

1995年2月28日,第八届全国人民代表大会常务委员会第十二次会议通过的《关于惩治违反公司法的犯罪的决定》(已废止)第六条规定了提供虚假证明文件的犯罪。该《决定》第6条规定:承担资产评估、验资、验证、审计职责的人员故意提供虚假证明文件,情节严重的,处五年以下有期徒刑或者拘役,可以并处二十万元以下罚金。单位犯前款罪的,对单位判处违法所得五倍以下罚金,并对直接负责的主管人员和其他直接责任人员,依照前款的规定,处五年以下有期徒刑或者拘役。

1997年《刑法》将《关于惩治违反公司法的犯罪的决定》第6条规定修改后纳入,第229条规定:承担资产评估、验资、验证、会计、审计、法律服务等职责的中介组织的人员故意提供虚假证明文件,情节严重的,处五年以下有期徒刑或者拘役,并处罚金。前款规定的人员,索取他人财物或者非法收受他人财物,犯前款罪的,处五年以上十年以下有期徒刑,并处罚金。单位犯罪在第231条中统一规定。

2001年4月18日,最高人民检察院和公安部联合发布了《关于经济犯罪案件追诉标准的规定》(已废止,公发〔2001〕11号)第72条明确了该罪的追诉标准,即三种情形之一:(1)给国家、公众或者其他投资者造成的直接经济损失数额在五十万元以上的;(2)虽未达到上述数额标准,但因提供虚假证明文件,受过行政处罚二次以上,又提供虚假证明文件的;(3)造成恶劣影响的。

2002年3月15日发布的《最高人民法院、最高人民检察院关于执行〈中华人民共和国刑法〉确定罪名的补充规定》(法释〔2002〕7号)将《刑法》第229条第1、2款所规定的罪名由中介组织人员提供虚假证明文件罪修改为提供虚假证明文件罪,罪名上去掉了"中介组织",但罪状中仍然保留着"中介组织的人员",故从犯罪构成的角度来说,该罪的主体资格要求并未改变。

2010年5月7日,最高人民检察院和公安部联合发布了《最高人民检察院、公安部关于公安机关管辖的刑事案件立案追诉标准的规定(二)》(已废止),其中第81条明确了该罪的立案追诉标准,即五种情形之一:(1)给国家、公众或者其他投资者造成直接经济损失数额在五十万元以上的;(2)违法所得数额在十万元以上的;(3)虚假证明文件虚构数额在一百万元且占实际数额百分之三十以上的;(4)虽未达到上述数额标准,但具有下列情形之一的,在提供虚假证明文件过程中索取或者非法接受他人财物的,两年内因提供虚假证明文件,受过行政处罚二次以上,又提供虚假证明文件的;(5)其他情节严重的情形。

2015年11月12日起施行的《最高人民检察院关于地质工程勘测院和其他履行勘测职责的单位及其工作人员能否成为刑法第二百二十九条规定的有关犯罪主体的批复》(高检发释字〔2015〕4号)规定:地质工程勘测院和其他履行勘测职责的单位及其工作人员在履行勘察、勘查、测绘职责过程中,故意提供虚假工程地质勘察报告等证明文件,情节严重的,依照《刑法》第229条第1款和第231条的规定,以提供虚假证明文件罪追究刑事责任。

2017年9月1日起施行的《最高人民法院、最高人民检察院关于办理药品、医疗器械注册申请材料造假刑事案件适用法律若干问题的解释》(已废止,法释〔2017〕15号)第1条规定:药物非临床研究机构、药物临床试验机构、合同研究组织的工作人员,故意提供虚假的药物非临床研究报告、药物临床试验报告及相关材料的,应当认定为《刑法》第229条规定的"故意提供虚假证明文件"。

2018年12月1日起施行的《最高人民法院、最高人民检察院关于办理妨害信用卡管理刑事案件具体应用法律若干问题的解释》(法释〔2018〕19号)第4条第2款规定:承担资产评估、验资、验证、会计、审计、法律服务等职责的中介组织或其人员,为信用卡申请人提供虚假的财产状况、收入、职务等资信证明材料,应当追究刑事责任的,依照《刑法》第229条的规定,分别以提供虚假证明文件罪和出具证明文件重大失实罪定罪处罚。

2020年12月26日第十三届全国人民代表大会常务委员会第二十四次会议通过的《刑法修正案(十一)》对第229条进行了修改,规定内容如下:承担资产评估、验资、验证、会计、审计、法律服务、保荐、安全评价、环境影响评价、环境监测等职责的中介组织的人员故意提供虚假证明文件,情节严重的,处五年以下有期徒刑或者拘役,并处罚金;有下列情形之一的,处五年以上十年以下有期徒刑,并处罚金:(1)提供与证券发行相关的虚假的资产评估、会计、审计、法律服务、保荐等证明文件,情节特别严重的;(2)提供与重大资产交易相关的虚假的资产评估、会计、审计等证明文件,情节特别严重的;(3)在涉及公共安全的重大工程、项目中提供虚假的安全评价、环境影响评价等证明文件,致使公共财产、国家和人民利益遭受特别重大损失的。

2022年4月29日最高人民检察院、公安部联合发布修订后的《最高人民检察院、公安部关于公安机关管辖的刑事案件立案追诉标准的规定(二)》(公通字〔2022〕12号)第73条明确了该罪的立案追诉标准,即五种情形之一:(1)给国家、公众或者其他投资者造成直接经济损失数额在五十万元以上的;(2)违法所得数额在十万元以上的;(3)虚假证明文件虚构数额在一百万元以上且占实际数额百分之三十以上的;(4)虽未达到上述数额标准,但二年内因提供虚假证明文件受过二次以上行政处罚,又提供虚假证明文件的;(5)其他情节严重的情形。

以上提供虚假证明文件罪的发展沿革,展现出以下特点:第一,犯罪主体的范围随着市场经济的发展逐步拓展,从最初的财务、法律相关,到与资本证券、工程安全、环境评估等领域,接下来可能还会有更多的中介领域纳入该罪的规制范畴,比如说近年来的网络安全、数据安全、刑事合规等领域;第二,增加了证券、资产交易、重大工程领域中的加重情节,警示中介组织作为"看门人"必须尽到的审慎职责;第三,增加了行政处罚前置的环节,这有利于社会治理水平的提高,对于经济生活中的行为,应多采用行政规范和民事赔偿方式来解决,避免过度依赖于刑事制裁。

(二)罪名适用现状

根据裁判文书网的检索,2017年1月至2021年近五年共有提供虚假证明文件罪案件313件,其中上海19件(具体见图11-1)。从该图来看,该罪名的适用全国相对平稳,上海却近年来有增长的趋势。

同时,为进一步了解近年来的案件情况,本章选取了65件案件的判决文书加以分析,其中2021年1—3月13件、2020年39件,2019年11件和2017、2018年各1件进行深入研究。如图11-2所示,按照涉及行业领域来划分,其中会计师10件,资产评估25件,公证2件,房地产评估11件,机动车检测7件,工程结算审计4件,司法鉴定2件,环境评估2件,工程造价鉴定2件。

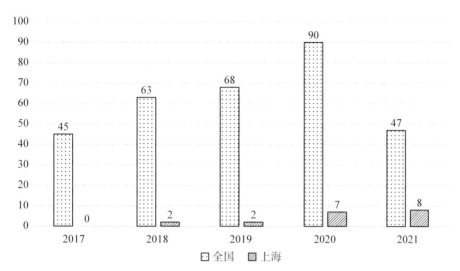

图 11-1 提供虚假证明文件罪历年案件数量

（数据来源：最高人民法院裁判文书网）

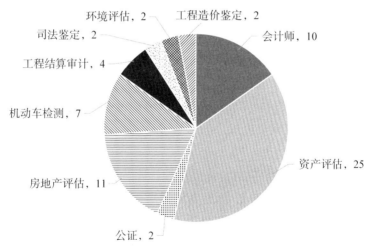

图 11-2 提供虚假证明文件罪案件涉及行业领域比例图

（数据来源：最高人民法院裁判文书网）

从比例来看,与市场经济发展紧密相关的资产评估和房地产评估,呈现出需要加强监管的需求。

进一步分析来看,市场关注度比较高的金融领域的案件有4件,全部与会计师有关,涉及上市公司资产收购、债券发行、股权交易等方面。这也是《刑法修正案(十一)》颁布之后,基于市场治理的需求,对证券发行、重大资产交易和工程建设安全领域中的中介组织证明文件加以严格要求的体现。

与此同时,近两年发生的诸如康美药业、康得新、五洋债券等证券欺诈发行案件,证实了资本领域的中介组织虚假证明文件带来的危害已经到了令人惊愕的地步,亟待整治和规范。

2022年4月29日,湖南长沙发生的自建房倒塌事件,造成53人死亡,其中有30多名长沙医学院的学生,后果极其严重。这起事件将工程领域第三方检测机构的责任引入了人们的视野,据称当地警方已经以提供虚假证明文件罪立案侦查。从另一个角度来看,这类工程领域的中介责任,比资本领域的经济中介责任更加重要,对于这类为了一点利益而对人们的生命健康于不顾的行为,必须坚决予以严惩。

二、研究文献综述

提供虚假证明文件罪,是对一个特定范围主体的执业行为的责任规制,实践性和操作性很强,理论层面相对少一些。

在提供虚假证明文件罪的演变过程中,理论上主要争论点是"中介组织"的主体范围。1997年《刑法》规定该罪名,就是顺应我国经济发展而产生的社会治理需求。中国加入世界贸易组织之后,经济生活的形式在国际资本的影响下日益丰富。

2009年,最高人民检察院对公证员出具公证书有重大失实行为的,依照《刑法》第229条第3款来定过失犯罪,笔者认为是不完善的。公证员既然可能在履行职责过程中出现严重不负责任的行为,那么也可能出现故意提供虚假证明文件的行为,最高人民检察院应当一并予以补充规定。司法实践中,浙江省杭州市西湖区人民法院(2019)浙0106刑初828号案件和新疆生产建设兵团阿拉尔垦区人民法院(2019)兵0103刑初73号案件,对公证员进行虚假公证的行为构成提供虚假证明文件罪予以了确认。

2017年,关于药品注册申请数据造假问题,有学者提出:"现有法律法规所确定的法律责任制度在第一性法律义务上,欠缺对合同研究组织这一重要活动主体的相应规定,属明显漏洞;在第二性的法律负担上,在药品注册审批过程中发现临床实验数据造假行为的处罚责任太轻,只规定了申报资料不真实且无法证明其真实性的行为,处罚结果只是得不到批准。这就导致在临床试验审批过程中发现数据造假后只是不予批准,而没有任何实质意义上的惩戒措施,这就说明了大部分药品注册申请几乎没有任何的违法成本。这是临床试验数据造假泛滥的根本原因。"[1]2017年8月14日,最高人民法院和最高人民检察院对药品、医疗器械注册申请材料造假行为适用法律问题予以解释,情节严重的将构成提供虚假证明文件罪。

从提供虚假证明文件罪的法条文义解释来看,该罪的犯罪主体应为具备相应资格的人,否则其提供文件并不具有证明的作用,进而不构成该罪。从传统意义上来理解,对于相对比较简单的事项,由一位持有资质的人来出具证明文件即可完成。但随着经济生活日趋丰富,出现了大量的复杂事项,需要多人组成的团队才可完成,比如在证券发行、重大资产交易、工程造价审定中,需要多人同时工作才能完成。其中一部分人持有相应资质,也会有无资质的人员参与辅助工作,这就对该罪的主体资格提出了挑战。有学者提出"提供虚假证明文件罪的自然人主体存在着'职责说'和'资格说'的争论,'职责说'以行为人是否具备注册会计师进行相关业务的职权为依据,'资格说'以行为人是否具备注册会计师的执业资格为依据"。[2] 在实践当中并非全部的鉴证业务都由具备注册会计师资格的人员完成,会计师事务所中有许多尚未取得该执业资格的人员进行着相关的鉴证业务工作和辅助工作,在整个业务开展过程中,不同层次的审计人员对最后审计报告的出具都发挥着重要的作用。那么,采用不同的学说,将对个案中刑事责任的承担主体起到不同的作用,具体将在下文中"职责型犯罪"与"资格型犯罪"的比较讨论中细说。

《刑法修正案(十一)》在本罪的犯罪主体范围上予以进一步拓展,主要是安

---

[1] 王晨光、李广德:《药品注册申请数据造假入刑的法理评析》,《法律适用》2017年第17期,第112页。
[2] 孙晴:《论注册会计师虚假陈述的刑事责任认定——以提供虚假证明文件罪为视角》,北京交通大学2017年硕士学位论文,第12页。

全生产领域。"这些修正,不仅拓展了有关安全生产的刑法规制范围,更是改变了刑事立法的观念,将安全生产的处罚从事后制裁前移到了事前防范阶段,以求从源头上杜绝安全隐患,更好地防止安全事故的发生。"①"同时将在'涉及公共安全的重大工程、项目中提供虚假的安全评价、环境影响评价等证明文件,致使公共财产、国家和人民利益遭受特别重大损失的'行为列为'处五年以上十年以下有期徒刑,并处罚金'的加重处罚情节。"②

所以,总体上来说,本罪的理论研究主要基于某种造成重大利益损害的社会现象,对相关责任主体的行为加以规制,如其具有第三方中介组织性质行为的,则可以纳入提供虚假证明文件罪的范畴。

第二节 罪名适用中的疑难问题

提供虚假证明文件罪,从案例数量来说并不算多发的罪名,适用中的争议也不算多。实务中,遇到问题比较多的是犯罪主体问题、牵连犯问题、单位犯罪问题,还有追诉时效、举证责任分配、不作为犯和从业限制等问题。

一、犯罪主体问题

1997年《刑法》设定该罪名,可以说就是专门针对"中介组织"的执业行为而设定,犯罪行为主要发生在公司设立过程中的验资、资产评估。但随着经济生活的丰富,交易行为日趋复杂,中介组织的结构也随之丰富,相应地,刑事责任承担的主体变得复杂起来。

(一) 单位犯罪,还是个人犯罪

简单来说,提供虚假证明文件罪中的证明文件是由该中介组织的某个人或者某一组人来完成,然后以单位名义提交给客户、主管机关等使用方。对于使用

---

① 黎宏:《安全生产的刑法保障——对〈刑法修正案(十一)〉相关规定的解读》,《中国刑事法杂志》2021年第2期,第30页。
② 同上。

方来说,虽然具体事务是由具体的自然人来完成,但书面文件是以单位名义出具,从民事责任和行政责任的承担来看,也是要求单位承担,自然人是职务行为。如果该证明文件是虚假的,那么虚假的刑事法律责任是该由单位承担,还是由实际完成该证明文件的自然人来承担?实践中存在争议,刑事法律看实际的虚假行为由谁做出。

首先,谁负有审查义务。在单位从事具体业务的自然人对其业务行为可能发生的危险,具有较高的注意义务;但是,通常在以单位名义提供证明文件时,单位对本单位每笔业务可能发生的风险,都会有必要的审查,即单位具有审查义务,这是中介组织的一般执业规则。然而,单位本身是一个虚拟的概念,具体审查义务的履行,还是要落实到具体的自然人,都是由自然人来完成审查义务。所以,到底是单位有审查义务,还是自然人有审查义务,看上去很清楚,但个案中又是混淆的。

其次,审查义务人能否代表单位意志。从法律概念上来说,具有审查义务的负责人员对他人办理业务的审查,是代表单位意志的履职行为,其结论应当由单位承担;如果此时该审查义务人有过错,单位应当承担相应的法律后果。但是如果该笔业务本身就是由具有审查义务的人自己开展的或者与审查义务人达成一致意见的人开展的,那么此时的审查义务人将形同虚设,无法实现公正、合理地审查,其行为则不能体现单位意志。

最后,法律责任后果该由谁来承担。一个中介组织可能由数十人、数百、数千人组成,而处在审查义务岗位的人是少数,那么如果该少数人未尽审查义务,却要由整个单位来承担法律后果,进而影响全体成员的合法利益,似乎违背了刑事法律上的主客观相一致原则,且有"连坐"之嫌,有失公平。

因此,提供虚假证明文件罪,本质上是一个行为犯,应当由做出虚假行为的自然人来承担,对中介组织应当慎用,除非该虚假证明文件的提供系由整个中介组织完成,判处单位犯罪并不会损害无辜之人时适用。

(二)资格型犯罪,还是职责型犯罪

根据本罪的罪状,并结合修改之前的罪名,"中介组织"的界定是构成本罪的要素要件,从而对于本罪名的构成要件中主体资格是否必须是持有中介组织执业资格的人,比如说会计师、律师、评估师等,都是取得相应执业资格且在该类中介组织中从事该执业行为的人,存有争议。然而,现实中中介组织里除了持有执业资格的人员之外,承担辅助工作的、无相应执业资格的人是否也应当遵守相关规则,说法不一。有学者提出,提供虚假证明文件罪应当是资格型犯罪,必须持有执业资格的人才能构罪,因为没有相应资格的人不知晓执业规则,不符合本罪的主体要件。也有人提出,本罪应当是职责型犯罪,只要提供了该类中介组织服务的人员都应当遵守本罪的规定,可以推定知晓相应的执业规则,都可以构成本罪。

笔者的观点是本罪为职责型犯罪。在中介组织从业的人员,即使没有相应的执业资格证书,但基于其工作单位性质和岗位,其身份即具有了一定的信任,其提供的文件当然具备公信力;如果造假,则将对他人的财产产生影响。

进一步而论,该些未取得执业资格证书却在中介组织中从事业务的人员,是可以独立构成犯罪,还是必须与其他有执业资格证书的人员构成共同犯罪,又是另一问题。实务中,可能难以存在由不持有执业资格的人员独立出具相关证明的情形,但理论上来说,独立构成犯罪也应该是有可能的,不应当排除在刑事责任主体之外。

(三)非中介组织成员是否可以构成本罪

从文义解释角度出发,本罪的犯罪主体应当是特殊主体。对于现实生活中的非中介组织的人员,提供了虚假的证明文件,比如村委会出具了虚假的经济困难证明,且造成了严重后果的情况,目前并无相应罪名规制。再比如说未婚证明,如果形成了重婚现象,相关方的损失可能难以用金钱计算,但社会危害明显,是否构成犯罪,目前无法界定。

2002年,"两高"本罪罪名中的"中介组织"四个字去掉,看似是对犯罪主体范围的扩大,但并未去掉罪状中"中介组织"表述,也没有增加"其他人员出具虚假证明文件"的表述,故这之后的犯罪主体还是限定在中介组织范围内。带来的问题是非中介组织出具虚假证明文件,造成他人重大损失的,是否也可构成本罪?

这一点在资本投资市场中出现较多,比如私募基金管理公司,其将融资项目推荐介绍给投资人,相对于投资人来说,私募基金管理公司既是代客理财,也具有中介居间的功能,进而收取管理费。私募基金管理公司有时为了诱骗投资者购买证券或者股权,在募资推广文件中有关投资方式、投资范围、投资标的等内容,与募集资金后的实际投资经营方式不一致,最终造成投资人损失,私募基金管理公司在承担民事责任的基础上,是否可以被科处刑事责任,存在争议。如果私募基金管理公司没有牟取额外利益,只是收取了正常的管理费、介绍费,此时的私募基金管理公司及其人员是否属于中介组织和人员,其提供的募资推广文件是否属于证明文件,目前尚未定论。

笔者的观点是,随着经济生活的多样化,出具证明文件的主体不仅限于中介组织,对于其他组织或者单位或者个人出具的证明文件,只要起到了法律意义上的"证明"作用,使得被害人基于对证明文件的信任而陷入错误认知,进而造成重大损失的,该类出具证明文件的行为均应当纳入刑事法律考量的范畴。笔者建议,可以在罪状表述上增加兜底性的"其他"之类的表述,从证明文件的功能和虚假行为的实际效用出发,以完善本罪的规制范围。当然,同时也需要避免该罪成为新的"口袋罪"之嫌。

二、共同犯罪与牵连犯问题

会计师应上市公司管理层的要求出具了虚假的财务报告,上市公司管理层向股东提供了该虚假的财务报告,隐瞒了公司的部分盈利,并通过各种名目予以侵吞,造成股东的利益受损。在此过程中,会计师与上市公司管理层是共同犯罪,还是各自构罪,会计师构成提供虚假证明文件罪,管理层构成提供虚假财务会计报告行为的违规披露重要信息犯罪。如果构成共同犯罪,会计师提供虚假证明文件的行为与最终的违规披露重要信息罪,是构成牵连犯,从一重处罚,还是数罪拟制为一罪,直接以违规信披罪处罚,存在争议。

对此,笔者观点是判断会计师与上市公司管理层之间的行为构罪,应当以主观上是否存在共谋、行为上是否一致行动、利益上是否共同追求和分配来判定。如果会计师在履职过程中,按照上市公司管理层的要求提供了虚假财务报告,但没有额外获取利益,只是收取了正常的费用,应属其职责行为违反对应的犯罪,构成提供虚假证明文件罪;如果同时存在索贿或者受贿(非国家工作人员)行为的,则构成牵连犯,择一重罪处罚;如果存在与管理层共同分配通过虚假财务报告获得的非法利益的行为,则应当与管理层构成共同犯罪,此时也会存在牵连犯的问题,这需要视管理层构成何种罪名,择一重罪处罚。

从虚假证明文件使用方的角度来看，主要是公司管理层，其目的存在多种：一是侵占公司财产，则构成职务侵占罪或者贪污罪；二是欺诈融资方，则可能构成诈骗罪；三是隐瞒公司实际经营情况欺诈股票或者债券的购买人，应属违规信披犯罪，或者是欺诈发行罪。此时，虚假证明文件是公司管理层实现目的的手段，而提供虚假证明文件的中介人员，可能只是为了获取该笔业务，对使用方的目的并不完全知晓或者不愿意去知晓，此时就是两个独立的行为，虽然提供虚假证明文件一方有放任的主观过错，但应当构成提供虚假证明文件罪，这是该罪特殊罪名设置的立法目的。

三、追诉时效问题

根据《刑法》第89条的规定，追诉期限从犯罪之日起计算，即从犯罪成立之日开始计算追诉时效。犯罪成立是指行为人的行为符合法定犯罪构成要件，对于以侵害结果为要件的犯罪而言，危害结果的发生之日，才是犯罪之日。这是某一份判决书的认定，在提供虚假证明文件罪中有其合理之处，因为虚假证明文件是否发生作用，在提供之日并未确定，需要等到相关损害事实发生之日才能确定虚假证明文件的否定作用。

在资本市场中，此类现象比较普遍。比如，某公司发行债券，聘请会计师事务所出具了资产价值评估报告，债券的发行期限是三年，后债券到期后未兑付，投资人们开始各种调查。又经过了两年半的调查，才确定了资产评估报告存在虚假，此时距离资产报告出具之日已经超过了五年，超过了提供虚假报告文件罪的五年以下量刑幅度的追诉时限。然而，如此来界定，似乎存在不公平。试想，如果债券的发行期限是六年或者十一年，是不是意味着资产报告可以随意出具，无须考虑真假，因为最高的追诉时效就是十年。显然这是错误的，不符合基本逻辑。

对于此类具有一定时限才会被发现的虚假证明文件的刑事责任的追究，笔者认为虚假证明文件具有持续犯的特征，危害行为处于持续发生的静态，对投资者产生了持续的欺骗性，在未发现虚假性之前，应当不起算追诉时效。如果投资者明知虚假之后，超过法定期限未追诉的，应该考虑追诉时效的问题，但该追诉时效可以中断，包括民事追诉行为可以起到中断时效的作用，因为是否构罪，普通人并不具备该法律认知能力。

四、不作为犯

从提供虚假证明文件罪的罪名和罪状来看,可以看出这是一个行为犯,以行为人作出主动行为为构成犯罪的基本要素。然而,现实中也存在负有提供证明文件,而故意隐匿、销毁或者拒绝提供真实证明文件的行为,同样会给他人造成损害,是否应当承担刑事责任呢?或者虽然提供证明文件,且该提供出来的证明文件中的信息都是准确的,但可能是不完整的,是可能导致他人做出错误决策行为的不完整信息,那么该类证明文件是否属于虚假证明文件?

比如说,在重大资产收购中出具的资产状况评估报告中,中介人员虽然提供出来的资产持有状况都是真实的,但若将主要资产存在对外抵押担保的情况漏记了,这将导致资产的偿债能力显著下降。另一种情况,如果是抵押担保的登记机关为了某种目的,拒绝出具相应的证明文件,使得出具报告人无法获得准确信息,进而造成证明文件存在信息不完整的虚假情况,抵押担保的登记机关该是承担渎职责任,还是承担提供虚假证明文件的不作为犯?

笔者认为,提供不完整的部分真实的文件,如果造成使用者产生错误决策行为的,应属虚假证明文件的范畴,应当构成提供虚假证明文件罪;但是对于应当提供证明文件,但拒绝提供的,进而造成被害人损失的,需要判断行为人是否负有提供证明文件的法定或者约定职责,如有相应职责的,则可以构成渎职罪;如果存在共谋的犯意,则亦可构成诈骗罪的帮助犯。

五、增设资格刑

2016年《资产评估法》规定,如果评估专业人员违反规定,签署了虚假评估报告的,将由主管部门给予责令停止从业的行政处罚;构成犯罪的,将终身不得从事评估业务。这是行政管理法的规定,在本罪的刑法条文中,未列明该类处罚选项。

从提供虚假证明文件罪的中介组织构罪的特性角度出发,犯罪行为本身构成对中介组织公信力的破坏,对行为人加以资格刑的限制,具有合理性。虽然相关中介组织的专门法规可能已经有相应的行业处罚规定,但为避免遗漏,且也彰显刑罚的权威性,笔者建议在之后的刑法修正案中,对本罪的犯罪主体如系有执业资格要求的中介组织人员,在判处刑期的同时,可以附加适用资格刑,限制或禁止被告人在该类中介组织的从业资格,以重塑公众对该中介组织的信任。

第三节 罪名适用中的典型案例

一、唐某提供虚假证明文件罪案

(一)案件介绍①

被告人唐某,原系某会计师事务所合伙人、国际业务部负责人。2012年下半年,唐某经人推荐承接上市公司上海A公司收购浙江A公司的审计业务。

2013年1月27日,浙江A公司、上海A公司委托唐某所在的会计师事务所对浙江A公司进行2012年度财务报表审计,由唐某作为项目合伙人领导其下属组成审计项目组对浙江A公司及浙江B公司、湖州C公司进行加总审计。

在审计工作过程中,浙江A公司总经理的王某及丁某等人通过电子邮件与被告人唐某等多次沟通,要求对审计报告结果进行调整、提高净资产和净利润等数值,以促成上海A公司收购浙江A公司。

审计项目组成员沈某,在审计初期发现浙江A公司的财务资料非常混乱,欠缺很多财务凭证,当时初稿意见中浙江A公司、浙江B公司、湖州C公司等3家公司的净利润数值是负数,大约在－200万元至－300万元。后在唐某的要求下,对初稿的数据进行改动,直接生成了盈利992万余元的二稿;二稿出来后,其感觉该项目风险太高,向唐某提出不再参与该项目;之后,唐某委派了张某联系审计工作;2013年4月中旬,张某和唐某在与客户的讨论基础上,修改数据,最终形成的三稿数据变成了盈利1657万余元。

因浙江A公司提供的财务凭证不全、调整依据不足,唐某指使未参与该项目的朱某作为签字注册会计师,并于2013年6月出具信会师报字〔2013〕第150881号《审计报告》,认定浙江A公司、浙江B公司和湖州C公司等三家公司2012年度净利润为人民币16 574 785.08元、净资产为96 996 009.49元。该《审

---

① 上海市浦东新区人民法院刑事判决书(2021)沪0101刑初424号。

计报告》由唐某、朱某签字,审计结论为"非无保留意见"。

2013年6至9月,上海A公司依据该报告及上海A公司出具的关于浙江A公司资产评估报告以7380万元完成对浙江A公司60％股权的收购。

后中国证券监督管理委员会上海局在对《审计报告》格式规范性检查,发现唐某、朱某未勤勉尽责,导致未发现出具的审计报告不符合"在审计报告中发表非无保留意见"的规定,未单独列出"导致保留意见的事项",未对审计意见段使用"保留意见"的标题;决定对会计师事务所及注册会计师唐某、朱某采取出具警示函的监管措施,引起上海A公司的怀疑。

案发后,经上海市公安局委托进行司法会计鉴定:审计报告审定数据导致收购时实际净资产虚增114 042 920.34元,虚增比例117.57％;虚增净利润47 195 855.73元,虚增比例为284.74％;会计师发表错误审计意见,应当发表否定意见;会计师事务所未按审计准则要求执行审计程序,且执行审计程序时未勤勉尽责,未保持应有执业谨慎。

公诉机关认为,被告人唐某的行为已触犯1997年修订的《中华人民共和国刑法》第229条第1款之规定,构成提供虚假证明文件罪;被告人唐某认罪认罚,可以从宽处理;被告人唐某系坦白,可以依法从轻处罚;建议判处唐某有期徒刑一年,并处罚金人民币五万元。

辩护人提出,被告人唐某犯罪的主观恶性较小,涉案的审计收费是正常收费,唐某没有从中获取非法利益;唐某到案后能如实供述犯罪事实,真诚悔罪;唐某系初犯、偶犯;涉案上海A公司的收购价并不是依据唐某所提供的审计意见;建议对唐某从轻处罚,以唐某与公诉机关签字具结的认罪认罚量刑建议对唐某处罚。

法院经审理后认为,被告人唐某作为承担会计、审计职责的中介组织人员,故意提供虚假证明文件,情节严重,其行为构成提供虚假证明文件罪。公诉机关指控的事实清楚、罪名成立。被告人唐某到案后能如实供述犯罪事实,并表示认罪,依法予以从轻处罚。辩护人要求对被告人从轻处罚的意见,本院予以采纳。

关于本案的量刑:

第一,本案被告人唐某的法定刑幅度,2021年3月1日施行的《刑法修正案(十一)》对本案所涉罪名的相关刑法条文进行了修改,"新法"所规定的刑罚重于"旧法",本案被告人唐某的行为发生在《刑法修正案(十一)》施行之前,根据"从旧兼从轻"原则,对被告人唐某适用修订前的刑法的规定即1997年修订的刑法,根据修订前的《刑法》第229条第1款之规定,其法定刑幅度为五年以下有期徒刑或者拘役,并处罚金。

第二,根据被告人唐某的犯罪事实所确定的基准刑应在五年以下有期徒刑的幅度内从重处罚。

(1) 根据在案的证人证言、被告人的供述以及相关书证材料,可以证明涉案的审计报告数值经过多次修改,且在被收购方提出所要求的审计结论后,唐某明知被收购方缺乏相应的财务凭证,仍多次违反审计准则,在无实质性依据的情况下多次调整多项财务数据以达到被收购方要求,唐某作为具有专业资格的负有相关职责的专业从业人员,其犯罪的主观恶意较大。

(2) 本案唐某等人所出具的审计报告系用于上市公司的资产交易,对资产交易的真实性具有直接证明作用,虽然最终收购价款的确定主要依据的是其他机构出具的资产评估报告,但该审计报告影响了收购方的决策,对于收购方收购与否的决定起到了关键性作用。

根据涉案收购方上海A公司人员以及证人证言、相关邮件可以证明涉案收购事项的关键就是审计报告的净利润数值,也正是因为审计报告的净利润值达到了收购方的预期,收购方才决定收购,而被收购方为达到收购方所要求的净利润值,多次请托唐某调整财务数据。唐某出具虚假审计意见,导致收购方上海A公司决意收购,从而间接导致了上海A公司的巨额经济损失,唐某犯罪行为所造成的危害后果较为严重。

(3) 根据最高人民检察院、公安部《关于公安机关管辖的刑事案件立案追诉标准的规定(二)》对提供虚假证明文件罪立案追诉的标准,参照上海市公安局司法会计鉴定意见书,唐某出具虚假审计报告虚增数额、虚增比例以及所造成的经济损失额已经远远超过法定的追诉标准。

第三,根据量刑情节调节唐某基准刑时,从宽幅度相对较小。虽然被告人唐某具有坦白的法定从轻情节,并表示认罪认罚,但从唐某本人的供述来看,唐某在到案后几个月内未能如实供述犯罪事实,认罪不够主动,悔罪诚意不足,根据宽严相济的政策精神,认罪越主动、越早、越彻底、价值越大,从宽幅度相对较大,反之,从宽幅度就小。

故综合全案情况,根据被告人唐某犯罪的事实、性质、情节以及危害程度,本院经审理后认为,检察机关的量刑建议不当,并告知检察机关,建议检察机关调整量刑建议,与被告人重新进行量刑协商。在本院审理结束前检察机关未调整量刑建议。

综上,依照1997年修订的《中华人民共和国刑法》第229条第1款、《中华人民共和国刑法》第12条第1款、第67条第3款、第52条、第53条之规定,判决被告人唐某犯提供虚假证明文件罪,判处有期徒刑二年,并处罚金人民币五万元。

(二)简要点评

根据上述案情、检察院公诉意见、律师辩护意见和法院认定过程,本案有如下值得关注的要点。

第一,提供虚假证明文件罪的主观要件是故意,可以通过对被告人具体行为、被告人职责范围、行为结果原因力、被告人获益方式等多方面要素来进行综合判断。

从客观行为来看,本案被告人存在多次调账行为,从一稿的净资产为负数调整到三稿的正1600多万;从被告人的职责来说,被告人是审计人员,客观真实是基本原则;从被告人获益来看,有被审计单位人员的请托;从造成的损害结果来看,上海A公司支付的收购对价是基于该审计报告和资产评估报告,主要是审计报告的结论。这些都可以判定被告人存在主观上的明知和客观上的追求行为,构成直接故意。法院最终的判决,其考量的行为恶劣主要是基于上海A公司开展本次收购的前提是需要弄清楚浙江A公司、浙江B公司、湖州C公司等三公司的价值,故聘请唐某来进行审计工作,这是一种职责信任;而唐某明知自己的职责,却违反职责,更是违背上海A公司的委托目的,这是一种"背叛"行为;出具的虚假审计报告,是一种欺诈,应当受到严惩。因此,主观故意是提供虚假证明文件罪的充分要件,可以通过案件中的多维因素加以综合判定。

第二,提供虚假证明文件罪仅处罚个人较为合适,单位的过错不适宜放大,这会导致整个单位其他太多无辜人员的利益遭受损失。

从本案情况来分析,本案的会计师事务所是一家有上万名员工、2000余名执业注册会计师的国内知名大型事务所,出现犯罪行为的只是其中的一个项目组。虽然说单位本身负有审查义务,但毕竟只是几个人的违法行为,如果就此惩罚了整个会计师事务所,影响过大,后果过于严重,太多的无辜之人受到牵连,这显然不合适。如果审计报告的出具,是由会计师事务所的风控成员和管理层共同讨论决定,且该些人员都具备主观故意的要件,那么足以证明该会计师事务所是单位违法,整体上不具有继续经营的合法性,则可以对整个会计师事务所以单位犯罪的方式处以刑罚,而本案不合适。

第三,法官单方调整了认罪认罚的量刑建议,在当下刑事审判实践中,有助于呈现"以审判为中心"的司法体系基本逻辑构造。

本案中,除了上面两点关于提供虚假证明文件罪构罪方面的特点之外,在刑事司法程序方面有值得称赞之处。本案适用的是认罪认罚从宽的简易审理程序,从司法实践来说,当下检察院阶段的认罪认罚程序与精准量刑建议书的叠加适用,直接导致法院审理程序的虚化。有些法院对此还相应地规定,如果需要改变认罪认罚《具结书》上的量刑建议,需要召开法官会议集体讨论才能修改,否定了主审法官的审判权,这增加的程序实质上阻却了法官独立裁判的意愿,造成刑事案件的庭审更加流于形式。本案中,经过审理,法官认为被告人在侦查阶段到案后未及时认罪认罚,且有意逃避责任,主观上恶劣程度较深,认罪认罚具结书给予的量刑建议较轻,并在检察官未及时修改量刑建议之后,直接判决增加了量刑。从本案辩护人的角度来说,增加了最终的量刑意味着辩护效果的不理想,但从刑事律师执业环境的角度来看,"以审判为中心"的法院功能定位,是符合刑事司法体系的基本逻辑,应当得到尊重,当下亦需要加强。

二、徐某、王某某提供虚假证明文件罪案

(一)案件介绍①

被告人徐某,原系合肥彩云房地产评估有限公司实际经营人;被告人王某某,原系合肥彩云房地产评估有限公司职员。

经审理查明,张某某等人(已判刑)以非法占有为目的,诱骗"白户"徐艳艳等人"零首付"购房,后张某某向被告人徐某支付高额评估费,通过合肥彩云房地产评估有限公司为其出具虚假的房地产抵押评估报告,从而骗取银行贷款,造成银

---

① 安徽省合肥市瑶海区人民法院刑事判决书(2021)皖0102刑初895号。

行贷款本金损失共计人民币 11 372 164.59 元。

2016 年至 2017,被告人徐某指使公司不具备房地产评估资质的被告人王某某制作高评的房产评估报告,被告人王某某按照徐某的要求,并按照张某某提供的房产信息,采取套用、修改房地产评估电子模板数据、冒用评估师印章等方式,违规制作了编号分别为皖彩云房估字(2017)W1300 号、皖彩云房估字(2017)W1362 号、皖彩云房估字(2016)预号、皖彩云房估字(2016)号、皖彩云房估字(2017)W1487 号、皖彩云房估字(2017)W1301 号、皖彩云房估字(2017)预号等 8 份虚假的评估报告。每份评估报告对每套房屋的价值均有 50% 以上的虚高。

另查明,被告人徐某、王某某经办案民警电话通知后主动到公安机关接受调查。被告人徐某系合肥彩云房地产评估有限公司实际经营人,被告人王某某系该公司职员,公司经营范围为房地产评估、策划。合肥彩云房地产评估有限公司给张某某提供 8 份虚假的房地产抵押评估报告,共计收取张某某人民币 24 000 元。审理中,被告人徐某主动退出违法所得共计人民币 24 000 元。

被告人徐某、王某某自愿认罪,并在值班律师在场的情况下,在公诉机关签署认罪认罚具结书。

法院认为,作为承担房地产评估职责的中介组织合肥彩云房地产评估有限公司实际经营人被告人徐某,为牟取非法利益,指使公司不具有房产评估资质的被告人王某某故意制作虚假的房地产抵押评估报告,并提供给他人,扰乱市场秩序,情节严重,其行为均已构成提供虚假证明文件罪。公诉机关指控的罪名成立,应予支持。在共同犯罪中,被告人徐某系合肥彩云房地产评估有限公司实际经营者,为牟取非法利益,接受张某某的请托后,指使被告人王某某故意制作虚假的房产抵押评估报告并提供给他人,两被告人相互配合,积极主动实施犯罪。被告人徐某虽所起作用相对较大,但没有明显主次之分,本案不宜区分主从犯,应按各被告人参与犯罪的具体作用予以处罚。辩护人提出被告人王某某系从犯的辩护意见,理由不能成立,不予采纳。被告人徐某、王某某经办案民警电话通知后主动到公安机关接受调查,应视为自动投案,归案后如实供述自己的罪行,庭审中自愿认罪认罚,系自首,可依法从轻或减轻处罚。被告人徐某、王某某系初犯,可酌情从轻处罚。辩护人提出被告人徐某、王某某具有上述从轻处罚情节的辩护意见,理由成立,予以采纳。

据此,根据各被告人犯罪的事实、犯罪的性质、情节和对社会的危害程度,法院判决被告人徐某犯提供虚假证明文件罪,判处有期徒刑二年六个月,缓刑三年,并处罚金人民币 30 000 元;被告人王某某犯提供虚假证明文件罪,判处有期徒刑二年,缓刑二年六个月,并处罚金人民币 20 000 万元;对被告人徐某退缴的违法所得人民币 24 000 元,予以没收。

(二)简要点评

1. 牵连犯问题

两位评估师是直接参与所涉的张某某贷款诈骗案(另案处理)中,以虚高的房屋价格来帮助张某某等人欺诈银行,获得贷款,并造成银行损失,那么从普通的人视角来理解,评估师应当是张某某的帮助犯,即评估师的出具虚假报告的行为同时构成贷款诈骗罪和提供虚假证明文件罪。从行为外观来看,这个观点是成立的,但是从共同犯罪的行为目的角度来判断,评估师与张某某并不具有共同的犯罪目的,评估师的目的只是获取评估费,并没有对贷款诈骗行为的目的有共同故意,不构成贷款诈骗罪的帮助犯,进而不构成牵连犯,评估师提供虚假证明文件的行为应当独立构罪,属于特殊条款。如果在提供虚假证明文件罪设立之前,评估师的行为可以评价为贷款诈骗罪的帮助犯。

2. 主从犯问题

被告人徐某是评估师事务所实际经营者,被告人王某某是职员。从业务来源和最终收益来判断,徐某应当是起主要作用的。而且,王某某是职员,是听从徐某的安排开展工作,虽然王某某作为职员也应当遵守规则,但是王某某并不具备评估师的资格,即王某某并未接受评估师的专业培训,其可以不知道评估业务的执业规则,其只是完成徐某交代的工作而已,是否构成犯罪值得商榷。当然,对于房屋价值的判断,如果常人即可做出合理的判断,王某某作为从业人员也应当具备常识,但是本案中的评估结论远超市场价,则王某某应当具有相应的认知能力,构成过错,因而其行为构成对徐某的帮助行为,应当承担帮助犯的责任。然而,判决不仅未将王某某出罪,而且还对其与徐某不区分主从犯,存在不合理之处。

3. 单位犯罪问题

本案中,徐某是单位的实际经营者,经营者本身参与提供虚假证明文件,其行为代表了单位意志,而且本案涉及八个评估报告的造假,不是单一行为,成为一种经营常态。那么该单位的存在,对中介市场形成了一种不良的威胁,法律应当对其予以处置,消灭其存在。本案,应当采用单位犯罪的双罚制,并且对该单位和实际经营者徐某适用资格刑,清除出中介组织的服务市场。

三、张某某提供虚假证明文件罪

(一)案件介绍①

被告人张某某,男,四川鑫森建筑工程咨询有限公司原造价工程师。

经法院审理查明:2016年2月25日,鑫森公司与建房合作会就阆中市华胥南苑小区建设工程项目签订建设工程造价咨询合同,合同约定由鑫森公司对阆中市华胥南苑小区建设工程提供工程竣工结算审核服务。

合同签订后,鑫森公司委派该公司员工被告人张某某(2016年9月取得一级造价工程师资质)、王某等人前往阆中市具体负责阆中市华胥南苑小区建设工程项目的审核工作,并指定张某某为负责人。审计过程中,因王某中途辞职,经鑫森公司法定代表人罗某1同意,张某某在阆中市找到苟某等三人(均不是鑫森公司员工)配合其继续开展工作。审计期间,张某某先后收受该项目管道建设工程方技术员张某1现金0.5万元、收受项目消防施工单位员工张某2现金0.5万元、收受项目强电施工单位老板李某1现金0.5万元、收受项目景观工程施工单位负责人彭某现金3万元、收受项目B标段施工单位老板邹某1现金10万元。张某某收受他人财物后,在审计过程中通过放宽审计尺度、加快审计进度等方式给予上述人员以关照。其间,张某某在对该工程项目的外墙保温、钢筋材料价调差、钢筋调级、钢筋报废、客厅阳台由半封闭变更为全封闭等项目的审计过程中,通过违规认可部分签证意见栏中空白、无签字时间的无效签证单,或者违规认可签证单附件中没有正规的审计变更图、没有专用章的设计变更图,对部分应当予以扣减的项目不予扣减等手段,向建房合建办先后出具13份审计报告。

因阆中市华胥南苑小区业主向省、市信访部门反映该工程存在诸多问题,阆中市纪检委和阆中市审计局介入调查。阆中市审计局在对鑫森公司出具的审计

---

① 四川省阆中市人民法院刑事判决书(2020)川1381刑初144号。

报告进行复核后认为部分报告存在虚假情况。为此，阆中市审计局要求鑫森公司针对其发现的问题出具复核报告。鑫森公司根据阆中市审计局要求，安排被告人张某某自行处理阆中市审计局发现的问题。张某某接受任务后，除对少部分审计结论予以修改更正外，将阆中市审计局发现的绝大多数问题直接列入审计争议，并出具了相关项目的审计复核报告。后重庆中达正建筑工程有限公司将鑫森公司出具的相关审计报告作为证据在诉讼中予以使用。

同时查明，2019年11月15日，被告人张某某经阆中市公安局民警电话通知到案，到案后如实交代了其犯罪事实。

另查明，审理过程中，被告人张某某亲属代其退缴赃款14.5万元。

上述事实，有经庭审举证、质证的下列证据（摘录部分）予以证实：

一、被告人的供述与辩解

张某某供述，2016年2月，阆中华胥南苑小区施工接近尾声，建设方通过招标选择鑫森公司对该工程进行审计。公司委派他和王某等五人组成审计小组对工程进行审计，并委任他为审计小组负责人。整个审计过程从2016年2月开始，2017年5、6月份审计完毕。审计报告中相关审核人员、复核人员分别是邹某2和刘亚林，二人是公司的注册造价师，但二人均没有参与过阆中市华胥南苑小区项目的审计工作。当时公司的法人代表给他留了二人的印章，上面的签字均是他一个人签的。

审计期间，阆中市审计局认为他们审计的结论存在问题，包括土石方回填、苗木价格、花岗岩价格、钢筋调差及备料问题、基础钢筋的损失问题、外墙保温的问题、地下室应急照明未做的问题、绿化工程的问题、水电气及部分装饰工程未减工程量的问题。对阆中市审计局提出的问题，他们应该按照审计规范对指出的问题予以再次审计调查、核实，但最终因为争议太大，不能达成一致意见，所以他们将其列入了审计争议。他们出具的审计报告送达了甲方，乙方知道报告内容，明确表示不签字，属于他们就没有在程序上予以送达。

对在审计过程中出现的问题，其中签证意见栏中空白、无签字时间的属于无效签证单，应当不予认可。对签证单附件中的设计变更图，审计规则要求必须是正规的审计变更图，要盖有专用章，不然就不予认可，他们也要求对方补充正规的实际变更图，但一直没有补过来。对于附属工程审计中，出现重复交叉审计事项的问题，他们在初审中也发现了有可能重复事项，找甲方取证，甲方无异议，他们就没有多管。

他们在审计过程中出现的相关问题绝对不是故意所致，主要是工作过失造成的。包括鑫森公司在管理审计人员和审计工作方式、方法方面存在很多不足。他们审计人员也没有按照审计标准和审计规范操作，比如在资料收集中没有交接清单，审计送达没有按照程序，审计过程没有按照审计要求，出现了审计资料交接说不清，审计报告单方面送达，审计事项中出现绿化标高、E级钢调价等数据采集无依据、钢筋报废无规定的设计变更图纸、钢筋调级在签证单中出现未发生的事情等情况，另外还有对无意见和时间不合格的签证单予以直接采信。其作的审计结论，很多签证都是依据三方签证做的，对很多签证没有进行科学、客观地分析，导致出现了一些问题。没有人指使他去乱做。

对阆中市审计局的审计复核意见，他们公司领导让他对复核意见进行自行处理，于是他召集相关人员进行了开会讨论，后对部分内容进行了调减，其他方面的问题没有进行审计再取证，直接列入审计争议中。但审计复核报告应该拿回公司进行审核，按照程序要求公司应该另外组成复核小组对重大事项进行复核，由复核人员出具复核报告，报告上应该盖有审计复核章。他们最初在对工程项目的造价审计的时候，没有按照相关审计规范和要求来进行审计，听信施工方和建设方以及监理方的话，采信了很多不符合规范的签证单，有部分签证单失实，写完审计意见征求意见稿后没有将审计意见征求稿传回公司进行审核就出具了审计报告。审计局指出他们的审计问题后，他们将其中部分工程项目扣减后就出具了审计复核报告。

他本人2016年3月才取得注册造价师资格，没有经验，也未独立开展过审计工作，审计报告被阆中市审计局指出问题后，他将情况向罗某1进行了汇报，罗某1依然没有按照规定对重大疑难问题另行组成审计复核组进行复核。公司负责人罗某1安排他对华胥南苑小区进行审计后，他听罗某1说过其与蒲某某是表兄弟关系。

相关人员送钱的目的就是希望他在审计过程中能够快一点，对所审计的项目放松一点，不要太坚持原则。他收受现金和礼品后，在结算审计的过程中，他也是尽快对上述人员的项目进行结算审计的，另外他在对上述人员做的项目进行结算审计过程中，可以不审减的部分项目没审减。

二、证人证言，基本证实了被告人的说法，送钱的目的是希望张某某能够快速出具审计报告,他们才好找建设方拨付工程款,同时不要太坚持原则,审计放松点。

本院认为,被告人张某某作为承担审计职责的中介组织人员,在履行鑫森公司与建房合作会签订的建设工程造价咨询合同过程中,非法收受他人财物后故意提供虚假证明文件,情节严重,其行为已构成提供虚假证明文件罪,应当以提供虚假证明文件罪追究其刑事责任,公诉机关指控罪名成立。被告人张某某经公安机关电话通知后主动到案,到案后如实供述了自己的犯罪事实,系自首,可以从轻或者减轻处罚。案件审理过程中,被告人张某某亲属已代被告人退缴了全部违法所得,可酌情从轻处罚。被告人张某某承认指控的犯罪事实,自愿接受处罚,可以依法从宽处理。综上,根据被告人的犯罪事实、情节、认罪悔罪态度,同时参考公诉机关的量刑建议,本院决定对被告人张某某从轻处罚。故被告人张某某及辩护人希望对被告人从轻处罚的辩护意见本院予以采纳。据此,依据《中华人民共和国刑法》第229条、第52条、第64条、第67条之规定,判决如下:

(1) 被告人张某某犯提供虚假证明文件罪,判处有期徒刑一年七个月,并处罚金20000元。

(2) 对被告人张某某违法所得14.5万予以没收,上缴国库。

(二) 简要点评

1. 是否构成提供虚假证明文件罪

从上述案情来看,法院是以被告人在审计过程中收受他人财物来定罪的。《刑法》第229条第2款规定"有前款行为,同时索取他人财物或者非法收受他人财物构成犯罪的,依照处罚较重的规定定罪处罚"。这里的前提是"有前款行为",即在构成提供虚假证明文件罪的基础上,如有受贿行为的,才会存在牵连犯的问题,从一重处罚。然而,本案中,法院的认定本身就已经很明确了,是否存在提供虚假证明文件的事实,并未得到确定。从被告人的陈述与辩解,并结合"法院认为"部分,对于审计报告本身是否虚假,未能查明,这属于专业领域的问题,可能只是在审计过程中的细节把握上存在一点幅度上的偏差,但并不违反审计规则,不能认定为虚假审计报告,也就谈不上构成虚假证明文件罪了。在此情况下,判决书直接依据受贿行为,来认定为提供虚假证明文件罪,值得商榷。

2. 是否构成非国家工作人员受贿罪

被告人的辩解和证人证言的陈述,是能够相互印证的,证明证人送钱的目的就是请被告人出具审计报告的速度加快一点,以便于尽早拿到报告,早点结算工程款。同时,证人也要求被告人在审计时不要太坚持原则,放松一点,能不扣的就不扣。这两点,在本案中并不能界定为法条上的"为他人谋取利益"。法条上的"利益"应该是与相应被审计对象直接相关的在数量上的多与少的利益,而证人谋取的只是审计报告出具时间上的快与慢,和审计规则范围内的"放松"与严格,只要未违背审计业务规则,都不能算是"谋取利益",所以本案中被告人收取他人款项,但未有"为他人谋取利益"的行为,不符合非国家工作人员受贿罪的构成要件,被告人不构成该罪。至于被告人在执业过程中,收取他人财物的行为,当违反了执业上的纪律规范,可以通过行政处罚,予以经济处罚和一定的执业限制。

第十二章　其他若干经济犯罪

本章研究了合同诈骗罪、非法经营罪、利用未公开信息交易罪、职务侵占罪以及三个危害药品安全犯罪罪名。分析了合同诈骗罪的构成要件，梳理了合同诈骗罪的立法沿革，剖析了合同诈骗罪中"合同"之含义，区分了合同诈骗罪与民事合同欺诈；分析了非法经营罪的构成要件，梳理了非法经营罪的立法沿革，重点剖析了"非法经营罪"兜底性条款、"非法经营罪"中"国家规定"的范围；分析了利用未公开信息交易罪的"未公开信息"判断标准，探讨了"趋同交易"的司法评判标准，提出了利用未公开信息交易罪的证明标准；梳理了职务侵占罪的历史演绎，探讨了职务侵占罪侵害的法益（客体），剖析了"利用职务上的便利"和"本单位财物"的含义；探讨了生产、销售、提供假药罪，生产、销售、提供劣药罪，妨害药品管理罪认定中的疑难问题，以及危害药品安全犯罪中的罪名关系及选择。

第一节　合同诈骗罪

从法条关系之间的相互关系来看，《刑法》第224条所规定的"合同诈骗罪"是266条"诈骗罪"的特别条款，两者之间成立法条竞合，"合同诈骗罪"和金融诈骗罪、信用卡诈骗罪、集资诈骗罪一样，是从"诈骗罪"中析出的特别罪名。关于合同诈骗罪，理论界和实务界重点关注问题有两个。一是合同诈骗罪与诈骗罪适用界限的问题。这个问题的实质，是要明确合同诈骗罪在行为的客观方面有何特殊性,从而实现合同诈骗罪构成要件的类型化。根据《刑法》第224条,合同诈骗是发生在"签订、履行合同"过程中的诈骗行为,明确"合同"的含义是界定此罪与彼罪的关键。二是合同诈骗与普通民事欺诈行为的区别。刑罚是最为严厉的惩罚手段,只能适用于那些严重危害社会秩序的行为,刑法中的"诈骗"与民法上的"欺诈"具有行为外观的相似性,有必要厘清这两个相近概念的区别,合理划定"合同诈骗罪"的边界,避免刑罚的滥用。

一、合同诈骗罪的构成要件

合同诈骗罪规定在《刑法》第224条,以非法占有为目的,在签订、履行合同过程中,骗取对方当事人财物,数额较大的,成立合同诈骗罪。

(一)合同诈骗罪的客体

合同诈骗罪所保护的客体为复杂客体,犯罪行为既侵害了受害人的财产所有权,也破坏了社会主义市场经济秩序。合同法律制度则集中体现和反映了商品经济关系发展的内在要求和一般规则,为商品交换提供了基本的行为模式。因此,在实行社会主义市场经济的条件下,合同法律制度是维护社会经济秩序的基本保证。以签订合同的名义实施诈骗,破坏了市场主体对于交易秩序和竞争秩序的信赖,比一般骗取公私财产的行为更加恶劣,因此刑法将"合同诈骗罪"从"诈骗罪"中剥离出来,通过另立新罪的方式予以专门打击。

(二)合同诈骗罪的客观方面

合同诈骗罪首先应当符合"诈骗"的一般行为模式。刑法意义上的诈骗行为,包括三方面的内容。其一,行为人虚构和隐瞒事实,如果行为人忠实地向被害人陈述交易过程中涉及的各项事实,被害人因疏忽大意没有预见到风险,或者基于侥幸心理轻信可以避免风险,最终遭受财产损失的,那么导致财产损失的责任不在行为人。其二,被害人陷入错误认识,并且基于错误认识而给付财物。若被害人已经识破行为人的谎言和骗局,但在同情、帮助等心态的作用下自愿给付财物的,则属于自愿减损利益的行为,是被害人对自己财产的正当处分。此时行为人虽然存在诈骗行为,但不应认定为犯罪。其三,被害人遭受的是财产损失。诈骗类犯罪所保护的都是财产性利益,针对情感的欺骗不成立诈骗犯罪。

对于以签订合同的方法骗取财物的行为,认定行为人是否虚构事实或隐瞒真相,关键在于查清行为人有无履行合同的实际能力。也就是说,行为人明知自己没有履行合同的实际能力或者担保,故意制造假象使被害人产生错觉,"自愿"地与行骗人签订合同,从而达到骗取财物的目的。法条明确列举了四种合同诈骗行为。第一,以虚构的单位或者冒用他人名义签订合同的。行为人以虚构、冒用的主体身份签订合同,则合同中所规定的义务无法得到履行,受害人在支付货物或钱款后不可能获得对价。第二,以伪造、变造、作废的票据或者其他虚假的产权证明作担保的。这是一种虚构履行能力的行为,用以掩盖行为人没有履行能力的事实,会增加合同履行过程中的风险,危害受害人财产的安全。第三,没有实际履行能力,以先履行小额合同或者部分履行合同的方法,诱骗对方当事人继续签订和履行合同的。行为人通过"温水煮青蛙"的方式,先给受害人一些"甜头",诱使其支付巨额的财物,然后将这些财物据为己有。第四,收受对方当事人给付的货物、货款、预付款或者担保财产后逃匿的。此外,刑法还为合同诈骗罪设置了兜底性条款,即"以其他方法骗取对方当事人财物的",但纳入兜底性条款的行为模式应与刑法明示的内容具有行为同质性与结果同质性,仅有结果的同质性不能适用。①

(三)合同诈骗罪的主体

本罪的主体是一般主体,凡达到刑事责任年龄且具有刑事责任能力的自然人均能构成本罪,依《刑法》第231条之规定,单位亦能成为本罪主体。此外,本罪是在合同的签订和履行过程中发生的,犯罪人应当是合同的当事人一方。

(四)合同诈骗罪的主观方面

本罪主观方面只能是故意的,行为人主观上没有诈骗故意,只是由于种种客观原因,导致合同不能履行或所欠债务无法偿还的,属于正常的商业风险,不能

---

① 蔡道通:《经济犯罪"兜底条款"的限制解释》,《国家检察官学院学报》2016年第3期。也有学者主张,《刑法》第224条的兜底规定并不是所谓扩张性的兜底规定,也不是所谓不明确性或抽象性的规定,只要符合"利用合同诈骗"这一客观本质特征,任何方法、手段都是可以成为合同诈骗罪的方法。"因为'骗取'这一动词的使用,加上刑法学对诈骗罪构造的解释,足以合理判断某种行为是否构成合同诈骗罪"。参见张明楷:《合同诈骗罪行为类型的边缘问题》,《东方法学》2020年第1期。

以诈骗罪论处。此外,本罪不成立过失犯,实践中确实存在合同双方因为相互误会而陷入错误认识进而发生财产损失的情况,此时行为人轻率、盲目自信的心态是导致财产损失的原因之一。但根据《刑法》第 15 条第 2 款:"过失犯罪,法律有规定的才负刑事责任。"刑法并没有规定合同诈骗罪的过失犯,合同当事人的财产纠纷可以通过民事手段解决。

合同诈骗罪是倾向犯,行为人成立犯罪应当具有非法占有他人财产的目的,若行为人没有上述特定目的,但由于种种客观原因,导致合同不能履行或所欠债务无法偿还的,不能以犯罪论处。行为人主观上的非法占有目的,既包括行为人本人对财物的非法占有,也包括行为人意图为第三人取得对财物的非法占有。①

二、合同诈骗罪的立法沿革

在新中国的第一部刑法典(1979 年《刑法》)中,并没有"合同诈骗罪"这个具体的罪名,只是在分则第五章"侵犯财产犯罪"中规定了"诈骗罪",诈骗公私财物数额较大的,处五年以下有期徒刑、管制或拘役,诈骗公私财物数额巨大的,处五年以下十年以上有期徒刑。从 1979 年刑法中"诈骗罪"所处的章节及法条行文表述来看,该罪名的客体是单一客体,即法律所保护的公民财产权,并不涉及经济管理秩序。在 1979 年刑法实施期间,对利用合同进行诈骗的行为,有司法解释规定应将此类行为以诈骗罪论处。如 1985 年 7 月,最高人民法院、最高人民检察院在《关于当前办理经济犯罪案件中具体应用法律的若干问题的解答(试行)》中明确:"国营单位或集体经济组织,不具备履行合同的能力,而其主管人员和直接责任人员以骗取财物为目的,采取欺诈手段同其他单位或个人签订合同,骗取财物数额较大,给对方造成严重经济损失的,应按诈骗罪追究其主管人员和直接责任人员的刑事责任。"

---

① 理论界有少数学者主张"以非法占有为目的"应作为本罪的必要条件而非充分条件,即本罪的主观罪过形式除直接故意外还应包括间接故意。理由是犯罪分子利用合同进行诈骗活动,总是千方百计掩饰其犯罪目的,且主观目的飘忽不定,"如果只限定为直接故意,并以非法占有为目的,这势必会导致法律对此类行为的放纵"。而司法实践中此类行为多定性为合同诈骗罪。为解决立法与司法之间的不衔接而凸显的矛盾,应在立法上明确合同诈骗罪的主观方面包括间接故意。参见莫洪宪、曹坚:《论合同诈骗罪的几个问题》,《中国刑事法杂志》2000 年第 5 期。

经济基础决定上层建筑,刑法作为上层建筑的一部分,其发展必然受制于经济发展。1979刑法颁布实施之后,我国经历了经济社会的急剧转型。1984年中共中央颁布了《关于经济体制改革的决定》,我国吹响了经济体制改革的号角,1992年党的十四大明确提出我国经济体制改革的目标是建立社会主义市场经济体制,计划经济体制逐步被淘汰,市场经济体制逐渐建立起来。随着经济管理方式从"计划管理"逐步过渡到"市场调节",市场主体在生产经营方面获得了更大的自由,迸发出了更强的主观能动性,潜藏的生产力被激发出来,促进了经济的发展。但任何事物都有其两面性,市场经济在促进发展的同时,也打开了经济类犯罪的潘多拉魔盒,犯罪分子的行为手段不断推陈出新,需要刑法进一步细化罪名体系,对犯罪行为进行有针对性的治理。就诈骗类犯罪而言,单一的"诈骗罪"已经不能够适应新形势的需要,实践当中产生了很多针对金融机构、保险公司、不特定多数社会公众、商业主体的诈骗行为,这些犯罪行为不仅侵害了受害人的财产权,也破坏了国家对经济活动的管理秩序。而且经济领域的诈骗行为普遍数额更大,如果与普通诈骗罪适用同样的追诉标准,会导致罪责刑的不适应。为了适应新形势,更好地发挥刑法的保护机能,最高人民法院以司法解释的方式将集资诈骗、贷款诈骗、金融票据诈骗、信用证诈骗、信用卡诈骗、保险诈骗从诈骗罪中分离出来。1996年12月,《最高人民法院关于审理诈骗案件具体应用法律的若干问题的解释》(已废止,法发〔1996〕32号)中规定:"根据《刑法》第一百五十一条和第一百五十二条的规定,诈骗公私财物数额较大的,构成诈骗罪。"这是针对合同诈骗行为的第一个专门规定。1997年新《刑法》吸收了上述修改,并且又增加"合同诈骗罪"罪名,规定在第三章第八节"扰乱市场秩序罪"中的第224条。

在1997年刑法修订过程中,司法界和理论界都曾对是否需要对利用合同进行诈骗的行为单独成立新罪名产生过较大争议:一方认为,犯罪行为只要符合诈骗罪的法律特征,作案方式方法的不同不影响诈骗罪的认定,且增设新罪名需要考虑到法律的连续性和稳定性,因此反对增设合同诈骗罪;另一方认为,利用签订合同诈骗财物案件手段复杂,案发量大,涉及面广,危害严重,增设合同诈骗罪是司法实践处理这类犯罪的客观需要。[①] 最终,考虑到确有必要为市场经济的

---

① 王玉珏、杨坚研:《细说合同诈骗罪——合同诈骗罪的概况(一)》,《上海商业》2002年第9期。

发展建立有序的环境,支持对合同诈骗单独定罪成为主流观点,合同诈骗罪因此应运而生。

作为从"诈骗罪"析出的一个特别罪名,合同诈骗罪除了在法益保护的范围更宽以外,还有其他几方面的特殊之处。其一,合同诈骗是发生在合同签订、履行过程中的犯罪行为,换言之合同诈骗罪的成立必须以"合同"的存在为依托,而普通型诈骗罪对此无要求。其二,合同诈骗罪的立案追诉标准更高。根据《最高人民法院、最高人民检察院关于办理诈骗刑事案件具体应用法律若干问题的解释》(法释〔2011〕7号),普通型诈骗罪"数额较大""数额巨大""数额特别巨大"的认定标准分别是三千元至一万元以上、三万元至十万元以上、五十万元以上。① 而根据《最高人民检察院、公安部关于公安机关管辖的刑事案件立案追诉标准的规定(二)》,合同诈骗罪的立案追诉标准是犯罪数额两万元以上。上述标准考虑到了经济活动的特殊性,往往涉及巨额的资金往来,因此显著提高了合同诈骗罪的追诉标准,以实现罪责刑相适应。其三,单位可以成为合同诈骗罪的主体,而普通型诈骗不存在单位犯。根据《刑法》第30条,公司、企业、事业单位、机关、团体实施的危害社会的行为,法律规定为单位犯罪的,才应当负刑事责任,普通型诈骗罪并没有单位犯条款。

三、合同诈骗罪中"合同"之含义

"合同诈骗罪"是发生在"签订、履行合同"过程中的犯罪,而"合同"在民法上是个内涵丰富的概念,包括所有设立、变更、终止民事法律关系的协议,合同当事人不仅可以约定彼此之间的财产关系,也可以约定人身关系。刑法在"合同诈骗罪"中所指称的合同,不能直接等同于民法意义上的合同,要结合本罪所保护的法益合理界定其范围。"合同"的含义是正确认识合同诈骗罪的特殊性、合理区分合同诈骗罪与普通诈骗罪以及其他类型诈骗罪的必要前提,应当予以重视。

---

① 各省、自治区、直辖市高级人民法院、人民检察院可以结合本地区经济社会发展状况,在前款规定的数额幅度内,共同研究确定本地区执行的具体数额标准。以笔者所在的上海市为例,根据上海市高级人民法院《关于常见犯罪的量刑指导意见》实施细则,诈骗公私财物5000元以上属于"数额较大",5万元以上属于"数额巨大",50万元以上属于"数额特别巨大"。

(一)"经济合同"之限定

在1997年刑法颁布实施之前,对合同诈骗行为进行刑事处罚的法律依据主要是《最高人民法院关于审理诈骗案件具体应用法律的若干问题的解释》(已失效,法发〔1996〕32号),该解释第二条对合同诈骗行为的定义是"利用经济合同诈骗他人财物",约定人身关系的合同并不是刑法所关注的对象。但是在1997年刑法的条文没有延续上述解释的表述,只是笼统地说"在签订、履行合同过程中,骗取对方当事人财物"属于犯罪,由此"合同"的含义再次陷入混沌,本罪的适用范围也在理论界产生了歧义。实践中,法官对于《刑法》第224条之合同的内涵也存在认识不统一,导致司法实务中时常出现同案异判的现象。以《刑事审判参考》刊载的第807号案例"张海岩等合同诈骗案"和1048号案例"葛玉友等诈骗案"为例,两个案件中,行为人都是在履行运输合同的过程中,通过对货物掺杂、掺假的方式诈骗被害人的钱财,但张海岩案定性为合同诈骗,葛玉友案定性为诈骗。考虑到普通诈骗罪与合同诈骗罪在入罪数额和量刑上存在较大差异,这种同案不同判现象会导致案件处理结果在实体上的不公平。

首先,应当明确合同诈骗罪中的"合同"是否仅限于经济合同。刑法理论的通说认为,"成立合同诈骗罪,就合同的内容而言,宜限于经济合同"[1]。对于何为经济类合同?理论界总结了其两大特征:(1)经济类合同是以财产为内容的、体现了合同当事人之间财产关系的财产合同;(2)经济类合同反映出当事人之间的一种市场经济下的交易关系。进而言之,人身合同和行政合同[2]被排除在本罪的适用范围之外。以上观点反映了合同诈骗罪的特征和立法目的。第一,刑法所惩罚的诈骗行为,是一种侵财类犯罪,被害人必须遭受财产损失才能考虑成立诈骗类罪,被害人因受骗而遭遇精神情感挫折、人身健康伤害的,应在《刑法》分则第四章"侵犯公民人身权利罪"、第六章"妨害社会管理秩序罪"内寻找合适的罪名进行处罚。第二,合同诈骗罪本身规定在刑法分则第三章,从属于"破坏社会主义

---

[1] 张明楷:《刑法学(下)》,法律出版社2016年版,第835页。
[2] 所谓"行政合同",是指行政机关为实现行政职能,更为合理地配置公共资源,同公民、法人和其他组织经过协商达成一致设立、变更和终止双方行政法上权利义务的协议。根据《行政诉讼法》第12条第11项之规定,我国的行政合同包括政府特许经营协议、土地房屋征收补偿协议等。参见陈国栋:《作为公共资源配置方式的行政合同》,《中外法学》2008年第3期。

市场经济秩序罪"这一大的范畴,其保护的法益之一也是国家对经济活动的管理秩序,因此本罪关注的是发生在市场交易过程中的、以合同为幌子的诈骗行为。与市场秩序无关以及主要不受市场调整的各种"合同""协议",如不具有交易性质的赠与合同,以及婚姻、监护、收养、扶养等有关身份关系的协议等,则不属于合同诈骗罪规制的对象。最高人民法院在《刑事审判参考》第308号案例"宋德明合同诈骗案"[①]的裁判理由中也明确"合同诈骗罪中的'合同',必须能够体现一定的市场秩序","不能认为行为人利用了合同进行诈骗的,均构成合同诈骗罪"。[②]

其次,讨论合同诈骗罪中合同的含义,还涉及一类特殊的合同类型,即劳动合同。有学者认为,劳动合同是具有财产内容的双务合同,利用劳动合同诈骗财物的犯罪行为,扰乱了市场秩序,理应按合同诈骗罪定罪处罚。这种观点忽略了劳动合同的特殊性。劳动合同中当事人的权利和义务具有统一性和对应性,这一点与普通的合同并无区别,没有只享受劳动权利而不履行劳动义务的,也没有只履行劳动义务而不享受劳动权利的。但在合同双方当事人的相互关系上,劳动者与用人单位并不平等,双方在实现劳动过程中具有支配与被支配、领导与服从的从属关系。为了防止用人单位滥用其优势地位侵害劳动者的权利,国家特别制定了《劳动合同法》,独立于《民法典》合同编。《劳动合同法》对劳动合同的内容进行了很多强制性的规定,这些约定是对劳动者的特别保护,双方当事人不能以约定的形式排除适用。[③] 而且从价值理念上来说,劳动者为单位贡献自己的体力和智慧以换取劳动报酬,这虽然是一种换取生存资源的利益交换行为,但也是劳动者实现自己价值、与用人单位相互成就的互惠过程。由此可见,劳动合同双方当事人的关系超越了交易的性质和交易强调的平等自由等原则,因此劳动合同也不应当是合同诈骗罪项下之"合同"。

---

① 本案详情请见后文。
② 也有学者认为,将合同缩小到经济合同的范围是不当的,在不违背罪刑法定原则的前提下考虑惩治犯罪的最大需要,即除利用经济合同外,只要足以扰乱市场秩序,都是合同诈骗罪中的合同。参见肖中华:《论合同诈骗罪认定中的若干问题》,《政法论丛》2002年第2期。诚然,很多行政合同、身份关系方面的合同也会有财产性的内容,比如以拆迁房屋为目的支付补偿款、以结婚为目的支付彩礼等,但这些财产性的内容不是在市场交易过程中产生的,即使存在诈骗行为,也不损害经济管理秩序,认定为普通型诈骗更为恰当。
③ 例如,《劳动合同法》第19条规定:"劳动合同期限三个月以上不满一年的,试用期不得超过一个月;劳动合同期限一年以上不满三年的,试用期不得超过二个月;三年以上固定期限和无固定期限的劳动合同,试用期不得超过六个月。"合同双方当事人可以约定缩短试用期,但不能约定延长试用期。

(二)"口头合同"的性质辨析

为了正确理解和适用合同诈骗罪,还有必要从外在形式方面明确口头合同是否属于合同诈骗罪的规制对象。笔者认为,"合同"的本质是当事人之间的合意,这种合意可以有多种表现形式,既可以是书面的,也可以是口头的,还可以是摄影、录像等多媒体的形式。"在现实经济生活中,利用非书面形式进行交易的市场活动大量存在。"① 如果将口头合同排除在合同诈骗罪的治理范围之外,明显是不合理的。有学者认为"口头合同"不受合同诈骗罪的保护,其理由有三。其一,刑事诉讼的证明标准天然地排斥口头合同的证据资格。刑事诉讼是最为严厉的诉讼,刑事判决往往剥夺被告人的自由甚至是生命,法官对案件事实的认定必须慎之又慎,因此刑事诉讼执行最高的证明标准,在案证据必须"确实、充分",足以排除关于案件事实的其他"合理怀疑",才能最终定罪。② 口头合同没有形成书面的文书,其内容全凭当事人的回忆,客观性不强,以口头合同认定犯罪成立不符合刑事证据规则的要求。其二,若承认口头形式的合同会导致特殊法条与普通法条之间产生混乱,架空普通型诈骗罪的适用空间。③ 如果刑法认可当事人之间口头达成的协议属于"合同",那么生活中任何承诺利益、保证履行的口头表述都可以被视为"合同",此时所有的诈骗行为都是合同诈骗,普通型诈骗不复存在。其三,对法律条文应作文义解释,根据《刑法》第224条,合同诈骗发生在"签订、履行合同"过程中,只有具体可视化的书面合同才可以签字订立,因此"签订"一词表明本罪所涉的合同必然是书面合同。

上述三项反对理由是从法律适用的技术角度提出的,相关学者的担忧可以在司法活动中得到有效的解决。其一,法官可以通过印证的方式来认定口头合同的内容。在我国的刑事诉讼制度中,法律要求司法机关通过"印证"的方法审查证据的证明力,即多个不同来源的证据共同指向同一待证事实,从而有效降低

---

① 沙君俊:《论合同诈骗罪的合同》,《国家检察官学院学报》2003年第1期。
② 与刑事诉讼相比,民事诉讼中的证明标准只要达到"高度盖然性"即可。其法律依据是《民诉法解释》第108条第1款:"对负有举证证明责任的当事人提供的证据,人民法院经审查并结合相关事实,确信待证事实的存在具有高度可能性的,应当认定该事实存在。"
③ 郭庆茂:《略论合同诈骗罪的形式要件:对口头合同可以构成合同诈骗罪的质疑》,《法律适用》2003年第4期。

错误证明的风险,这正是提高法律事实真实性和信服力的有效方法。① 法官在认定口头合同的内容时,除了要听取当事人陈述之外,还要利用其他物证、书证和证人证言进行印证,如果在案证据所体现的内容彼此一致,特别是合同双方当事人均无异议的,那么据此认定合同的内容并无不可,这并不违背刑事诉讼证明标准的要求。其二,法官可以通过口头合同达成的场合及其内容的不同来区分合同诈骗与普通型诈骗。当事人通过口头方式达成的协议,具有民法意义上合同的特征,但这些口头合同并不都是经济合同,法官需要对口头协议的内容进行审查,从合同标的、合同价款、支付方式等方面入手,对口头协议是否属于经济合同进行判断。那些以人身关系为内容的、非交易场合达成的口头协议,不属于合同诈骗罪中的合同,利用这些口头协议实施诈骗的适用普通型诈骗罪即可。其三,对于法律条文的理解不能拘泥于文字本身,《刑法》第 224 条中所称的"签订",应当是指当事人通过磋商达成合意,这个合意可以是口头约定,不必苛求当事人必须签署书面文件。

最高人民法院《刑事审判参考》曾刊载案例"宋德明合同诈骗案"(第 308 号),明确利用口头协议实施诈骗的可以适用"合同诈骗罪"。

宋德明,男,初中文化,案发时 34 岁,从事包装服务业务。2000 年 11 月 30 日,宋德明接受浙江康恩贝集团医药销售公司(下称康恩贝公司)工作人员的委托,为该公司在沈阳火车站发运药品。当日,宋德明与该公司就代办运输、劳务费用、履行方式等合同具体内容达成口头协议。次日,宋德明在康恩贝公司人员的陪同下,将首批应发运的药品从康恩贝公司药品仓库拉到沈阳火车站货场,装入集装箱并加锁。待康恩贝公司人员离开后,宋德明将钥匙交给搬运工李某并指使李某将该药品中的 139 件卸下并藏匿,然后继续办理托运手续并将剩余药品依约发运至杭州。3 天后,宋德明采取同样手段扣下药品 8 件。宋德明共骗取药品 147 件,价值人民币 20 余万元。宋德明对上述事实不持异议。

宋德明在审判过程中辩称:宋德明与被害单位之间不存在合同关系,宋德明不是运输合同的当事人。沈阳铁路运输法院审理后认为,除法律、法规

---

① 施陈继:《中国传统证明力标准的现代价值——从"众证定罪"到"孤证不能定案"》,《黑龙江政法管理干部学院学报》2017 年第 5 期。

有明确规定之外,合同的订立既可以采取书面形式,可以采用口头形式或其他形式。口头合同与书面合同均为合法有效合同,同样受到法律的保护。在界定合同诈骗罪的合同范围时,不应拘泥于合同的形式,在有证据证明确实存在合同关系的情况下,即便是口头合同,只要发生在生产经营领域,侵犯了市场秩序的,同样应以合同诈骗罪定罪处罚。当然,在日常生活中利用口头合同进行诈骗的,因不具有合同诈骗的双重侵犯客体,则不能以合同诈骗罪定罪处罚。在本案中,首先,从事包装服务业务的被告人宋德明与被害单位康恩贝公司口头协议的事项为有偿代办托运,属于市场交易行为,符合合同诈骗罪中合同性质的要求,其次,本案所涉口头合同具有确定的权利、义务内容,具备了特定标的、履行方式、劳务费等合同基本要件,且合同已经部分实际履行,结合此前双方已有的代办托运合作关系,足以证明口头合同的真实存在。而宋德明以非法占有为目的,在履行合同的过程中,收受对方当事人给付的货物后逃匿,骗取财物数额特别巨大,已经构成合同诈骗罪。最终,宋德明被判处有期徒刑 13 年,并处罚金人民币 10 万元。一审宣判后,被告人宋德明未上诉,检察机关也未抗诉,判决发生法律效力。

四、合同诈骗罪与民事合同欺诈的界限

民事上的合同欺诈,是指一方当事人在合同签订和履行的过程中,故意告知对方虚假的情况或隐瞒了自身真实情况,使得对方当事人错误认识并签订合同。从行为的客观方面来看,合同诈骗的犯罪行为与合同欺诈的民事违法行为具有相似性,两者都具有"虚构、隐瞒事实""使对方当事人陷入错误认识,并基于错误认识给付财物"的情节,在实践中容易将两者混淆,如何准确界定合同诈骗和合同欺诈,长期以来是司法实践的难题。

合同诈骗与合同欺诈的核心区别,是行为人主观方面的不同。在合同诈骗行为中,犯罪分子具有非法占有目的,合同只是其骗取钱财的幌子,犯罪分子根本没有任何履行合同的意愿。与之相对,在合同欺诈行为中,行为人是有履行合同的意愿的,只是在经营资质、履行能力等方面暂时不具备签订合同的条件,或者没有达到对方当事人的要求,才通过虚构、隐瞒事实的方法实施欺诈,但这一欺诈的目的是促成交易,而不是非法占有对方当事人的财产,行为人的主观恶性显著较轻。在合同签订后,行为人基于促成交易的目的,也会完善各项的条件、

积极促成合同的履行,若发生履行不能的情况行为人也愿意承担对方当事人的损失,因此对方当事人的权益有所保障。根据刑法理论的通说,行为的违法性的评价应考虑两个方面的内容:一是行为人挑战社会伦理秩序的恶劣目的,即所谓"行为无价值"的不法;二是行为对法益造成的实际侵害,即所谓"结果无价值"的不法。① 合同欺诈行为欠缺成立犯罪所必需的违法性条件,因此不能科处刑罚,要求当事人承担民事责任即可。

行为人在主观方面是否具有"非法占有目的"是合同诈骗罪区别于民事欺诈的重点,但在司法实践中被认为是十分棘手的问题。人的思维具有隐蔽性,人可以隐瞒、掩饰自己的真实意图,法官也没有读心术,无法直接窥视行为人的主观世界。在司法实践中常出现主犯在逃、难以认定共犯的主观目的,合同诈骗与合同纠纷混杂、非法占有财物与逃避合同债务的行为难以界定,或者被骗资金去向不明、影响主观故意的认定等问题。经过长期的司法实践,实务界总结出了一系列判断行为人主观方面的基本方法:一是适用司法推定,人的行为是在主观意志支配下的肢体活动,反映了人的目的和动机,可以通过行为人客观的行为表现来推知其的主观目的。为了指导司法实践,"两高"颁布了很多司法解释和指导意见,在总结司法经验的基础上形成了很多推定规则,办案人员可以直接予以适用。例如《最高人民法院关于审理诈骗案件具体应用法律的若干问题的解释》罗列了六种合同诈骗的具体行为模式②,具有这六种行为的可以直接认定行为人具有非法占有目的③。二是根据行为人在共同犯罪中所处的位置、所起的作用

---

① 马克昌主编:《近代西方刑法学说史略》,中国检察出版社1996年版,第339—340页。
② 这六种行为是:(1)明知没有履行合同的能力或者有效的担保,采取下列欺骗手段与他人签订合同,骗取财物数额较大并造成较大损失的;(2)合同签订后携带对方当事人交付的货物、货款、预付款或者定金、保证金等担保合同履行的财产逃跑的;(3)挥霍对方当事人交付的货物、货款、预付款或者定金、保证金等担保合同履行的财产,致使上述款物无法返还的;(4)使用对方当事人交付的货物、货款、预付款或者定金、保证金等担保合同履行的财产进行违法犯罪活动,致使上述款物无法返还的;(5)隐匿合同货物、货款、预付款或者定金、保证金等担保合同履行的财产,拒不返还的;(6)合同签订后,以支付部分货款,开始履行合同为诱饵,骗取全部货物后,在合同规定的期限内或者双方另行约定的付款期限内,无正当理由拒不支付其余货款的。
③ 除了现行有效的司法解释之外,最高人民法院、最高人民检察院曾于1985年颁布过《关于当前办理经济犯罪案件中具体应用法律的若干问题的解答(试行)》(〔85〕高检会〔研〕字3号),专门论述了以签订经济合同的方法骗取财物的,应认定诈骗罪还是按经济合同纠纷处理的问题,可以根据行为人是否具备履行能力、案发后是否归还财物、是否为履行合同作出积极努力等三个方面进行审查,判断行为人是否构成合同诈骗罪。这一指导性文件虽然已经失效,但在司法实践中仍然具有借鉴意义。

来认定其主观方面。很多合同诈骗犯罪行为是以单位的名义组织实施的,单位的实际控制人、直接责任人可以直接认定为共犯,此外,还有很多单位的员工牵涉到犯罪活动之中,此时可以根据他们是否参与策划犯罪活动、是否参与分配赃款、是否获得不合理的高薪来认定其主观上的非法占有目的。三是从行为人在案发后的表现来认定其主观方面。如果行为人在案发后转移财产、人间蒸发、恶意注销经营单位,可以认定其有非法占有目的,反之,如果行为人在事后主动联系被害人,积极采取补救措施,筹集欠款偿还债务的,应当认为其主观上并无非法占有的目的。①

在具体案件的办理过程中,行为人构成合同诈骗还是民事欺诈也一直是控辩双方争议的焦点。《人民法院案例选》曾刊载了陈斌合同诈骗案,该案件从1992年开始历时十余年,经检察机关两次公诉、人民法院五次审理,最终由江苏省高级人民法院再审判决陈斌无罪。

陈斌,男,20世纪90年代初受福建省闽东豪华贸易有限公司(以下简称闽东公司)委托从事粮食购销业务,闽东公司向其提供了合同专用章、业务介绍信等授权手续。1992年11月14日,陈斌以闽东公司名义与江苏宝应县城东工业供销经理部(以下简称宝应经理部)签订购买红小麦2 000吨的合同,每吨价格770元,总金额154万元,预付4万元定金(实际支付定金2万元),并约定1992年12月30日前,货到南通码头交完后,一次性付清货款。合同签订后,陈斌即向闽东公司汇报,并与福建粮商林辉口头协议,决定经由闽东公司将该批红小麦运往福建销售给林辉。但闽东公司正值法定代表人更换期间,原法定代表人陈妙祥拍电报表示不愿意做此笔业务,而后任法定代表人范丽清则表示愿意承接此笔业务,遂出具委托书,派詹思玲前往南通接货,并在陈妙祥拍给陈斌的电报上签注了同意承接此笔红小麦的意见。但詹思玲到南通后,因故未能将闽东公司同意做此业务的手续及时交给陈斌,使陈斌误以为公司不同意履行合同。

宝应经理部为履行与闽东公司的合同,与宝应县黄浦粮管所签订了购销红小麦合同,该合同约定的货款结算方式为:"分批发货、分批结算货款,12月底货款两清"。1992年11月25日至12月30日,黄浦粮管所按宝应

---

① 广东省广州市越秀区人民检察院课题组:《合同诈骗罪的司法实务研究》,《法学杂志》2009年第10期。

经理部的指令分4批向南通码头发运红小麦2118.833吨,总货款1631140元。宝应经理部先后分四批向陈斌交货,并在交第一批货时即提出要求改变协议分批支付货款,否则不予供货。由于误以为闽东公司不同意履行合同,且宝应经理部又要求提前支付货款,为减少损失,陈斌遂将宝应经理部的红小麦进行降价处理,先后以低于进价的价格分别卖给福建省连江县官头镇船主江泉官、福州粮商林辉,得款120余万元。陈斌将其中的74万元提前支付给宝应经理部,其余货款用于偿还债务和借给他人。1993年1月5日,陈斌向宝应经理部出具还款保证书,承诺偿还剩余货款。陈斌于1993年1月下旬至2月上旬,分别从林辉、宁德粮油贸易公司处收取未结清的小麦款20万元,并将其中的15万元转借他人,对欠宝应经理部的89万元货款再未偿还。1994年9月11日陈斌在宁德市被抓获。

江苏省扬州市人民检察院1995年6月22日以被告人陈斌犯诈骗罪,向江苏省扬州市人民法院提起公诉,后因证据不足退回补充侦查。1997年6月29日,宝应县人民检察院又以被告人陈斌犯诈骗罪,向宝应县人民法院提起公诉。

宝应县人民法院一审认为:被告人陈斌以非法占有为目的,以签订并开始履行合同为引诱,诈骗数额特别巨大,其行为已构成合同诈骗罪,且情节特别严重。被告人陈斌在履行合同过程中,以给付部分货款为诱饵,致使供货单位继续与其履行合同,待全部货物交给被告人后,被告人陈斌除采取降价处置货物的手段外,既未将红小麦销售款交给闽东公司,亦未在约定的期限内给付所欠宝应经理部的巨额货款,而将此款转借他人或还债,且其逃脱后在又获得20余万元小麦付款后较长时间内,无正当理由拒不支付,无继续履行合同之诚意,其非法占有故意明显。据此,认定被告人陈斌犯合同诈骗罪,判处有期徒刑十四年,并处罚金3万元。宣判后,被告人陈斌不服,提出上诉。江苏省扬州市中级人民法院于1999年2月13日作出(1999)扬刑二终字第7号刑事裁定,驳回上诉,维持原判。陈斌仍不服原一、二审生效裁判,向江苏省高级人民法院提出申诉。其主要申诉理由是:(1)陈斌没有合同诈骗的主观故意,没有非法占有他人财产的目的;(2)降价处理红小麦是因为合同履行中情况发生变化而被迫所为,并非以签订、履行合同为诱饵诈骗钱财。

江苏省高级人民法院审理后认为,陈斌没有非法占有的故意,主要理由如下。(1)陈斌在签订、履行过程中没有实施欺骗行为,不具有非法占有宝应经理部财产的主观目的。陈斌作为闽东公司的合同经办人,在签订合同时,并没有虚构或者冒用闽东公司名义的欺骗行为;陈斌长期从事粮食购销业务,熟悉粮食购销市场,可以联系到销售客户,不能认定其对签订的合同没有履约能力;在合同签订后,陈斌即与福建粮商进行了联系、磋商,并达成将粮食运往福建销售的口头协议,即使在闽东公司是否同意履行合同有疑义且宝应经理部违约要求按批分期支付货款的情况下,陈斌仍然通过自己的努力,设法提前支付宝应方的部分货款,具有积极履行合同的诚意和行动;在履行期限届满后,陈斌也没有隐匿逃跑,而是与宝应经理部协商归还货款,并出具还款保证表示愿意尽快还款。(2)陈斌降价处理货物以及未全部归还货款有客观原因。闽东公司在合同成立后致电陈斌,使陈斌误以为公司不同意履行合同。宝应经理部在履行合同时要求提前支付货款,否则将拒绝供货。这些复杂情况的出现,超出陈斌代表闽东公司签订合同时的预料。此时,陈斌既要为闽东公司信守已经签订的合同,又要应对宝应经理部批按期支付货款的要求,不得不将货物以低于进价的价格销售,此举实属被迫无奈,并非其主观所愿。降价销售造成一定的亏损,这也是导致货款不能及时归还的原因之一。基于以上理由,江苏省高级人民法院于2003年2月25日作出判决,宣告陈斌无罪。

第二节 非法经营罪

非法经营罪的滥觞,可以追溯至1979年刑法中的"投机倒把罪",相比于投机倒把罪,非法经营罪已经在构成要件的明确性上实现了相当大的进步,但在司法实践中该罪名依然表现出了"口袋罪"的特征,常常被扩大适用,成为所有经济违法行为的兜底罪名。非法经营罪发展为"口袋罪"有立法和司法两方面的原因。第一,在立法上,非法经营罪采取了"兜底性条款+空白罪状"的模式,"其他严重扰乱市场秩序的非法经营行为"具有"兜底保护"功能,但"其他非法经营行为"的含义不明,存在被扩大解释的空间。此外,非法经营罪将"违反国家规定"

作为构罪前提,但这一"空白罪状"所参照的"国家规定"一直处于动态变动中,其范围并没有明确的界限,这就使非法经营罪的构成要件呈现出不确定性。第二,在司法层面,办案机关在个别案件中存在着"机械司法"的问题,没有正确把握"情节严重"的入罪标准,对很多情节显著轻微,甚至是没有任何社会危害性的违规经营行为定罪处罚,不符合社会公众朴素的正义观,加深了公众对非法经营罪的质疑。本节在梳理非法经营罪构成要件和立法沿革的基础上,就上述热点问题展开讨论,希望能够从学理上明确兜底性条款的适用原则和"国家规定"的具体范围,并且结合司法实践,探究"情节严重"的认定标准,使该罪名能够被更加准确、科学地适用。

一、非法经营罪的构成

"非法经营罪"规定在我国《刑法》第225条,属于《刑法》分则第三章"破坏社会主义市场经济秩序罪"下"扰乱市场秩序罪"中的具体罪名。

本罪的客观方面是违反限制买卖禁令的行为。法条明确列举了三种具体的非法经营行为,分别是:(1)未经许可经营法律、行政法规规定的专营、专卖物品或者其他限制买卖的物品;(2)买卖进出口许可证、进出口原产地证明以及其他法律、行政法规规定的经营许可证或者批准文件;(3)未经国家有关主管部门批准非法经营证券、期货、保险业务的,或者非法从事资金支付结算业务。以上三种非法经营行为都是违反限制买卖禁令的行为。本罪同时设有兜底性条款,其他"违反国家规定""严重扰乱市场秩序的非法经营行为"也可以适用非法经营罪定罪处罚。

根据罪状之描述,笔者认为非法经营罪所保护的客体是"国家限制买卖物品和经营许可证的市场管理秩序",其他的经营管理秩序并非本罪所保护的对象,不能把所有违反国家经营管理规定的行为都纳入本罪兜底性条款中的"其他严重扰乱市场秩序的非法经营行为"。

本罪的主体,依立法者的本意应当是市场中的"经营者",但不能狭义地理解为"取得经营执照"的人。在市场经济环境中,经营者的范围极其广泛,不仅机关、团体、公司、企业、个体经营户可以参与交易,个人也可以从事买卖活动,可以说是"无人不商",如果将本罪的主体限定为"取得营业执照""以经营活动为生"的特殊主体,将会把没有取得营业执照的"非经营者"排除在本罪的主体之外,那么非经营者所从事的非法经营行为将得不到惩处。因此,笔者认为本罪的主体应当为一般主体,即一切达到刑事责任年龄,具有刑事责任能力的人。除了自然人主体之外,根据《刑法》第231条规定,本罪也可以成立单位犯。①

本罪的主观方面是故意,即行为人在正确认识自己行为性质的基础上、依然在意志支配下实施了非法经营的行为。在评价行为人主观方面时除了将认识、意志要素纳入考量外,"犯罪目的"也是重要的评价对象,有学者认为,非法经营罪属于倾向犯,行为人主观上应当以获取非法利润为目的。以特定目的作为构罪条件的犯罪被称为"倾向犯",即"行为必须表现出行为人的特定内心倾向的犯罪,只有当这种内心倾向被发现时,才能认为其行为具有构成要件符合性"②。20世纪四五十年代,苏联刑法学家对大陆法系阶层式的犯罪构成理论提出批判,认为犯罪构成应当是"构成犯罪的诸要素的总和",彼此之间不可分割,进而强调"要认定刑事责任,仅仅查明犯罪行为由该人实施是不够的,还需要查明该人实施这种犯罪时有无罪过"。③ 由此提出了主客观因素相统一的观点。中国的刑法学发展受到苏联理论的影响,"主客观相统一"一度被中国法学理论界与实务界奉为圭臬,甚至被尊为"中国刑法现代化的坐标"。④ 但主客观相一致究竟是哪些要素的统一,学界一直没有取得共识。⑤ 部分学者利用了这种概念的模糊,不恰当地扩大主客观相统一的适用范围,要求行为的每一个外在表现都要在行为人的主观世界中寻找到依据,其中自然包括法益类型与行为目的的统一,在这样的思维逻辑之下刑法中所有的犯罪都属于倾向犯。笔者并不赞同倾向犯概念的扩大化,主观方面的核心是罪过,而罪过是行为人违反刑法规定、侵害社会成员共同生活秩序的恶意,行为人产生这种恶意的前提是其对影响犯罪构成要件的事实具有正确的认知,不存在犯罪对象、打击方法、因果关系等方面的错误认识。只要行为人正确认识了自己行为的性质,并在此基础之上决意实施犯

---

① 《刑法》第30条规定:"公司、企业、事业单位、机关、团体实施的危害社会的行为,法律规定为单位犯罪的,应当负刑事责任。"根据该条款,并非所有刑法分则中的罪名都成立单位犯,而是法律有规定才处罚。
② 丁友勤、胡月红:《强制猥亵、侮辱妇女罪争议问题研究》,《中国刑事法杂志》2007年第1期。
③ 何秉松:《苏联犯罪构成理论的历史与现状》,《法学研究》1985年第1期。
④ 赵秉志主编:《主客观相统一:刑法现代化的坐标——以奸淫幼女型强奸罪为视角》,中国人民公安大学出版社2004年版,第1页。
⑤ 陈兴良:《主客观相统一原则:价值论与方法论的双重清理》,《法学研究》2007年第5期。

罪的,就足以彰显其主观恶意,无论其动机、目的如何,均不影响犯罪的成立,因此"主客观相统一"的刑事司法原则并不要求行为人具备特定的目的。① 笔者认为,一个罪名是否属于倾向犯,应当回归到法律规定寻找答案,如果《刑法》明确将某种特定的目的作为罪名成立的前提条件,则该罪名属于倾向犯,典型的如"集资诈骗罪"②,如果法律没有提出明确要求,则不能随意扩大倾向犯的范围,因此非法经营罪的主观方面不包含非法获利的目的。

二、非法经营罪的立法沿革

现行《刑法》中的"非法经营罪",其前身是 1979 年《刑法》中的"投机倒把罪",根据 1979 年《刑法》第 117 条之规定,所谓"投机倒把"是指"违反金融、外汇、金银、工商管理法规"的行为。从时代背景上来看,1979 年制定于改革开放初期,彼时市场经济的发展还不充分,立法者对于经济活动的多样性、复杂性认识不足,在制定《刑法》刑法时无法准确地把握犯罪行为的模式,往往使用笼统的表述来指称犯罪行为,其中以"投机倒把"为典型。由于"投机倒把"行为的界定模糊,最高人民法院、最高人民检察院于 1985 年颁布了《关于当前办理经济犯罪案件中具体应用法律的若干问题的解答(试行)》,明确规定八种行为属于《刑法》意义上的投机倒把。(1)包括倒卖国家不允许自由买卖的物资,这主要是指:倒卖国家不允许自由经营的重要生产资料和紧俏耐用消费品;倒卖国家禁止上市的物资,如走私物品等。倒卖国家指定专门单位经营的物资,如火工产品(民用炸药、火药等)、军工产品、天然金刚石、麻醉药品、毒限剧药等。(2)倒卖外汇,包括外币、外汇兑换券、外汇指标。(3)倒卖金银,包括各种形状的金银制品及银圆,其范围涵盖金银制品、金银器皿以及金银工艺品。(4)倒卖文物,指具有历史、艺术、科学价值的文物。(5)违反国家的价格规定,哄抬物价,扰乱市场,牟取暴利的。(6)在生产、流通中以次顶好、以少顶多、以假充真、掺杂使假。(7)将应出口外销的商品不运销出口,转手在国内倒卖。(8)为从事非法倒卖活动的人提

---

① 韩康、孙丽娟:《"强制猥亵、侮辱罪"倾向犯之否定》,《行政与法》2021 年第 12 期。
② 《刑法》第 192 条:"以非法占有为目的,使用诈骗方法非法集资,数额较大的,处三年以上七年以下有期徒刑,并处罚金;数额巨大或者有其他严重情节的,处七年以上有期徒刑或者无期徒刑,并处罚金或者没收财产。"

供证明信、发票、合同书、银行账户、支票、现金或其他方便条件,从中牟利的。① 从上述规定可见,"投机倒把"的行为模式具有综合性,多种违反法律法规的经营行为都可以被视为投机倒把,包括价格违法行为、制假贩假行为以及破坏金融管理秩序的行为等,"投机倒把罪"几乎将一切破坏经济秩序的行为都纳入了处罚范围。而且上述"解答"所列举的八种行为并非穷尽"投机倒把罪"的客观方面,随着改革开放的深入,层出不穷的经济违法行为刷新着中国社会的认知,由于成文法的滞后性,《刑法》不能及时对新型的经济行为作出应对,某些经济行为显然具有社会危害性,但司法机关和执法部门在打击时却往往陷入"于法无具"的境地,因此在司法实践中,司法机关和执法部分也利用"投机倒把"概念的模糊性,对其进行扩大解释。更为深刻的是,"投机倒把"的内容和表现形式是随着国家政治、经济形势的变化而发展的,随着改革开放的深入,中国经济经历了从计划向市场的转型,某些在计划经济时代被禁止的经营行为,在市场经济下获得了鼓励和支持②,而刑事司法的理念落后于经济形势的变化,司法机关和执法部门对于新型经济行为往往采取"禁止""打击"的保守态度,将新型经济行为套上"投机倒把"的帽子进行处罚,这造成了"投机倒把罪"适用的扩大化,有学者直斥为"口袋罪"③。

"投机倒把"定义的模糊违背了"罪刑法定"的刑法基本原则,罪刑法定原则的基本内容之一是法条表述的明确化,《刑法》的条文必须文字清晰、意思确切,不得含糊其词或模棱两可。④ 所谓"法无明令禁止即自由,法无明文规定不为罪",法条表述的明确化可以清晰地划定罪与非罪的界限,指明国家刑罚权的边界,起到限制刑罚滥用的目的。随着法治的不断发展,公民更加重视自身的权利,社会对于"投机倒把"等口袋罪批评越来越多。20 世纪 90 年代中期全国人民代表大会决定对《刑法》进行全面修订,"投机倒把罪"被取消,对于取消该罪的

---

① 在行政立法领域,1987 年颁布的《投机倒把行政处罚暂行条例》中也规定了 11 类投机倒把行为,明确"投机倒把行为由工商行政管理机关依照本条例规定予以处罚;情节严重,构成犯罪的,移送司法机关依法追究刑事责任"。而其中第 11 类为"其他扰乱社会主义经济秩序的投机倒把行为",这更为司法机关和执法部门对"投机倒把"的扩大解释留下了空间,增加了该罪名在客观方面的不确定性。
② 夏吉先:《经济犯罪与对策——经济刑法原理》,世界图书出版公司 1993 年版,第 332 页。
③ 陈兴良:《投机倒把罪:一个口袋罪的死与生》,《现代法学》2019 年第 4 期。
④ 周光权:《刑法总论》,中国人民大学出版社 2007 年版,第 55 页。

原因,时任全国人大常委会副委员长王汉斌同志在《关于〈中华人民共和国刑法(修订草案)〉的说明》中指出:"(投机倒把罪)对有些犯罪行为具体分析研究不够,规定得不够具体,不好操作,或者执行时随意性较大……规定得比较笼统。"①在取消"投机倒把罪"的同时,1997年颁布实施的新《刑法》极大扩充了经济犯罪的罪名体系,旧《刑法》中分则第三章"破坏社会主义经济秩序罪"仅有十五个条款,而新《刑法》中分则第三章"破坏社会主义市场经济秩序罪"则有八节九十三个条款,大量原来只能模糊地归类为"投机倒把"的犯罪行为有了更为具体的罪名,如"倒卖文物罪""非法吸收公众存款罪""生产、销售假冒伪劣产品罪"等。这些细分罪名对行为客观方面的规定更加具体,增强了法条表述的明确性。

在众多新设立的经济类犯罪罪名中,"非法经营罪"是"投机倒把罪"的主要继承罪名。如前所述,非法经营罪所保护的法益是"国家限制买卖物品和经营许可证的市场管理秩序",这即是原投机倒把主要关注的对象,在另立新罪保护其他具体法益之后,非法经营罪继续聚焦于这一特定类型法益的保护。与投机倒把罪相比,非法经营罪有以下特征。一是增设了单位犯。对于以单位名义实施的犯罪行为,1979年《刑法》只规定处罚主要责任人员和直接负责人员,并没有单位犯罪概念。"随着改革开放的不断深入和市场经济体制的逐步建立,我国社会上各种单位组织日益增多,其参与社会活动尤其是经济活动的领域愈来愈广泛,随之单位实施的危害社会的行为及所造成的危害后果也越来越严重。如单位走私、单位偷税、单位骗税、单位集体私分国有资产等。因而,1997年修订后的《刑法》,在总结1987年《海关法》首次规定单位犯罪和1988年全国人大常委会在《关于惩治贪污贿赂罪的补充规定》等专门刑事法律中规定单位犯罪以来所有法律中有关单位犯罪的规定的基础上,对单位犯罪及刑事责任作了相应规定。"②二是犯罪行为的客观方面进一步明确。投机倒把罪最为人所诟病的是其客观方面不明确、具有口袋罪的性质,而1997年《刑法》明确列举了两种非法经营行为,虽然仍保留有兜底性条款,但相比于可以被任意解释的"投机倒把罪"已经是巨大的进步。1997年之后《刑法》经历了多次修改,其中涉及非法经营罪的有两次,修改内容也主要集中在非法经营罪的客观方面。首先,1999年《刑法修

---

① 王汉斌:《关于〈中华人民共和国刑法(修订草案)〉的说明》,《人大工作通讯》1997年第Z1期。
② 石欣:《论单位犯罪的认定与处罚》,《北京警院学报》1998年第2期。

正案》在 225 条增加一项,作为第 3 项:"未经国家有关主管部门批准,非法经营证券、期货或者保险业务的。"十年后,2009 年《刑法修正案(七)》又将第 3 项修改为"未经国家有关主管部门批准非法经营证券、期货、保险业务的,或者非法从事资金支付结算业务的",扩展了非法经营特定业务的范围。

三、"非法经营罪"兜底性条款的争议与认识

相比于概念含混的"投机倒把罪",非法经营罪在立法明确性上已经取得了巨大进步,但该罪同时设立了兜底性条款,将"其他严重扰乱市场秩序的非法经营行为"作为犯罪处理,这一条款使非法经营罪的惩治范围过于宽泛,在认定犯罪行为的过程中具有不确定性,因此有学者认为非法经营罪继承了投机倒把罪"口袋罪"的属性,只是"口袋径"有点缩小而已。[①] 从司法实践的情况来看,非法经营罪的适用范围确实在不断扩大。从 2000 年至今,最高人民法院、最高人民检察院陆续出台司法解释将二十多类行为纳入非法经营罪的定罪范围,涉及电信、食品、药品、烟草、外汇、出版等诸多领域。在 2009 年组织、领导传销活动罪被正式写入刑法前,情节严重的传销行为也曾以非法经营罪定罪处罚。而且非法经营罪保护范围已经逐渐超出"国家限制买卖物品和经营许可证的市场管理秩序"这一范畴,将哄抬物价等不涉及限制买卖的经营行为也作为犯罪处罚。[②] 随着兜底性条款的适用范围不断膨胀,非法经营罪颇有向投机倒把罪倒退之趋势,有学者批判性地指出:"非法经营罪是投机倒把罪的转世,它以另外一种形式延续了投机倒把罪所具有的口袋罪的功能。"[③]

笔者认为,对于兜底性条款,要辩证地认识。作为一项重要的立法技术,兜底性条款在《刑法》中不可避免地会出现,而且非法经营罪本身也确实需要兜底性条款,以实现其保护范围的周延。语言文字的表达具有局限性,受制于《刑法》篇幅的限制,立法者不可能详尽列举每一种具体的犯罪行为,"把每一种违法类

[①] 刘树德:《"口袋罪"的司法命运:非法经营罪的罪与罚》,北京大学出版社 2011 年版,第 9 页。
[②] 新冠疫情暴发以来,有个别不法商贩囤货居奇、哄抬物价,司法机关往往认定此类行为"违反国家有关市场经营、价格管理等规定……严重扰乱市场秩序,情节严重,构成非法经营罪,依法应予惩处"。
[③] 陈兴良:《投机倒把罪:一个口袋罪的死与生》,《现代法学》2019 年第 4 期。

型都标示出来是颇为困难的,特别是在刑法领域里"①。此外,成文法具有滞后性,《刑法》在其制定出来的下一秒就已经落后于实践,立法者难以预见层出不穷的新型犯罪模式。② 特别是经济类犯罪,违法行为的表现形式是复杂多变的,如果没有兜底性条款的存在,犯罪分子可以轻易避开法律列举的行为模式,使追诉机关陷入束手无策的境地,影响打击犯罪的成效。兜底性条款的存在可以使法律保持一定的"弹性",为司法机关留下解释的空间,通过合理的解释使法律的适用范围符合立法者的本意。具体到非法经营罪,司法机关对兜底性条款的解释很多时候是有利于《刑法》正确实施的。试举一例,高利贷行为严重扰乱了金融管理秩序,一直以来在行政法上被明令禁止,但是非法经营罪所列举的三种行为模式并不包括高利贷,2019 年最高人民法院、最高人民检察院、公安部、司法部联合下发《关于办理非法放贷刑事案件若干问题的意见》,明确"违反国家规定,未经监管部门批准,或者超越经营范围,以营利为目的,经常性地向社会不特定对象发放贷款,扰乱金融市场秩序,情节严重的……以非法经营罪定罪处罚"。而非法放贷行为情节严重的判断标准之一就是"实际年利率超过 36%",由此,该意见明确了高利贷行为构成非法经营罪的裁判原则,解决了实践中法律适用的争议。高利贷行为属于国家限制经营的行为,也具有现实的社会危害性,理应属于非法经营罪的打击范畴,该意见对非法经营罪兜底性条款的解释是正确的。

非法经营罪的兜底性条款之所以受到批评,并非因为这项立法技术不科学,根本原因是司法机关在解释该条款时秉承"实质刑法观"的思维,任意对兜底性条款进行扩大解释,不合理地扩大了非法经营罪的打击范围,让社会公众无法准确预判其行为的合法性,进而陷入随时可能被追究刑事责任的不安定状态中。法律解释可以分为形式解释与实质解释,形式解释是指根据《刑法》条文的字面规定来理解其含义,要求严格遵循"罪刑法定",强调了刑法条文对于犯罪认定的限制机能,而实质解释则是根据司法活动所追求的价值对《刑法》条文进行理解。有学者积极提倡"实质刑法观",希望司法机关在每一个案件中遵循法的实质精神,根据个案的具体情况对《刑法》条文进行实质解释,从而调整犯罪认定的标

---

① [日]泷川幸辰:《犯罪论序说》,王泰译,载高铭暄、赵秉志主编《刑法论丛》(第 3 卷),法律出版社 1999 年版,第 190 页。
② 蔡道通:《经济犯罪"兜底条款"的限制解释》,《国家检察官学院学报》2016 年第 3 期。

准,最终实现实质正义。① 中国学者提出"实质刑法观"的最初目的是避免机械司法、限制国家刑罚权的滥用②,具体来说,司法机关不能仅凭人的行为符合法律上的构成要件就认定其构成犯罪,还要综合考虑行为人的主观恶性、行为的社会危害性等诸多因素,如果行为人确实"情有可原"的,则不认为是犯罪,换言之,学者们最初设想的"实质刑法观"是一种限制入罪、鼓励出罪的刑法理念。在我国的刑事司法实践中,实质刑法观的理念虽然得到了推广,但其含义与学者最初的设想南辕北辙,在很多情况下成为司法机关对犯罪构成要件进行扩大解释的理论依据。司法机关根据我国《刑法》第 13 条的规定,认为犯罪的本质是"具有社会危害性的行为",而《刑法》的根本任务是"惩罚犯罪、保护人民",必要时可以对《刑法》条文进行扩大解释,从而扩张罪名的适用范围,以便对危害社会的行为进行打击,这样做才符合《刑法》的实质精神。③ 既然哄抬物价、囤货居奇、不服从商品调度等其他违反政府规定的经营行为确实具有社会危害性,那么对其予以刑事处罚就有充分的正当理由,进而言之,非法经营罪兜底性条款的适用范围可以扩张至所有违反国家规定的经营行为。这种强调"入罪"的实质刑法观将刑事司法工具化,动摇了罪刑法定原则。

法谚有云:"刑法是刑事政策不可逾越的藩篱。"即使是基于保护社会的正当目的,也不能将刑法工具化,对其进行任意解释。笔者主张,非法经营罪兜底性条款所覆盖的行为,要和前三项列举的行为之间有行为手段和行为模式的一致性。显而易见的是,前三项列举的行为都是"违反国家限制买卖规定"的行为,这符合理论界对非法经营客体的通说,不属于此种类型的其他非法经营行为,应作为一般的行政违法进行处理,如果立法者认为其他类型的非法经营行为已经具有显著的社会危害性、确实需要作为犯罪处理,那么应该对《刑法》进行修改、另立新罪,而不是把非法经营罪作为口袋进行兜底。

---

① 刘艳红:《刑法实质观》(第 2 版),中国人民大学出版社 2019 年版,第 106—120 页。
② 例如在河南"毒贩母亲"案中,被告人李某因儿子患有癫痫疾病,购买一款名为"氯巴占"的国家管制第二类精神药品为儿子治病,并且参与了贩卖行为。站在形式解释的立场,既然法律已经明确规定贩卖管制类精神药品属于法律意义上的贩毒,那么李某的行为就是犯罪,其为儿子治病的事实无法阻却犯罪的成立,只能作为量刑情节予以考量。但是站在实质解释的立场,李某所购买的是儿子治病所需的药品,不应认定为毒品,因此李某的行为不应认定为犯罪。
③ 邓子滨:《中国实质刑法观批判》,法律出版社 2017 年版,第 94—165 页。

四、"非法经营罪"中"国家规定"的范围

非法经营罪是典型的行政犯,与自然犯违反社会伦理的特征不同,行政犯是刑法规定以违反行政法规为前提、构成要件要素必须依托行政法规具体规范内容①,此即所谓的行政犯的"二次违法性"原则②。根据《刑法》第225条之规定,"违反国家规定"是成立非法经营罪的首要前提。因此"国家规定"的内涵决定了非法经营罪的适用范围。根据《最高人民检察院、公安部关于公安机关管辖的刑事案件立案追诉标准的规定(二)》(以下简称《立案追诉标准(二)》),有五个方面的行政法规属于本罪构成要件中的"国家规定",分别是:(1)国家烟草专卖管理法规,主要规制的对象是未经许可经营烟草专卖品的行为;(2)金融证券管理法规,主要规制的对象是未经许可经营证券、期货、保险业务,或者非法从事资金支付结算业务的行为;(3)外汇管理法规,主要规制的对象是利用伪造、变造的凭证、商业单据,骗购外汇和介绍骗购外汇的行为;(4)出版行业管理法规,主要规制的对象是出版、印刷、复制、发行严重危害社会秩序和扰乱市场秩序的非法出版物的行为;(5)电信业务管理法规,主要规制的对象是擅自经营国际电信业务或者涉港澳台电信业务的营利活动。上述五个方面的法规属于国家规定,司法机关在办案过程中可以直接引用,但非法经营罪有兜底性条款,"其他"非法经营行为参照哪些"国家规定"予以认定?这是实践中面临的主要问题。

"国家规定"是个笼统而含糊的表述,政府部门基于行政管理的需要,不断出台、修改、废止各类行政管理法规,"国家规定"的含义处在不断变化的过程中,很难以列举的方式明确国家规定的范围,理论上需要明确的是"国家规定"的认定标准,主要涉及两个问题:其一,"国家规定"是否限定在中央国家机关颁布的各类规范性文件?是否包括地方各级人大、政府颁布的地方性法规和地方政府规章?其二,在中央国家机关层面,"国家规定"是否限定在全国人大和国务院颁布的法律、法规、命令或决定?是否包括国务院各组成部门制定的部门规章?

首先,笔者认为非法经营罪中的"国家规定"仅限于中央国家机关颁布的各

---

① 肖中华:《行政犯评价应当遵循"三项原则"》,《检察日报》2022年2月7日,第3版。
② 杨兴培:《论经济犯罪刑事责任的立法模式》,《环球法律评论》2018年第6期。

类规范性文件,不包括地方各级人大和政府制定的地方性法规和政府规章,这是法治统一的必然要求。我国幅员辽阔,各地区之间的社会经济发展状况存在巨大差异,各级地方人大和政府基于社会管理的需要,可以结合本地实际制定一些经济方面的管理规定,但我国是单一制的国家,《刑法》是调整的是基本社会关系,属于基本法律的范畴,罪与非罪的标准在全国范围内应当是统一的。统一的定罪标准是国内统一市场形成的基础,现代市场经济是建立在陌生人社会之上,陌生人在交往的过程中如果发生矛盾,不可能诉诸传统社会的道德力量和宗族纽带,为了保证交易安全,必须有一套双方共同认可的纠纷处理规则,这样才能增强行为的可预期性,从而鼓励交易、繁荣市场。如果把地方性法律法规认定为非法经营罪中的"国家规定",会导致《刑法》适用标准的不一致,于是情节大致相同、适用法律规范也并无二致的案件,在不同的法院审理,结果却大相径庭。由于入罪标准不确定,市场主体只敢在本地从事生产经营活动,不敢轻易跨区域开展商贸活动,这会阻碍国内统一市场的形成。①

其次,在中央层面,笔者认为"国家规定"不仅包括全国人大和国务院颁布的法律、法规、命令或决定,也包括国务院各组成部门制定的部门规章。对于"国家规定"是否应当包括部门规章这一问题,理论界存在着不同的意见,有学者认为:根据刑法的解释精神,违反国家规定即违反全国人民代表大会及其常务委员会制定的法律和决定,国务院制定的行政法规决定和命令,而国务院各部门制定的行政规章、地方性法规和地方规章,不属于国家规定。此种观点的理论依据是刑法的谦抑性原则,"司法实践中,行政管理部门出于便于管理的需要,常常出现滥用刑法的冲动,以便快捷地处理各类行政违法行为,威慑恐吓潜在的违法者",而基于刑法的兜底保护原理,应当对这种冲动予以抑制。② 另外,通过限制"国家规定"的范围,提高"严重危害市场秩序"评价对象的门槛,是避免非法经营罪"口袋化"的途径之一。另一种观点则认为,部门规章及地方性法规等规范性文件是针对不特定的行政管理相对人的规范性文件,是全国范围内要求加强有关方面管理的行政措施,应当属于国家规定的范围。③ 笔者认为,所谓刑法谦抑性原

---

① 韩康、宋国震:《论司法区与行政区的适度分离——基于司法权中央事权的属性》,《理论界》2017年第1期。
② 杨毅:《仅违反部门规章或地方法规不构成非法经营罪》,《人民司法》2019年第20期。
③ 秦新承:《非法经营罪中的"国家规定"及有关刑事罚则的理解》,《法学》2008年第1期。

则,是指在没有代替刑罚的其他适当方法存在的条件下,才能将某违反法律秩序的行为设定为犯罪,根据德国刑法学家罗克辛的解释"此国民只在欲确保一个和平、自由且能保障其人权的社会生活时,才赋予国家刑法权限"①。刑法谦抑原则关注的刑罚发动的必要性,而不是刑法所划定的犯罪圈的具体范围,每个时代都有每个时代特殊的历史背景,每个时代的刑法都需要处理特定的社会问题,因此"刑法谦抑性的具体内容会随着时代的发展而变化,刑罚处罚范围也并非越窄越好"②。由此可见,刑法谦抑性原则并不必然要求将部门规章排除在"国家规定"的范围之外,还是要考虑部门规章所禁止的行为是否具有入罪的必要性。部门规章是针对不特定的行政管理相对人的规范性文件,是全国范围内要求加强有关方面管理的行政措施,应当属于国家规定的范围。③ 而且部门规章是国务院负责某一方面专门工作的部门制定的,相比于一般的行政法规更具有针对性,能够对本行业内新出现的违法经营行为快速出台禁止性规定,而法律、行政法规的立法程序更为严格、周期更长,往往不能对具有社会危害性的非法经营行为做出及时反应,因此将部门规章纳入"国家规定"的范畴是对法律、行政法规的有益补充。

五、"其他严重扰乱市场秩序的行为"的适用问题

刑事责任是所有法律责任中最为严厉的一种,往往剥夺犯罪人的自由甚至是生命,而且刑罚的制裁效果具有外溢性,可以通过就业限制、贷款限制、子女政审限制等方式对犯罪人产生终身的影响。因此对于刑罚只能适用于那些最为严重的违法行为,《刑法》第225条明确要求非法经营行为必须达到"情节严重"的程度才作为犯罪处罚,对于危害不大的非法经营行为给予行政处罚即可。

在司法实践中,社会危害性的度量是一个复杂的问题,为了统一犯罪认定标准、便于办案人员开展工作,最高司法机关往往出台司法解释和各类规定,明确立案追诉的形式标准。具体到非法经营罪,2022年4月6日,最高人民检察院和公安部联合发布了修改后的《立案追诉标准(二)》,规定了各类非法经营行为

---

① [德]克劳斯·罗克信:《刑法的任务不是法益保护吗?》,樊文译,载陈兴良主编《刑事法评论》(第19卷),北京大学出版社2007年版,第262页。
② 周光权:《转型时期刑法立法的思路与方法》,《中国社会科学》2016年第3期。
③ 秦新承:《非法经营罪中的"国家规定"及有关刑事罚则的理解》,《法学》2008年第1期。

的立案追诉条件,其中最为重要的是非法经营的数额和行为人的违法所得,这构成了非法经营罪认定最为重要的形式标准。举例来说,对于作为兜底性条款的"其他严重扰乱市场秩序的非法经营行为",有下列情形之一的应当立案追诉:"(一)个人非法经营数额在五万元以上,或者违法所得数额在一万元以上的;(二)单位非法经营数额在五十万元以上,或者违法所得数额在十万元以上的;(三)虽未达到上述数额标准,但二年内因非法经营行为受过二次以上行政处罚,又从事同种非法经营行为的;(四)其他情节严重的情形。"形式标准具有多方面的优点,首先,形式标准可以为办案人员提供明确的依据,帮助其迅速地做出判断,从而提高司法效率。其次,形式标准能够限制办案人员的自由裁量权,避免刑事司法中的肆意,减少司法腐败的发生。最后,形式标准有利于执法尺度的统一,促进全国范围内的"同案同判"。形式标准既是明确的、统一的,又是僵化的、死板的,在个别特殊的案件中,形式标准并不能准确地评价行为的社会危害性,此时办案人员如果固守形式标准、不能根据实际情况进行变通,将导致个案处理结果的非正义,典型案例就是入选"2017年推动法治进程十大案件"和最高人民法院"第19批指导性案例"的王力军无证收购玉米案。

  王力军是内蒙古巴彦淖尔临河区的一位农民,也是当地的一位"玉米经纪人"。玉米是内蒙古当地的主要作物之一,在玉米收购的过程中,分散的农户在向粮食企业售卖时需要承担包装、运输成本,而且当地青壮年劳动力很多都进城务工,留守的老人和妇女儿童贩售玉米十分不便。王力军等"玉米经纪人"利用这一现状,从农民手中收购玉米,集中向粮食企业销售,每斤玉米赚取2分钱的差价,但是王力军也为农户提供装包、过磅、装车一条龙服务,解决了现在农村青壮劳力不足和留守粮农卖粮难的问题。根据国务院于1994年颁布的《粮食收购资格审核管理暂行办法》,常年收购粮食以营利为目的的,或者年收购量达到50吨以上的个体工商户,必须取得粮食收购资格。王力军并未取得上述资格,也没有办理工商登记。经办案机关统计,王力军非法经营数额为218288.6元,非法获利6000元。

  一审法院认为,被告人王力军违反国家法律和行政法规规定,未经粮食主管部门许可及工商行政管理机关核准登记并颁发营业执照,非法收购玉米,非法经营数额218288.6元,数额较大,其行为构成非法经营罪。鉴于被告人王力军案发后主动到公安机关投案自首,主动退缴全部违法所得,有悔罪表现,对其适用缓刑确实不致再危害社会,决定对被告人王力军判处有期徒刑一年,缓刑二年,并处罚金人民币 2 万元。宣判后,王力军未上诉,检察机关未抗诉,判决发生法律效力。王力军案一审判决公布之后,引起了社会舆论的广泛关注,其中争议最大的是王力军的行为是否达到了必须予以刑事处罚的严重程度。如果仅以法定的形式标准进行审查,20 余万的非法经营数额确实达到了立案追诉的标准,但如果诉诸实质标准,王力军的行为在客观上促进了粮食交易、减轻了粮农负担,对社会利益有利无害。

2016 年 12 月 16 日,最高人民法院就此案做出再审决定书,指令巴彦淖尔市中级人民法院对此案进行再审。再审中明确的事实与原审判决认定的事实一致,但司法机关的态度发生了重大转变,内蒙古自治区巴彦淖尔市人民检察院提出原审被告人王力军的行为虽具有行政违法性,但不具有与《刑法》第 225 条规定的非法经营行为相当的社会危害性和刑事处罚必要性,不构成非法经营罪,建议再审依法改判。再审法院采信了上述意见,宣告王力军不构成非法经营罪。

在王力军案中,一审办案机关严格按照法律规定办案,王力军的行为在形式上确实违反了国家关于限制买卖的规定,其行为完全可以落入非法经营罪兜底性条款覆盖的范围,不属于"口袋罪"的扩大解释。而且王力军的经营数额超过20 万元,即使以 2022 年新修订的《立案追诉标准(二)》也属于数额较大。但是,不知变通地适用形式标准,使办案机关陷入了"机械司法"的误区。非法经营行为的核心表现为"扰乱市场秩序",如果行为本身没有对市场秩序造成侵扰,即使其符合法定的形式标准,也不能定罪处罚。换言之,对于行为的社会危害性应当进行形式和实质两方面的评价,其中形式评价是初步的、要件式的评价,可以作为侦查机关立案开展调查的标准,但不能作为审判机关定罪的依据,在认定犯罪成立时要诉诸实质标准,结合社会公众的一般正义观,综合考察行为是对社会有利还是有害,在此基础上再作出罪与非罪的判断。

笔者所主张的实质社会危害性评价,其基本内容就是"三阶层"犯罪论体系中的违法性评价。根据"三阶层"犯罪论体系,符合构成要件的行为并不必然构成犯罪,还需要进行"违法性"考察。此处所谓的"违法性",并不是指行为违反法律条文的具体规定,而是指行为违反法的实质精神,应当在价值上受到否定。某些行为虽然符合刑法分则中具体罪名的构成要件,但这些行为并未对社会共同生活秩序造成严重的冲击,有些甚至是法律所鼓励、所倡导的,对于这些行为不能认定为犯罪并科处刑罚。① 正如德国刑法学家贝林所说:"符合(构成要件)性行为只有在其本质上不被允许时,该行为才具有可罚性。"②

第三节 利用未公开信息交易罪

证券期货市场是金融市场的重要组成部分,承载为实体经济融资和调控的重要功能。我国证券期货市场正处于高速发展阶段,但繁荣发展的背后因获利渠道便易和隐秘而刺激着从业者行为失范的风险。与其他市场领域相比,证券期货市场具有突出的规模性、多变性、复杂性和规则性,在此场域获取利益的关键是对有效信息的领先占有,因而信息披露和反欺诈等成为监管部门的重点。理想状态下的证券期货市场是从业者、投资者利用交易规则、金融知识和专业能力以及操作经验,筛选有效公开信息,寻找证券期货相对确定的走势和预判以实现合法利益的追逐。但是一些金融机构从业人员的老鼠仓行为,打破了资本市场既有的获利规则,使行为人的获利成为一种逻辑上的必然,把市场的不确定性人为地确定化,其实质是利用信息优势把投资的风险与损失转嫁给其他投资者,使在黑夜无光的赛道上共跑变成有光指引的抢跑,这种行为不仅会侵害处于信息弱势的散户利益、所任职公司利益,还会严重破坏公开、公平、公正的证券期货市场管理秩序,其社会危害性明显。当前利用未公开信息交易的违法行为呈多发、频发趋势,但因该行为具有隐蔽性、分散性、复杂性和技术性的特点,导致司法机关线索收集、证据固定和法律适用上存在困难。从全国法院审结的四十余起判例看,对该行为的打击和防范仍处于较低层次,很多利用未公开信息交易情节严重的行为尚未进入刑事侦查程序,即时进入审判程序的案件,也多以缓刑处理,刑罚的惩治与预防目的尚未有效发挥。因此,有必要对利用未公开信息交易罪的司法适用进行深入研究,以惩促防,实现惩罚与预防的有机衔接。

---

① 韩康、裴长利、吴承栩:《刑法案例研习》,人民法院出版社 2022 年版,第 81 页。
② [德]贝林:《构成要件理论》,王安异译,中国人民大学出版社 2006 年版,第 87 页。

一、利用未公开信息交易罪的理解

利用未公开信息交易罪于 2009 年 2 月通过《刑法修正案（七）》正式纳入刑法规制范畴，作为《刑法》第 180 条第 4 款，它是指证券交易所、期货交易所、证券公司、期货经纪公司、基金管理公司、商业银行、保险公司等金融机构的从业人员以及有关监管部门或者行业协会的工作人员，利用因职务便利获取的内幕信息以外的其他未公开的信息，违反规定，从事与该信息相关的证券、期货交易活动，或者明示、暗示他人从事相关交易活动，情节严重的行为。从本质上说，利用未公开信息交易是一种欺诈行为，行为人窃取了公司智力和资本成果，通过抢先交易、跟随交易或借势交易获取非法利益，因行为人的行为隐蔽且无法见光，偷偷利用公司建仓某项金融产品之便利从中分一杯羹，这种违法行为模式被俗称为"老鼠仓"。而不明真相的散户或投资者则因强烈的上升效应而会盲目跟进，随后被套牢甚至被迫割肉止损。刑法增设该罪名是为了堵塞内幕交易、泄露内幕罪的漏洞，确保行政处罚与刑事制裁有效衔接，因除内幕信息会对证券期货市场价格产生实质影响外，还存在具有同样效应的大量不属于内幕信息的非公开信息。

对未公开信息的认定是惩治利用未公开信息交易罪的关键和难点，行为人触犯该罪的逻辑是未公开信息具有价值属性，且从罪名规范上已将其限定为内幕信息之外的未公开信息。而信息首先是一种物理学概念，它是指有目的地标记在通信系统上的信号，表示传达的过程与内容。[①] 笔者认为证券期货市场上的信息是由一串符号进行的排列组合，能够积极地影响或者改变信息接受者的意识，个体根据需求提取对其有用的元素。说到底，资本市场是信息市场，信息的准确性与及时性是资本获得回报的前提，市场中的各种信息也是投资者进行投资决策的基本依据，这意味着谁优先掌握信息谁就会在这种价值转换中实现利益最大化，即投资效率与获得信息的提前量成正比。但证券期货市场规模庞大，如何从浩瀚繁杂的信息中提取有效信息以领先其他市场竞争者，是证券期货从业者的工作职责。一般而言，基金公司、资产管理公司等会有专业团队或部门对证券期货市场的流通对象进行市场分析、行业分析、资金流向分析、技术分析、

---

① 吕富强：《信息披露的法律透视》，人民法院出版社 2000 年版，第 1 页。

热点跟踪等,一般以研究报告等形式呈现。① 这些不被普通投资者所知悉的信息系智力凝聚的成果,具备潜在的投资价值,属于未公开信息,应视为商业秘密。但如果行为人根据证券公司或基金公司公开的季报、年报、行业资讯等进行技术和专业分析,提炼出有价值的预判信息,即使与所在公司投资持有的股票相趋同,也不应认定为刑法上的未公开信息。因此,未公开信息主要是指证券期货等金融机构投资决策、资本运营、市场和行业预判等信息,包括使用客户资金购买的证券持仓数量及变化、资金数量及变化、交易动向、交易价格、盈利预期以及买卖时间点等信息。法律一般未要求此类信息应当公开,不属于内幕信息的范围,但又对证券交易活动具有实质影响,且能为权利人带来经济利益,并经权利人至少采取了形式上的保密要求,仅限有职权的人知悉,故为"未公开信息"。未公开信息在内容、性质不同于内幕信息,它往往是对某只金融产品呈线式的分析和总结,关注的更多是金融机构自身的信息或者相关金融产品的运作信息,与内幕信息(点或事件)集中于上市公司管理本身并不具有直接关联性。因证券期货价格变动对市场信息要素的敏感性,未公开信息范围其实难以明确界定,但可以从三个方面的特征进行综合判断。

其一,未公开性,是指未公开信息尚未通过规定渠道或其他以公众熟知方式向投资者公布或显示,处于公众无从获悉该信息内容的秘密状态。未公开信息无强制性公开要求(法律规定的除外),也不要求未公开信息必须准确和客观。同时未公开意味着信息具有时效性,即影响证券期货市场价格的重大投资决策形成后,该信息尚未在相关市场释放之前,在此时间内具有保密性。例如张某一案,辩护人提出关于国电南瑞等股票交易是张某原有投资的继续,系利用其个人的调研成果和经验,并未利用公司的未公开信息,应在犯罪数额中扣除。法院审理认为,虽然张某关于国电南瑞等股票交易有利用个人调研成果和经验的因素,但并不能否认其利用了公司的未公开信息。因为张某作为公司的股票投资部副总经理,掌握公司的未公开信息,依据法律规定,本身就负有不能与自己管理的

---

① 公司研究部的研究员及其他部门的研究员对上市公司进行研究,提出研究报告,经公司审核后进入公司股票池。投资经理需要在公司股票池里选股,结合自己管理的年金账户或专户要求、特点选出股票后提交风控部门审核后进入其管理账户的股票池,每个管理账户都设有股票池。投资经理在管理账户的股票池内有自主决策权。投资经理也可以自行研究股票,经相关程序进入公司股票池,再申请进入自己管理账户的股票池。

公司资金进行趋同交易的义务。张某违背了这一义务,在公司交易日的前五日以及后二日间进行的趋同交易,因而张某构成犯罪。

其二,价格敏感性,是指涉案信息一旦被实施或公布后对相关证券期货交易价格有实质影响(仅限于逻辑上的,需根据违法所得数额或交易额进行事后判断),由此说明未公开信息本身的价值性、吸引性和影响性。从社会危害性和处罚力度的角度是可以把未公开信息与内幕信息具有等同的市场价值,对于未公开信息价格敏感性的认定标准,通常借鉴美国判例对于内幕信息实质性的判断方式,即"如果存在这样的充分可能性,即理性的投资者在购买或者出售证券时可能认为某一事实是重要的,那么该事实即具有实质性"[1]。虽然这种观点比较主观,但与证券期货市场的非理性、复杂性密切相关。裁判者只能在未公开信息被释放到证券期货上后,根据操作对象的价格是否发生明显变化,如果二者之间存在因果关系的变动即可认定未公开信息对证券期货市场有影响。但不得不承认,因证明的困难性,这一特征在司法实践中的特征判断价值其实已被弱化。

其三,职务关联性,职务是指行为人所从事的工作或岗位被赋予的职责与权限,职务的设置与赋予一般经过一定的组织形式或者是单位进行正式任命、聘任、委派等,或因某个事项的一次性委托,而非单位中某个工作人员的个人委托。[2] 本罪主体身份特定,行为人必须具备获取未公开信息的职务便利,职务便利是行为人管理、负责、经手、承办等通过职务范围内能够获取的信息,包括利用职务身份、权限、影响或工作环境等便利条件获取的内幕信息以外的其他未公开的信息,但不包括窃取、诈骗、抢劫等手段获取的信息。职务与权力、责任成正比,且行为人的职务与岗位密切相关,需要对所从事的职务活动负有保密义务,不得泄露或为己私用。本罪所侵犯的法益除证券期货市场管理秩序外,其行为本质是对诚实守信、勤勉尽责义务的违反,是一种背弃职业道德和职务义务的行为。因此,从某种角度可以说,老鼠仓行为的实质不在于利用了非内幕信息以外的其他未公开信息,而是在于行为人违背金融从业人员的受托义务(例如《证券投资基金法》第17条)。对职务的范围在司法实践应作宽泛理解,凡是行为人因其在金融机构中的职位而能够接触到未公开信息,即可认定为因职务便利获取

---

[1] 汤琳琳:《利用未公开信息交易罪疑难问题探析》,华东政法大学2013年硕士学位论文,第11页。
[2] 王佩芬:《利用职务便利与利用工作便利的区别》,《检察日报》2009年7月22日。

该信息。如果是偶然听到或看到的未公开信息,不属于该罪所要求的未公开信息。这里需注意职务便利与未公开信息之间、未公开信息与证券期货市场变化之间必须具有承接的因果关系。例如蔡某一案,虽然蔡某是混合型投资证券基金的经理,利用其掌控的上述三只基金交易的标的股票、交易时间和交易数量等未公开信息,利用职务之便所掌握的未公开信息自己或告知他人买卖共计近千万元,但其中还包括蔡某采用从林某处获取的潮宏基等四只股票信息,至于蔡某投资的这四只股票所得利润,并不属于其管理的基金交易标的股票、交易时间、交易数量等内幕信息以外的其他未公开的信息,所获取的利益与蔡某的职务无关,故应予扣除。

认定未公开信息是评判利用未公开信息交易罪的关键,现尚未有独立的第三方机构进行鉴定,因有专业性和权威性要求,根据2011年"两高一部"及证监会《关于办理证券期货违法犯罪案件工作若干问题的意见》的规定,相关行政部门可以根据司法机关办案需要,依法就案件涉及的行政违法行为的性质等专业问题出具认定意见,人民法院可以参考有关部门的认定意见,并根据案件事实和法律规定作出性质认定。行政部门出具的认定意见即行政认定函,属于特殊的书证即公文书证,具备证据能力,依法可以采信作为定案证据。因此,对于认定函的证据性质不应过于纠缠,但辩护人可以对认定函内容的合理性、准确性提出疑问,笔者认为在认定函中需明确认定未公开信息范围和原因、趋同率的计算方法、结论的依据、计算的过程应该书写详细,这是司法公正和裁判说理的诉求。

二、趋同交易:一种司法的评判

本罪的犯罪形式主要表现为共同犯罪,行为人与有亲密关系的人因有共同利益容易攻守同盟,除自首外,侦查人员最初很难从犯罪嫌疑人身上获得突破。监管部门一般通过股票种类的一致性、交易时间的紧密性等客观事实来发现线索,所以每天从海量交易数据中发现交易异常是突破的关键。2013年证券监管部门根据行为人及关联人利用私人账户与公司管理的资产购买证券期货具有相同方向的交易行为,通过设定智能化的红线,运用大数据系统发现异常交易行为,对历史交易数据跟踪和回溯重演,可以实现对大额"老鼠仓"数据比对、可疑账户锁定、证据收集和固定。对于趋同交易比率计算,证券监管部门一般会采取前五后二的计算方法,这是办理"老鼠仓"交易案件的重要标准,即看基金等金融机构从业人员在为公司进行证券期货交易时,交易相近的一个时间段内即前五个工作日(T-5)和后两个工作日(T+2),是否在该时间段内作出与机构交易趋同的行为,凡是趋同的一般应认定为利用未公开信息从事了相关的交易活动。① 当然,这种趋同性的认定需要明显的交易额、交易种类和交易时间的支撑。"前五后二"的计算时间段被用来确定趋同交易比率是经过反复科学验证和推演的,是司法实务中为了便于统一计算而形成的惯常做法,具有相对的合理性和准确性。关联账号购买的趋同比率越高越能说明行为人确实利用了未公开信息,例如牛某一案,深交所及上交所根据华夏基金交易指令及以上证券账户成交数据进行对比核算,牛某证券账户在2009年3月6日至2011年8月2日,交易股票与华夏基金旗下股票基金产品交易趋同股票233只(占比93.95%),累计趋同买入成交金额9850.69万元(占比95.25%),盈利201万余元,无论是股票种类还是成交金额,高达90%以上的趋同率。然而随着对传统"老鼠仓"行为打击力度的加大,一些行为人为规避法律制裁,开始采用稍晚于公司产品投资的趋同交易方式,不追求非法利益的最大化,故"前五后二"并不绝对,最终根据行为人买入卖出股票的时间以及结合利用未公开信息的实际情况来对交易的关联性进行合理限定,例如广东高院(2016)粤刑终79号判决书中的标准是先进先出法,采用了"前五后零"的标准;广东深圳中院(2018)粤03刑初681号判决书中,深交所则具体根据行为人职位和交易特点采用"前零后二"标准。②

趋同交易比率的认定并成为定罪证据,其背后是刑法因果关系的支撑,与其说趋同交易数据认定是一项证据,不如说它是为了增加裁判者的内心确信,利用因果关系的相当性去解释其中的科学性则具有合理性。根据人类经验与事件发生之通常过程,若某条件具有引发某项结果发生之倾向,该条件即为发生结果之

---

① 前五后二关键看关联账号购买的趋同比率。这里涉及两个趋同比率:一个用关联账户股票和标的股票的股票只数在7个工作日内进行比对;另一个是用关联账户股票购买资金数额和标的股票购买资金数额进行比对。两个都叫趋同比率。参见韩振兴、薛玉梦:《趋同交易行为的司法认定——以利用未公开信息交易罪为视角的逻辑展开》,《山东法官培训学院学报》2020年第4期。
② 有学者提出,如果未公开信息的制造者基金经理本人实际操作的账户早年已经大量持有某一只股票,在其担任基金经理后,其操作基金大盘买入与其持有的同一股票,拉高股价,在"后三"或者更久的时间内伺机卖出个人账户中的股票,其自买自卖的行为,已然跳脱出了"前五后二"交易时间点的范围,但其行为很难不被认定为是利用未公开信息的优势行为。那么,对其利用职务便利进行趋同交易的时间点,应采"T+N"的认定标准进行计算。参见陆圳:《精准判断趋同交易时间点,打击老鼠仓犯罪》,《检察日报》2021年2月23日。

相当性原因。因而只要某条件增加结果发生的客观可能性,除非有异常事件介入,该结果即属事件通常发生过程中产生之结果,就具有了相当因果关系。① 相当因果关系实际上是借助人们的日常认识来排除行为与结果之间的偶然联系。直言之,因果关系的相当性排除了大量交易中的偶然趋同,毕竟即使一位经验丰富的金融机构从业人员也不可能在未知未公开信息的情况下,在交易种类、交易数量、交易时间等与公司所进行的交易有高度趋同,这超出了一般人所能认识的范畴。况且对比行为人之前之后的交易习惯会发现有明显差异,唯有推定其利用未公开信息才是唯一合理解释。一般而言,相当因果关系要求条件增加危险的客观盖然性是可以被证明的,但在利用未公开信息交易案件中,这种盖然性似乎无法通过自然科学的方法来加以证明,而无法证明的原因在于当事人的心理因素(利用未公开信息)对因果关系发生了影响。此类因果关系并非由于外在力量的推动而发生,是当事人心理因素推动了特定的行为并导致特定的结果。② 因此,监管机构对趋同交易比率的认定既有科学性,又有经验性。对于趋同交易期间内发生的双向趋同交易、单向趋同交易金额均应计入证券交易成交金额,因即使单项趋同交易也暴露了行为人背信了职务义务,切实侵害了证券期货市场管理秩序。

三、证明标准:证据确实、充分在本罪的具体应用

证明标准贯穿于整个刑事诉讼过程,是刑事诉讼活动的主线,是确保刑事案件质量的关键,以审判为中心的诉讼制度改革、庭审的实质化本质上还是对证据的收集、固定和采信进行的强化,以达到证据确实充分的证明标准,从而防止冤假错案的发生。所谓证据确实充分是要在案证据形成完整的证据链、排除合理怀疑并得出唯一结论。证券期货犯罪行为人熟悉法律规定和相关行业规则并善于规避刑事风险,在缺乏直接证据的情形下,要善于运用间接证据并结合自身的经验法则和逻辑规则进行综合判断,构建证明体系和证据标准,准确认定案件事实。特别重点审查犯罪嫌疑人、被告人的否认性辩解以及辩护人的罪轻、无罪的

---

① 韩强:《法律因果关系理论学说史述评——道德归责背景下的原因构成理论研究》,华东政法大学2007年博士学位论文,第79页。
② [德]克雷斯蒂安·冯·巴尔:《欧洲比较侵权行为法》(下卷),焦美华译,法律出版社2001年版,第535页。

辩护意见,并审查证据之间的矛盾性和不合理性,进一步分析是否存在与指控方向相反的信息,排除其他可能性。利用未公开信息交易的事实节点包括主体身份—职务便利—获取未公开信息—自己或指令他人交易—违法所得数额、证券交易成交额或期货交易占用保证金数额。在被告人不认罪的情况下,由于犯罪的主观方面作为行为人的一种内心活动,对其主观状态的判断依赖于以客观证据为基础的刑事推定。然而,证券犯罪与一般的刑事犯罪相比具有其特殊性,即使同一股票、同一时间、同一方向的交易,投资者主观的交易逻辑可能并不相同甚至相反。实践中利用未公开信息交易罪的难点之一即在于确定交易行为与未公开信息之间的关联性,即交易是基于未公开信息而实施。① 对趋同交易行为是否构成犯罪,应当在全案证据基础上进行主客观相结合的综合判断。笔者认为,一旦认定双方之间存在趋同交易情形,结合行为人的主体身份、职务便利可以认定或推定其利用了未公开信息,公诉机关的指控证明责任即告完成,被告人可以提出合理辩解并证明趋同交易与未公开信息之间缺乏关联性,一旦辩解缺乏合理性或提供的证据无法查实,均可以认定本罪的成立。

(一) 审查重点

第一,注意是否存在趋同交易,需结合行为人的工作经验、职业背景以及交易习惯、交易前后账户仓位和资金量的变化是否符合正常的交易,在没有未公开信息介入的情况下,被告人投入资金一般会比较谨慎,且以自由资金为主,一旦资金量大举进入、交易风格变化明显、资金向特定股票集中等就意味着获悉了未公开信息或者内幕信息。实践中行为人为规避刑法风险,采取与以往"老鼠仓"交易行为不同的反向操作形式,其具体表现为行为人在前五日或者后两日完整地完成一笔独立买卖交易的行为,能否认定构成本罪,此时的买卖行为看似反向交易行为没有借助到基金买卖大盘带来的优势,与机构交易行为完全反向,其实仍没有排除行为人利用了未公开信息,只是获利没有先入先出计算法多,因未公开信息是公司或团队智力成果,它的形成、实现和释放是一个有序过程,而从业人员又深谙这个领域,具备较强的专业能力,完全可以根据未公开信息之初进行

---

① 韩振兴、薛玉梦:《趋同交易行为的司法认定——以利用未公开信息交易罪为视角的逻辑展开》,《山东法官培训学院学报》2020年第4期。

前瞻性预判,并选择风险最小的时机交易,因此,应该将目光放在整个交易股票的时间线上来看待行为人对未公开信息的利用行为。①

第二,注意排除未利用非未公开信息获利的情形,证券期货市场信息包罗万象和瞬息万变,且相关信息的公布和释放有法律规定和特有渠道,例如公募基金公司通常情况下一年要公布 6 次定期报告,包括 4 次季报、1 次半年报和 1 次年报,里面会涉及公布基金持有的前 10 重仓股。作为一名资深的证券期货从业人员,他可以凭借自身的专业能力对相关信息进行技术分析并作出有效判断,此时就需要重视犯罪嫌疑人的辩解。例如童某一案,童某辩称在其与华夏基金公司趋同交易中有 16 只股票系其根据当时已公布的利好消息购买。法院审理认为,五矿发展等 10 只股票是在童某进行交易前发布了收购增资、利润增长、分红派股等利好业绩公告,童某根据公开渠道获取的信息购买上述股票的辩解具有合理性,在计算趋同交易时应剔除 10 只股票,但对于其余 6 只股票则经审查不能剔除。同时需注意,行为人在买入时虽有公告信息,但不排除对于公告未关注,而是根据未公开信息进行的交易,如果行为人在到案后的供述中始终未曾提到这些细节,而仅是在辩护人的辩护意见中涉及,这种情况应认定利用了未公开信息,毕竟未公开信息的形成和释放是一个过程,应对未公开信息的认定作实质把握。

(二) 证据标准

证据标准是办理某一类案件中应当收集哪些证据以及如何收集证据的规范,是"犯罪事实清楚,证据确实、充分"法定证明标准的具体化与规范化。② 证据标准的功能主要是为办理相关案件提供收集证据的指引,对于利用未公开信息交易罪的证据标准主要涉及以下重要事实环节的证据。

第一,职务便利。单位出具的犯罪嫌疑人任免通知书(会议决议)或情况说明及相关劳动合同,恒生系统人员权限管理办法、恒生系统登录日志和使用情况说明,岗位职责说明书、交易员任职承诺书,关于股票投资权限的说明及相关公

---

① 陆珊:《从点到线把握利用未公开信息交易罪中的利用》,《检察日报》2020 年 1 月 12 日。
② 崔亚东:《人工智能与司法现代化——"以审判为中心"的诉讼制度改革:上海刑事案件智能辅助办案系统"的实践与思考》,上海人民出版社 2019 年版,第 126 页。

告、投资决策委员会会议纪要,犯罪嫌疑人的供述。

第二,未公开信息。证券期货监管机构出具的关于犯罪嫌疑人涉嫌利用未公开信息交易行为有关问题的认定函、案件调查终结报告,证明金融机构投资信息的决策、执行流程及保密情况的证明材料,相关管理部门或协会出台政策的过程及相关会议记录或决议,投资备选池的资料,犯罪嫌疑人通话或微信聊天记录以及供述。

第三,趋同交易事实及趋同交易数额、盈利情况。犯罪嫌疑人实施证券交易活动使用的电脑、手机等电子设备及其下单IP地址和设备代码,相关涉案证券、期货账户的交易明细、资金流水,证券交易所对相关涉案证券、期货账户与机构账户关联账户趋同交易数据、涉案账户趋同交易总体情况、盈利情况及交易明细认定,犯罪嫌疑人指令下达及成交数据的电子光盘,司法鉴定意见书,基金等季报或年报公布时间与犯罪嫌疑人从事相关交易时间方面的证据。

上述仅是关键事实的主要证据标准,本罪的证据体系特点不以犯罪嫌疑人的供述为要义,利用职务便利加趋同交易就可以得出未公开信息的认定。另外作为运作规范的金融机构,一般会制定完善的基金投资决策管理制度、交易管理制度、员工投资行为管理办法、保密管理办法等制度规范,这是常态性的证据,与行为人的职务密切相关,应注意统一收集。尤其在侦查阶段,需注意电子数据的提取、收集过程应当严格遵守电子数据取证规范,确保生成程序的合法性和记录内容的真实性。必要时,在开庭时还可以要求证券期货监管机构派员出席,就书面意见中的专业问题进行说明。

四、结语

利用未公开信息交易罪的社会危害性不言自明,试想:"假如游戏规则容许某人在牌上作记号,那么还有谁愿意继续玩这种游戏?"[1]当前监管部门、侦查机关耗费大量精力侦破的案件,判例却显示多数以缓刑处理,且类案不同判的情形较为明显,也尚未有判例适用从业禁止的处罚,显然这对从业人员的警示力度不够,有时难以匹配其社会危害性。《最高人民法院关于为创业板改革并试点注册

---

[1] 罗培新:《如果内幕交易发生在美国》,《南方周末》2007年12月18日,https://www.infzw.com/contents/1384?source=202 & source_1=1383,2022年10月5日。

制提供司法保障的若干意见》(2020年)中明确要求,全面落实对资本市场违法犯罪行为零容忍要求,依法从严惩处利用未公开信息交易等违法行为,严格控制缓刑适用,依法加大罚金刑等经济制裁力度,这应该是今后司法裁判的宗旨和导向。

第四节　职务侵占罪

职务侵占罪是当前经济犯罪案件中比较常见的一个罪名,其案发数量在经济犯罪案件中位居前列。职务侵占主要发生于公司企业中,当前企业刑事合规成为理论界和实务界研究的热点,现代公司为降低成本、合法经营、科学管理,在合规管理中主动采取避免企业及其员工刑事犯罪的措施和制度,其中避免职务侵占则是企业合规的重要内容。① 如果把职务侵占罪的惩治放在当前的时代背景下,可以强烈感受到国家层面正不断加大对公司企业合法利益的保护力度,如2016年中共中央、国务院出台《关于完善产权保护制度依法保护产权的意见》,2019年中共中央、国务院出台《关于营造更好发展环境支持民营企业改革发展的意见》,2021年最高人民法院发布《关于充分发挥审判职能作用为企业家创新创业营造良好法治环境的通知》等②,从系列中央文件中可以看出国家层面对企业家、民营企业合法利益保护的决心和力度。同时随着《刑法修正案(十一)》对职务侵占罪进行了修订,其变化:一是量刑从原来的五年以下、五年以上有期徒刑两档调整为三年以下、三年以上十年以下、十年以上有期徒刑或无期徒刑三档;二是取消"可以并处没收财产",增设罚金刑。这体现了对职务侵占罪从严惩治的立法趋势和宗旨,从正反两个维度去保护企业的合法利益。

---

① 《2019—2020企业家刑事风险分析报告》中的数据显示:在2019年12月1日至2020年11月30日上传的刑事判决案例中,共检索出企业家犯罪案例2 635件,共涉及犯罪企业家3 082人,其中犯罪的民营企业家人数高达2 876人,约占犯罪企业家总人数的93.32%。蒋安杰:《〈2019—2020企业家刑事风险分析报告〉发布》,法制网2021年4月28日,http://epaper.legaldaily.com.cn/fzrb/content/20210428/Articel09002GN.htm,2022年10月5日。
② 《最高人民法院关于充分发挥审判职能作用为企业家创新创业营造良好法治环境的通知》(法〔2018〕1号)要求坚决防止利用刑事手段干预经济纠纷。坚持罪刑法定原则,对企业家在生产、经营、融资活动中的创新创业行为,只要不违反刑事法律的规定,不得以犯罪论处。

一、职务侵占罪的历史演绎

为准确理解职务侵占罪,有必要回溯一下职务侵占罪的立法演绎。我国对职务侵占罪先后进行了六次规定,体现了立法者在不同时期对职务侵占罪的不同认识以及在处罚上的不同指导思想。第一,1952年《惩治贪污条例》规定:"一切国家机关、企业、学校及其附属机构的工作人员,凡侵吞、盗窃、骗取、套取国家财物,强索他人财物,收受贿赂以及其他假公济私和违法取利之行为,均属贪污罪。"第二,1979年《刑法》第155条规定:"国家工作人员利用职务上的便利,贪污公共财物的,处五年以下有期徒刑或者拘役;数额巨大、情节严重的,处五年以上有期徒刑;情节特别严重的,处无期徒刑或者死刑。犯前款罪的,并处没收财产或者判令退赔。受国家机关、企业、事业单位、人民团体委托从事公务的人员犯第一款罪的,依照前两款的规定处罚。"第三,1988年《全国人民代表大会常务委员会关于惩治贪污罪贿赂罪的补充规定》第1条规定:"国家工作人员、集体经济组织工作人员或者其他经手、管理公共财物的人员,利用职务上的便利,侵吞、盗窃、骗取或者以其他手段非法占有公共财物的,是贪污罪。"上述三个阶段的规定内容具有相似性,均未将职务侵占罪列为单独罪名,而是隐含或纳入贪污罪这一"口袋罪"之中,且犯罪主体从国家工作人员逐步扩展到依照法律在国家机关、企业、事业单位、人民团体中从事公务的人员,以及集体经济组织工作人员,但利用职务便利并没有真正脱离公务性的限制。

随着中外合资、中外合作企业以及股份制企业、外资企业的大量出现,企业性质和企业产权在社会经济中出现了多样性、复杂性,运用贪污罪的条款规制公司企业人员的职务侵占,无论从哪个角度论证均存在困难,也就是说,贪污罪的罪状无法准确规制公司企业中的职务侵占。1993年12月《公司法》正式颁布,不仅明确了有限责任公司和股份有限公司由公司法调整的法律地位,也为刑事调整提出了迫切需要。第四,1995年2月,全国人大常委会颁布《关于惩治违反公司法的犯罪的决定》(以下简称《决定》)第10条规定:"公司董事、监事或者职工利用职务或者工作上的便利,侵占本公司财物,数额较大的,处五年以下有期徒刑或者拘役,数额巨大的,处五年以上有期徒刑,可以并处没收财产。"同时第14条规定:"有限责任公司、股份有限公司以外的其他企业职工有上述行为的,以职务侵占罪论处。"可见《决定》正式专门规定了职务侵占罪的主体,与贪污罪相比,职务侵占罪不仅主体不同,且其客观行为增加了"利用工作上的便利"。第五,1997年《刑法》第271条规定:"公司、企业或者其他单位的人员,利用职务上的便利,将本单位财物非法占为己有,数额较大的,处五年以下有期徒刑或者拘役;数额巨大的,处五年以上有期徒刑,可以并处没收财产。国有公司、企业或者其他国有单位中从事公务的人员和国有公司、企业或者其他国有单位委派到非国有公司、企业以及其他单位从事公务的人员有前款行为的,依照本法第三百八十二条、第三百八十三条的规定定罪处罚。"进一步对1995年《决定》中对职务侵占罪的条文罪状的描述进行了规范,更加严谨和符合逻辑。《刑法》第271条的规定取消了"利用工作上的便利"这一客观行为条件,这里的"其他单位"作为兜底性条款十分有必要,因为在我国单位主体繁杂多样,公司企业仅是主要代表,但并不是全部,还有如慈善、艺术、宗教、教育等非营利性社会组织,以及承担验资、验证、审计、会计、法律服务等职责的中介组织,在中介组织中也有从事相关工作的专业人员,如会计师、律师等。第六,2021年《刑法修正案(十一)》对职务侵占罪的修订,这里不作赘述。一言以蔽之,职务侵占罪脱胎于贪污罪,其罪状始终尚未摆脱贪污罪的影响和束缚。

二、职务侵占罪侵害的法益(客体)

职务侵占罪说白了就是监守自盗,职工在领取公司企业发放的薪酬同时,却还要侵占公司企业财物,这违反了公司企业员工的行为准则。刑事立法将某类严重危害社会的行为规定为犯罪,目的是保护社会特定的法益。那么职务侵占罪侵害的法益是什么?对这个问题的回答和认知直接关系到正确理解职务侵占罪。该罪侵害的是单一法益还是双重法益,这在理论界存在争议。单一法益说认为职务侵占罪侵害的法益是公司、企业或者其他单位的财物所有权。[1] 而双重法益说认为职务侵占罪的客体是公私财产的所有权以及公司、企业或者其他单位的日常财务管理制度,是复杂客体。[2] 笔者认为,从职务侵占罪被规定于侵犯财产罪这一章来看,它首先是对公司企业财物所有权的侵害;但从职务侵占罪的立法演变来看,该罪是由贪污罪演变而来,其与贪污罪的主要区别在于两罪的

---

[1] 赵秉志:《新刑法教程》,中国人民大学出版社1997年版,第652页。
[2] 赵建平:《贪污贿赂犯罪界限与定罪量刑研究》,中国方正出版社2000年版,第609页。

主体不同，客观行为要件相同，目前的共识是贪污罪侵害的是双重法益，即国家工作人员职务行为的廉洁性和公共财产所有权。同样，公司企业人员的职务也必然有廉洁性的要求，这是基于公司企业作为公司法所明确的独立法人和独立财产所有权，任何职工包括董事长、大股东和实际控制人都不能非法侵占。对于公司企业而言，它的生存和发展逻辑首先要求职工遵守廉洁奉公的工作行为准则，其次要求全体职工服务于公司企业利益最大化的追求，职工对公司企业负有忠实和勤勉义务。我国《公司法》第 147 条规定"董事、监事、高级管理人员应当遵守法律、行政法规和公司章程，对公司负有忠实和勤勉义务。董事、监事、高级管理人员不得利用职权收受贿赂或其他非法收入，不得侵占公司的财产。"忠实义务可以说是公司企业正常运营的基础和关键，破坏这一基础最终的结果是危及整个市场经济秩序的正常运行，这是国家意志所不允许发生的事情。因此，公司企业制定科学的管理制度、构建凝聚的企业文化、培育现代的职业伦理具有现实的迫切性和必要性。

三、对"利用职务上的便利"的理解与现实思考

（一）对"利用职务上的便利"的理解①

《刑法》第 271 条规定："公司、企业或者其他单位的工作人员，利用职务上的便利，将本单位财物非法占为己有，数额较大的，处三年以下有期徒刑或者拘役，并处罚金；数额巨大的，处三年以上十年以下有期徒刑，并处罚金；数额特别巨大的，处十年以上有期徒刑或者无期徒刑，并处罚金。"如何理解利用职务上的便利？第一种观点认为，利用职务上的便利是指行为人利用自己在管理本单位经营、生产过程中所进行的领导、指挥、监督的职权。②第二种观点认为，利用职务上的便利是指利用自己主管、管理、经营、经手本单位财物的便利条件。③第三

---

① 根据《最高人民检察院关于人民检察院直接受理立案侦查案件立案标准的规定（试行）》（高检发释字〔1999〕2 号），贪污罪中"利用职务上的便利"，是指利用职务上主管、管理、经手公共财物的权力及方便条件。2003 年《全国法院审理经济犯罪案件工作座谈会纪要》明确规定：《刑法》第三百八十五条第一款所规定的利用职务上的便利，既包括利用本人职务上主管、负责、承办某项公共事务的职权，也包括利用职务上有隶属、制约关系的其他国家工作人员的职权。
② 张翔飞：《商业侵占罪初探》，《法学》1997 年第 9 期。
③ 张明楷：《刑法学（第四版）》，法律出版社 2011 年版，第 908 页。

种观点认为,利用职务上的便利是指利用本人的职权范围内或者因执行职务而产生的主管、管理和经手单位财物的便利条件。① 笔者认为,结合职务侵占罪的立法宗旨以及当前市场主体在市场经济中所表现的万化千变,且需与贪污罪"利用职务上的便利"的理解保持相对的距离,利用职务上的便利是指利用自己职务范围内的权力和地位所形成的有利条件,即主管、管理、经手等支配财物的职权之便②,并不是指与职权无关的,仅因工作关系或者熟悉作案环境,凭借工作人员身份便于进出单位,较易接近作案目标或对象的方便,这仅是一种工作上的便利。显然利用职务上的便利表明了行为人具有的职权与被其非法占有的财物之间有某种特定的权利义务关系,也就是说,行为人享有合法占有、管理、控制或者经手公司企业财物的职权,即职权和财物之间紧密关联。如果利用的便利条件系职务之外的因素,尽管可能与行为人的职务及其职权具有某种间接关系,也仅是一种工作上的便利。例如公司清洁工有权限进入会议室作保洁,但并没有权限接触会议室里面的保险箱。

论证于此,理解利用职务之便的关键在于如何理解"职务",职务并非只有公司管理层才具有职务,职务也并非仅具有公务性,即使贪污罪与受贿罪均要求"利用职务上的便利",但因惩治的对象和侵害的法益不同,也会导致对二者"职务"上的理解不尽相同。同理,"职务"应该结合立法原意进行语义和文理解释,尤其考虑到职工在公司企业中从事的工作种类千差万别,更需要秉持一种扩大解释的立场来理解。《现代汉语词典》将"职务"解释为"职位规定应该担任的工作"。③ 基于文理解释的立场,"职务"本身是一种工作,既然职务是一项工作,那么必然既

---

① 高铭暄、马克昌:《刑法学》,北京大学出版社、高等教育出版社2022年版,第517页。
② 主管是指具有审查、批准、调拨、安排使用或者以其他方式支配、处置本单位财物之职权;管理是指负责保护、保管具体财物之职权。管理与主管相比,二者之间有相同之处,但是,二者又有明显的区别,主管是对财物具有支配权、处置权,它可以合法地指定或改变财物的用途与方向,但并不具有直接保管财物的职权。而管理则没有这种职权,仅有监守、保管等特定职权。经手是指因为执行职务而有领取或者报销费用或者发放财物的职权。经手与管理二者的区别在于,管理是对财物直接行使保管之权,经手则对财物没有直接管理的职权,因而可以说管理者是对财物的合法控制,经手者一般谈不上对财物的合法控制,而是依据职务有权领取或者报销费用或者发放财物(从文义解释的角度来说,"经手"原本也缺乏"权限"和"管理"的属性)。参见毕志强、肖介清:《职务侵占罪研究》,人民法院出版社2001年版,第43页。
③ 中国社会科学院语言研究所词典编辑室编:《现代汉语词典》(第7版),商务印书馆2016年版,第1683页。

包括在单位内从事管理工作,也包括在单位内从事普通业务。从职务侵占罪的立法沿革和其所要保护的客体来看,职务的本质在于岗位职责所要求从事的公司活动,职务直白地说就是公司企业人员按照公司要求所从事的工作,既包括在单位中从事事务管理职责,也包括从事具体事务活动。职务包含了职责和职权,是职责和职权的统一,职权是职责所对应的特定权利的外化。从范围来说,劳务大于职务、职务大于职权,当然,职务不同于劳务,但从事职务的人和从事劳务的人同样接受《劳动法》的调整,劳务既可以是具有职权内容的劳务,也可以是不具有职权内容的劳务。但不能把职务理解成职责所规定的具有管理权的工作,因为"管理性"并不是职务的标配特征。有学者提出,如果公司企业人员并不从事管理性的工作,那么就不具有对特定事务进行管理、组织、指挥、监督的权能,也就不应认定具有职务侵占罪所要求的职务之便。分析这种狭隘的观点,是基于一种思维逻辑的惯性,未摆脱把职务侵占罪的理解与贪污罪相提并论的惯性,即要求职务侵占罪中的职务也具有管理性。退一步讲,即使国家机关财务室的普通工作人员侵吞单位财物,必然会构成贪污罪,他的所谓管理性是按照职位设置行使占有、控制、分配财物的职权,这种管理性并非以拥有领导职务为前提。梳理当前对职务理解认识的误区,理论界和实务界主要存在两种观点:管理性事务说和持续性事务说。

管理性事务说认为"职务的本质在于管理性",职务侵占罪与贪污罪中"职务"都是管理性的活动。[①] 这种观点抱守职务公务性的残缺,把公权力和公司权力两种不同性质的权力混为一谈,公职人员的职务具有管理性是因为公务权力本身的特性,具体包括职能性、管理性、强制性和服从性。而在发达的市场经济中充斥着各种不同类型的市场主体,例如有限责任公司、股份有限公司、一人公司、有限合伙企业等;其职务种类表现形式是多样的,如国民经济按行业分类,可分为门类、大类、中类和小类四个层次,其中小类多达近1400个,更不用说公司企业内部部门、职能、岗位的不同设置。因此,非公务性的职务张力要远远大于带有天然限缩的公务性的职务范畴,对职务侵占罪的"职务"理解必须秉持宽泛和扩大的立场,不应强调甚至应抛弃公司企业人员职务身份性的限制,而是要看

---

① 刘伟琦:《"利用职务上的便利"的司法误区与规范性解读——基于职务侵占罪双重法益的立场》,《政治与法律》2015年第1期。

员工所从事的工作及岗位与财物的关系,换句话说,职务并不专属于董事长、总经理、经理、财务总监等公司管理层,普通劳务人员也有公司赋予的职务。持续事务说认为,职务是一项由单位分配给行为人持续地、反复地从事的工作,即"职务具有持续性、稳定性的特点"。客观地讲,上述两种学说观点本身并没有错误,也抓住了职务的典型特征,但却以偏概全,容易误导司法实践对"职务"的认定。上述两种学说的问题在于:一是过于限缩"职务"的范围,把职务局限于管理性活动,将属于非管理性活动的一般技术性或者劳务性工作一律排除在"职务"范围之外,这有违一般人的认知。例如贺某职务侵占案,贺某被中铁快运公司济南车站营业部聘为临时搬运工,在不到半年的时间,贺某利用搬装卸旅客托运行李、包裹的职务便利,先后 20 余次窃取服装、皮包、电脑等物品,共计价值人民币5 万余元。检察院以盗窃罪起诉,法院最终认定为职务侵占罪。一种观点认为贺某从事的搬运工作属于纯劳务性工作,不具有主管、管理、经手本单位财物的职权,因此不能认定其是利用职务上的便利窃取本单位的财物,应以盗窃罪定罪处罚。显然上述观点根据管理性事务说否认了贺某对单位财物具有管理职权。另一种观点认为贺某作为中铁快运公司聘用的搬运工,为旅客搬运行李是其职责范围内的工作,在搬运的过程中当然会临时占有和控制,且对搬运的行李负有妥善搬运、避免毁损的保管职责。因此,不能否认搬运工搬运行李不属于履行公司赋予的"职务"。反之,如果不是职务,那搬运工搬运职责又是什么。[①]

同理,持续事务说将职务概括为"具有持续性、稳定性的特点",也是不恰当地限制了职务侵占罪的适用范围。有学者认为,如果单位临时一次性地委托行为人从事某项事务,行为人乘机实施侵占行为的,一般不宜认定为"利用职务上的便利"而实施的职务侵占罪。如果忽视职务应当具有的相对稳定性,将利用单位临时一次性地委托行为人从事某项事务的机会也视为"利用职务上的便利",则导致职务侵占罪与侵占罪的界限模糊。笔者认为,这一观点并没有抓住职务侵占罪和侵占罪区分的关键,如果公司企业委托员工代为保管公司的财物,员工后拒不交还的,认定构成侵占罪并无不当;但如果是公司赋予员工临时性行使一次性职权来处理公司紧急事务,后侵占公司财物的行为,应认定为职务侵占罪。

[①] 刘伟琦:《"利用职务上的便利"的司法误区与规范性解读——基于职务侵占罪双重法益的立场》,《政治与法律》2015 年第 1 期。

原因在于两罪之间区分的核心是委托的对象不同,职务侵占罪委托的是职权职务,侵占罪委托的是需要被保管的财物。因此,持续性或稳定性并不是认定职务的充分条件。职务性工作既包括经常性的工作,也包括行为人受所在单位临时委派或授权所从事的工作,关键要看公司是否赋权于行为人。例如某公司销售部经理因家中有事无法去外地洽谈业务,公司临时授权广告部经理陈某于外地出差并洽谈销售合同,后陈某将对方预付款50万元占为己有。虽然陈某被临时授权去洽谈销售合同,且是短暂、临时的,但其所从事的工作是公司交办的业务,体现的是公司意志,行使的是公司职权,属于陈某应当履行的职务。显然即使基于临时授权的工作,也并不妨碍职务的认定,否则侵占行为将难以定性。换一个角度来说,职务是公司根据公司经营状况和发展需要分配给每一名员工的,不管是基于经常性的工作,还是基于临时授权的工作,都有可能基于工作要求占有、控制、支配公司的财物。换言之,只要公司赋予员工占有、控制、支配单位财物的地位,那员工就具有侵占单位财物的可能性,该行为就应认定为职务侵占,这是职务所表现出来的权利。同理,公司企业人员基于职务的要求同样具有保护本单位财物免受非法侵害的义务。"管理性事务说""持续性事务说"将"非管理性的普通业务""临时性的工作"排除在"职务"范围之外,既不合理,也不符合实际情况,不利于对公司企业合法财物的保护。

由此我们需要跳出以往理解职务之便的惯性思维(管理性、领导性),不应过多地考虑去回答职务是什么。说到底,职务侵占罪的本质就是员工根据职权占有、控制、管理、经手或支配财物的同时,又以非法手段侵占为己有,即非法侵占财物的前提是合法占有财物,这里的"合法"就是公司赋予的职务、职权和职责,这来源于岗位设置和职权设定。现在的适用争议主要源于职务是从贪污罪的内容沿袭过来,却不符合市场主体的现实情况,职权或职责更符合用来描述公司企业人员所谓的"职务"。因此,将公司企业人员是否对公司财物具有合法的占有、控制、支配、管理、经手等职权作为认定是否有职务之便的实质标准更为恰当。例如,公司清洁工从事的工作是清扫会议室,是一种单纯的劳务工作,不具有占有、控制、支配会议室财物的职权,如果清洁工利用打扫会议室的工作便利,将会议室财物占为己有,认定为盗窃并无争议。但是,由于工作性质和工作岗位设置决定了清洁工对清洁的工具如吸尘器等具有占有、管理、保管的地位,清洁工若将吸尘器非法占为己有,无疑侵犯了单位的财产法益,因为清洁工从事的清洁事务对吸尘器而言,属于职务侵占罪"职务",该行为应当认定构成职务侵占罪。如果把清洁工所有非法占有公司财物的行为均认定为盗窃,那事实上否认了清洁工在公司中岗位设置的独立性,是一种唯血统论的观点,这不符合当前公司企业在市场经济中所展现的千变万化。这一情形给我们的启示是,职务侵占罪之"职务"它具有相对性,从事同样的单位事务,针对不同的单位财物,该事务是否属于"职务"的定性可能会有不同的结论。因此,在认定行为人是否利用了职务便利之前,首先要确定被侵占的财物属于谁占有、控制、支配、管理等,如果行为人占有财物具有职权性,便可认定行为人具有职务之便。其中的法理在于行为人处于对单位财产的占有、控制、支配地位,在事实上处于单位财产保证人的地位,那么作为保证人他具有两方面的保证:一是要保证自己不侵占单位财产的廉洁义务,要对单位忠诚;二是要在义务范围内保护单位财产免受损害或威胁的奉公义务。①

(二)常见犯罪主体职务便利之判断

1. 单纯的劳务人员是否排除在职务侵占罪的范围之外?

有观点将劳务人员分为两类:一类属于管理与劳务兼具的人员,例如保管员、售票员、收银员等;另一类属于单纯的劳务人员,所谓单纯的劳务活动,是指直接从事具体的物质生产或者社会服务性质的活动,例如工人、打字员、清洁工等。②将保管员、售票员、收银员作为职务侵占罪的犯罪主体,理由是具有管理性,但这种管理性并非真正的管理性,是学者的"强赋新词",管理性的基本语义是对人的管理,若对财物也认为是管理,那意味着所有有职权占有公司财物的人员都具有管理性,这种逻辑显然不能自圆其说。管理性并不是职务之便的标配特征,而在于公司企业财物与公司企业具体人员之间的权利义务关系。换句话说,不能以人的身份以及从事的工作来划分是否具有职务便利,而在于有无职权占有、支配财物。公司企业为了自身的存续和发展,必然赋予员工一定的职权,要求员工履行一定的职责,从事的工作体现了单位的意志。因此,在公司、企业

---

① 刘伟琦:《"利用职务上的便利"的司法误区与规范性解读——基于职务侵占罪双重法益的立场》,《政治与法律》2015年第1期。
② 毕志强、肖介清:《职务侵占罪研究》,人民法院出版社2001年版,第40页。

或其他单位中,不管是管理层,还是普通员工,都有可能成为职务侵占罪的主体,毕竟职权和职责是职务的外化。

2. 快递员监守自盗快递件中的财物如何定性?

网上购物已经成为民众的基本生活模式,它促进了物流行业的快速发展,也让上千万名的快递小哥骑行于城市的大街小巷,对于他们侵占所送快递物品的行为如何定性是一个比较现实的问题。有观点认为快递员的行为应认定为盗窃罪,理由是快递员是单纯的劳务人员,从事的工作是体力劳动,不具有职务所要求的主管、管理和经手的职务性;且快递物品仅是一次性经手,属于辅助占有,占有的主体是快递公司,不符合职务行为所要求的反复性、稳定性的特征;且根据封缄物理论学说,快递员并不对封缄物内的财物具有占有的权利,一旦非法侵占封缄物内的财物,快递员的行为应认定为盗窃。笔者认为,快递员非法侵占所送快递物品的行为应认定为职务侵占罪。快递员是快递公司的员工,其职责是将快递物品安全、快速送达给快递物主,在运送过程中负有临时占有、保管、避免财物损坏等义务,一旦因快递员的原因导致快递物品损坏、丢失,其对外承担责任不是快递员,而是快递公司,因此,快递员当然具有职务侵占罪的职务便利。否则构成盗窃罪,让被害人向快递员主张赔偿损失,这在事实上否定了快递公司的独立人格,也不符合公司法的规定。同理,快递公司分拣员的职责是准确分发不同地址的快递物品给快递员,短暂接触快递物品是职责范围内的当然行为,一旦非法侵占,也应认定为职务侵占罪。退一步讲,即使采用持续性学说,快递员、分拣员的职务也具有反复性、稳定性的特征。

这里还存在另一个问题,有学者提出如果认定为职务侵占罪,入罪标准是3万元,盗窃罪入罪标准是1000元,而绝大多数快递物品价值比较小,会导致很难刑事打击,对于这个问题笔者认为与行为的定性没有直接关系,不能混为一谈,不能为了打击犯罪而打击,首先要看行为是否符合犯罪构成要件。反过来看,我们购买的快递物品很少因为快递员的侵占而丢失,这是因为快递公司管理上有非常严格的要求,每一个环节都有留痕,并随时接受快递物主的监督,快递员几乎没有侵占的机会。在中国裁判文书网上看到的案例,绝大多数是快递员盗窃其他快递员放在货架上的物品,这和职务侵占并没有关系。

四、对"本单位财物"的理解

从法律条文来看,职务侵占罪包括两大关键要素:"利用职务"和"侵占本单位财物",把两个关键要素连接起来的是要求两者之间具有因果关系,也就是说,必须是因职务便利导致单位财物被公司企业人员侵占。如何理解"本单位财物"?这个问题似乎很好理解,本单位财物是指公司、企业或其他单位拥有所有权的财物,应具有民法典意义上的占有、使用、收益和处分这四项权能,这是一般意义上或者范围最小的单位财物。除此之外,也包括本单位临时管理、占有、支配、使用、运输中的财物[1],以及非法占有的其他公私财物,其中的判断标准是财物一旦受损,对外赔偿的主体是公司企业或者其他单位,当然属于本单位财物。至于财物的表现形态并不重要,无论是动产,还是不动产、权利凭证、无形财产等,只要有财产属性均可认定为本单位财物。

(一)一人公司股东是否可以构成职务侵占罪?

《公司法》第58条规定:"本法所称一人有限责任公司,是指只有一个自然人股东或者一个法人股东的有限责任公司。"一人公司的特殊性表现为:第一,一人公司只有一名股东,该股东持有公司的全部出资;第二,一人公司是有限责任公司,具有法人资格,因而该股东承担有限责任,这与我国立法确立的个人独资企业存在本质区别,后者的出资人承担无限责任;第三,一人公司由于只有一位出资人,出资人与公司之间极易产生关联交易而导致人格混同。[2] 由于《公司法》确认了一人公司的独立法人法律地位,法人人格与自然人人格是分离的,因此,一人公司符合刑法对于单位犯罪主体的规定,这就意味着一人公司的财物可以成为职务侵占罪的侵占对象。但是,一人公司因其仅有一名股东,很容易发生法人人格和自然人人格混同的情形,《公司法》第64条规定:"一人公司中的单一股东逃避债务,严重损害债权人利益的,或者其无法证明个人财产与公司财产各自独立的,应当对一人公司的债务承担连带责任。"显然在一定条件下《公司法》否

---

[1] 根据《刑法》第91条第2款规定:"在国家机关、国有公司、企业、集体企业和人民团体管理、使用或者运输中的私人财产,以公共财产论。"从此条规定可以得出"在公司、企业或其他单位管理、使用或者运输中的他人财产以本单位财产论"。
[2] 毛玲玲:《新公司背景下一人公司的刑法地位探析》,《法学》2006年第7期。

定了一人公司的有限责任地位。如果法律要求一人公司的股东对外承担连带责任，就意味着否定了公司人格，这时股东与公司出现了混同，所以在它们构成犯罪时应该揭开公司的面纱，否定单位犯罪，认定为自然人犯罪，也就失去行为人侵占单位财物的前提。

虽然一人公司的股东在逻辑上可以构成职务侵占罪，但实践中定罪的案例比较少，如果一人公司和股东在公司日常经营中就发生了财产混同，也就不存在独立的法人资格。如果公司经营状况良好，行为人将部分公司财产用于个人或者家庭，主观上难以认定具有非法占有的故意，毕竟股东意志和公司意志往往高度重合，客观上也并未真正侵犯到公司的财产权益。而对于公司外部债权人的权益，因公司经营良好，也不会受到损害，属于合法合理的民事处分行为。即使股东恶意使用解散或者破产制度，由于股东唯一，股东随时可以作出解散决定或宣布破产，但股东完全享有原有公司的相关资产，这种所谓侵占并不具有实质的社会危害性，对此类情形不以犯罪论处更符合公众认知。但是，公司经营过程中公司财产和股东财产有较为清晰的界限，一旦公司经营恶化，股东如果将一人公司财产转为个人财产，则明显具有逃避债务、非法占有公司财产的意图，此时公司财产与股东财产之间的财产流向往往是单向的，其行为会严重损害债权人的利益，具有较为严重的社会危害性，行为人具有非法占有的主观意图，应当认定为职务侵占罪。此时，股东的职务侵占行为实质危害在于侵害了债权人的利益。

（二）股东的股权能否成为职务侵占罪的对象？

马某作为"长江公司"实际负责人，在公司股东辛某、李某两人不知情的情况下，多次伪造《股东会议决议》《董事会决议》《转股协议》等企业工商登记申请材料，通过办理工商变更登记，最终将"长江公司"变成马某的一人有限公司。

争议的问题是马某侵占其他两位股东的股权是否属于侵占"本单位财物"，一种观点认为马某作为"长江公司"实际负责人，掌握公司印章，具有职务上的便利，同时其未经股东同意，通过将他人股份转移到自己名下的途径，非法占有了这部分"抽象的"股权所代表的相应比例的公司财产，构成职务侵占罪。甚至有观点认为，个人股东股权的价值除了表决权、经营权等权利之外，更大的价值在于该股权对应的属于公司管理下的财产,而且这种财产属于公司管理的财产范围之一,其理由主要有两点:一是从公司置备股东名册的规定看,明确了公司在管理股权上的法定义务;二是从登记变更程序角度看,其办理程序上都无法回避公司作为申请变更登记的主体,也就是说公司不提出申请,则股权的变更登记无法实现。

根据《公司法》第3条规定:"公司是企业法人,有独立的法人财产,享有法人财产权。公司以其全部财产对公司的债务承担责任。有限责任公司的股东以其认缴的出资额为限对公司承担责任;股份有限公司的股东以其认购的股份为限对公司承担责任。"第4条规定:"公司股东依法享有资产收益、参与重大决策和选择管理者等权利。"显然《公司法》严格区分了公司财产与股东股权,公司是独立的企业法人,享有法人财产权,其法律人格独立于股东的法律人格,在公司财产未向股东分配之前,"公司的财产"不等于"股东的财产"。公司财产和股东股权是两个不同性质的财产权利,前者属于公司,而后者属于个人,股权属于股东,由公司代表行使,但仅代表股东在公司的份额以及收益的大小等其他权利。现代公司法最基本的一项理论,是公司的人格独立及法人财产权独立理论,这是现代公司和公司股东承担有限责任的基础,也是现代公司制度的基石。即使个人股东的股权因回购注销等原因消灭后,公司的法人财产权仍然独立存在,不受股东股权变化的影响,股权变动或转让并不必然导致公司整体财产发生变化。将个人股东的股权界定为职务侵占罪的对象,从逻辑上讲,是混淆了股东财产和公司法人财产,混淆了股东法律人格和公司法人人格,违背了法人财产权独立的立场。① 实际上,在市场经济中公司股东利用实际控制公司或者股权优势地位,非法获取或剥夺其他股东的股权并非个例,一般是大股东权力的滥用,有相应的民事手段救济,并不一定会上升到刑事评价,但刑事看实质危害性,这种情形关键看行为人是否存在非法占有的目的,公司的财产是否遭受损失,尽管行为人实施的侵占股权行为必然会隐瞒其他股东,还包括伪造一系列的文件完成工商登记,但行为人侵占其他股东的股权并不必然等于侵占了公司财物,因为公司财产和股东股权是两个不同性质的财产权利。虽然本案马某将长江公司变成了一人公

---

① 易继明:《"罪"与"非罪":股权纠纷,还是职务侵占?——评枝江法院一审马立新职务侵占案》,《科技与法律》2016年第2期。

司,但并未有证据证明他本人侵占了公司财产。当然,如果马某在将长江公司变成一人公司后,通过非法手段侵占长江公司的财产,或者将长江公司的有价值资产通过腾笼换鸟,转移到自己实际控制的其他公司,这种行为应是一种职务侵占行为,因为他侵占的是长江公司的资产,而非仅仅剥夺了其他股东的股权。

五、职务侵占罪与相关罪名的主要区别

一是职务侵占罪与盗窃罪的区别。除犯罪主体、客观行为和客体存在不同外,二者的主要区别在于前者是行为人非法侵占财物之前已对财物具有合法主管、管理、经手、支配的职务便利,而后者则是一旦占有就处非法侵占状态。

二是职务侵占罪与侵占罪的区别。除犯罪主体、客观行为和客体存在不同外,二者的主要区别在于前者占有财物是表象,委托行为人占有的是职务,而后者委托保管的是财物。

三是职务侵占罪与诈骗罪的区别。除犯罪主体、客观行为和客体存在不同外,在行为人拥有一定职务实施诈骗时容易发生定性的分歧,二者区别的关键在于前者中行为人占有的财物理应归属于单位,而后者只是利用表见代理的权利外观,即使民法典上认定表见代理行为有效,但却与行为人的职务没有因果关系,只是将权利外观作为欺骗被害人并获得其信任的一种手段,此时应认定为诈骗罪。

四是职务侵占罪与挪用资金罪的区别。这是两个极易发生混淆的罪名,除犯罪对象、客观行为存在差异外,虽然有无非法占有目的是区分两者的关键,但有无非法占有作为主观内容其实很难证明。在认定上是以职务侵占罪为原则,挪用资金罪为例外,在区分时要结合行为人有无归还的行为、归还的意愿和能力,如行为人期间有部分归还的行为、借于亲属公司临时使用、用于治疗家人疾病等一般可以认定为挪用资金罪;但若将单位资金用于赌博且根本无归还能力,以及采取伪造、销毁账簿、虚增开支等手段,一般应认定为职务侵占罪。

综上,职务侵占罪在复杂的市场经济活动中常常存在难以准确认定的情形,此时要把握职务侵占罪与贪污罪是两种不同性质和内涵的"利用职务上的便利",对职务侵占罪的理解和把握必须沉浸于具体、多彩、生动的市场经济中。

第五节　危害药品安全犯罪

一、生产、销售、提供假药罪的认定

生产、销售、提供假药罪是指生产者、销售者违反国家药品管理法规,生产、销售假药,或者药品使用单位的人员明知是假药而提供给他人使用的行为。本罪的对象为假药,本罪的主体既可以是自然人也可以是单位,本罪的主观方面为故意。

(一)"假药"及"生产""销售""提供"的认定

根据 2019 年修订的《药品管理法》第 98 条第 2 款的规定,有下列情形之一的为假药:(1)药品所含成分与国家药品标准规定的成分不符;(2)以非药品冒充药品或者以他种药品冒充此种药品;(3)变质的药品;(4)药品所标明的适应症或者功能主治超出规定范围。根据 2022 年《最高人民法院、最高人民检察院关于办理危害药品安全刑事案件适用法律若干问题的解释》(高检发释字〔2022〕1 号,以下简称《药品犯罪解释》)第 19 条第 2 款的规定,对于"以非药品冒充药品或者以他种药品冒充此种药品"以及"药品所标明的适应症或者功能主治超出规定范围"的认定,能够根据现场查获的原料、包装,结合犯罪嫌疑人、被告人供述等证据材料作出判断的,可以由地市级以上药品监督管理部门出具认定意见。对于"药品所含成分与国家药品标准规定的成分不符"以及"变质的药品"的认定,或者是否属于"以非药品冒充药品或者以他种药品冒充此种药品"存在争议的,应当由省级以上药品监督管理部门设置或者确定的药品检验机构进行检验,出具质量检验结论。司法机关根据认定意见、检验结论,结合其他证据作出认定。

根据《药品犯罪解释》第 6 条的规定,以生产、销售、提供假药、劣药为目的,合成、精制、提取、储存、加工炮制药品原料,或者在将药品原料、辅料、包装材料制成成品过程中,进行配料、混合、制剂、储存、包装的,应当认定为本罪中的"生产"。药品使用单位及其工作人员明知是假药而有偿提供给他人使用的,

应当认定为本罪中的"销售";无偿提供给他人使用的,应当认定为本罪中的"提供"。

如以每支 70 元至 130 元的价格购进有质量问题的人血白蛋白,并以每支 170 元至 200 元的价格销售牟利。经检验,涉案人血白蛋白属于假药。此案中,行为人销售的人血白蛋白所含成分与国家药品标准规定的成分不符,属于假药,其行为构成销售假药罪。

实践中,对于民间土方、偏方能否以假药论处,需要具体分析。民间土方、偏方属于我国民族医药,是民族传统医药的组成部分。对于民间土方、偏方,由于没有相应的国家药品标准,也不可能取得批准文号,但往往在临床上对于防治某些疾病确有一定的效用,有的甚至能治好疑难杂症,故一般不宜认定为假药。事实上,《药品犯罪解释》第 18 条第 1 款的规定就体现了上述精神,即"根据民间传统配方私自加工药品或者销售上述药品,数量不大,且未造成他人伤害后果或者延误诊治的,或不以营利为目的实施带有自救、互助性质的生产、进口、销售药品的行为,不应当认定为犯罪"。上述解释第 18 条第 2 款还规定:"对于是否属于民间传统配方难以确定的,根据地市级以上药品监督管理部门或者有关部门出具的认定意见,结合其他证据作出认定。"

当然,如果明知所谓的"土方""偏方"没有任何主治功能,还大量生产、销售,社会危害性较大的,即利用民间土方、偏方名义兜售假药的,应将此"土方""偏方"认定为假药。

(二)"对人体健康造成严重危害"及"其他严重情节""其他特别严重情节"的认定

《刑法修正案(八)》将生产、销售假药罪由危险犯修改为行为犯,即只要有生产、销售假药的行为即构成本罪,而不再要求生产、销售假药行为是否足以危害人体健康。根据《刑法修正案(十一)》的规定,提供假药罪亦为行为犯。而且《药品犯罪解释》第 1 条规定:"生产、销售、提供假药,具有下列情形之一的,应当酌情从重处罚:(1)涉案药品以孕产妇、儿童或者危重病人为主要使用对象的;(2)涉案药品属于麻醉药品、精神药品、医疗用毒性药品、放射性药品、生物制品,或者以药品类易制毒化学品冒充其他药品的;(3)涉案药品属于注射剂药品、急救药品的;(4)涉案药品系用于应对自然灾害、事故灾难、公共卫生事件、社会安全事件等突发事件的;(5)药品使用单位及其工作人员生产、销售假药的;(6)其他应当酌情从重处罚的情形。"如果生产、销售、提供假药行为对人体健康造成严重危害或者有其他严重情节,或者致人死亡、有其他特别严重情节的,属于结果加重犯,应处较重的刑罚。

根据《药品犯罪解释》第2条、第3条的规定,生产、销售、提供假药,具有下列情形之一的,应当认定为"对人体健康造成严重危害":(1)造成轻伤或者重伤的;(2)造成轻度残疾或者中度残疾的;(3)造成器官组织损伤导致一般功能障碍或者严重功能障碍的;(4)其他对人体健康造成严重危害的情形。具有下列情形之一的,应当认定为"其他严重情节":(1)引发较大突发公共卫生事件的;(2)生产、销售、提供假药的金额20万元以上不满50万元的;(3)生产、销售、提供假药的金额10万元以上不满20万元,并具有本解释第一条规定情形之一的;(4)根据生产、销售、提供的时间、数量、假药种类、对人体健康危害程度等,应当认定为情节严重的。

根据《药品犯罪解释》第4条的规定,生产、销售、提供假药,具有下列情形之一的,应当认定为"其他特别严重情节":(1)致人重度残疾以上的;(2)造成三人以上重伤、中度残疾或者器官组织损伤导致严重功能障碍的;(3)造成五人以上轻度残疾或者器官组织损伤导致一般功能障碍的;(4)造成十人以上轻伤的;(5)引发重大、特别重大突发公共卫生事件的;(6)生产、销售、提供假药的金额50万元以上的;(7)生产、销售、提供假药的金额20万元以上不满50万元,并具有本解释第一条规定情形之一的;(8)根据生产、销售、提供的时间、数量、假药种类、对人体健康危害程度等,应当认定为情节特别严重的。

(三)罪名的选择适用

本罪属于选项性罪名,可根据"行为+对象"的基本分类方法,一般选择适用生产假药罪、销售假药罪、提供假药罪和生产、销售假药罪四个罪名。

二、生产、销售、提供劣药罪的认定

生产、销售、提供劣药罪是指违反国家药品管理法规,生产、销售劣药,对人体健康造成严重危害,或者药品使用单位的人员明知是劣药而提供给他人使用的行为。本罪的对象为劣药,本罪的主体既可以是自然人也可以是单位,本罪的主观方面为故意。

(一)"劣药"的认定

根据《药品管理法》第 98 条第 3 款的规定,有下列情形之一的为劣药:(1)药品成分的含量不符合国家药品标准;(2)被污染的药品;(3)未标明或者更改有效期的药品;(4)未注明或者更改产品批号的药品;(5)超过有效期的药品;(6)擅自添加防腐剂、辅料的药品;(7)其他不符合药品标准的药品。

根据《药品犯罪解释》第 19 条第 2 款的规定,对于"未标明或者更改有效期的药品""未注明或者更改产品批号的药品""超过有效期的药品"以及"擅自添加防腐剂、辅料的药品"的认定,能够根据现场查获的原料、包装,结合犯罪嫌疑人、被告人供述等证据材料作出判断的,可以由地市级以上药品监督管理部门出具认定意见。对于"药品成分的含量不符合国家药品标准""被污染的药品"以及"其他不符合药品标准的药品"的认定,或者是否属于"擅自添加防腐剂、辅料的药品"存在争议的,应当由省级以上药品监督管理部门设置或者确定的药品检验机构进行检验,出具质量检验结论。司法机关根据认定意见、检验结论,结合其他证据作出认定。

根据《药品犯罪解释》第 6 条的规定,以生产、销售、提供劣药为目的,合成、精制、提取、储存、加工炮制药品原料,或者在将药品原料、辅料、包装材料制成成品过程中,进行配料、混合、制剂、储存、包装的,应当认定为本罪中的"生产"。药品使用单位及其工作人员明知是劣药而有偿提供给他人使用的,应当认定为本罪中的"销售";无偿提供给他人使用的,应当认定为本罪中的"提供"。

如某制药厂生产链霉素针剂一批,部分在有效期内未能售出,为牟取非法利益,更改出厂日期和有效期并降价销售。有患者使用该针剂后病情恶化,经医院全力抢救脱离危险。此案中,某制药厂为牟利将已经过期的药品更改出厂日期和有效期后销售给他人,对人体健康造成严重危害,其行为构成生产、销售劣药罪。

(二)"对人体健康造成严重危害"及"后果特别严重"的认定

本罪属于结果犯,即只有生产、销售、提供劣药的行为对人体健康造成严重危害的,才构成本罪。如果实施上述行为导致后果特别严重的,属于结果加重犯,应处较重的刑罚。

根据《药品犯罪解释》第 5 条第 2 款、第 3 款的规定,生产、销售、提供劣药,具有下列情形之一的,应当认定为"对人体健康造成严重危害":(1)造成轻伤或者重伤的;(2)造成轻度残疾或者中度残疾的;(3)造成器官组织损伤导致一般功能障碍或者严重功能障碍的;(4)其他对人体健康造成严重危害的情形。致人死亡,或者具有下列情形之一的,应当认定为"后果特别严重":(1)致人重度残疾的;(2)造成三人以上重伤、中度残疾或者器官组织损伤导致严重功能障碍的;(3)造成五人以上轻度残疾或者器官组织损伤导致一般功能障碍的;(4)造成十人以上轻伤的;(5)造成重大、特别重大突发公共卫生事件的。

此外,《药品犯罪解释》第 5 条第 1 款明确,生产、销售、提供劣药,具有本解释第一条规定情形之一的,应当酌情从重处罚,即:(1)涉案药品以孕产妇、儿童或者危重病人为主要使用对象的;(2)涉案药品属于麻醉药品、精神药品、医疗用毒性药品、放射性药品、生物制品,或者以药品类易制毒化学品冒充其他药品的;(3)涉案药品属于注射剂药品、急救药品的;(4)涉案药品系用于应对自然灾害、事故灾难、公共卫生事件、社会安全事件等突发事件的;(5)药品使用单位及其工作人员生产、销售假药的;(6)其他应当酌情从重处罚的情形。

(三)罪名的选择适用

本罪属于选项性罪名,尽管可根据"行为+对象"的基本分类方法,选择适用生产劣药罪、销售劣药罪、提供劣药罪和生产、销售劣药罪四个罪名,但由于本罪为结果犯,单纯只生产尚未销售的,不能对人体健康造成严重危害。因此,根据具体案情,本罪罪名的选择适用一般为生产、销售劣药罪,销售劣药罪和提供劣药罪三个罪名。

三、妨害药品管理罪的认定

《刑法修正案(十一)》增设了妨害药品管理罪,即违反药品管理法规,实施足以严重危害人体健康的妨害药品管理的行为。本罪的具体行为方式包括四种:(1)生产、销售国务院药品监督管理部门禁止使用的药品;(2)未取得药品相关批准证明文件生产、进口药品或者明知是上述药品而销售;(3)药品申请注册中提供虚假的证明、数据、资料、样品或者采取其他欺骗手段;(4)编造生产、检验记录。本罪的主体既可以是自然人也可以是单位,本罪的主观方面为故意。

(一)"足以严重危害人体健康"的认定

一般认为,本罪为具体危险犯①,并非一实施妨害药品管理的行为就构成犯罪,而是以"足以严重危害人体健康"为入罪要件。

根据《药品犯罪解释》第 7 条的规定,实施妨害药品管理行为,具有下列情形之一的,应当认定为"足以严重危害人体健康":(1)生产、销售国务院药品监督管理部门禁止使用的药品,综合生产、销售的时间、数量、禁止使用原因等情节,认为具有严重危害人体健康的现实危险的;(2)未取得药品相关批准证明文件生产药品或者明知是上述药品而销售,涉案药品属于本解释第 1 条第 1 项至第 3 项②规定情形的;(3)未取得药品相关批准证明文件生产药品或者明知是上述药品而销售,涉案药品的适应症、功能主治或者成分不明的;(4)未取得药品相关批准证明文件生产药品或者明知是上述药品而销售,涉案药品没有国家药品标准,且无核准的药品质量标准,但检出化学药成分的;(5)未取得药品相关批准证明文件进口药品或者明知是上述药品而销售,涉案药品在境外也未合法上市的;(6)在药物非临床研究或者药物临床试验过程中故意使用虚假试验用药品,或者瞒报与药物临床试验用药品相关的严重不良事件的;(7)故意损毁原始药物非临床研究数据或者药物临床试验数据,或者编造受试动物信息、受试者信息、主要试验过程记录、研究数据、检测数据等药物非临床研究数据或者药物临床试验数据,影响药品的安全性、有效性和质量可控性的;(8)编造生产、检验记录,影响药品的安全性、有效性和质量可控性的;(9)其他足以严重危害人体健康的情形。对于涉案药品是否在境外合法上市,应当根据境外药品监督管理部门或者权利人的证明等证据,结合犯罪嫌疑人、被告人及其辩护人提供的证据材料综合审查,依法作出认定。对于"足以严重危害人体健康"难以确定的,根据地市级以上

---

① 周加海、喻海松、李静:《〈关于办理危害药品安全刑事案件适用法律若干问题的解释〉的理解与适用》,《人民司法(应用)》2022 年第 10 期。
② 即:(1)涉案药品以孕产妇、儿童或者危重病人为主要使用对象的;(2)涉案药品属于麻醉药品、精神药品、医疗用毒性药品、放射性药品、生物制品,或者以药品类易制毒化学品冒充其他药品的;(3)涉案药品属于注射剂药品、急救药品的。

药品监督管理部门出具的认定意见,结合其他证据作出认定。

(二)"对人体健康造成严重危害"及"有其他严重情节"的认定

实施妨害药品管理行为,对人体健康造成严重危害或者有其他严重情节的,属于结果加重犯,将处以更重的刑罚。

根据《药品犯罪解释》第 8 条第 1 款、第 2 款的规定,实施妨害药品管理行为,具有本解释第 2 条规定情形之一的,应当认定为"对人体健康造成严重危害",即:(1)造成轻伤或者重伤的;(2)造成轻度残疾或者中度残疾的;(3)造成器官组织损伤导致一般功能障碍或者严重功能障碍的;(4)其他对人体健康造成严重危害的情形。实施妨害药品管理行为,足以严重危害人体健康,并具有下列情形之一的,应当认定为"有其他严重情节":(1)生产、销售国务院药品监督管理部门禁止使用的药品,生产、销售的金额 50 万元以上的;(2)未取得药品相关批准证明文件生产、进口药品或者明知是上述药品而销售,生产、销售的金额 50 万元以上的;(3)药品申请注册中提供虚假的证明、数据、资料、样品或者采取其他欺骗手段,造成严重后果的;(4)编造生产、检验记录,造成严重后果的;(5)造成恶劣社会影响或者具有其他严重情节的情形。

四、危害药品安全犯罪中的罪名关系及选择

实践中,对于危害药品安全犯罪案件一般以生产、销售、提供假药罪,生产、销售、提供劣药罪,妨害药品管理罪,生产、销售伪劣产品罪定罪处罚,也有少数案件以诈骗罪、侵犯知识产权犯罪等罪名定罪处罚。对危害药品安全犯罪中的罪名关系及选择进行探讨,有利于依法、准确打击此类犯罪行为。

(一)生产、销售、提供假药罪与生产、销售、提供劣药罪,妨害药品管理罪的罪名关系及选择

《刑法》第 142 条之一第 2 款及《药品犯罪解释》第 8 条第 3 款均规定,实施妨害药品管理行为,同时又构成生产、销售、提供假药罪、生产、销售、提供劣药罪或者其他犯罪的,依照处罚较重的规定定罪处罚。

如"黑作坊"生产药品,系未取得药品相关批准证明文件生产药品的妨害药品管理行为,足以严重危害人体健康的,构成妨害药品管理罪。如果生产的药品

属于假药,则同时还构成生产假药罪。如果生产的药品不属于假药,而属于劣药,销售后对人体健康造成严重危害的,构成生产、销售劣药罪。同时构成妨害药品管理罪与生产假药罪或者生产、销售劣药罪两罪的,系想象竞合,应从一重罪处罚。

当然,未取得药品相关批准证明文件生产药品,如果所生产的药品既不是假药也不是劣药,但足以严重危害人体健康的,则仅构成妨害药品管理罪。如果所生产的药品是劣药,但尚未销售,或者销售后未对人体健康造成严重危害的,不构成生产、销售劣药罪。但是,未取得药品相关批准证明文件生产劣药的行为,系妨害药品管理行为,足以严重危害人体健康的,构成妨害药品管理罪。

(二)生产、销售、提供假药罪,生产、销售、提供劣药罪,妨害药品管理罪,以及生产、销售伪劣产品罪的罪名关系及选择

假药和劣药都属于伪劣产品。妨害药品管理犯罪的涉案药品可以包括劣药①和非假药、劣药的问题药(称之为"瑕疵药"),亦属于伪劣产品。因此,生产、销售假药罪,生产、销售劣药罪②与妨害药品管理罪系生产、销售伪劣产品罪的特别规定。由于生产、销售假药罪是行为犯,生产、销售劣药罪是结果犯,妨害药品管理罪是危险犯,而生产、销售伪劣产品罪是数额犯,因此,对于未取得药品相关批准证明文件生产药品(可能是假药、劣药或者瑕疵药)并予以销售,但销售金额没有达到生产、销售伪劣产品罪数额标准的,只可能构成生产、销售假药罪或者生产、销售劣药罪或者妨害药品管理罪,而不构成生产、销售伪劣产品罪。相反,如果销售金额达到生产、销售伪劣产品罪数额标准的,则构成生产、销售伪劣产品罪与生产、销售假药罪,生产、销售劣药罪,妨害药品管理罪之间的法条竞合。一般而言,对于法条竞合,特别法条优先于一般法条,即首先应考虑以生产、销售假药罪,生产、销售劣药罪或者妨害药品管理罪定罪处罚。当然,根据《刑法》第149条第2款的规定,如果以生产、销售伪劣产品罪定罪处罚更重的,应以

---

① 实施妨害药品管理的非法生产、销售劣药行为,尚未对人体健康造成严重危害的,不能以生产、销售劣药罪处理,但该行为足以严重危害人体健康的,构成妨害药品管理罪。故此,妨害药品管理犯罪的涉案药品可以包括劣药。
② 因提供假药、劣药行为不是销售假药、劣药行为,故即使达到销售伪劣产品罪数额标准的,也不构成销售伪劣产品罪。

该罪论处。事实上,《刑法》第 142 条之一第 2 款及《药品犯罪解释》第 8 条第 3 款规定,对于实施妨害药品管理行为,同时又构成生产、销售假药罪、生产、销售劣药罪或者其他犯罪的,依照处罚较重的规定定罪处罚。"其他犯罪",包括生产、销售伪劣产品罪。

《药品犯罪解释》对生产、销售假药罪中"其他严重情节""其他特别严重情节"做了具体规定,明确了生产、销售假药的金额达到一定程度的,也应判处更重的刑罚。当生产、销售假药罪与生产、销售伪劣产品罪竞合时,比较而言,以生产、销售假药罪处罚更重。

对于生产、销售劣药,如果并未对人体健康造成严重危害,但销售金额达到 5 万元以上或者未销售货值金额达到 15 万元以上或者销售金额(未达到 5 万元)与未销售货值金额合计也达到 15 万元以上的,不构成生产、销售劣药罪,但构成生产、销售伪劣产品罪。当然,对人体健康造成严重危害,且销售金额达到生产、销售伪劣产品罪数额标准的,则同时构成生产、销售劣药罪与生产、销售伪劣产品罪,系特别法条与一般法条的竞合,按照前述定罪原则处理。

因妨害药品管理罪的最高法定刑为 7 年有期徒刑,而生产、销售伪劣产品罪的最高法定刑为无期徒刑,因此,当妨害药品管理行为的生产、销售金额达到一定标准,以生产、销售伪劣产品罪定罪处罚可能处罚较重。如未取得药品相关批准证明文件生产药品(系不合格的瑕疵药)并予以销售,足以严重危害人体健康,销售金额 100 万元,以妨害药品管理罪定罪处罚,处 3 年以上 7 年以下有期徒刑,并处罚金;以生产、销售伪劣产品罪,处 7 年以上有期徒刑,并处一定数额的罚金,显然,以生产、销售伪劣产品罪定罪处罚较重。

需要注意的是,《药品犯罪解释》第 11 条规定:"以提供给他人生产、销售、提供药品为目的,违反国家规定,生产、销售不符合药用要求的原料、辅料,符合《刑法》第一百四十条规定的,以生产、销售伪劣产品罪从重处罚;同时构成其他犯罪的,依照处罚较重的规定定罪处罚。"

(三)生产、销售、提供假药罪,生产、销售、提供劣药罪,妨害药品管理罪,以及侵犯知识产权犯罪的罪名关系及选择

如在生产假药过程中未经药品注册商标所有人许可,在同一种药品上使用与其注册商标相同的商标,情节严重的,在构成生产假药罪的同时,还构成假冒

注册商标罪。此时,假冒注册商标是手段,生产假药是目的,两罪之间系牵连犯,应从一重罪处罚。当然,生产假药行为可能还构成生产、销售伪劣产品罪。同时构成三罪的,亦应从一重罪处罚。

销售明知是假冒他人注册商标的药品,涉案药品为假药,且违法所得数额较大或者有其他严重情节的,在构成销售假药罪的同时,还构成销售假冒注册商标的商品罪。两罪之间系想象竞合,也应从一重罪处罚。同样,销售假药行为可能还构成销售伪劣产品罪。同时构成三罪的,亦应从一重罪处罚。

对于生产、销售劣药行为而未对人体健康造成严重危害,但假冒他人注册商标,情节严重的,或者销售明知是假冒他人注册商标的劣药,违法所得数额较大或者有其他严重情节的,则直接以假冒注册商标罪或者销售假冒注册商标的商品罪定罪处罚。同时还构成生产、销售伪劣产品罪的,应从一重罪处罚。

妨害药品管理行为亦可能侵犯知识产权犯罪,需按照上述定罪原则处理。

(四)生产、销售、提供假药罪,生产、销售、提供劣药罪,妨害药品管理罪,以及诈骗罪的罪名关系及选择

药品犯罪属于经济犯罪范畴,侵害的客体是国家的药品管理制度和人民群众的生命健康权利,显然与属于财产犯罪的诈骗罪有着明显的界限。以销售假药罪与诈骗罪的关系为例,对于在经济活动中,销售者为了牟取非法利益,明知是假药而销售的,以销售假药罪定罪处罚;如果是将所谓的假药作为诈骗的道具,其目的不是通过销售行为牟取非法利益,而是为了非法占有他人财物,即以销售假药为名行骗取他人财物之实的,以诈骗罪定罪处罚。如用几盒六味地黄丸、六合维生素再加上白酒,经过简单的外形加工后就成了祖传秘方,并号称能点穴、治疑难杂症,先让围观者试着涂药、吃药,再以涂药吃药者已被药物点穴相要挟,让吃药者按每粒200元的价格支付药费,获取钱款2万余元。对于此案,行为人以非法占有为目的,虚构事实,骗取他人财物,数额较大,其行为构成诈骗罪。

当然,以虚夸方式销售正规药品,如成立咨询公司招募话务员进行话术培训,并通过话务员定向致电中老年客户,以虚夸药效、恐吓病情影响等方式高价销售药品的,系以销售药品为名行诈骗之实,即将药品作为诈骗工具。因涉案药

品为正规药品,不构成销售假药罪。① 如骗取的钱款数额较大的,构成诈骗罪。行为人将正规药品作为诈骗工具,诈骗数额中是否扣除涉案药品价值?如涉案药品对被害人没有利用可能性,无法实现被害人预期的交易目的,对弥补被害人所受的财产损失也没有实际意义的,或者对于被害人是否有利用可能性,对弥补被害人所受的财产损失是否有实际意义,难以确定的,一般不予从诈骗数额中扣除涉案药品价值,但考虑作为犯罪工具的涉案药品具有一定价值,可以作为酌定量刑情节考虑。

(五)非法经营药品的能否再以非法经营罪定罪处罚

在《刑法修正案(十一)》增设妨害药品管理罪前,对于没有取得药品经营许可证而经营药品,属于违反国家规定,扰乱市场秩序的非法经营行为,情节严重的,以非法经营罪定罪处罚。

《刑法修正案(十一)》增设妨害药品管理罪后,对于未取得药品相关批准证明文件生产、进口药品或者明知是上述药品而销售的行为,如足以严重危害人体健康的,可处3年以下有期徒刑或者拘役,并处或者单处罚金。问题是,上述行为属于典型的非法经营行为,如果情节严重的,按照刑法规定以非法经营罪定罪处罚,可以判处更重的刑罚,即处5年以下有期徒刑或者拘役,并处或者单处一定数额的罚金。但是,如果上述行为不足以严重危害人体健康,则该行为只构成较重的非法经营罪,而不构成较轻的妨害药品管理罪,此时,如果仍以非法经营罪定罪处罚,就会出现轻重倒挂,显然不足为取。也许基于此,新修正的《药品犯罪解释》未再明确对非法经营药品行为以非法经营罪定罪处罚,更未明确非法经营罪的定罪量刑标准。② 故此,一般倾向认为,对于没有取得药品经营许可证而经营药品的行为,即使情节严重的,也不再以非法经营罪定罪处罚。

实践中,对于没有取得药品经营许可证而经营药品的行为,根据具体情形进行不同处罚。第一,非法经营假药的,以生产、销售假药罪论处。第二,非法经营

---

① 如果系无证销售正规药品,还涉及非法经营药品问题,后文将对此进行论述。
② 原《药品犯罪解释》第7条规定:"违反国家药品管理法律法规,未取得或者使用伪造、变造的药品经营许可证,非法经营药品,情节严重的,依照《刑法》第二百二十五条的规定以非法经营罪定罪处罚。"而且还明确:非法经营数额在10万元以上,或者违法所得数额在5万元以上的,应当认定为"情节严重";非法经营数额在50万元以上,或者违法所得数额在25万元以上的,应当认定为"情节特别严重"。

劣药,对人体健康造成严重危害的,以生产、销售劣药罪论处。如果尚未对人体健康造成严重危害,但足以严重危害人体健康的,则以妨害药品管理罪论处。第三,非法经营假药、劣药以外的瑕疵药,足以严重危害人体健康的,以妨害药品管理罪论处。第四,非法经营假冒伪劣药品,可能还涉及假冒注册商标、销售假冒注册商标的商品、生产、销售伪劣产品等犯罪。第五,非法经营正规药品,因不足以严重危害人体健康,不以妨害药品管理罪论处,即使情节严重的,也不再以非法经营罪论处,而给予行政处罚即可。如《药品管理法》第115条规定:"未取得药品生产许可证、药品经营许可证或者医疗机构制剂许可证生产、销售药品的,责令关闭,没收违法生产、销售的药品和违法所得,并处违法生产、销售的药品货值金额15倍以上30倍以下的罚款;货值金额不足10万元的,按10万元计算。"

第十三章 刑民交叉

刑民交叉案件中相关问题的讨论深受民法影响，进而刑民交叉案件的定性问题涉及罪与非罪以及此罪与彼罪的界分是显而易见的。案件的事实是否存在刑法和民法的认识分歧，对于同一概念的解释在刑法和民法的语境中是否同一以及行为是否满足犯罪构成要件的符合性问题便需要考虑。在缓和的违法一元论立场下，以案件事实存在刑民规范的交叉为逻辑起点，对刑民交叉案件的定性问题所进行的法益分析、刑事政策考量等规则的探讨，以被害人介入下的刑事司法思维为补充最终是为了让"犯罪的归刑法，非罪的归民法"，以期在一定意义上缓解刑法的扩张与泛化，从而准确界分民事问题与刑事责任。

第一节 刑民交叉概览与文献综述

一、刑民交叉概览

通常情况下，司法实践中的一个案件事实若涉及刑事和民事领域中的相关问题，也都是相对独立、互不干涉的，其各自依据相应的诉讼程序进行处理。但在特定情形或者条件下，该类案件事实所涉法律关系并不清晰，且错综复杂，往往刑事和民事之间相互交叉、牵连、又相互影响。[①] 随着社会发展，越来越多的

---

① 江伟、范跃如：《刑民交叉案件处理机制研究》，《法商研究》2005年第4期。

"刑民交叉"在诸多案件中出现。据统计,中国裁判文书网司法裁判文书中述及"刑民交叉"或者"民刑交叉"的文书数量,2010年至2013年,均只有数十篇,自从2014年便均突增至百余篇,2015年均近200篇,2016年分别近400篇和200篇,2017年则分别600余篇和200余篇,2018年述及"刑民交叉"的文书有所回落而述及"民刑交叉"的文书则增至400余篇。至2019年时,两者共计超过1 200余篇,2020年更是双双突增,均达1 200余篇,2021年则均回落至600余篇。①

显然,司法实践中"刑民交叉"案件是大量存在的,该类案件源于不同部门法之间的法律关系常常存在交叉、重叠等形态的共生关系,由此生成复合型案件,便是所谓的"刑民交叉""刑行交叉""民行交叉"等。这种不同部门法之间的交叉现象在引起多个领域学者的研究兴趣的同时,对于所谓的部门法交叉的具体内涵则各有各说。在刑法学中,陈兴良教授认为,刑民交叉指的是刑事犯罪与民事不法存在竞合的案件②;在诉讼法学中,龙宗智教授认为,(造成财产权益损害的)刑事案件与(引致民事法律后果的)民事案件的交叉关联③。由此,便有学者认为,民法学与刑事诉讼法学对"刑民交叉"方面的研究局限于学科内部,未上升至全体法秩序。④ 但另一方面,不赞同使用"刑民交叉"概念的观点也较有影响力。如张明楷教授认为"刑民交叉"是一个非概念,即使认为"刑民交叉"是一个概念,它也不是对事物本质的思考,刑法学不应当创制和使用这一概念;刑民交叉外延模糊,其较刑民关系无甚差别,学者与司法工作人员只是自说自话,不具特定机能与作用,故该用语实际难以进入由其他精确概念所构之语境,试图区分存在包容关系的刑事犯罪与民事违法的研究只会致使问题更加复杂。⑤

由此可见,对于"刑民交叉"的概念本身以及其内涵和外延的界定并不统一。诚如有学者所言,"我国司法实践中的刑民交叉现象引起了多个领域学者的研究兴趣,这也导致其外延横跨实体与程序法,具体内涵莫衷一是。学者多根据其文

---

① 宣頔、徐瑞胜:《法秩序统一视野下刑民交叉案件问题研究——基于390份裁判文书的实证分析》,《常州大学学报(社会科学版)》2022年第3期。
② 陈兴良:《刑民交叉案件的刑法适用》,《法律科学(西北政法大学学报)》2019年第2期。
③ 龙宗智:《刑民交叉案件中的事实认定与证据使用》,《法学研究》2018年第6期。
④ 简爱:《从刑民实体判断看交叉案件的诉讼处理机制》,《法学家》2020年第1期。
⑤ 张明楷:《刑法学中的概念使用与创制》,《法商研究》2021年第1期。

章所探讨之问题而对刑民交叉一词做出定义或描述该现象产生的原因"①。尽管"刑民交叉"的概念本身存在"是与非"或者"此与彼"的诸多争议,但并不妨碍其在司法实践中以一种案件类型存在。正是由于"刑民交叉"司法实践中的这种真实的存在,"单纯地反对将刑民交叉一词概念化在刑法学或有意义,但于司法实务指导无益,以其代指的诸多法律问题依然存在"②,并且在民事与刑事法内部体系化程度日趋加深之际,不论是纯粹的理论研究或者实务处理,均需要对涉"刑民交叉"的案件进行梳理、归纳研究。

二、研究文献综述

在过去的十多年中,仅法学主流期刊(指2019—2020年核心期刊法学类目录中的24家期刊,相关论文收录达22家)2011—2021年至少有84篇的主题与"刑民/民刑"相关。内容大体上集中在诉讼程序衔接与权利救济、为特定刑民事案由间的界分以及为部门法间法律评价研究等方面。③尽管相关研究的论文数量不少,但由于学界长期以来以各部门法画地为牢、自成一体的封闭式研究路径,导致了对"刑民交叉"问题的研究较为薄弱,尚未形成深邃、完备的理论体系。

针对"刑民交叉"的研究在法学核心期刊中最早可见于2001年,赵崀发表于《法制与社会发展》2001年第1期中《刑民交叉的存单纠纷案件之定性与审理》一文,源自当时实务中某一特定案件的责任认定及权利救济在刑民两类诉讼处理中产生分歧。④而较早对"刑民交叉"案件进行相对全面的定义的是最高人民法院的何帆法官,在其著作《刑民交叉案件审理的基本思路》一书中认为,"所谓刑民交叉案件,又称为刑民交织、刑民互涉案件,是指既涉及刑事法律关系,又涉及民事法律关系,且相互之间存在交叉、牵连、影响的案件"⑤。

---

① 宣頔、徐瑞胜:《法秩序统一视野下刑民交叉案件问题研究——基于390份裁判文书的实证分析》,《常州大学学报(社会科学版)》2022年第3期,第23页。
② 同上。
③ 宣頔、徐瑞胜:《法秩序统一视野下刑民交叉案件问题研究——基于390份裁判文书的实证分析》,《常州大学学报(社会科学版)》2022年第3期。
④ 参见赵崀:《刑民交叉的存单纠纷案件之定性与审理》,《法制与社会发展》2001年第1期;转引自宣頔、徐瑞胜:《法秩序统一视野下刑民交叉案件问题研究——基于390份裁判文书的实证分析》,《常州大学学报(社会科学版)》2022年第3期。
⑤ 何帆:《刑民交叉案件审理的基本思路》,中国法制出版社2007年版,第25—26页。

在著作方面,代表性的研究有四。第一,何帆在其著作中,对刑民交叉案件的实体概念进行了有益的探讨,如刑民交叉案件审理中民法与刑法均涉及的"出生"与"死亡""近亲属""婚姻",以及民法中的"物"与刑法中的"财产""财物"等实体法问题,也涉及合同纠纷与合同诈骗、保险合同纠纷与保险诈骗罪、商业秘密纠纷与侵犯商业秘密罪、交通肇事纠纷与交通肇事罪等刑民交叉案件的司法处理方式,以及刑事附带民事诉讼等。第二,吉林大学刘宇在其博士论文中提出,民法与刑法本属性质迥异之法律,但是随着社会的发展,两者在理论的发展上都作了相应的调整,随着法律分工之细化,两者在调整现实生活中也不免发生联系,并运用比较分析之方法对民法与刑法的关系问题做了全面系统的理论梳理和阐述,围绕包括民法与刑法的共通性及特殊性、民法与刑法的关联性、刑民交叉案件的处理机制等展开讨论。① 第三,陈灿平在其书中研究了刑民交叉中的若干疑难问题,提出了刑民责任交错方面关于惩罚性赔偿、罪过区分等疑难问题的新见解,对刑民重要关联用语如"占有""合同""扶养""家庭成员"等概念也进行了新的探讨。② 第四,朱铁军在其书中对刑民法律关系之间进行了宏观的历史的比较和研究,立足于刑法与民法的实体关系,对两者之间的界限、关联和融合进行了体系性探讨。③

在论文方面,代表性的研究有七。第一,杨兴培在其论文中对刑民交叉案件的实体关系进行了持续深入的研究,从法律技术运用层面将刑民交叉的案件进行分类,即案件在外形上具有刑民交叉或经济与刑事混杂的形式、案件在外形上具有刑民交叉或经济与刑事混杂的形式和案件在外形上具有刑民交叉或经济与刑事混杂的形式,相应地分别采取通过刑法的前置法来加以解决、通过"先刑后民"的操作方式,以社会危害性的量和刑事违法性的质两个方面的评价应当追究刑事责任以及需要接受两种不同的法律规范的分别评价和处理三种处理形式。④ 第二,童伟华在其论文中从日本刑法和民法规定的正当防卫和紧急避险两种紧急行为的角度展开,论述刑法和民法的规定并不完全一致,应当以法秩序

---

① 参见刘宇:《民刑关系要论》,吉林大学 2007 年博士学位论文。
② 参见陈灿平:《刑民实体法关系初探》,法律出版社 2009 年版。
③ 参见朱铁军:《刑民实体关系论》,上海人民出版社 2012 年版。
④ 杨兴培:《刑民交叉案件法理分析的逻辑进路》,《中国刑事法杂志》2012 年第 9 期;杨兴培:《刑民交叉案件的类型分析和破解方法》,《东方法学》2014 年第 4 期。

的统一性为前提解释刑法与民法有关紧急行为的规定。同时指出,尽管日本刑法与民法未有自救行为的规定,但自救行为如合乎一定的条件,也可以作为超法规的违法性阻却事由。① 第三,时延安在其论文中提出,刑事违法性的判断与民事不法的判断,是基于不同性质法律进行的判断,有其各自的判断体系,因而侵害个体性利益的犯罪同时也是民事不法行为。犯罪与民事不法行为,不是"非此即彼"的关系。对于侵犯个体性权益的危害行为是否犯罪的判断过程中,考虑到维护法制统一、刑罚的辅助性等原因,刑事违法性的判断对民事不法的判断结论应具有依赖的关系,即实质的从属性,刑事违法性的判断以民事不法的成立为必要条件②。第四,郑泽善在其论文中指出:主张违法性判断在法秩序整体中应当统一理解的违法一元论倾向于违法的统一性;与此相反,主张刑法中的违法性是以是否值得处罚为前提,因此,刑法中的违法性不同于民法、行政法中的违法性的违法多元论则倾向于违法的相对性。违法性在其根本上,在法秩序整体中应当统一理解,但是,其形式可以具有各种各样的类别和轻重阶段。一个行为作为犯罪而受到处罚,一定要具备相应的'质'和'量',应当具备可罚的违法性"。③ 第五,王昭武在其论文中,提出不同法域之间的违法判断究竟是必须保持统一,还是应当具有相对性,甚至彼此独立,一直以来都是极具争议的理论问题。对该问题的回答将直接决定对涉及"民刑"交错以及"行刑"衔接问题的案件的判决结果。该问题的实质在于"违法判断相对性"与"违法判断多元性"这两种判断理念之间的对立,正确的方法是在法秩序统一性的视野下,以违法统一性为基础进行违法的相对性判断。因此,民法或行政法允许的行为,必然不具有刑事违法性;而民法或行政法禁止的行为,则未必具有刑事违法性;对民法或行政法认为并无保护之必要的利益,不能认定侵害行为具有刑事违法性。第六,陈兴良在其论文中指出,民法与刑法在法律体系中具有前置法与后置法之间的关系,这种关系决定了民法对刑法的解释适用具有一定的制约性。基于法秩序统一原理,民法中的合法行为在刑法中不能被认定为违法行为,因而民法上的合法行为可以成为刑法中的出罪事由。刑法具有对民法的相对从属性,刑法在立法中可

---

① 童伟华:《紧急行为中的刑、民关系——以日本法为例》,《太平洋学报》2008年第10期。
② 时延安:《论刑事违法性判断与民事不法判断的关系》,《法学杂志》2010年第1期。
③ 郑泽善:《法秩序的统一性与违法的相对性》,《甘肃政法学院学报》2011年第4期。

以基于刑法的目的而做出不同于民法的规定或者界定,刑法对民法具有一定程度的独立性。民法的扩张势所必然,但刑法与民法并不是完全的消长关系,重刑轻民的观念以及重刑主义思想应当加以清除,使刑法与民法能够互相协调,成为法治国家建设中的两大法律支柱。① 第七,周光权在其论文中,将涉"刑民交叉"领域中的有关法秩序统一性问题原理从实践角度予以展开,其提出,法秩序统一性原理要求在处理刑民交叉等案件时关注前置法,不能将前置法上的合法行为认定为犯罪。刑法上的判断虽然需要顾及前置法的取向,但不代表刑法从属于前置法,更不意味着前置法上的违法性和刑事违法性之间仅存在量的区别。在入罪时,前置法和刑法的关系类似于"烟"与"火",违反前置法能够提示司法人员行为人有构成犯罪的嫌疑,但证立刑事违法性还需要行为符合具体犯罪的构成要件且不存在违法阻却事由。形式上按照前置法的规定认定为违法,但基于刑法上的规范目的考虑得出无罪结论的情形在实务中大量存在,只有坚持实质化、规范化的思考路径,才能准确地在违反前置法的基础上推导出刑事违法性,进而抑制司法实践中随时都可能滋长的处罚冲动。②

第二节　刑民交叉案件处理的疑难问题

通过前述针对"刑民交叉"案件的司法实务以及相关问题的研究综述,当前有关"刑民交叉"的立法空白在一定程度上导致司法人员在处理"刑民交叉"案件时的无所适从,特别是财产犯罪刑民交叉案件中的衡平多元法律价值诉求与实现公平正义,进而引发刑事法治与民事法治的界限模糊,刑罚权不当侵入市民社会和公民私权利的界域,甚至是错误的出入人罪等负面现象。由此,在践行人权保障和提升审判质量的双重吁求下,深入研究"刑民交叉",特别是财产犯罪刑民交叉案件的定性问题兼具重大的理论价值和实践意义。

---

① 参见陈兴良:《民法对刑法的影响与刑法对民法的回应》,《法商研究》2021年第2期。
② 参见周光权:《法秩序统一性原理的实践展开》,《法治社会》2021年第4期。

一、以案件事实存在刑民规范的交叉为逻辑起点

由于刑法与民法①都是实体法,违反刑法和民法规定的,均应承担相应的刑事和民事责任。在本质上,民法涉及个人人身财产利益,系私法;刑法涉及国家对刑罚权的运用,是为了维护国家、社会和国民的共同利益,系公法。同时,刑法作为保障法,是民法的制裁力量,便产生了行为违反民法的规定,是否也违反刑法规定;以及行为并未违反民法规定,刑法可否介入的问题。对此,便产生了刑法从属性说与独立性说。刑法从属性说认为,刑法的补充性(第二次)规范的性质决定了其从属于民法。即当某种利益完全可以由其他法律保护时,就不得运用刑法进行保护,民法能够完全处理的问题,就无须作为犯罪。刑法独立性说则认为,民事保护的手段、救济程序等主要以财产权为保护对象,而刑法保护的对象并非财产权本身,而是财产安全。刑法在财产保护范围上的补充性,并不意味着刑法缺乏独立性。② 而对上述刑法与民法之间的从属性和独立性争议的进一步探讨与不同理解,便形成了违法一元论和违法相对论的判断与争议。刑法相对民法的从属性或独立性与违法一元论或违法相对论在某种程度上是对应的概念。即,如果主张刑法对民法具有从属性,一般会助长违法一元论;反之则会主张违法相对论。

可以说,民法关注的是权利关系,而刑法关注的是行为本身。尽管刑法和民法关注的侧重点不同,但刑法与民法关系密切且地位独特。有些犯罪的认定既依赖于民法知识,又独立于民法规定。比如刑法中的故意伤害行为同时也是民法中的侵权关系,刑法中的不法原因给付行为③以及通过非正常手段行使权利④的行为能否构成犯罪,则又要考虑其在民法中的权利关系。但刑法保护法益这一目的又同时决定其自身所具有的独立性是显然的。因此,解释某个部门法时,完全无视其他部门法的存在,显然是不合理的。既然刑法与民法同属规制

---

① 本书所探讨的刑民交叉意义上的民法应是民事领域的实体法律规范,为了行文方便,一律使用民法。
② 何帆:《刑民交叉案件审理的基本思路》,中国法制出版社 2007 年版,第 2—3 页。
③ 如中间人将购毒人的购毒款占为己有的,是否构成侵占罪,没有支付嫖娼费的意思让对方提供卖淫服务的。
④ 如行为人以暴力手段夺取债务人所持有的金钱的行为是否构成抢劫罪,还是正常的行使权利行为? 或者行为人以暴力手段抢回自己借给他人的自行车,抑或窃回借给他人的自行车。

社会生活的手段,共同肩负着保护公民人身权和财产权的职责,在解释和适用刑法时,不考虑民事实务及民法理论的积累,以刑法独立性为借口我行我素,无疑是刑法学及刑法学者的傲慢。"刑法问题中存在很多与民法问题相交错的部分,立刻浮现于脑海中的便是财产犯领域——刑法中关于财产犯的讨论深受民法影响。"①

司法实践中民事法律关系和刑事法律关系之间的"刑民交叉"案件数量要远多于其他类型的交叉,因此"刑民交叉"案件,特别是财产犯罪中的"刑民交叉"案件定性问题的研究价值是毋庸置疑的。由于刑法中关于财产犯罪的讨论深受民法影响。因此,财产犯罪中,刑民交叉案件的定性问题涉及罪与非罪以及此罪与彼罪的界分。对于此类案件的妥当处理,其重要意义不言而喻。因此,案件的事实是否存在刑法和民法的认识分歧、对于同一概念的解释在刑法和民法的语境中是否同一以及行为是否满足财产犯罪构成要件的定型性问题便需要考虑。由于行为符合财产类犯罪的构成要件,并不能排除其同样符合民法的相关规定,所以在此种情形之下,行为若被认定为犯罪,则其中最为关键的问题便是行为能否满足构成要件的定型性。如果不能在构成要件上符合刑法分则中财产犯罪的要求,即便其所谓的社会危害性再大,根据罪刑法定原则不应当以刑事手段处理。如果一味地放任"刑法的扩张与泛化,其势必不适当的改变国家权力与公民权利的结构,导致国家司法资源的不合理配置,阻碍经济社会创新,造成社会纠纷解决机制错位,危及刑法的司法属性"②。

因此,在对刑民交叉案件的定性问题研究时,完全而纯粹地讨论刑法从属性说还是刑法独立性说都是不妥当的。正如前所述,刑法问题中存在很多与民法问题相交叉的部分,而刑民交叉案件的本质便在于犯罪案件事实存在与民事法律的交叉关系。③ 由于案件事实存在刑法和民法规范之间的交叉影响,所以在刑事认定中才需要考虑民事法律规范中的相关规定,这同时也是刑民交叉案件定性问题的逻辑起点。在此逻辑起点上研究刑民交叉案件的定性问题,最终是为了让"构罪的归刑法,非罪的归民法",进而在一定意义上缓解刑法的扩张与泛化,从而准确界分该类案件中的民事问题与刑事责任。

---

① [日]佐伯仁志、道垣内弘人:《刑法与民法的对话》,于改之、张小宁译,北京大学出版社2012年版,第1页。
② 何荣功:《自由秩序与自由刑法理论》,北京大学出版社2013年版,前言。
③ 毛立新:《刑民交叉案件的概念、类型及处理原则》,《北京人民警察学院学报》2010年第5期。

二、以缓和的违法一元论为基本立场

民法作为私法,是社会生活法律化的反映,其强调意思自治,保障私权自由,为了保障民事活动的有序性,在具体的制度设计中加入了适当的国家强制——公序良俗,要求民事活动要"一准乎法"。刑法作为公法,其核心内容为犯罪圈的划定,它强调对犯罪的治理和秩序的维护。其作为社会的最后一道防线,具有最为严厉的防卫措施,针对"突破防线"者处以刑罚。鉴于刑罚属于最为严厉的制裁措施,立法者在划定犯罪圈时,仅将特别严重的危害社会的行为划入其中,司法者在处理案件时,亦是将刑罚作为最后手段进行使用。与此同时,由于同一概念的刑法意义和民法意义是不同的,刑法和民法设置有关制度的目的也存在不同。

因此,一方面,不能片面强调法律概念的统一性,用民法的概念来解释刑法中涉及的同一概念。刑法规范和民法规范的设置各有其背景,如对存款的占有,从民法意义上讲,存款人对存款的占有属于观念上的占有,是权利的载体,银行为存款的直接占有人;但从刑法意义上考量,存款可以随时取现,它与作为有体物的现金一样,可以被盗、被骗、被侵占、被抢、被毁,它更强调的是一种秩序。所以,不能机械地套用民法概念来阐释刑法中的概念。另一方面,也不能片面地强调刑法的独立性。尽管刑法规范的设置具有独立性,但对刑法概念的解释,不能超过概念本身的"文字射程",这就需要参考民法的规定。如针对占有,从民法层面讲,占有包括事实占有和观念占有,那么在解释刑法层面的占有时,不能超出占有本身的文义,将并未处于实际管领状态的物亦解释为占有。尽管刑法规范和民法规范的设置各有背景,但在进行概念的阐释时,可以进行适当的参照。所以,在处理刑民交叉案件时,便需要对此有足够的认识。

但可以肯定的是,在刑民交叉案件中,若行为在民事领域不是违法行为,则在刑事领域也不能被认定为违法甚至是犯罪行为;同时,若行为侵犯了民事权利法律关系,但行为不能在构成要件上符合刑法分则中财产犯罪的要求,即便其所谓的社会危害性再大,根据罪刑法定原则也不应当以刑论处。这既是罪刑法定原则的必然要求,同时也是法律作为行为规范(或者说行为准则)的必然体现。即"国家是通过法规范来向国民宣示并要求一定的态度,就同一事实统一地显示国家意思、避免出现相互矛盾,就属于国家的任务;如果国家设定的是一种无法发挥行为选择机能的规范系统,就会使规范丧失评价机能,法的规范机能也无从运行,进而会否定规范本身的存在理由"①,国民将失去行为的方向,无所适从。

进而,在此问题的基础上,对于刑民交叉案件而言,尽管其跨越了刑法和民法领域,但在整体法秩序的领域里,由于作为行为规范的刑法和民法的根本区别并非在于其各自的目的不同,而是其规范手段的不同。刑法主要以刑罚手段保护法益,民法主要以承担民事责任的方式保护法益。所以,对于刑民交叉案件事实的违法性的有无及其程度的判断,应该从法秩序的整体进行统一的判断。但同时,鉴于刑法规范和民法规范的设计各有目的以及刑法和民法各有自己的使命,便要求这种统一的判断,并非要求完全一致的判断,而是在于其判断不能相互对立冲突。意即,在刑事违法和民事违法的违法性判断应当是统一的,违反任何一个法领域的不法行为应认为在整体法领域都具有违法性,不能出现民法不予保护的违法行为,反而得到了刑法的保护,或者民法领域予以保护的合法行为,刑法领域却予以刑罚。在法益保护的这一根本目的相同的前提下(这是法秩序统一性的实质根据),必须承认不同的法律领域有不同学术传统、解释技术以及政策等的不同考量,同一行为在不同法律领域的法律效果未必完全相同,据此得出的不同理解不能被认为是背离了法秩序的统一性。② 进而,对于刑民交叉案件的定性,既不能要求刑法和民法保持绝对统一,也不能要求刑法完全的独立于民法。

中国传统刑法文化中"重刑轻民,刑民不分"的特点,使得对于行为违法性的判断受到"诸法合体"的影响而倾向于违法一元论的立场;而在"重刑轻民"的制度性规定下,承认部分犯罪的认定依赖于民法知识并肯定刑法作为民法的保障法,其实质便是肯定刑法的相对独立性。因此,对于犯罪的判断,刑、民领域的违法性判断不能相互冲突,并承认刑法和民法在解释技术上的相异之处。既允许刑法和民法之间必要的差别,又要遵循统一的违法基准,这也是保护国民预期可能性的要求(也是罪刑法定原则的重大意义之一)。即,当民法不认为是违法的行为,不能得出犯罪的刑法判断;当民法认为是违法的行为,刑法对于是否犯罪可以基于其本身的目的、机能等进行独立判断,此即缓和的违法一元论。③

因此,在法秩序统一性的违法一元论基础上,赋予刑法解释的相对独立性,

---

① 转引自王昭武:《法秩序统一性视野下违法判断的相对性》,《中外法学》2015年第1期。
② 童伟华:《财产罪基础理论研究:财产罪的法益及其展开》,法律出版社2012年版,第198页。
③ 同上书,第201页。

以缓和的违法一元论确立刑民交叉案件定性的基本立场（原则）。简而言之，即民法不认为是违法的行为，不能得出刑事违法性的判断；而民法认为是违法的行为，也未必具有刑事违法性，刑法对于是否犯罪可以基于其本身的目的、机能等进行独立判断。同时，对于民法认为并无保护必要的利益，不能认定侵害行为具有刑事违法性。[1]

在缓和的违法一元论立场之下，当行为既违反民法的有关规定，又触犯刑法时，应分别运用民法规范和刑法规范对行为进行定性，以厘清民事规范和刑事规范的关系。在进行关系的理顺后，应运用法益分析规则，对民法和刑法设置该条款的目的和所要保护的法益进行分析，以此来明晰民刑条款的本真含义，不能以民事判断代替刑事判断。

三、以被害人介入下的刑事司法思维为补充

将被害人的主观认识因素置于犯罪构成要件中加以考察，这便是诈骗罪不同于传统的国家——罪犯的二元范式格局下的刑事司法思维，意味着在当下或将来确有必要形成一种国家——被害人——行为人的非二元格局的刑事司法思维。[2] 姑且称之为被害人介入下的刑事司法思维。讨论被害人介入下的刑事司法思维，主要是在刑民交叉案件，特别是诈骗罪的定性问题研究中起到区分罪与非罪以及犯罪既未遂的作用。

作为最典型的行为人——被害人互动型（被害人介入型）的侵犯财产类犯罪，诈骗罪的行为人不同于直接面对被害人的夺取型犯罪（如抢劫、抢夺），也不同于间接回避被害人的窃取型犯罪（如盗窃），其是在行为人和被害人[3]之间面对面的"沟通、交易"中并在被害人的"积极配合"下完成。诈骗罪中被行为人欺骗的对象便是被骗者，大多数情况下就是在行为人的诈术下陷入或维持错误进而处分其财物的人，也即被害人。易言之，在诈骗罪中被骗者和被害人是同一人。但是，从各国理论和实践都普遍认同的诈骗罪的基本构造来看，即行为人实施欺骗行为——对方产生或者继续维持认识错误——对方基于认识错误处分

---

[1] 参见王昭武：《法秩序统一性视野下违法判断的相对性》，《中外法学》2015年第1期。
[2] 参见车浩：《从华南虎照案看诈骗罪中的受害者责任》，《法学》2008年第9期。
[3] 在三角诈骗之外，诈骗罪中的被骗者与被害人一般是同一人，除非二者之间存在某种关联，使得被骗者具备处分被害人的财物的地位。

（或交付）财产——行为人获得或者使第三者获得财产——被害人遭受财产损失。当诈骗罪中的被骗者被行为人使用诈术欺骗后，其基于错误认识处分（或交付）的财产不一定是自己的。比如，甲是乙的家庭保姆，乙不在家时，行为人丙前往甲家欺骗乙说："甲让我来把他的汽车开到我们店去洗一下，我是汽车修理店的。"乙信以为真，便将甲的车钥匙取出交给丙，丙将车开走后逃匿。此种情形下，被行为人丙欺骗的乙和汽车的损失者甲便不是同一人，但丙依然构造诈骗罪。这便是理论上所谓的三角诈骗。同时，需要注意的是，上述三角诈骗的案例中行为人是从被骗者手中取得被害人的财物，但并不要求在三角诈骗中行为人必须从被骗者手中取得财物。①

可见，在三角诈骗的情形下，既然不要求行为人必须从被骗者手中取得财物，便意味着被骗者和被害人不要求是同一人，但其二者必须具有某种关联。如果二者之间毫无关系，则不成立诈骗罪，而是成立盗窃罪的间接正犯。至于二者究竟需要何种关联，理论上主要存在事实贴近说、规范贴近说和权限说等观点。②可以肯定的是，不论采取何种观点，要成立三角诈骗，必须是"受骗者具有可以替被害人处分其财产的权能或地位"③。由此观之，在诈骗罪中，被行为人的诈术欺骗而直接处分自己占有的财产（可能自己所有或他人所有）并致使自己的财产遭受损失的人便是被害人，同时也是被骗者。在三角诈骗中，没有被行为人的诈术欺骗，也没有产生错误认识，但却遭受了财产损失的人便是被害人。比如，行为人甲与不动产权利人乙以骗取贷款（骗取贷款罪暂不考虑）为目的而签订虚假的房屋买卖合同并过户后，行为人甲再将该房屋转卖给丙，丙再卖给丁，如此等等。如果要认定行为人甲构成诈骗罪，则必须首先认定被骗者以及财产的损失者。可以说，一般认为购房者丙、丁等"下家"由于行为人甲的行为造成财产损失的理由是不充分的，要说财产损失只能是不动产权利人乙，但其并没有被行为人甲欺骗（诈骗罪中的"骗"，并非一般生活概念中的"骗"）。即上述情形下的财产损失者和被骗者不是同一人，则只能考虑三角诈骗。但是需解决的一个问题涉不动产案件中的真正具有处分不动产权能的是产权人还是房产交易中

---

① 张明楷：《外国刑法纲要》（第2版），清华大学出版社2007年版，第580页。
② 车浩：《从华南虎照案看诈骗罪中的受害者责任》，《法学》2008年第9期。
③ ［日］山口厚：《刑法各论》（第2版），王昭武译，中国人民大学出版社2011年版，第305页。

心,或者是二者皆是? 如果不能得出肯定的回答,则不能利用三角诈骗理论解决上述问题。进而,难以认定行为人甲构成诈骗罪。

因此,不论是典型的诈骗(被害人与被骗者系同一人)还是三角诈骗(被害人与被骗者分离),当所谓的被害人积极介入(包括对诈术明知、半信半疑而仍决意与行为人"交易"等)行为人的欺骗行为时,由于被害人处分财物并非基于行为人的欺骗,或者说被害人处分财物和行为人的欺骗之间没有因果关系,或者存在重大的因果历程的偏离,则行为人的诈骗罪因不具有客观构成要件的完整性而阻却对行为人的客观规则,其行为不构成诈骗罪(如果能够认定着手则存在未遂的可能)。

此外,对刑民交叉案件特别是涉财产犯罪进行定性时,还应考虑行使权利的必要性、手段的相当性等因素及必要的刑事政策层面的考量。从刑事政策层面讲,国家设定刑法侧重于对犯罪的治理和秩序的维护。比如刑法承认赃物的占有以及违禁品的占有,便是基于刑事政策的理由——确立安定的秩序。比如,当一个时期犯罪率较高时,需要严厉打击犯罪的时候,便可采取经济的财产说以及形式的个别财产说扩大犯罪圈;当一个时期刑罚权的发动过于频繁的时候,便可以通过采取修正的本权说和整体的财产减少说来相应地缩小犯罪圈等。

四、行使权利与敲诈勒索之间的界限

一般认为,所谓的敲诈勒索罪是指以非法占有为目的,对被害人采取以将来实施暴力或其他损害相威胁的方法,索取数额较大的公私财物或者多次敲诈勒索的行为。[1] 敲诈勒索罪作为一种典型的取得型财产犯罪,其保护法益可以根据行为人是财物的所有权人还是无关的第三人进行分别判断。即对于行为人是与财物无关的第三人以敲诈勒索的方式获取财物的,在注重国家、社会经济秩序维护的刑法文化的支持下以占有说作为保护法益进行判断即可。但是对于行为人是财物的所有权人或者行为人可能具有正当的权利来源时,而恰恰正是在此种意义上的问题争议,行使权利与敲诈勒索罪的界限问题争议的两种情形下的与行使权利相关的具有敲诈勒索客观表现的行为是否构成犯罪,便需要判断该行为侵犯的占有,在重视刑法文化背景下是否具有值得刑法保护的经济财产价值。

---

[1] 苏惠渔主编:《刑法学》,中国政法大学出版社 2016 年版,第 429 页。

（一）损害赔偿请求权的行使与敲诈勒索罪

所谓的损害赔偿请求权是指因权利人受到侵害而享有的要求加害人承担损害赔偿责任的权利。如《物权法》第 37 条规定，侵害物权，造成权利人损害的，权利人可以请求损害赔偿，也可以请求承担其他民事责任。具体而言，损害赔偿请求权的类型可以分为因侵权行为造成他人的人身损害、财产权损害，以及违约产生的损害等，受害人享有损害赔偿请求权。可见，权利人行使损害赔偿请求权系相关民事法律明确规定赋予的权利，原则上不应构成敲诈勒索罪。比如，行为人发现一支冰淇淋有布头①，以向媒体反映或者向法院起诉相要挟，要求生产商赔偿的，即使所要求的数额巨大乃至特别巨大，也不成立敲诈勒索罪，因为行为手段与目的均具有正当性②。例如"结石宝宝"父亲郭某敲诈勒索罪案最终改判无罪便是如此。③ 郭某在有证据证明其女儿的身体受到"施恩"牌奶粉的侵害的情况下，其作为其法定监护人，当然有权利向奶粉的生产厂家索赔，其索赔行为有法律依据，具有目的正当性。根据社会一般观念，"施恩"牌奶粉生产厂家作为侵权者，理当对被侵权者的损害进行赔偿，且该赔偿款当然不值得发动刑法进行保护。根据媒体报道，2018 年 7 月 31 日，郭某发布公开信，他要求雅士利集团兑现 1000 万美元的赔偿协议，另提出追加对其本人和家庭造成的伤害综合（精神）赔偿金 3000 万美元，合计 4000 万美元。此时的赔偿请求权数额已经与当初郭某与施恩公司达成和解协议，施恩公司补偿其 40 万元的数额相距甚远。但尽管如此，因为行为手段与目的均具有正当性而不能被认定为敲诈勒索罪。

---

① 1999 年 2 月，黑龙江省庆安县冰淇淋经销商王某发现一支冰淇淋有布头，遂向冰淇淋厂家索赔 50 万元，厂家认为这是敲诈勒索而报案，公安将王某拘留。一审法院以敲诈勒索罪判处有期徒刑三年，缓刑三年。王某不服上诉，二审法院改判无罪。参见陈宝昆、罗智伟：《消费者"敲诈"无罪》，《检察日报》2001 年 6 月 1 日。
② 参见张明楷：《刑法学》（第 6 版），法律出版社 2021 年版，第 1334 页。
③ 2008 年的"三聚氰胺"事件爆发，部分批次"施恩"牌奶粉被认定含三聚氰胺。因女儿曾食用过该品牌奶粉，郭某带着两岁半的女儿到医院检查，结果显示："双肾中央集合系统内可见数个点状强回声"。之后，他将家中剩下和新购买的部分奶粉送检，检出两个批次奶粉三聚氰胺含量较高。2009 年 6 月 13 日，施恩公司和郭某达成和解协议，施恩公司补偿 40 万元，郭某不再追诉并放弃赔偿要求。2009 年 7 月，雅士利集团与郭某约定在杭州当面交付赔偿金，提前守候的潮安县警方与杭州警方，将郭某抓捕。2010 年，潮安县法院一审以敲诈勒索罪，判处郭某有期徒刑 5 年。2017 年 4 月 7 日，广东省高级人民法院开庭再审，改判郭某无罪。

对于行为人以"威胁、恐吓、要挟"等方式,即采取敲诈勒索客观行为手段取回他人占有的本人财物的能否直接认定为敲诈勒索罪的问题,首先肯定的是,此种情形下的占有一般均为非法占有,行为人当然有权利取回。如《物权法》第245条规定,占有的不动产或者动产被侵占的,占有人有权请求返还原物;对妨害占有的行为,占有人有权请求排除妨害或者消除危险;因侵占或者妨害造成损害的,占有人有权请求损害赔偿。即权利人面对自己占有的不动产或者动产被他人侵占的,权利人当然有权请求返还原物,若侵占者拒绝返还的,或者拒绝排除妨害或者消除危险的,或者因侵占或者妨害造成损害的,权利人可以当然地向侵占者行使损害赔偿请求权,甚至可以敲诈勒索的客观行为表现方式行使损害赔偿请求权。承前所述,因为此种情形下侵权者的占有和权利的所有形成了分离,当占有和所有分离时,对占有的判断便不能形式上地空谈占有本身,其背后是否体现一定的经济财产价值应当作为此种情形下的实质判断。可以说,此种情形下侵权者占有的背后体现不出值得刑法保护的经济财产价值,该占有没有动用刑法保护的必要,进而权利人以敲诈勒索罪中的"威胁、恐吓、要挟"等方式行使其权利时,便没有侵害敲诈勒索罪的保护法益,因此不能以该罪论处。换句话说,由于在和所有权人的关系上,如果所有权人仅仅只是想行使所有者权利的话,不论是赃物占有者还是非法占有者或者合法占有者,其占有都不能对抗所有权人,即所有权人起码不能因此而被认定为财产犯罪。如果占有者的占有是有根据的合法占有,即根据法定或者约定的占有,行为人即财物所有权人违法或者违约破坏他人的合法占有,一般而言也只是民事领域内的纠纷,除非其手段造成了其他值得刑法保护的法益侵害则另当别论。

(二)债权人为实现到期债权对债务人实施胁迫行为与敲诈勒索罪

对于债权人为实现到期债权对债务人实施胁迫行为是否构成敲诈勒索罪的问题,其实质是从财产损害的角度探讨财产罪的保护法益问题。由于本章基本上是在占有说的立场上修正当前的财产罪保护法益,其与德国财产罪的保护法益学说中的经济的财产说得出的结论基本一致。[1] 进而,在财产损害的判断上,对应的便是整体的财产减少说。[2] 因此,对于债权人对债务人实施胁迫行为实

---

[1] 陈洪兵:《财产犯罪之间的界限与竞合研究》,中国政法大学出版社2014年版,第1页。
[2] 童伟华:《财产罪基础理论研究:财产罪的法益及其展开》,法律出版社2012年版,第11页。

现其债权的,笔者认为,在重视习惯作为(刑)法之外的社会调节手段的刑法文化的深刻影响下,"欠债还钱,天经地义"的传统维系着国民的法感情,若行使的权利是现实存在的且可以行使的(比如债权已经到期等),不能以敲诈勒索罪论处。毕竟此种情形下债务人的整体财产不存在实质性的损害。①

同时,由于敲诈勒索罪和抢劫罪并非对立的关系。一般而言,符合抢劫罪的犯罪构成的行为,特别是其暴力威胁等手段行为,也能够符合敲诈勒索罪的犯罪构成(当场杀害被害人后取得财物的除外)。② 言外之意,若行为人以暴力威胁等方法抢劫债务人的都不构成抢劫罪的话,根据举重以明轻则,行为人以敲诈勒索的客观行为方式实现债权的也不应当构成敲诈勒索罪。如实践中的行为人以暴力方式抢劫债务人的,法院宣告无罪。③《刑法》第238条第3款关于非法扣押、拘禁他人索要债务以非法拘禁论处,以及非法扣押拘禁他人索要非法债务、行为人仅以其所输赌资或所赢赌债为抢劫对象,一般不以抢劫罪定罪处罚等司法解释也是对此进行了肯定。

第三节 刑民交叉案件中的典型案例

一、李某元敲诈勒索案

(一)案件介绍④

2018年1月31日,李某元签署离职协议,并且拿到以"2N"标准按月支付离

---

① 付立庆:《论刑法介入财产权保护时的考量要点》,《中国法学》2011年第6期。
② 参见张明楷:《刑法学》(第6版),法律出版社2021年版,第1335页。
③ 唐亚南《债权人非法讨债不应以侵犯财产罪定罪——陈帮蓉涉嫌抢却宣告无罪案》,中国法院网2004年2月11日,https://www.chinacourt.org/article/detail/2005/09/id/176922.shtml,2022年7月27日。类似的案件还有,1999年2月,黑龙江省庆安县冰淇淋经销商王某发现一支冰淇淋有布头,遂向冰淇淋厂索赔50万元,厂家认为这是敲诈勒索而报案,公安将王某拘留。一审法院以敲诈勒索罪判处有期徒刑三年,缓刑三年。王某不服上诉,二审法院改判无罪。参见陈宝昆、罗智伟:《消费者"敲诈无罪"》,《检察日报》2001年6月1日。
④ 周玲:《华为离职员工自述被拘251天疑案,暂未考虑是否起诉华为》,澎湃新闻网2019年12月2日,https://www.thepaper.cn/newsDetail_forword_5120333,2022年7月27日。

职经济补偿。同年3月8日李某元回了深圳,到公司签确认书,确认先后收到了税后离职经济补偿383651.24元和应补发的工资。2018年12月16日,已经离职快一年的李某元因涉嫌职务侵占被便衣警察带走调查。公安机关对李某元进行了三次讯问后,确认他不存在侵犯商业秘密的违法行为。同月28日,华为公司补充报案材料,再次控告李某元于2018年1月31日与部门领导何某东洽谈离职补偿过程中,采用敲诈的方式,迫使何某东同意私下给付额外补偿金33万元,以换取他不闹事、不举报、顺利离职的承诺。何某东迫于压力,不得不同意给他33万元。李某元的罪名又变成了敲诈勒索。2019年3月21日,深圳市公安局将案件移送龙岗区检察院审查起诉,同年4月19日,检察院第一次将案件退回侦查机关补充侦查,同年6月14日,龙岗区检察院第二次将案件退回侦查机关补充侦查,侦查机关又在7月12日补查重报。同年8月22日,龙岗区检察院对李某元做出了不起诉决定,8月23日,李某元在被关押了251天后被释放。最终,龙岗区检察院赔偿了李某元107752.94元,包括人身自由损害赔偿金、精神损害抚慰金。同时,承诺向原工作单位(华为技术有限公司)和李某元父亲所在的单位发函,消除影响,恢复名誉。

(二)简要点评

与行使权利相关的具有敲诈勒索客观表现的行为是否构成犯罪,需要判断该行为侵犯的占有,在重视刑法文化背景下是否具有值得刑法保护的经济财产价值。在解释该罪的构成要件时,便应以此保护法益为指导来确定构成要件的具体内容。如果相关行使权利行为不能在构成要件上符合敲诈勒索罪的要求,即便其所谓的社会危害性再大,根据罪刑法定原则亦不应以刑事手段处理。就行使权利和取得型财产犯罪中的敲诈勒索罪之间的定性争议而言,在缓和的违法性一元论的判断立场下,权利人行使损害赔偿请求权系相关民事法律明确规定赋予的权利,原则上不应构成敲诈勒索罪;当存在真实的债权债务关系情形下,若行使的权利是现实存在的且可以行使的(如债权已到期等),亦不能以敲诈勒索罪论处。

在李某元事件当中,公开的资料显示,由于李某元因与公司签署离职协议,并且拿到以"2N"标准按月支付的离职经济补偿,且以签确认书的方式,确认先后收到了税后离职经济补偿383651.24元和应补发的工资。这就意味着李某元与公司之间存在真实的债权债务关系,根据上文所述,行为人以敲诈勒索的客观行为方式实现债权的便不应当构成敲诈勒索罪,所以李某元的索要行为就无论如何也不可能构成敲诈勒索罪。若认为李某元的行为构成敲诈勒索,则意味着其公司是在李某元的敲诈勒索下支付了有整有零的敲诈勒索款,并代扣个人所得税款。李某元原就职公司作为一家大公司,被其员工以这样的方式敲诈勒索,也是违反一般民众的常识的。当然,若其手段行为构成其他犯罪的另当别论。

二、丰某职务侵占案

(一)案件介绍①

被告人丰某系上海书香门第文化产业投资发展有限公司(简称书香门第文化公司)、上海书香门第投资管理有限公司(简称书香门第投资公司)、上海万坤贸易有限公司(简称万坤公司)等公司的实际出资人,并负责公司的经营管理。

2011年7月,被告人丰某以书香门第文化公司的名义与上海衡复置业有限公司(简称衡复公司)签订《租赁协议》,由书香门第文化公司承租本市徐汇区某地块上的12幢旧式房屋,用于建设和运营"书香门第·国际会馆"项目,并按照相关部门的指导意见进行招商及自营运作。同年11月,书香门第文化公司与衡复公司签订正式的《上海市房屋租赁合同》及《补充条款》。其间,衡复公司同意书香门第文化公司享有招商转租权。2011年8月,被告人丰某将书香门第文化公司承租的上述12幢旧式房屋等转租给上海华盈企业发展有限公司(简称华盈公司),双方签订《招商租赁协议》,并于同年11月转为正式《招商租赁合同》。同年12月,被告人丰某又以书香门第文化公司的名义与华盈公司签订《补充协议》,约定增加租赁范围。同时,被告人丰某以书香门第投资公司的名义与上海兆能股权投资管理有限公司(简称兆能公司)签订《项目咨询服务协议》,约定由书香门第投资公司提供总体招商方案定位、联络国际知名地产服务公司等咨询服务,并收取咨询费。根据协议约定,兆能公司作为华盈公司履行招商租赁协议及合同的担保方在华盈公司手续未完全办妥之前代华盈公司支付所有费用。

---

① 上海市徐汇区人民法院刑事判决书(2013)徐刑初字第1103号。

2011年8月至2012年7月,被告人丰某以其控制的书香门第投资公司和万坤公司等单位账户先后收取兆能公司及法定代表人芦立新支付的定金、租金等项目资金共计3937万余元,被告人丰某利用其对书香门第文化公司、书香门第投资公司及万坤公司等公司经营管理的实际控制权,以还款、付租金、备用金、设计费及工资等为由,自制报销凭证,将1300余万元转入其个人名下的银行账户,其中,用于个人消费808万余元。被告人丰某又以还款、工资、商务差旅费、兑换外币等名义,转账支付其家人购房等276万余元。另查,上述3937万余元来源于兆能公司相关人员非法集资所得。2012年7月,当被告人丰某得知上述钱款来源非法后,仍指使公司员工变造相关账册凭证,大肆转移涉案资金并掩盖资金的真实去向,导致涉案资金无法追缴。

(二) 简要点评

本案控辩双方的争议焦点在于公司人格否认制度是否阻却公司股东构成职务侵占罪,以及一人有限责任公司(简称一人公司)股东是否构成职务侵占罪。

首先,公司的一切财产都属于公司本身而不属于股东个人。根据我国《公司法》的规定,一人公司是指只有一个自然人股东或者一个法人股东的有限责任公司。从学理上可划分为形式意义上的一人公司和实质意义上的一人公司。形式意义上的一人公司,是指设立时只有一个股东,或者设立时有两个以上股东,但在存续过程中由于出资和股权的转让、继承、赠予等原因导致仅剩一个股东的公司;而实质意义上的一人公司,则是指公司有两个以上的股东但实质只有一个真正股东,其余股东或是未实际出资却持有股权的挂名股东,或者因股权转让而未进行工商变更登记等。本案涉及的书香门第等涉案公司均经工商行政部门核准登记,具有两个或两个以上股东的有限责任公司,但实际由丰某个人投资经营管理。所以,被告人丰某以实质意义上一人公司的管理模式设立并经营书香门第等涉案公司,尽管丰某是上述公司的唯一股东,但公司法人不同于个体经营,公司财产与个人财产有明显的区分。公司是企业法人,有独立的法人财产,享有法人财产权,公司以其全部财产对公司的债务承担责任。公司的一切财产都属于公司本身而不属于股东个人,一人公司亦不例外。

其次,公司人格否定制度并不必然阻却公司股东构成职务侵占罪。根据《公司法》规定,公司以其全部财产对公司的债务承担责任,股东以其认缴的出资额为限对公司承担责任。即，有限责任公司的债务由公司的财产进行清偿，无法清偿的，则公司宣告破产，而股东仅以出资额为限承担有限的责任。这也是公司法人主体地位的实质所在。由于公司法不仅保护公司和股东的利益，也要维护公司债权人的合法权益。因此，为了防止股东滥用公司的法人人格独立这一特征而恶意破产以损害公司债权人以及社会公共利益，《公司法》同时规定，公司股东滥用公司法人独立地位和股东有限责任，逃避债务，严重损害公司债权人利益的，应当对公司债务承担连带责任（即公司人格否认制度）。特别是当一人有限责任公司的股东不能证明公司的财产独立于股东自己的财产，应当对公司的债务承担连带责任。在此种情形下，公司独立的法人主体资格将被否认，公司的股东也将无法仅以其出资为限承担有限责任，而是和公司一起承担无限连带责任。

然而，另一方面，一旦公司人格被否认，在相关的民事诉讼中，将公司财产非法占为己有的股东能够举证公司的财产独立于其个人财产，则股东对公司的债务便不再承担连带责任。此时，在刑事领域，若不能对股东侵占公司财产行为进行有效的刑法规制，那么，公司的债权人利益将无法得以保障。即，公司人格否认制度是为了防止公司股东掏空公司的财产侵害公司债权人和社会公共利益，这与承认公司具有独立的法人资格，拥有独立的财产权，股东（特别是一人公司的股东）不可以非法占有公司财产，可以说是殊途同归。进而可以说，公司人格否认制度与其说是否认公司独立的法人资格，倒不如说是为了承认并保护公司独立的法人资格。是故，当公司股东非法将公司的财产据为己有，便侵害了公司及其债权人的利益，若其行为符合刑法规定的职务侵占罪的构成要件，理当以职务侵占罪论处。

此外，即便根据公司人格否认制度，由于公司股东的行为使公司丧失独立人格，让公司股东承担无限连带责任，可能会有观点认为此时公司由于不存在了，职务侵占罪便失去了构成的前提。但公司人格否认是发生在公司股东利用职务之便非法占有公司财产这一行为之后，是发生在构成犯罪以后，如果以此阻却股东构成职务侵占罪，则会出现股东先职务侵占公司财产，当掏空公司财产后再以公司人格否认制度切断自己与公司债权人的责任，明显有失公平。意即，公司人格否认制度并不必然阻却公司股东构成职务侵占罪。但是，如果行为人非法占有财产行为是发生在公司人格被否认之后，则根据《刑法》第271条的规定，由于主体不适格而不构成职务侵占罪。

综上所述,被告人丰某虽为一人公司股东,但其利用经营管理公司的职务便利,非法占有公司财产,侵犯了公司财产所有权,其行为符合职务侵占罪的构成要件,应当以职务侵占罪追究其刑事责任。

第十四章 刑事合规

刑事合规是近些年刑事司法实践最重要的制度创新之一,也是刑事法理论界极为关注的研究热点之一。本章对刑事合规制度进行了全面分析。首先,梳理了刑事合规的制度流变,介绍了刑事合规的中国实践以及刑事合规典型案例发布,对刑事合规研究文献进行了归纳。其次,对"自主合规模式"减免刑罚的立论基础、"合规不起诉模式"减免刑罚的理论基础进行全面论述;对"合规不起诉"与检察权的完善提出了较为合理的建议;对刑事合规监管机构的运作模式进行了深入剖析。最后,介绍并评价了上海J公司、朱某某假冒注册商标案与王某某泄露内幕信息、金某某内幕交易案。

第一节 刑事合规概览与文献综述

一、刑事合规概览

"刑事合规"是近年来刑事司法领域最引人注目的制度创新之一,在检察机关的积极推动下,企业刑事合规改革试点已经在全国范围内全面铺开,但由于刑事合规制度引入中国的时间较短,我国理论界对该制度的研究相对薄弱。理论界对于刑事合规的正当性还存在争议,对于很多基本概念、基本理论尚未形成共识,在制度层面也没有形成统一的操作规则,各地检察还处于"摸着石头过河"的探索阶段。笔者回溯刑事合规的发展历史,希望能够廓清这一概念的内涵和外延,同时结合司法实践,讨论刑事合规企业减免刑事处罚的理论依据、"合规不起诉"与检察权的完善、合规监管机构的运作模式等具体问题。

(一)刑事合规的制度流变

刑事合规(compliance)的概念起源于美国,其滥觞可以追溯至19世纪末期。彼时资本主义世界的生产资料不断向大企业集中,逐渐过渡到垄断时代,垄断组织的出现阻碍了自由竞争,迫使美国政府放弃不干预企业经营的放任政策,开始对大型企业展开反垄断监管,并对触犯反垄断法律的企业进行处罚。在实施反垄断监管的过程中,过于强调单一的政府规制产生了效率低下等问题,公司自我监管的理念日益受到重视[1],美国国会于1887年制定《洲际商业法案》[2],要求行业协会及企业进行自律监督。而企业为了防范经营中的法律风险、避免遭受政府的处罚,也开始在其内部完善员工行为规则,建立内部监控体系,这就是刑事合规的雏形。在20世纪30年代金融危机以后,银行业和金融行业成为美国政府反垄断监管的重点对象,一系列严格的法律法规被制定并实施,与之相对应,金融企业也认识到严格的内部监管对于促进企业合法经营、避免企业遭受处罚具有积极作用,因此自觉主动地普及合规制度。早期的合规是企业应对政府监管的被动举措,真正将合规与企业刑事责任挂钩的是1961年的"通用电气公司涉嫌垄断案"。在该案的审判中,通用公司首次将"已经采取了有效的合规计划"作为刑事诉讼中的辩护理由,通用公司主张:"1946年(通用)公司就引入了书面的合规政策,1954年进一步完善了该政策。"[3]因此通用公司已经尽到了监管义务,请求法官免除公司的刑事责任。[4] 法官采纳了通用电气公司的主张,认可有效的合规可以作为阻却刑事责任的事由。[5] 最终,在一系列判例的基础上,

---

[1] 李本灿:《刑事合规的制度史考察:以美国法为切入点》,《上海政法学院学报(法治论丛)》2021年第6期。
[2] Robert C. Bird and Stephen Kim Park, "The Domains of Corporate Counsel in an Era of Compliance", *American Business Law Journal*, 2016, 53, pp.203-249.
[3] 参见万方:《企业合规刑事化的发展及启示》,《中国刑事法杂志》2019年第2期。
[4] Richard A. Whiting, "Antitrust and the Corporate Executive II", *Virginia Law Review*, 1962, 48(1), pp.1-49.
[5] 戏剧性的是,虽然法院认可了合规的法律效力,但同时认为通用电气公司的合规并非"有效",而是流于形式,因此通用电气公司依然要承担刑事责任,最终通用电气公司7名企业高管入狱,23人缓刑。

美国联邦量刑委员会于1991年发布了《联邦量刑指南》的第八章——"组织量刑指南",该指南明确了对单位犯罪的量刑原则,要求法院在量刑时考虑企业的量刑计划,对于设有有效合规计划的企业,可以显著减轻其处罚。① 由此形成了刑事合规的第一种模式,即企业主动在其内部开展合规工作,以换取刑事诉讼中量刑的从轻。在此种模式之下,企业合规被赋予了刑事实体上的意义,成为一项独立的量刑情节,具备减轻乃至免除企业刑事责任的功能,但究其本质依然是企业自主进行的内部管理活动,是企业自主建立和实施的以防控违规风险、避免不利后果为直接目的的一套自我守法机制。② 我们可以称之为"自主合规模式"。

在美国,合规不仅作为量刑情节在审判程序中发挥作用,也可以成为审查起诉过程中控辩双方进行交易的条件。当检察官发现企业涉嫌犯罪,可以要求企业提出合规计划,然后在企业纠正违法行为、接受合规监管的基础上,检察官以不起诉的方式终结案件③,我们可以称之为"合规不起诉"模式。1990年美国司法部颁布的《美国检察官手册》,根据该手册之规定,"检察官在决定是否起诉一家企业或者与之进行认罪协商时,该企业是否承诺和实行有效的合规计划以及在执法调查中是否合作配合是重要考虑因素"④。在合规不起诉的模式下,合规是企业与检察官进行诉辩交易的对价,是企业为了获得不起诉决定而做出的承诺。总的来看,作为犯罪嫌疑人的企业在"合规不起诉"模式中居于被动地位,企业要聘请检察官认可的合规官对企业履行合规计划进行监督检查,这是一种入侵性的监管措施,企业不仅要承担合规所产生的费用,还要向合规官公开企业的经营、财务状况。

刑事合规对于督促公司企业自觉守法经营具有积极意义,在全球司法经验相互借鉴的过程中,英国、意大利、法国、德国等世界主要法治国家都确立了自己的刑事合规制度,加之美国司法部门在国际商业合作中推行"长臂管辖",全球企业都面临美国司法部门对其进行刑事追诉的风险,被迫通过刑事合规的方式

---

① 参见 U. S. Sentencing Guideline Manual (2018), §8, Introductory Commentary;张远煌:《刑事合规国际趋势与中国实践》,《检察日报》2019年11月2日,第3版。
② 张远煌:《刑事合规是"共赢"理念在企业治理中的体现》,《检察日报》2021年8月31日,第3版。
③ 陈瑞华:《企业合规不起诉制度制度研究》,《中国刑事法杂志》2021年第1期。
④ 肖沛权:《企业合规不起诉制度的实践流变、价值及其构建》,《山西大学学报(哲学社会科学版)》2021年第5期。

进行应对,进一步助推了刑事合规制度在全球的扩张。虽然具体内容不尽相同,但各国刑事合规的制度逻辑是一致的:企业加强内部治理体系建设,防范经营过程中的犯罪行为,以争取刑事诉讼中的从轻和优待。

(二) 刑事合规的中国实践

刑事合规在中国的发展经历了由点到面、由浅入深的过程。从 2006 年开始,金融监管机构首先在金融行业引入了"刑事合规"的理念,2006 年,国资委印发的《中央企业全面风险管理指引》,原银监会发布《商业银行合规风险管理指引》,2007 年原保监会颁布《保险公司合规管理办法》,试图通过合规的方式督促金融企业合法、依规经营。此后的十余年间,刑事合规在中国一直处于"不温不火"的状态,直到 2018 年"中兴通讯事件"的发生。2018 年 4 月,美国商务部以中兴公司违反出口管制规定为由对其展开制裁,禁止美国企业与中兴进行任何形式的业务往来,为了获得生存机会,中兴公司与美国商务部进行了两个月的艰难谈判,最终达成了"合规不起诉"的协议。该协议不仅要求中兴公司支付 10 亿美元巨额罚款,还要求该公司将 4 亿美元交给美国商务部代管,并且要按照美国司法部的要求聘请曾担任美国哥伦比亚特区检察官的罗斯科·霍华德为合规监督官,该合规官在中兴公司内部拥有全面且完整的权力,可以接触所有相关的公司员工、账目、记录、系统、文件、审计、报告、设施和技术信息,中兴公司的财务状况、经营策略毫无保留地向美国检方公开。① 合规监管措施不仅针对中兴公司本身,公司的高级管理人员也受到牵连,包括首席执行官在内的多名中兴高管被迫按照合规协议辞职。② 中兴事件发生后,我国外贸部管理部门意识到中国企业在海外经营中面临着巨大的合规风险,2018 年,国家发改委、国资委、商务部、中国人民银行等多部门又联合下发了《企业境外经营合规管理指引》,要求央企、金融企业和涉外企业建立内部风险控制机制,管控经营过程中的法律风险,但此时的刑事合规还局限在央企、金融企业、涉外企业等特殊企业和个别的行业,并没有成为一种针对所有企业普遍适用的法律制度,大部分央企和金融企业将合规事务交给内设的法务部门负责,没有按照国际惯例聘请独立的外部合规官。

---

① 李玉华:《我国企业合规的刑事诉讼激励》,《比较法研究》2020 年第 1 期。
② 陈瑞华:《论企业刑事合规的基本价值》,《法学论坛》2021 年第 6 期。

而且企业自主开展的合规没有得到司法机关的承认,不能在刑事诉讼中作为量刑情节或者法定不起诉的理由,只是一种纯粹的企业内部管理制度,直到2020年之前,我国的刑事合规还停留在"自主合规模式"。

近年来随着"宽严相济"刑事政策的深入人心,司法机关在办理企业犯罪时不再一味追求"打击",2018年11月,中共中央在北京召开民营企业家座谈会,习近平总书记出席并发表重要讲话,总书记指出:"民营经济是我国经济制度的内在要素,民营企业和民营企业家是我们自己人。"对于民营企业经营中的一些不规范问题,则要"按照罪刑法定、疑罪从无的原则处理,让企业家卸下思想包袱,轻装前进"。同年召开的中央政法工作会议也要求司法机关在办理企业犯罪案件时要贯彻"谦抑、审慎、善意"的理念。特别是2020年初新冠肺炎疫情暴发以来,企业面临的经营环境更加严峻、复杂,为了维护经济发展的大局,"保护市场主体""助力企业经营"成为刑事司法的政策取向。在刑事政策总体从宽的背景下,司法机关通过行使自由裁量权,对于企业犯罪"能不捕的不捕,能不诉的就不诉",很多企业被免予刑事处罚。国家刑罚权的退却在一定程度上造成了监管的空白,司法机关对于涉案企业不能"一放了之",对于那些确实存在违规经营行为的企业,即使不给予刑事处罚,也有必要通过其他手段督促其整改。张军检察长在全国检察长(扩大)会议要求:"原则上有条件的县级检察院,今年都要大胆探索,尝试办理几件企业合规改革案件。"自此,合规不起诉制度在全国范围内得到了推广。相关数据显示,"截至2022年8月,全国检察机关累计办理涉案企业合规案件3 218件,其中适用第三方监督评估机制案件2 217件,对整改合规的830家企业、1 382人依法作出不起诉决定"[①]。

(三)刑事合规典型案例发布

2021年6月3日,最高人民检察院举办"依法督促涉案企业合规管理 将严管厚爱落到实处"新闻发布会,发布企业合规改革试点典型案例,共四起案件:(1)张家港市L公司、张某甲等人污染环境案;(2)上海市A公司、B公司、关某某虚开增值税专用发票案;(3)王某某、林某某、刘某乙对非国家工作人员行贿

---

① 徐日丹:《检察机关共办理涉案企业合规案件3 218件》,《检察日报》2022年10月13日,第2版。

案;(4)新泰市 J 公司等建筑企业串通投标系列案件。①

2021年12月8日,最高人民检察院发布企业合规典型案例(第二批)。该批典型案例共6件,分别是:(1)上海 J 公司、朱某某假冒注册商标案;(2)张家港 S 公司、眭某某销售假冒注册商标的商品案;(3)山东沂南县 Y 公司、姚某明等人串通投标案;(4)随州市 Z 公司康某某等人重大责任事故案;(5)深圳×公司走私普通货物案;(6)海南文昌市 S 公司、翁某某掩饰、隐瞒犯罪所得案。②

2022年7月21日,最高人民检察院发布企业合规典型案例(第三批)。该批典型案例共5件,分别是:(1)上海 Z 公司、陈某某等人非法获取计算机信息系统数据案;(2)王某某泄露内幕信息、金某某内幕交易案;(3)江苏 F 公司、严某某、王某某提供虚假证明文件案;(4)广西陆川县23家矿山企业非法采矿案;(5)福建省三明市×公司、杨某某、王某某串通投标案。③

二、研究文献综述

近些年来,学术界关于刑事合规的研究成果非常丰富,主要集中在以下几个方面。

首先,探讨刑事合规的基本原理。第一,李本灿在其著作中,从刑法解释学、刑事政策学以及刑事诉讼法学三个维度对于如何建构刑事合规制度做了详细的阐释。除此之外,对于国内现有的合规制度研究进行了系统梳理和反思,从反方向为刑事合规制度的建构划定了边界。④ 第二,孙国祥在其论文中指出,刑事合规要成为刑法理论的学术话题,需要进行教义学的思考,以助其形成理论框架。形式上,刑事合规尽管与传统刑法教义的归责原则有所抵牾,但并不是对刑法教义的颠覆和重构,而是在传统刑法教义基础上的一种新发展。企业以及企业管理者之所以对员工的犯罪行为承担刑事责任,源于企业的管理、监督过失,并没

---

① 《最高检发布企业合规改革试点典型案例》,中华人民共和国最高人民检察院网站2021年6月3日,https://www.spp.gov.cn/spp/xwfbh/wsfbh/202106/t20210603_520232.shtml,2022年12月20日。
② 《最高检发布第二批企业合规典型案例 保护企业合法权益 促进企业合规守法经营》,中华人民共和国最高人民检察院网站2021年12月15日,https://www.spp.gov.cn/spp/xwfbh/wsfbt/202112/t20211215c538815.shtml#1,2022年12月20日。
③ 《涉案企业合规典型案例(第三批)》,中华人民共和国最高人民检察院网站2022年8月10日,https://www.spp.gov.cn/xwfbh/dxal/202208/t20220810_570419.shtml,2022年12月20日。
④ 参见李本灿:《刑事合规的基础理论》,北京大学出版社2022年版。

有侵蚀一般刑法原理中的责任原则。同时,刑事合规与现代刑法理论的信赖原则、期待可能性以及风险降低等正当化事由相连接,为企业构建刑事合规体系提供激励。据此,刑事合规没有重塑刑法教义而脱逸现代刑法的基础理论,其可以成为刑法规范上的概念并融入现行刑法理论的体系中。①

其次,探讨中国特色的刑事合规制度的构建。第一,杜方正在其著作中,通过反思国有企业刑事合规制度存在的法律适用问题,探寻刑事合规风险传导阻断路径,于行政属性与多重风险治理体系下充分衡量刑事合规制度有效性的证成路径,提倡建立与完善行政与刑事合规激励新机制,激发"先行先试"国有企业在实现合规管理有效性与风险防控上有所突破与日臻完善,为全面推行企业合规制度奠定坚实环境基础并提供行动范本。② 第二,刘艳红在其论文中指出,涉案企业合规建设的有效性标准是一套包含有效制度修复和有效合规计划的要素体系,体现了刑事合规和事后合规的要素特征,发挥了涉案企业合规整改标准、合规监管人监督评估标准、检察机关审查验收标准等多重制度功能。有效合规计划标准涵盖从合规体系设计到合规运行效果的全过程,合规体系设计作为形式标准,包括风险导向、要素完备、全面覆盖等三项基本要求;合规运行效果作为实质标准,要求检察机关和合规监管人运用多样化审查方法对合规体系诸要素的运行有效性作出评估。基于合规运行效果来设计有效合规计划的全过程标准,才能针对刑事涉案企业发挥长效的犯罪预防作用。③ 第三,陈瑞华认为,合规监管人制度的良好实施,是企业合规改革顺利推进的基本保证。按照刑事合规整改的成功经验,有效合规整改可以包括合规计划的设计有效性、运行有效性和结果有效性等三个要素。为实现有效合规整改的基本目标,合规监管人可以具有三种角色:一是合规计划设计的监督者;二是合规计划运行的指导者;三是合规整改验收的评估者。在对涉案企业的刑事合规考察过程中,要确保合规监管人发挥不可替代的职能作用,既要科学地设定其合规整改督导方式,也应为其

---

① 参见孙国祥:《刑事合规的刑法教义学思考》,《东方法学》2020年第5期。
② 参见杜方正:《国有企业刑事合规制度研究》,法律出版社2021年版。
③ 参见刘艳红:《涉案企业合规建设的有效性标准研究——以刑事涉案企业合规的犯罪预防为视角》,《东方法学》2022年第4期。

履行合规监管职能确立一系列的制度保障。①

最后,介绍域外刑事合规制度。第一,梁涛认为,对于刚刚起步的我国企业合规制度建设而言,学习和借鉴美国已经相对成熟的制度很有必要,但从学术界目前的关注点来看,对美国企业合规的规范本身解读比较多,鲜有学者从国家治理逻辑的层面探究美国企业合规制度是如何构建以及如何由个别行业向全行业扩展的。事实上,美国在推进企业合规制度建设过程中同时发挥了国家监管、强制性自我监管与刑事激励三种方式的作用,且每种方式都有其重点关切的对象与行业,三种方式互相配合、互为补充。美国的经验对我国以多种方式推动不同类型企业构建本土化企业合规制度具有重要的借鉴意义。② 第二,戎静认为,在阿尔斯通公司和巴黎银行因合规问题被美国司法当局处以巨额罚款的触动下,法国借鉴美国暂缓起诉协议(DPA),引入了公共利益司法协议(CJIP)。引入动因源于寻求对他国法律域外管辖的制衡、对国内法反腐力度的补强及司法功利主义的推动。公益协议作为起诉替代方案仅适用于特定罪名,以符合"公共利益"作为实质适用标准。公益协议整合了公益罚金、合规计划和被害人赔偿三项制裁措施,检察官与涉事法人签署后由法院批准生效。该制度促使法国刑诉目的实现方式趋于多元、协商型司法进一步融入及法人归责原则转型,在限制他国司法域外适用和执行高额罚金等方面获得了成效。以法国经验为启示,构建我国刑事合规制度既要有国际视野的宽度和广度,亦要有解决我国实际问题的专度和深度。③

第二节　刑事合规案件适用中的疑难问题

一、合规企业减免刑事处罚的理论依据

在我国试点刑事合规的过程中,部分理论界和实务界的人士站在辩护的立

---

① 参见陈瑞华:《合规监管人的角色定位——以有效刑事合规整改为视角的分析》,《比较法研究》2022年第3期。
② 参见梁涛:《美国企业合规制度的构建:国家监管、强制性自我监管与刑事激励》,《政治与法律》2022年第7期。
③ 参见戎静:《法国刑事合规暂缓起诉制度之缘起、效果及借鉴》,《比较法研究》2022年第3期。

场上,片面地认为刑事合规的目的就是为企业犯罪"出罪",引发了对刑事合规制度正当性的质疑:在企业构成犯罪的情形下,仅仅以合规为理由就豁免其刑事责任,这是将企业视为一个法律上的特权阶层,违反了"法律面前人人平等"的原则。对于故意实施犯罪的企业来说,它已经通过自己的行为表明了危害社会的恶意,就应当受到处罚。如果企业犯罪后可以通过合规的方式免于处罚,那个人犯罪后为何不能通过改过自新而脱罪?面对争议,有学者直言:"引进刑事合规面临巨大的制度障碍。"①现有的研究成果普遍将免予刑事处罚的依据建立在刑事政策的考量之上,认为中国经济面临下行压力,刑事司法活动必须服务于"经济发展"这个中心,因此对于企业犯罪应当从宽处理,避免"办一个案子,垮掉一个企业"。但刑事政策具有易变性,会根据不同历史时空下的具体情况进行调整,并不足以支撑刑事合规制度的正当性,刑事合规并不是为了刺激经济发展而引进的一项临时性政策,而是一项长期适用的刑事司法制度,还是要回归到的刑法基本理论,寻找合规企业减免刑事处罚的依据。对于"自主合规模式"而言,企业积极开展刑事合规的行为表明其不具有侵害社会共同生活秩序的恶意,并且已经尽力避免犯罪的发生,鉴于企业在主观方面的恶性较轻,可以减免刑事处罚。而"合规不起诉模式"则是一种立足于特殊预防的犯罪治理方式,在纠正企业犯罪行为的同时,督促企业完善内部治理,消除犯罪产生诱因。

(一)"自主合规模式"减免刑罚的立论基础

首先,积极开展"自主刑事合规"的企业即使构成犯罪,其行为不具备"主观违法性",应当减免刑事处罚。根据经典的三阶层犯罪构成理论,犯罪的成立要满足"构成要件该当性""违法性""责任性"的要求,其中的违法性是行为"与法律矛盾""应当被禁止"的价值评价。而刑法对行为的价值评价不能单纯地建立在客观要素之上,也要考虑行为人主观上的恶性。德国刑法学家威尔哲尔在20世纪30年代提出了"目的行为论",认为"单纯侵害法益的行为非刑法所关心,仅仅在法益侵害是由行为人的目的行为而引起时,刑法才有所动作"②。换言之,

---

① 徐久生、师晓东:《法教义学视角下刑事合规之适用研究》,《安徽大学学报(哲学社会科学版)》,2021年第5期。
② 马克昌主编:《近代西方刑法学说史略》,中国检察出版社1996年版,第339—340页。

刑法上一切犯罪所共同的违法性都指向行为人挑战社会伦理秩序的卑劣目的。① 当下的刑法理论通说吸纳了上述观点,将表现为行为人主观恶性的"行为无价值的不法"与表现为法益损失的"结果无价值的不法"并列,共同构成行为违法性的判断要素。企业以刑事合规的方式对其经营活动进行审查,说明企业已经在自身能力范围内竭尽所能地避免犯罪,可以认定企业在主观上没有危害社会共同生活秩序的恶意,鉴于企业"主观恶意较小",应当对其从轻、减轻乃至免除刑事处罚。

其次,积极开展"自主刑事合规"的企业缺乏"违法性认识可能",不满足犯罪成立的主观要件,免除企业合规企业的刑事责任论的必然要求。所谓"违法性认识"是指行为者认识到自己的行为是违法的,或者说是对自己的行为违法规范所不容许的性质的认识。② 大陆法系的刑法理论以罗马法原则为根据,将行为人的认识错误分为事实认识错误和法律认识错误,要求立法机关向每一位具体的社会成员告知法律的内容是不可能的,因此学习法律、理解规范的要求是每位社会成员的责任,于是立法者通过法律拟制的方式推定:"法律一经公布,所有社会成员已经知晓其正确的含义",否则执法就失去了前提和依据,秩序也就荡然无存。基于上述理论,行为人因对规范含义的认识错误而实施的犯罪并不会得到刑法的宽恕,换言之法律认识错误不阻却刑事责任,即所谓"不知法不赦"。③ 但"不知法不赦"并不是绝对的,如果有充分的证据表明,根据行为人自身的状况及其所处的具体环境,不可能认识到自己的行为是被刑法所禁止的,那么行为人就不具备承担责任所必需的"非难可能性",应当免予处罚,从这个意义说"行为人不具备违法性认识的可能"是三阶层犯罪论体系中的责任阻却事由。④ 上述观点已经成为大陆法系刑法理论的通说,也是多国立法所持的立场,例如德国《刑法典》第17条规定:"行为人行为时没有认识其违法性,如该错误认识不可避免,则对其行为不负责任。"⑤ 如果企业积极主动地开展自主刑事合规,定期对企

---

① 韩康、孙丽娟:《"强制猥亵、侮辱罪"倾向犯之否定》,《行政与法》2021年第12期。
② 谢望原、柳忠卫:《犯罪成立视野中的违法性认识》,《法学评论》2003年第3期。
③ 张明楷:《刑法格言的展开》,法律出版社1999年版,第207页。
④ 简明:《论刑法上的错误》,载赵秉志编:《全国刑法硕士论文荟萃》,中国人民公安大学出版社1989年版,第281—282页。
⑤ 徐久生、庄敬华译:《德国刑法典》,中国法制出版社2000年版,第48页。

业的经营状况进行"体检",并且对照合规建议进行整改,那么企业有充分理由相信自身的经营行为完全合法。如果有效的合规活动也没有发现企业经营中的法律风险,那就说明此种风险难以预见和避免,应当认定企业不具备违法性认识可能,即使其行为符合犯罪构成要件也应当减免刑事处罚。

(二)"合规不起诉模式"减免刑罚的理论基础

检察机关开展的"合规不起诉"活动,是在企业实施特定违法行为后,检察机关开展的有针对性的监管活动。对企业而言,合规不起诉为其提供了一条免予刑事处罚的可能路径,而对于司法机关而言,合规不起诉是犯罪治理的重要一环,司法机关通过合规监管的方式督促企业完善其内部管理,纠正偏离正确轨道的经营行为,从而根除犯罪的土壤、消除企业再次犯罪的可能,实现犯罪特殊预防和社会防卫的目的。

学理上对于刑罚目的的理解有"报应刑论"和"目的刑论"两种主张,报应刑论认为,只要犯罪人在自由意志的支配下实施了危害了社会的行为,就表明其主观上有损害社会共同生活的恶意、不尊重他人的自由与尊严,对于此种恶意,科处刑罚是正义理念的要求,因此刑罚是对犯罪人的一种报复。而目的刑论则认为,犯罪的产生与社会环境因素、行为人个人因素紧密相关,刑罚的目的不是报应,而是"社会防卫"。进而言之,刑罚并非犯罪发生之后唯一的选项,国家应当遏制自己对犯罪人复仇的欲望,并且针对犯罪产生的原因制定对策,消除其犯罪的诱因,避免犯罪再次发生。大陆法系国家普遍在刑法规范中调和了这两种观点,在强调行为人"责任"的同时采取综合手段对犯罪进行综合治理。[①] 对企业犯罪而言,内部治理体系的不完善往往是导致犯罪产生的重要原因,如果司法机关仅仅是对犯罪行为本身"一罚了之",而对企业治理体系的缺陷不闻不问,那么基于同样的诱因,企业还有可能再次走上犯罪的道路。"合规不起诉"制度要求企业引入独立第三方开展合规监管,不仅可以围绕具体犯罪行为进行专项治理,例如偷税漏税行为发生后针对财务制度进行整改,非国家工作人员受贿行为发生后针对人事制度进行整改,也可以对企业内部治理体系进行全面的监督整改,促进现代企业制度的建立,而减免刑罚则是对企业开展刑事合规的一项激励。

---

① 刘源、吴波:《外国刑法学专题研究》,华东理工大学出版社2013年版,第9—12页。

对企业而言,开展刑事合规可能并非一件"好事"。首先,合规审查活动需要企业承担费用,推高了企业的经营成本。其次,企业追求经营自主权,不希望监管机构阻碍其决策。最后,聘请外部机构开展刑事合规审查还有泄露商业秘密的风险,损害企业的竞争优势。特别是在刑事法律风险尚未实害化的情形下,企业及其经营者难免抱有侥幸心理,轻信企业"没有问题",进而对刑事合规报以排斥的态度。有必要通过减免企业刑事责任的方式,鼓励其积极开展刑事合规工作。

二、"合规不起诉"与检察权的完善

合规不起诉制度属于协商性司法框架下的犯罪处理机制[①],有利于节约司法资源、提升诉讼效率,是司法制度发展的主流趋势。协商性司法将案件处理的核心环节从审判阶段提前到审查起诉环节,法律需要赋予检察官必要的权能。具体来说,《刑事诉讼法》应将"附条件不起诉"的适用范围扩展至所有的单位犯罪,为检察机关开展合规不起诉工作创造条件。

所谓"协商性司法"(negotiated justice),指在刑事案件的处理方面,给当事人之间的"协商"或者"合意"留出一定空间的案件处理模式。"协商性司法的核心价值在于通过控辩双方的对话、协商,在合意的基础上谋求控辩审三方都乐于接受的司法结果。"[②]协商式司法是"对抗式审判"发展到成熟阶段的产物,在传统的对抗式审判中,诉讼构造呈现出"法官居中、两造平等"的格局,控辩双方通过质证、辩论的方式相互攻讦,法官则在"兼听则明"的基础上做出裁判。对抗式审判有利于维护辩方的诉讼权利,但其程序往往烦琐、漫长,控辩双方必须投入大量的时间、精力进行诉讼。而且对抗式审判的结果不可控,一方很可能在投入大量资源后仍然败诉,使自身利益遭受更大的损失。此外,对抗式审判意味着控辩双方的激烈冲突,双方多元的价值诉求无法在判决中进行调和。为了克服上述弊端,从20世纪中后期开始,协商性司法的浪潮在全球兴起。在协商性司法的框架下,控辩双方可以通过"合意"对案件的事实和法律问题达成一致,形成双方都可以接受的案件处理结果[③],而法官则对控辩双方合意的内容进行审查,确

[①] 谢安平、刘琦:《协商性司法下的企业刑事诉讼新规制——以中小微企业适用合规不起诉为视角》,《中国检察官》2022年第3期。
[②] 罗海敏:《论协商性司法与未决羁押的限制适用》,《法学评论》2022年底3期。
[③] 马明亮:《正义的妥协——协商性司法在中国的兴起》,《中外法学》2004年第1期。

保其维持在法治的框架之内。对于控辩双方达成一致的案件,庭审中的质证、辩论程序可以省略,从而简化程序、节约司法资源,而且"合意"得出的案件处理结果吸纳了控辩双方多元的价值,更容易获得双方的认同和遵守。在协商性司法发展比较充分的美国,绝大多数刑事案件是通过诉辩交易的方式结案的,在2020年联邦各巡回法院和地区法院审结的案件中,通过辩诉交易方式解决的案件平均占比97.8%,有些法院辩诉交易结案的比例甚至高达99.3%。①

我国刑事司法具有"重打击"的传统,司法机关对犯罪嫌疑人、被告人通常会采取严厉的态度,社会舆论也强调刑事司法保障公平正义的功能,认为控辩双方的"交易"是一种放纵犯罪的行为,因此协商性司法在我国长期以来未得到充分的发展。但是近年来的刑事司法实践凸显出两个问题。一是司法机关案多人少的情况加剧。从2014年开始人民法院、人民检察院开始在部分省市试点推行员额制改革,并在2017年后逐步在四级司法机关中全面落地,改革之后员额法官、员额检察官的人数大幅减少,但刑事案件的数量却逐年增多,2017年全国法院各级法院审结一审刑事案件102.3万件,判处罪犯118.4万人,2021年则上升到125.6万件和171.5万人②,增幅分别为22.8%与44.8%,刑事司法的运行面临较大压力。二是犯罪圈扩大。随着中国的法治进步,劳动教养制度、收容教育制度等相继废除,强制医疗程序也实现了司法化,为了维护社会秩序,立法机关在刑法修订的过程中不断扩充罪名的数量,设置了危险驾驶罪、高空抛物罪等大量的轻罪,某些原来不属于犯罪的行为现在也纳入了刑事处罚的范畴。犯罪圈的扩大直接导致了犯罪人数的上升③,大量公民被打上"罪犯"的烙印,不仅犯罪人个人在就业、信贷等方面遭遇限制,其家庭也不可避免地会受到波及,这无疑

---

① US Sentencing Commission, https://www.ussc.gov/sites/default/files/pdf/research-and-publications/annual-reports-and-sourcebooks/2020/2020-Annual-Report-and-Sourcebook.pdf,2022年10月11日。需要补充说明的是,虽然美国的刑事案件绝大多数以诉辩交易的方式得到处理,但体现对抗的陪审团审判依然是美国刑事诉讼的标准程序,其地位类似于我国《刑事诉讼法》中的一审普通程序。由此可以看出,协商式司法是建立在对抗式审判的基础之上的,是对抗式审判的变通。
② 数据来源于最高人民法院历年工作报告。
③ 以危险驾驶罪为例,自2011年"醉驾入刑"以来,全国法院审结的危险驾驶罪案件数量已经由2013年的9万多件、居当年刑事犯罪案件数量的第三位、占当年法院审结的全部刑事案件总数的9.5%,发展为2020年的28.9万件、占刑事案件总数的比例高达25.9%,危险驾驶罪成为名副其实的第一大罪。蒋子文:《一年约30万人因危险驾驶获刑,学者建议适度提高定罪门槛》,澎湃新闻2022年1月17日,https://www.thepaper.cn/newsDetail_forward_16322892,2022年10月12日。

会积累矛盾,成为社会健康运行的不利因素。协商式司法可以通过程序性的处理,对刑事案件进行繁简分流,避免大量案件涌入审判程序,同时可以调和控辩之间的对立与矛盾,吸收多元的价值诉求,通过"不起诉"的方式让违法行为人免予刑事处罚,缓解犯罪圈扩大的不利影响,因此受到了中国理论界和实务界的重视。2018年10月26日,第十三届全国人民代表大会常务委员会第六次会议作出关于修改《中华人民共和国刑事诉讼法》的决定,修改后的《刑事诉讼法》引入了"认罪认罚从宽"制度,其主要内容是在审查起诉阶段,通过犯罪嫌疑人认罪认罚的形式在控辩双方之间消除对立、达成合意,是具有中国特色的协商式司法制度。① 认罪认罚从宽制度主要针对个人犯罪,而"合规不起诉"则是协商式司法在单位犯罪领域的体现,"合规不起诉"本质上是控辩双方在照顾批次关切的基础上而达成的关于案件处理的合意,检察机关作为追诉者要求企业落实整改要求,同时也通过不起诉的方式免除企业的刑事责任。

检察机关开展"合规不起诉"需要具备两项权能。一是作出不起诉决定的权力,这一点在我国现行的刑事司法制度中不存在障碍。根据《刑事诉讼法》第177条,对于"对于犯罪情节轻微,依照刑法规定不需要判处刑罚或者免除刑罚的,人民检察院可以作出不起诉决定"。该条款赋予了检察机关对犯罪酌定不起诉的权力。对合规企业的不起诉,是在企业的行为已经构成犯罪、但通过整改消除再犯可能性的基础上,检察机关认为不需要判处刑罚,完全可以通过酌定不起诉的方式进行处理。二是开展合规监管的能力。涉案企业严格依照合规协议进行整改、达到了合规的要求,这是检察作出不起诉决定的前提,法律应当赋予检察机关必要的职权,使其可以对企业开展合规监管。笔者认为,《刑事诉讼法》并没有为检察官开展合规监管创造良好的条件,既没有明确规定检察机关享有合规监管的权力,也没有为合规监管留下足够的时间。检察机关审查起诉受到严格的期限限制,根据《刑事诉讼法》第172条"人民检察院对于监察机关、公安机关移送起诉的案件,应当在一个月以内作出决定,重大、复杂的案件,可以延长十

---

① 认罪认罚从宽制度体现了协商式司法的精神,但与英美国家的诉辩交易有所不同。中国的检察机关是具有宪法地位的法律监督机关,在刑事诉讼中强调自身的权威和在审查起诉程序中的主导地位,而且中国刑事司法强调"以事实为依据、以法律为准绳",追求客观真实,因此中国的协商式司法不可能是诉辩双方之间讨价还价的"交易",而是在查清事实的基础上,由检察机关考虑犯罪嫌疑人的诉求,提出案件处理的建议,再由犯罪嫌疑人决定是否接受。

五日"。也就是说,检察机关一般应当在一个半月之内对案件作出处理,即使通过退回补充侦查的方式进行程序回环,审查起诉期限最长也不超过六个半月。而企业的合规整改是一个复杂而漫长的过程,难以在短期内完成,在美国的刑事合规实践中,合规监管期限往往长达数年,而我国的合规监管受到审查起诉期限的限制往往时间很短,根据学者所做的实证统计,企业的合规整改一般为 3—6 个月,只有极个别的案件整改期限会超过 6 个月,而且还是在作出不起诉决定后继续进行合规整改[①],此时检察机关实际上已经失去了继续督促企业履行合规义务的法律手段。笔者认为,合规不起诉实际上是一种附条件的不起诉,企业达到合规要求是检察机关作出不起诉决定的前提条件,我国《刑事诉讼法》中也规定了附条件不起诉制度,但其适用范围过于狭窄,仅限于未成年人案件。笔者建议,可以将附条件不起诉引入到刑事合规领域,检察机关对于涉案企业,认为可以通过合规整改免予起诉时,可以给企业设立一定考察期,如其企业在考察期内完成合规整改、履行了合规义务的,再由检察机关依法作出不起诉决定。合规考察期应当根据企业的规模、整改的难度综合确定。

三、刑事合规监管机构的运作模式

无论是企业自主开展的刑事合规,还是检察机关在不起诉程序中开展的刑事合规,都需要设立具体的合规监管机构,对企业执行合规计划的情况进行审查,并出具企业是否达到合规标准的报告,以此作为刑事诉讼中对企业从轻处罚或不起诉的依据。法律应当规范合规监管机构的运作模式,规定其组织方式,并且赋予其必要的职权,使其可以真正有效地履行合规监管的职责。

(一)合规监管机构的组织模式

在合规监管机构的组织方式上,应遵循"独立性"原则。合规组织应当是独立行使职权的第三方,严格依照事实和法律独立作出判断。企业具有趋利性,为了追求经济效益往往对法律法规做有利于自己的解释,甚至以合法形式掩盖非法目的,内部的合规部门无法公正客观地评价企业的行为。从纵向上看,企业

[①] 刘华英律师团队:《企业刑事合规试点两年以来,法律适用现状及发展趋势》,"新则"微信公众号 2022 年 6 月 6 日,https://mp.weixin.qq.com/s/nuc6Gjnzk35Z4ZV1mgIrZA,2022 年 10 月 14 日。

内部的合规部门,其人事编制、经费预算受到企业的控制,必须服从管理层的意志,而管理层为了谋求经济利益可能会无视经营过程中的法律风险,抱有侥幸心理认为违法犯罪行为不会被发现和追究,也有一些企业的管理层会要求合规部门针对法律风险制定整改方案,但整改的目的不是放弃非法经营行为,而是"以合法形式掩盖非法目的"。对于管理层实施的上述行为,作为下属机构的合规部门往往无法纠正,特别是在中国,现代企业制度尚不完备,企业内部"家天下"的情况普遍存在,很多企业的创始人或实际控制人享有绝对的权威和话语权,合规部门无法形成制约。除了独立于企业内部治理体系,合规监管机构也不能成为检察机关的附庸。在"合规不起诉"程序中引入合规监管机构,其目的并不是为检察机关的不起诉决定提供背书,而是由合规监管机构对企业是否达成了合规要求进行审查,保证检察机关的不起诉决定符合法定的条件,对于那些没有认罪悔罪、没有落实整改的企业,合规监管机构应当建议检察机关提起公诉,避免让这些"不合规"的企业获得刑罚上的优待。因此合规监管机构并非站在检察官的立场上进行预设立场的论证,而是具有制约诉权的功能。为了保障合规监管机构能够独立履行职责,应当允许其在组织上与检察机关保持相对独立,人、财、物的调配也不能被检察机关所控制。

  在我国的"合规不起诉"试点工作中,检察机关推行了"第三方监督评估机制",该机制突出了合规监管机构"独立性"的特征。根据最高人民检察院会同八部委共同出台的《关于建立涉案企业合规第三方监督评估机制的指导意见(试行)》,检察机关与其他八部委共同组建"合规不起诉第三方监督评估机制管理委员会(简称第三方机制管委会)",并且规定:"人民检察院在办理涉企犯罪案件时,对符合企业合规改革试点适用条件的,交由第三方机制管委会选任组成的第三方监督评估组织,对涉案企业的合规承诺进行调查、评估、监督和考察。"但该意见同时规定:第三方监督评估组织的考察结果只是人民检察院处理案件"重要参考",换言之即使第三方评估机构认为企业没有达到合规的条件,人民检察院也可以作出不起诉决定,第三方监督评估组织有被架空、沦为"橡皮图章"的可能。企业按照合规要求进行整改、满足合规要求是对其犯罪行为不起诉的前提,而企业是否满足合规要求,需要进行长期跟踪观察、评估之后再得出结论,而且涉及企业管理会计、税务等方面的专业判断,检察机关应当尊重第三方评估组织的结论。笔者主张,第三方监督评估组织在考察结束后,应当对企业是否完成了合规整改、是否达到了合规条件形成明确的结论,而人民检察院一般应当依据第三方监督评估组织的考察结果对案件作出提起公诉或不起诉的决定。涉案企业如果认为第三方监督评估组织的结论有失公允,可以向检察机关提出异议,如果检察机关认为异议成立,可以重新组成第三方监督评估组织进行审查。

与"合规不起诉"形成对比的是,在我国企业在开展自主合规审查的过程中甚少聘请外部独立机构,而是把合规监管的职责交由企业内设的部门来完成,有些企业甚至直接将原来的"法务部"直接更名为"合规部",由于企业内设的合规部门具有难以克服的局限性,企业自主合规在我国的实施成效并不理想。"合规不起诉模式"与"自主合规模式"是相辅相成的、相互促进的,合规不起诉关注的是犯罪行为已经发生之后的处罚问题,而自主合规模式则着眼于犯罪的事前预防,两种刑事合规模式都期待企业能够完善内部治理,从而减少企业犯罪,因此犯罪预防才是刑事合规制度的最终目标,对企业犯罪从轻或免予处罚只是为实现预防目的而采取的一种手段。第三方监督机构的缺位使企业自主合规运行不畅,进而阻碍了犯罪预防目的的实现。笔者主张,可以借鉴域外国家的经验,将企业开展外部合规与刑事责任相挂钩,在量刑指导意见中明确"企业定期开展外部合规审查""积极落实合规整改建议"是法定的从轻量刑情节,通过诉讼利益激励企业积极聘请外部专家开展合规工作。

(二)第三方监督评估机制的运作方式

首先,第三方监督机制的构成。第三方监督机制包括三层架构:一是作为组织者的政府部门和社会组织;二是作为管理机构的第三方监督机制管委会;三是在具体个案中实际开展合规监管工作的合规专家小组。检察院等司法机关、商务部等行政机关、证监会等监管机构、工商联等社会组织应作为第三方监督评估机制的组织者,共同成立第三方监督机制管委会(以下简称管委会),由管委会遴选法律、财务、企业管理等方面的专家组成"专家库",当启动合规程序时,管委会从专家库中抽取人员组成合规专家小组,负责具体案件的合规审查工作。合规专家小组的职责是向企业释明法律、政策的真正含义,对企业的经营行为是否合法给出明确的结论。为了保证合规结果的客观、公正,合规专家小组应当具有一定的独立性,只对事实和法律负责,避免其他因素的干扰,专家小组虽然由管委会遴选产生,但同管委会无权命令专家小组出具特定内容的报告。

其次,合规专家小组的权力及其限制。在开展刑事合规期间合规专家小组必须要对企业的内部治理体系和经营活动进行审查,以判断企业是否完达成了合规的目标,企业应当配合合规专家小组的工作。但法治精神同样要求合规专家小组尊重企业的经营自主权,合规活动对企业生产经营的干预应当符合比例原则,将对企业的消极影响降到最低。因此在开展刑事合规的过程中,法律应当合理地设定各方主体的权利义务,实现合规专家小组"权力"与企业"权利"的平衡。第一,合规专家小组有权在企业内部开展调查,可以列席企业的决策会议、调取必要的资料、询问企业员工,但只能调查与刑事合规内容有关的事项,不能借刑事合规的名义刺探企业的商业秘密。举例来说,如果企业因财务制度不健全而发生职务侵占的行为,检察机关依法对企业开展刑事合规的,此时合规专家小组可以对企业的财务制度进行审查,但不能要求企业提供产品的研发资料或者高管的人事资料。如果企业认为合规专家小组要求调阅的资料与刑事合规事务无关,可以向管委会提出申诉,由管委会进行最终裁决。第二,对于刑事合规过程中获得的企业商业秘密,合规专家小组应当予以保密。必要时可以对合规活动进行程序控制,例如要求合规专家小组在特定的地点审阅保密材料、不得对保密内容进行拍摄录像等,避免泄密事件的发生。

最后,合规专家小组有权获得来自企业的资金和物资保障,但也要严格执行预算,避免铺张浪费加重企业的负担。刑事合规活动不可避免地会产生费用,包括合规专家的薪酬、活动费、办公费用等,需要明确承担这笔费用的义务人。无论是"自主合规模式"还是"合规不起诉"模式,刑事合规都会为企业带来切实的诉讼利益,帮助企业减免刑事责任,作为刑事合规活动的获益方,企业理应承担刑事合规活动的费用。在当下的刑事司法实践中,刑事所产生的费用主要是由公共财政承担,具体来说是由检察机关负责,这是一种错配的权利义务关系,在后续制度完善的过程中应予纠正。为了避免挥霍浪费给企业造成沉重的负担,对于合规专家小组的拨款应进行预算管理,在刑事合规活动开始之前,管委会应和企业进行磋商,明确刑事合规活动的费用总额和具体预算,合规专家小组应当严格执行预算,超出预算的费用企业不予承担,由管委会负责。

第三节 刑事合规典型案例

一、上海J公司、朱某某假冒注册商标案

(一) 基本案情①

上海市J智能电器有限公司(以下简称J公司)注册成立于2016年1月,住所地位于浙江省嘉兴市秀洲区,公司以生产智能家居电器为主,拥有专利数百件,有效注册商标3件,近年来先后被评定为浙江省科技型中小企业、国家高新技术企业。公司有员工2000余人,年纳税总额1亿余元,被不起诉人朱某某系该公司股东及实际控制人。

2018年8月,上海T智能科技有限公司(以下简称T公司)与J公司洽谈委托代加工事宜,约定由J公司为T公司代为加工智能垃圾桶,后因试产样品未达质量标准,且无法按时交货等原因,双方于2018年12月终止合作。为了挽回前期投资损失,2018年12月至2019年11月,朱某某在未获得商标权利人T公司许可的情况下,组织公司员工生产假冒T公司注册商标的智能垃圾桶、垃圾盒,并对外销售获利,涉案金额达560万余元。2020年9月11日,朱某某主动投案后被取保候审。案发后,J公司认罪认罚,赔偿权利人700万元并取得谅解。2020年12月14日,上海市公安局浦东分局以犯罪嫌疑单位J公司、犯罪嫌疑人朱某某涉嫌假冒注册商标罪移送浦东新区检察院审查起诉。

(二) 简要评价

在该案审查起诉过程中,应上海浦东新区检察院邀请,笔者对跨区域刑事合规案件的意义、理论基础等发表了如下个人见解。②

---

① 《最高检发布第二批企业合规典型案例 保护企业合法权益 促进企业合规守法经营》,中华人民共和国最高人民检察院网站2021年12月15日,https://www.spp.gov.cn/xwfbh/wsfbt/202112/t20211215_538815.shtml#1,2022年12月10日。

② 逄政:《75号咖啡 | 跨区域涉案企业合规的探索与展望》,"上海检察"微信公众号2022年8月22日,https://mp.weixin.qq.com/s/iR29aZqm8tbkfWATQg4uXw,2022年12月10日。

1. 该案为跨区域刑事合规实践提供了有益尝试

针对涉案企业注册地、生产经营地和犯罪地分离的情况,上海、浙江检察机关依托长三角区域检察协作平台,通过个案办理探索建立企业合规异地协作工作机制,确立了"委托方发起""受托方协助""第三方执行"的合规考察异地协作模式,合力破解异地社会调查、监督考察、行刑衔接等难题,降低司法办案成本,提升办案质效,为推动区域行业现代化治理提供了实践样本。

2. 跨区域刑事合规实践的理论基础

一是协同治理理论。广义协同治理是指政府主体与社会主体之间的协同;狭义协同治理是指政府主体内部各部门之间及不同政府之间的协同。跨区域涉案企业合规反映了狭义层面的协同治理需要。现代治理理论与实践表明,多元主体的有效协作配合,是推进国家治理体系与治理能力现代化的有效路径。企业犯罪有其特殊性。案件管辖地并非企业注册地或主要生产经营地的企业犯罪案件大量存在,单靠个别检察机关难以提升企业犯罪治理效能。而跨区域涉案企业合规工作是不同检察机关即多元主体参与到对涉案企业的犯罪治理过程中,通过联合行动以实现共同的企业犯罪治理目标,符合协同治理理论的要求,是犯罪治理现代化的表现。二是创新社会管理理念。创新社会管理,首先应是管理观念的创新,思维方式的转变。跨区域涉案企业合规,突破了检察权的地域限制,尝试治理企业犯罪的新路径,是创新社会管理理念的集中表现。三是检察一体化理论。依据检察一体化理论,各地和各级检察机关之间具有职能协助的义务,全国各级检察机关是执行检察职能的统一整体。跨区域涉案企业合规从整体上调动检察权,强调不同区域检察机关之间的协作义务,是检察一体化的应有之义。

3. 跨区域刑事合规的现实意义

跨区域涉案企业合规工作的现实意义我认为有两点。一是实现预防企业犯罪的需要。涉案企业合规制度的出现并不是为了检察权的扩张,其制度内在价值在于预防企业犯罪。企业犯罪往往具有专业性、秘密性等特点,公权力事前监管与事后惩处都存在一定局限。合规计划通过暂缓起诉、量刑激励等方式促进企业的自我管理,弥补了公权力规制的不足,形成了对企业犯罪预防、惩处双管齐下的局面。当然,企业只有真实完成合规计划,才可能实现自身预防犯罪的功能。由于企业犯罪的跨区域特性,只有进行跨区域合规,通过办案地-协作地检察机关及第三方组织的协同合作，才可能使涉案企业合规得以顺利进行，合规不至于流于形式，进而实现企业自身预防犯罪的功能。二是实现涉案企业合规的公正价值。公正价值表现为涉案企业合规的平等适用，其前提是不同地区合规标准的统一。企业犯罪的跨区域特性催生了跨区域检察协作机制，原因很简单，缺乏跨区域检察协作就不可能形成统一适用的合规标准。

二、王某某泄露内幕信息、金某某内幕交易案

（一）案件介绍①

广东K电子科技股份有限公司（以下简称K公司）长期从事汽车电子产品研发制造，连续多年获国家火炬计划重点高新技术企业称号，创设国家级驰名商标，取得700余项专利及软件著作权，2018年开始打造占地30万平方米、可容纳300余家企业的产业园，已被认定为国家级科技企业孵化器。被告人王某某系K公司副总经理、董事会秘书。

2016年12月，K公司拟向深圳市C科技股份有限公司（以下简称C公司）出售全资子公司。2017年1月15日，K公司实际控制人卢某某与C公司时任总经理张某某达成合作意向。同年2月9日，双方正式签署《收购意向协议》，同日下午C公司向深交所进行报备，于次日开始停牌。同年4月7日，C公司发布复牌公告，宣布与K公司终止资产重组。经中国证券监督管理委员会认定，上述收购事项在公开前属于内幕信息，内幕信息敏感期为2017年1月15日至4月7日。被告人王某某作为K公司董事会秘书，自动议开始知悉重组计划，参与重组事项，系内幕信息的知情人员。

2016年12月和2017年2月9日，被告人王某某两次向其好友被告人金某某泄露重组计划和时间进程。被告人金某某获取内幕信息后，为非法获利，于2017年2月9日紧急筹集资金，使用本人证券账户买入C公司股票8.37万股，成交金额人民币411万余元，复牌后陆续卖出，金某某亏损合计人民币50余万元。

---

① 《涉案企业合规典型案例（第三批）》，中华人民共和国最高人民检察院网站2022年8月10日，https://www.spp.gov.cn/xwfbh/dxal/202208/t20220810_570419.shtml，2022年12月24日。

2021年8月10日,北京市公安局以王某某、金某某涉嫌内幕交易罪向北京市检察院第二分院(以下简称市检二分院)移送审查起诉。审查起诉期间,市检二分院对K公司开展企业合规工作,合规考察结束后结合犯罪事实和企业合规整改情况对被告人提出有期徒刑二年至二年半,适用缓刑,并处罚金的量刑建议,与二被告人签署认罪认罚具结书。2021年12月30日,市检二分院以泄露内幕信息罪、内幕交易罪分别对王某某、金某某提起公诉。2022年1月28日,北京市第二中级法院作出一审判决,认可检察机关指控事实和罪名,认为检察机关开展的合规工作有利于促进企业合法守规经营,优化营商环境,可在量刑时酌情考虑,采纳市检二分院提出的量刑建议,以泄露内幕信息罪判处王某某有期徒刑二年,缓刑二年,并处罚金人民币十万元,以内幕交易罪判处金某某有期徒刑二年,缓刑二年,并处罚金人民币二十万元。

(二)简要评价

就本案而言,涉及社会效果与法律效果的平衡问题。首先,就社会效果而言,笔者完全认同检察机关对该案件的社会效果的归纳①,至少体现在两个方面。第一,依托专项合规推动民营企业完善法人治理结构。本案虽是针对泄露内幕信息和内幕交易犯罪案件开展的专项合规,但检察机关发现并通过第三方组织调查了解到,K公司存在家族式治理、关键人控制、实际决策人与职权分离等民营企业常见的内控失调现象,如脱离个案的特殊情况片面开展专项合规势必不能取得良好效果。为此,检察机关决定以内幕信息保密合规为契机,推动涉案企业向现代企业法人治理结构积极转变,为企业的健康发展打牢法治根基。第二,依托涉案企业合规改革试点,强化资本市场非上市公司内幕信息保密合规管理,涵养资本市场法治生态。资本市场是信息市场与信心市场的合一,健全内幕信息保密合规管理,是提振投资信心的重要体现。但内幕交易案件暴露出,企业内幕信息保密管理缺失会引起内幕信息泄密风险,诱发内幕交易,在扰乱证券市场秩序的同时,侵害了广大投资者的合法权益。尤其是作为上市公司交易对方的非上市公司,在行政监管相对薄弱的情况下,更应该加强自身合规管理。该

---

① 《涉案企业合规典型案例(第三批)》,中华人民共和国最高人民检察院网站2022年8月10日,https://www.spp.gov.cn/xwfbh/dxal/202208/t20220810_570419.shtml,2022年12月24日。

案作为全国首例开展涉案企业合规工作的证券犯罪案件,检察机关坚持惩治犯罪与助力维护资本市场秩序并重,依托涉案企业合规改革积极推动资本市场非上市公司更新合规理念,对标上市公司健全自身合规管理体系,培养全链条合规意识,将外部监管类规定内化为自律合规要求,提高资本运作规范化水平,助力营造资本市场良好法治环境。

其次,从法律效果角度考察,该案的处理结果亦存在商榷之处。依据2021年6月3日最高人民检察院、司法部、财政部等九部门颁发的《关于建立涉案企业合规第三方监督评估机制的指导意见(试行)》第3条的规定,第三方机制"适用于公司、企业等市场主体在生产经营活动中涉及的经济犯罪、职务犯罪等案件,既包括公司、企业等实施的单位犯罪案件,也包括公司、企业实际控制人、经营管理人员、关键技术人员等实施的与生产经营活动密切相关的犯罪案件"。也就是说,适用合规不起诉的主体必须是与"生产经营活动"有关的单位或公司、企业实际控制人、经营管理人员、关键技术人员等,这是刑事合规案件适用的"法律依据"。而本案中,被告人王某某泄露内幕信息给其好友的行为,既不是单位犯罪,也不符合"与生产经营活动密切相关的犯罪案件"的自然人犯罪主体条件。因此,检察机关将企业刑事合规整改作为从宽处理企业员工被告人王某某的因素之一,在"法律依据"方面是值得商榷的。甚至有学者担忧,"这种倾向值得注意。其不仅会将在我国刚刚起步的企业合规不起诉制度引入歧途,还会导致人们对企业合规不起诉制度产生误解,使其无法行稳致远"[①]。

---

① 黎宏:《我国刑法中的单位犯罪规定与企业合规不起诉改革实践》,《江西社会科学》2023年第1期,第40页。

主要参考文献
REFERENCE

[1]《保险欺诈防范与处理实务全书》编委会.保险欺诈防范与处理实务全书[M].北京:中国检察出版社,1999.

[2] 毕志强,肖介清.职务侵占罪研究[M].北京:人民法院出版社,2001.

[3] 曾静音.刑法历次修正:背景·释义·应用[M].北京:中国法制出版社,2006.

[4] 陈灿平.刑民实体法关系初探[M].北京:法律出版社,2009.

[5] 陈洪兵.财产犯罪之间的界限与竞合研究[M].北京:中国政法大学出版社,2014.

[6] 陈兴良.教义刑法学[M].3版.北京:中国人民大学出版社,2017.

[7] (德)恩施特·贝林.构成要件理论[M].王安异,译.北京:中国人民公安大学出版社,2006.

[8] (德)克雷斯蒂安·冯·巴尔.欧洲比较侵权行为法(下卷)[M].张新宝,译.北京:法律出版社,2001.

[9] 杜方正.国有企业刑事合规制度研究[M].北京:法律出版社,2021.

[10] 高铭暄.刑法修改建议文集[M].北京:中国人民大学出版社,1997.

[11] 高铭暄.新型经济犯罪研究[M].北京:中国方正出版社,2000.

[12] 顾肖荣.证券违法犯罪[M].上海:上海人民出版社,1994.

[13] 何帆.刑民交叉案件审理的基本思路[M].北京:中国法制出版社,2007.

[14] 姜伟.知识产权刑事保护研究[M].北京:法律出版社,2004.

[15] 黎宏.刑法学总论[M].2版.北京:法律出版社,2016.

[16] 李邦友,高艳东.金融诈骗罪研究[M].北京:人民法院出版社,2003.

[17] 李本灿.刑事合规的基础理论[M].北京:北京大学出版社,2022.

[18] 李聪.健康保险欺诈的理论分析与实证研究[M].北京:中国社会科学出版社,2018.

[19] 林钰雄.新刑法总则[M].北京:中国人民大学出版社,2009.

[20] 刘树德."口袋罪"的司法命运:非法经营的罪与罚[M].北京:北京大学出版社,2011.

[21] 刘宪权.金融犯罪刑法学原理[M].2版.上海:上海人民出版社,2020.

［22］刘艳红.实质刑法观[M].2版.北京:中国人民大学出版社,2019.
［23］罗开卷.新型经济犯罪实务精解[M].上海:上海人民出版社,2017.
［24］马克昌.近代西方刑法学说史略[M].北京:中国检察出版社,1996.
［25］马克昌.经济犯罪新论:破坏社会主义经济秩序罪研究[M].武汉:武汉大学出版社,1998.
［26］裴长利.非法吸收公众存款罪实证研究[M].上海:复旦大学出版社,2019.
［27］(日)山口厚.刑法各论[M].王昭武,译.2版.北京:中国人民大学出版社,2011.
［28］[日]佐伯仁志,[日]道垣内弘人.刑法与民法的对话[M].于改之,张小宁,译.北京:北京大学出版社,2012.
［29］苏惠渔.刑法学[M].北京:中国政法大学出版社,2016.
［30］孙谦,万春,阮齐林.经济犯罪检察业务[M].北京:中国检察出版社,2021.
［31］童伟华.财产罪基础理论研究:财产罪的法益及其展开[M].北京:法律出版社,2012.
［32］王新.反洗钱:概念与规范诠释[M].北京:中国法制出版社,2012.
［33］王作富.刑法分则实务研究[M].5版.北京:中国方正出版社,2013.
［34］夏吉先.经济犯罪与对策——经济刑法原理[M].北京/西安:世界图书出版公司,1993.
［35］谢杰,马宏伟.通往规制之路:资本市场的刑法逻辑[M].北京:法律出版社,2021.
［36］谢杰,钱列阳.市场滥用犯罪与刑事合规[M].北京:法律出版社,2021.
［37］许永安.中华人民共和国刑法修正案(十一)解读[M].北京:中国法制出版社,2021.
［38］薛波.元照英美法词典[M].北京:北京大学出版社,2013.
［39］杨万明.《刑法修正案(十一)》条文及配套《罪名补充规定(七)理解与适用》[M].北京:人民法院出版社,2021.
［40］(意)加罗法洛.犯罪学[M].耿伟,王新,译.北京:中国大百科全书出版社,1996.
［41］张明楷.刑法格言的展开[M].北京:法律出版社,1999.
［42］张明楷.诈骗罪与金融诈骗罪研究[M].北京:清华大学出版社,2006.
［43］张明楷.外国刑法纲要[M].2版.北京:清华大学出版社,2007.
［44］张明楷.刑法分则的解释原理[M].2版.北京:中国人民大学出版社,2011.
［45］张明楷.诈骗犯罪论[M].北京:法律出版社,2021.
［46］张明楷.刑法学[M].6版.北京:法律出版社,2021.
［47］张永红.我国刑法第13条但书研究[M].北京:法律出版社,2004.
［48］张勇.存贷犯罪刑法理论与实务[M].上海:上海人民出版社,2012.
［49］赵秉志.新刑法教程[M].北京:中国人民大学出版社,1997.
［50］赵秉志.破坏金融管理秩序犯罪疑难问题司法对策[M].长春:吉林人民出版社,2000.
［51］赵永红.知识产权犯罪研究[M].北京:中国法制出版社,2004.
［52］周光权.刑法各论[M].4版.北京:中国人民大学出版社,2021.
［53］周密.美国经济犯罪和经济刑法研究[M].北京:北京大学出版社,1993.
［54］朱铁军.刑民实体关系论[M].上海:上海人民出版社,2012.
［55］沈亮.凝聚共识 推进认罪认罚从宽制度深入有效实施[N].人民法院报,2021-07-22(5).
［56］段剑良.从两个层次把握索贿的认定[N].检察日报,2021-09-07(7).

[57] 徐世亮,赵拥军.认罪认罚具结书的效力是否应受庭审中辩护人和公诉人抗辩的影响[N].人民法院报,2020-01-02(6).

[58] 最高人民法院刑二庭.宽严相济在经济犯罪和职务犯罪案件审判中的具体贯彻[N].人民法院报,2010-04-07(6).

[59] 安汇玉,汪明亮.自我洗钱行为当罚性分析[J].苏州大学学报(法学版),2020,7(3):109-118.

[60] 安然.人工智能时代侵犯著作权罪的法益嬗变与刑法应对[J].扬州大学学报(人文社会科学版),2022,26(3):63-76+128.

[61] 蔡道通.经济犯罪"兜底条款"的限制解释[J].国家检察官学院学报,2016,24(3):83-98+174.

[62] 车浩.从华南虎照案看诈骗罪中的受害者责任[J].法学,2008(9):51-60.

[63] 陈国栋.作为公共资源配置方式的行政合同[J].中外法学,2018,30(3):821-839.

[64] 陈国庆,韩耀元,宋丹.《关于公安机关管辖的刑事案件立案追诉标准的规定(三)》解读[J].人民检察,2012(14):49-54.

[65] 陈航.年龄误保条款与保险诈骗罪认定问题研析——以一起"骗保"疑案引发的民刑法关系为视角[J].中国刑事法杂志,2006(5):49-54.

[66] 陈洪兵.简评《刑法修正案(八)》有关发票犯罪的规定[J].华东政法大学学报,2011(5):134-136.

[67] 陈洪兵.论中立帮助行为的处罚边界[J].中国法学,2017(1):189-208.

[68] 陈庆安.《刑法修正案(十一)》的回应性特征与系统性反思[J].政治与法律,2022(8):108-122.

[69] 陈如霞,朱帅.非国家工作人员受贿罪与职务侵占罪的区别[J].人民司法,2011(4):51-53.

[70] 陈瑞华.企业合规不起诉制度研究[J].中国刑事法杂志,2021(1):78-96.

[71] 陈瑞华.合规监管人的角色定位——以有效刑事合规整改为视角的分析[J].比较法研究,2022(3):28-43.

[72] 陈天敏,周少华,张淼,等.虚开普通发票行为如何适用法律[J].人民检察,2013(6):41-46.

[73] 陈兴良.主客观相统一原则:价值论与方法论的双重清理[J].法学研究,2007(5):104-120.

[74] 陈兴良.协助他人掩饰毒品犯罪所得行为之定性研究——以汪照洗钱案为例的分析[J].北方法学,2009,3(4):35-44.

[75] 陈兴良.投机倒把罪:一个口袋罪的死与生[J].现代法学,2019,41(4):18-35.

[76] 陈兴良.刑民交叉案件的刑法适用[J].法律科学(西北政法大学学报),2019,37(2):161-169.

[77] 陈兴良.民法对刑法的影响与刑法对民法的回应[J].法商研究,2021,38(2):26-43.

[78] 陈兴良.虚开增值税专用发票罪:罪名沿革与规范构造[J].清华法学,2021,15(1):15-28.

［79］陈兴良.知识产权刑事司法解释之法理分析[J].人民司法,2005(1):12-15.
［80］陈志国,刘轶.法经济学视角下的保险欺诈行为研究[J].河北大学学报(哲学社会科学版),2017,42(2):96-102.
［81］程宝库,林楠南.关于我国反商业贿赂立法的反思[J].求是学刊,2006(2):77-82.
［82］杜国强.保险诈骗罪共犯问题研究[J].人民检察,2005(1):21-24.
［83］杜文俊.发票犯罪若干问题辨析[J].政治与法律,2013(6):41-51.
［84］房慧颖.新型操纵证券市场犯罪的规制困局与破解之策[J].华东政法大学学报,2022,25(1):182-192.
［85］冯军.论《刑法》第133条之1的规范目的及其适用[J].中国法学,2011(5):138-158.
［86］付立庆.论刑法介入财产权保护时的考量要点[J].中国法学,2011(6):133-146.
［87］高富平.数字时代的作品使用秩序——著作权法中"复制"的含义和作用[J].华东政法大学学报,2013(4):134-149.
［88］耿佳宁.操纵证券市场罪归属根基的重塑——以控制信息操纵的评价困境切入[J].法学家,2022(4):103-114+194.
［89］顾培东.公众判意的法理解析——对许霆案的延伸思考[J].中国法学,2008(4):167-178.
［90］韩玲.保险诈骗罪中几种特殊行为方式的司法认定[J].政治与法律,2005(4):114-118.
［91］何萍.洗钱犯罪的刑事立法演变与完善——兼论《刑法修正案(十一)(草案二审稿)》对第一百九十一条的修正[J].人民检察,2020(22):52-57.
［92］何荣功.刑法"兜底条款"的适用与"抢帽子交易"的定性[J].法学,2011(6):154-159.
［93］侯国云,陈丽华.违法向关系人发放贷款罪的几个问题[J].法学杂志,2001(2):13-15.
［94］胡云腾,刘科.知识产权刑事司法解释若干问题研究[J].中国法学,2004(6):135-147.
［95］黄太云.《刑法修正案(六)》的理解与适用(上)[J].人民检察,2006(14):43-50.
［96］黄祥青.职务侵占罪的立法分析与司法认定[J].法学评论,2005(1):80-86.
［97］黄小飞.违法发放贷款罪的构成要件行为新诠[J].甘肃政法大学学报,2021(3):129-143.
［98］黄晓文.虚开发票罪司法适用若干问题探析[J].中国检察官,2013(1):34-37.
［99］贾学胜.著作权刑法保护视阈下"复制发行"的法教义学解读[J].知识产权,2019(6):25-34.
［100］贾宇,舒洪水.论洗钱罪的主体[J].国家检察官学院学报,2005(6):112-117.
［101］简爱.从刑民实体判断看交叉案件的诉讼处理机制[J].法学家,2020(1):116-129+194-195.
［102］江伟,范跃如.刑民交叉案件处理机制研究[J].法商研究,2005(4):31-36.
［103］姜志刚.洗钱罪比较研究[J].现代法学,1999(1):76-78.
［104］蒋蔚.洗钱罪若干争议问题探究[J].人民司法,2013(19):63-67.
［105］金懿.虚开发票罪探讨[J].上海政法学院学报(法治论丛),2012,27(6):118-123.
［106］寇占奎,路红兵.我国知识产权犯罪体系的反思与重构[J].河北师范大学学报(哲学社

会科学版),2014,37(6):124-128.

[107] 劳东燕.金融诈骗罪保护法益的重构与运用[J].中国刑事法杂志,2021(4):3-29.

[108] 黎宏.安全生产的刑法保障——对《刑法修正案(十一)》相关规定的解读[J].中国刑事法杂志,2021(2):30-44.

[109] 黎宏.我国刑法中的单位犯罪规定与企业合规不起诉改革实践[J].江西社会科学,2023,43(1):40-52+206.

[110] 李本灿.刑事合规的制度史考察:以美国法为切入点[J].上海政法学院学报(法治论丛),2021,36(6):39-55.

[111] 李菲菲,赖俊斌.洗钱犯罪定罪量刑问题辨析[J].人民检察,2022(5):63-65.

[112] 李洁.罪刑法定之明确性要求的立法实现——围绕行为程度之立法规定方式问题[J].法学评论,2002(6):24-32.

[113] 李军.背信损害上市公司利益罪中"违背对公司忠实义务"的认定[J].政治与法律,2016(7):49-59.

[114] 李宁.虚开发票罪不宜以造成国家税款损失为要件[J].中国检察官,2018(6):28-30.

[115] 李晓娟.非法出售发票罪与虚开发票罪的界限[J].中国检察官,2012(18):11-12.

[116] 李玉华.我国企业合规的刑事诉讼激励[J].比较法研究,2020(1):19-33.

[117] 李云飞.宏观与微观视角下洗钱罪侵害法益的解答——评金融管理秩序说的方法论错误[J].政治与法律,2013(12):42-51.

[118] 李云飞.洗钱危害的二维性及对客体归类的影响[J].中国刑事法杂志,2013(11):41-48.

[119] 李亚飞,黄河.保险诈骗罪刍议[J].人民司法,2001(5):32-34.

[120] 梁根林.《刑法》第133条之一第2款的法教义学分析——兼与张明楷教授、冯军教授商榷[J].法学,2015(3):53-63.

[121] 梁涛.美国企业合规制度的构建:国家监管、强制性自我监管与刑事激励[J].政治与法律,2022(7):83-98.

[122] 林清红.侵犯知识产权犯罪中数额的认定[J].犯罪研究,2012(4):67-70.

[123] 林荫茂.保险诈骗犯罪定性问题研究[J].政治与法律,2002(2):60-66+59.

[124] 林雨佳.操纵证券、期货市场罪中兜底条款的适用[J].中国检察官,2019(22):8-12.

[125] 刘欢逸.场外配资的刑法规制研究[J].犯罪研究,2022(2):88-95.

[126] 刘丽娜.侵犯知识产权犯罪"违法所得数额"的认定[J].中国刑事法杂志,2015(2):136-140.

[127] 刘伟.集资诈骗罪的司法困境与罪群立法完善[J].政治与法律,2021(5):38-48.

[128] 刘伟琦."利用职务上的便利"的司法误区与规范性解读——基于职务侵占罪双重法益的立场[J].政治与法律,2015(1):50-59.

[129] 刘为波.《关于审理洗钱等刑事案件具体应用法律若干问题的解释》的理解与适用[J].人民司法,2009(23):22-29.

[130] 刘宪权.侵犯知识产权犯罪数额认定分析[J].法学,2005(6):36-43.

[131] 刘宪权.保险诈骗罪疑难问题的司法认定[J].浙江大学学报(人文社会科学版),2008

(4):54-63.

[132] 刘宪权.操纵证券、期货市场罪"兜底条款"解释规则的建构与应用 抢帽子交易刑法属性辨正[J].中外法学,2013,25(6):1178-1198.

[133] 刘宪权.人工智能生成物刑法保护的基础和限度[J].华东政法大学学报,2019,22(6):60-67.

[134] 刘宪权.操纵证券、期货市场罪司法解释的法理解读[J].法商研究,2020,37(1):3-15.

[135] 刘宪权.人工智能时代证券期货市场刑事风险的演变[J].东方法学,2021(2):43-53.

[136] 刘宪权,林雨佳.操纵证券、期货市场犯罪的本质与认定[J].国家检察官学院学报,2018,26(4):110-122+175.

[137] 刘艳红.洗钱罪删除"明知"要件后的理解与适用[J].当代法学,2021,35(4):3-14.

[138] 刘艳红.涉案企业合规建设的有效性标准研究——以刑事涉案企业合规的犯罪预防为视角[J].东方法学,2022(4):104-119.

[139] 龙洋.论保险诈骗罪的着手[J].法学评论,2009,27(5):134-141.

[140] 龙在飞.自洗钱行为独立定罪问题省察[J].人民检察,2015(8):61-64.

[141] 龙宗智.刑民交叉案件中的事实认定与证据使用[J].法学研究,2018,40(6):3-20.

[142] 卢勤忠.我国洗钱罪立法完善之思考[J].华东政法学院学报,2004(2):63-69.

[143] 卢勤忠.WTO与我国保险刑法制度的改革[J].法商研究,2004(2):40-49.

[144] 卢勤忠.涉典当犯罪的法教义学分析[J].法学,2016(3):71-77.

[145] 卢勤忠.程序性附加条件与客观处罚条件之比较[J].法学评论,2021,39(1):67-77.

[146] 罗海敏.论协商性司法与未决羁押的限制适用[J].法学评论,2022,40(3):63-74.

[147] 罗曦.关于最高人民检察院、中国人民银行联合发布惩治洗钱犯罪典型案例的解析[J].人民检察,2021(20):50-55.

[148] 马克昌.完善我国关于洗钱罪的刑事立法——以《联合国反腐败公约》为依据[J].国家检察官学院学报,2007(6):3-7.

[149] 马文博.论新技术实践下侵犯著作权罪共犯归责的具体认定[J].法律适用,2020(21):123-134.

[150] 毛玲玲.新公司法背景下一人公司的刑法地位探析[J].法学,2006(7):68-76.

[151] 莫洪宪."抢帽子"交易行为的法律适用与治理[J].人民检察,2018(16):47-48.

[152] 莫洪宪,张昱.我国刑法中的商业贿赂犯罪及其立法完善[J].国家检察官学院学报,2013,21(2):105-111.

[153] 莫洪宪,曹坚.论合同诈骗罪的几个问题[J].中国刑事法杂志,2000(5):36-40+72.

[154] 潘文博.对解释论上"以刑制罪"现象的反思[J].西南政法大学学报,2018,20(2):73-81.

[155] 裴显鼎,苗有水,刘为波,等.《关于办理贪污贿赂刑事案件适用法律若干问题的解释》的理解与适用[J].人民司法(应用),2016(19):17-24.

[156] 秦新承.非法经营罪中的"国家规定"及有关刑事罚则的理解[J].法学,2008(1):146-149.

[157] 戎静.法国刑事合规暂缓起诉制度之缘起、效果及借鉴[J].比较法研究,2022(3):

58-73.

[158] 沙君俊.论合同诈骗罪的合同[J].国家检察官学院学报,2003(1):41-49.

[159] 商浩文.论信息型操纵证券市场犯罪的司法认定路径——以2019年"两高"最新司法解释切入[J].法学,2020(5):50-60.

[160] 商浩文,郭冬冬.利用信息优势操纵证券市场犯罪的刑法规制——以全国首例刑事案件为切入[J].法律适用(司法案例),2018(20):65-72.

[161] 时方.非法集资犯罪中的被害人认定——兼论刑法对金融投机者的保护界限[J].政治与法律,2017(11):43-52.

[162] 时方.我国洗钱罪名体系的适用困局与法益认定[J].环球法律评论,2022,44(2):116-130.

[163] 时延安.论刑事违法性判断与民事不法判断的关系[J].法学杂志,2010,31(1):93-96.

[164] 时延安,郑平心.操纵证券市场罪的适用边界——以证券法与刑法的关系为视角[J].人民检察,2022(17):45-50.

[165] 孙国祥.刑事合规的刑法教义学思考[J].东方法学,2020(5):20-31.

[166] 孙谦.刑法修正案(十一)的理解与适用[J].人民检察,2021(8):1-12.

[167] 孙万怀.保险诈骗共同犯罪的实践难题及合理解决[J].法学家,2012(6):93-106+176.

[168] 田宏杰.侵犯知识产权犯罪的几个疑难问题探究[J].法商研究,2010,27(2):110-116.

[169] 田宏杰.行刑共治下的违规披露、不披露重要信息罪:立法变迁与司法适用[J].中国刑事法杂志,2021(2):63-79.

[170] 万方.企业合规刑事化的发展及启示[J].中国刑事法杂志,2019(2):47-67.

[171] 汪明亮.证券犯罪刑事政策的价值追求和现实选择——"牛市内幕交易第一案"杭萧钢构案引发的思考[J].政治与法律,2008(6):38-44.

[172] 汪明亮.证券犯罪刑事政策内涵及其实现路径——基于《关于依法从严打击证券违法活动的意见》的分析[J].犯罪研究,2022(4):16-27.

[173] 王晨光,李广德.药品注册申请数据造假入刑的法理评析[J].法律适用,2017(17):109-114.

[174] 王华伟.误读与纠偏:"以刑制罪"的合理存在空间[J].环球法律评论,2015,37(4):49-62.

[175] 王婕妤,黄江南.自洗钱行为入刑后的定罪与处罚[J].人民司法,2021(32):60-63.

[176] 王立志.被保险人自残后骗取保险金行为定性之困境及因应——兼论保险诈骗罪罪状设计[J].政治与法律,2012(3):47-56.

[177] 王美鹏,李俊.违法发放贷款犯罪问题研究[J].人民检察,2017(18):18-23.

[178] 王鹏祥.背信损害上市公司利益罪的理解与适用[J].河北法学,2008(11):131-136.

[179] 王迁.论著作权意义上的"发行"——兼评两高对《刑法》"复制发行"的两次司法解释[J].知识产权,2008(1):65-71.

[180] 王新.论危害保险罪的若干问题[J].中外法学,1998(5):49-53.

[181] 王新.竞合抑或全异:辨析洗钱罪与掩饰、隐瞒犯罪所得、犯罪所得利益罪之关系[J].政

治与法律,2009(1):46-50.
[182] 王新.国际视野中的我国反洗钱罪名体系研究[J].中外法学,2009,21(3):375-389.
[183] 王新.操纵证券市场犯罪之主观故意的认定[J].中国刑事法杂志,2016(6):96-116.
[184] 王新.证券市场操纵犯罪的刑法属性及推定规则[J].河南财经政法大学学报,2017,32(5):64-73.
[185] 王新.民间融资的刑事法律风险界限[J].当代法学,2021,35(1):61-70.
[186] 王新.《刑法修正案(十一)》对洗钱罪的立法发展和辐射影响[J].中国刑事法杂志,2021(2):45-62.
[187] 王新.自洗钱入罪后的司法适用问题[J].政治与法律,2021(11):41-51.
[188] 王新.总体国家安全观下我国反洗钱的刑事法律规制[J].法学家,2021(3):90-103+193.
[189] 王新.盗刷信用卡并转移犯罪所得的司法认定[J].人民检察,2022(6):43-44.
[190] 王新.洗钱罪的司法认定难点[J].国家检察官学院学报,2022,30(6):54-69.
[191] 王彦强.可罚的违法性论纲[J].比较法研究,2015(5):108-124.
[192] 王莹.情节犯之情节的犯罪论体系性定位[J].法学研究,2012,34(3):126-145.
[193] 王昭武.法秩序统一性视野下违法判断的相对性[J].中外法学,2015,27(1):170-197.
[194] 王志远.网络知识产权犯罪的挑战与应对——从知识产权犯罪的本质入手[J].法学论坛,2020,35(5):114-123.
[195] 王志远.非法放贷行为刑法规制路径的当代选择及其评判[J].中国政法大学学报,2021(1):180-190.
[196] 吴波.洗钱罪的司法适用困境及出路[J].法学,2021(10):94-108.
[197] 肖晚祥.保险诈骗罪的若干问题研究[J].政治与法律,2010(1):29-36.
[198] 肖中华.论合同诈骗罪认定中的若干问题[J].政法论丛,2002(2):7-14.
[199] 谢望原.保险诈骗罪的三个争议问题[J].中外法学,2020,32(4):1081-1101.
[200] 谢望原,柳忠卫.犯罪成立视野中的违法性认识[J].法学评论,2003(3):22-30.
[201] 熊红文.教唆犯在共同犯罪中作用地位的认定——也谈"造意"不为首[J].人民检察,2011(4):60-64.
[202] 徐岱,王沛然.违规披露、不披露重要信息罪行为主体研究[J].江汉论坛,2022(4):137-144.
[203] 徐久生,师晓东.法教义学视角下刑事合规之适用研究[J].安徽大学学报(哲学社会科学版),2021,45(5):92-102.
[204] 阎二鹏.经济犯罪刑法适用的公众认同[J].时代法学,2013,11(3):15-20.
[205] 杨高峰.背信损害上市公司利益罪定罪标准的理论展开[J].政治与法律,2009(4):30-35.
[206] 杨圣坤,王珏.虚开发票罪与非法出售发票罪的甄别[J].人民司法,2013(12):61-63.
[207] 杨书文.理解经济犯罪的三个关键词[J].江西警察学院学报,2020(6):5-11.
[208] 杨兴培.刑民交叉案件法理分析的逻辑进路[J].中国刑事法杂志,2012(9):18-24.
[209] 杨兴培.刑民交叉案件的类型分析和破解方法[J].东方法学,2014(4):2-9.

[210] 杨兴培.论经济犯罪刑事责任的立法模式[J].环球法律评论,2018,40(6):26-43.
[211] 杨毅.仅违反部门规章或地方法规不构成非法经营罪[J].人民司法,2019(20):49-51.
[212] 叶高峰,王俊平.保险诈骗罪比较研究[J].郑州大学学报(哲学社会科学版),2001(5):89-95.
[213] 叶良芳,李芳芳.弱人工智能背景下侵犯著作权罪犯罪对象之扩张[J].学习与探索,2019(5):55-62.
[214] 易继明."罪"与"非罪":股权纠纷,还是职务侵占?——评枝江法院一审马立新职务侵占案[J].科技与法律,2016(2):414-431.
[215] 阴建峰.论洗钱罪上游犯罪之再扩容[J].法学,2010(12):71-80.
[216] 阴建峰.保险诈骗罪的共犯问题探究[J].河南大学学报(社会科学版),2013,53(2):40-47.
[217] 于力,游伟,万国海,等.收费员伙同他人偷逃高速公路通行费应如何定性[J].人民检察,2011(6):41-46.
[218] 于同志.重构刑民交叉案件的办理机制[J].法律适用,2019(16):3-6.
[219] 余为青,桂林.复制发行"实质性相似"标准反思与重构——以近五年来网络游戏类侵犯著作权犯罪为视角[J].中国出版,2019(4):56-59.
[220] 张军.法官的自由裁量权与司法正义[J].法律科学(西北政法大学学报),2015,33(4):16-22.
[221] 张利兆.保险诈骗犯罪"虚构保险标的"的行为方式[J].华东政法大学学报,2007(4):61-65.
[222] 张利兆.关于保险诈骗罪一般主体立法模式的思考[J].人民检察,2007(8):60-62.
[223] 张玲玲.深度链接服务提供者侵犯著作权的司法实践与思考[J].苏州大学学报(法学版),2018,5(3):72-81.
[224] 张明楷.保险诈骗罪的基本问题探究[J].法学,2001(1):29-40+64.
[225] 张明楷.论身份犯的间接正犯——以保险诈骗罪为中心[J].法学评论,2012,30(6):126-135.
[226] 张明楷.骗取贷款罪的构造[J].清华法学,2019,13(5):18-35.
[227] 张明楷.合同诈骗罪行为类型的边缘问题[J].东方法学,2020(1):34-48.
[228] 张明楷.刑法学中的概念使用与创制[J].法商研究,2021,38(1):3-22.
[229] 张明楷.洗钱罪的保护法益[J].法学,2022(5):69-83.
[230] 张明楷.自洗钱入罪后的争议问题[J].比较法研究,2022(5):89-103.
[231] 张鹏.《刑法》第217条"复制发行"概念的解释与适用[J].知识产权,2018(4):58-71.
[232] 张翔飞.商业侵占罪初探[J].法学,1997(9):36-38.
[233] 张亚杰,刘新艳.保险诈骗罪之立法评价——对刑法第198条的思考[J].政治与法律,2004(5):114-118.
[234] 赵桐.自洗钱与上游犯罪的处断原则及教义学检视[J].西南政法大学学报,2021,23(5):129-142.
[235] 赵鬼.刑民交叉的存单纠纷案件之定性与审理[J].法制与社会发展,2001(1):85-95.

[236] 郑泽善.法秩序的统一性与违法的相对性[J].甘肃政法学院学报,2011(4):60-70.
[237] 周光权.论刑法的公众认同[J].中国法学,2003(1):116-121.
[238] 周光权.造意不为首[J].人民检察,2010(23):5-9.
[239] 周光权.论身份犯的竞合[J].政法论坛,2012,30(5):123-139.
[240] 周光权.转型时期刑法立法的思路与方法[J].中国社会科学,2016(3):123-146+207.
[241] 周光权.法秩序统一性原理的实践展开[J].法治社会,2021(4):1-12.
[242] 周光权.法定刑配置的优化:理念与进路[J].国家检察官学院学报,2022,30(4):38-53.
[243] 周加海,喻海松,李静.《关于办理危害药品安全刑事案件适用法律若干问题的解释》的理解与适用[J].人民司法,2022(10):28-34.
[244] 周锦依.洗钱罪立法进程中的矛盾解析[J].国家检察官学院学报,2016,24(2):118-128+175.
[245] 周坤仁.全国人大法律委员会关于《中华人民共和国刑法修正案(六)(草案)》修改情况的汇报——2006年4月25日在第十届全国人民代表大会常务委员会第二十一次会议上[J].中华人民共和国全国人民代表大会常务委员会公报,2006(6):429-431.
[246] 朱一峰,於智源.虚假申报型操纵证券市场行为的公诉审查要点——以全国首例以虚假申报手段操纵证券市场案件为样本[J].中国检察官,2020(14):48-50.
[247] 庄绪龙."法益恢复"刑法评价的模式比较[J].环球法律评论,2021,43(5):133-148.
[248] 庄绪龙.集资犯罪追赃挽损诉求与"法益恢复"方案[J].政治与法律,2021(9):40-52.
[249] 左坚卫,张淑芬."抢帽子交易"型操纵证券市场罪研究[J].法学杂志,2019,40(6):86-92.
[250] ANDERSON E R, MACDONALD J A, FOURNIER J J. Fighting Insurance Company Fraud with RICO: The Supreme Court Clears the Way under the McCarran-Ferguson Act [J]. American Journal of Trial Advocacy, 1998,22:267.
[251] BIRD R C, PARK S K. The Domains of Corporate Counsel in an Era of Compliance [J]. American Business Law Journal, 2016,53:203-249.
[252] CLARKE M. Insurance Fraud [J]. The British Journal of Criminology, 1989,29(1):1-20.
[253] DEL MAURO S P. Health Insurance Fraud: Fighting Back [J]. Brief, 1996,26:11.
[254] KANNER A. The Filed Rate Doctrine and Insurance Fraud Litigation [J]. North Dakota Law Review, 2000,76:1.
[255] PARKER J. Detecting and Preventing Insurance Fraud: State of the Nation in Review [J]. Creighton Law Review, 2018,52:293.
[256] WHITING R A. Antitrust and the Corporate Executive II [J]. Virginia Law Review, 1962,48(1):1-49.

图书在版编目(CIP)数据

经济犯罪前沿理论与典型案例/汪明亮主编. —上海：复旦大学出版社，2024.4
(复旦法学. 研讨型教学系列教材)
ISBN 978-7-309-17068-9

Ⅰ.①经… Ⅱ.①汪… Ⅲ.①经济犯罪-研究-中国 Ⅳ.①D924.334

中国国家版本馆 CIP 数据核字(2023)第 224134 号

经济犯罪前沿理论与典型案例
JINGJI FANZUI QIANYAN LILUN YU DIANXING ANLI
汪明亮　主编
责任编辑/张　鑫

复旦大学出版社有限公司出版发行
上海市国权路 579 号　邮编：200433
网址：fupnet@ fudanpress.com　http://www.fudanpress.com
门市零售：86-21-65102580　团体订购：86-21-65104505
出版部电话：86-21-65642845
常熟市华顺印刷有限公司

开本 787 毫米×960 毫米　1/16　印张 27.25　字数 444 千字
2024 年 4 月第 1 版第 1 次印刷

ISBN 978-7-309-17068-9/D·1175
定价：78.00 元

如有印装质量问题，请向复旦大学出版社有限公司出版部调换。
版权所有　　侵权必究